生活在无尽的城市

LIVING IN THE ENDLESS CITY

由伦敦经济学院和德意志银行阿尔弗雷德·赫尔豪森协会共同资助的城市时代项目

[英] 里基·伯德特　　编
　　　迪耶·萨迪奇

李晨光　孙璐　译

中国城市出版社
CHINA CITY PRESS

LIVING
ENDLE.

IN THE
SS CITY

绪论

前　言	沃尔夫冈·诺瓦克（Wolfgang Nowak）	6
生活在城市时代	里基·伯德特（Ricky Burdett）　菲利普·罗德（Philipp Rode）	8
无尽之城的建筑学	迪耶·萨迪奇（Deyan Sudjic）	44
城市经济	萨斯基亚·萨森（Saskia Sassen）	56

城市

孟买　　68

管理的混乱	迪耶·萨迪奇（Deyan Sudjic）	86
民主与自利	K.C. 西瓦拉马克莱斯娜（K. C. Sivaramakrishnan）	90
人民的故事	达利尔·德·蒙特（Darryl D'Monte）	94
寻找黄金之鸟	苏克图·梅赫塔（Suketu Mehta）	102
城市的动与静	拉胡尔·迈赫罗特拉（Rahul Mehrotra）	108
放眼长远	查尔斯·科雷亚（Charles Correa）	116
超越极限	吉塔姆·蒂瓦里（Geetam Tiwari）	122

圣保罗　　128

巨型城市	迪耶·萨迪奇（Deyan Sudjic）	146
填补政治空白	杰罗恩·克林克（Jeroen Klink）	150
大都市区文化	加雷斯·琼斯（Gareth A. Jones）	156
寻求共性	何塞·德·索萨·马丁斯（José de Souza Martins）	162
碎片世界	特里萨·卡尔代拉（Teresa Caldeira）	168
城市构想及其局限性	劳尔·贾斯特·洛雷斯（Raul Juste Lores）	176
边缘生活	费尔南多·德·梅洛·弗朗哥（Fernando de Mello Franco）	182

伊斯坦布尔　　188

大而不倒之城	迪耶·萨迪奇（Deyan Sudjic）	206
搭建历史之桥	伊尔汗·特克利（Ilhan Tekeli）	210
枢纽城市	理查德·桑内特（Richard Sennett）	218
这是伊斯坦布尔（而不是全球化）	哈希姆·萨尔基斯（Hashim Sarkis）	224
变革的暴力	阿苏·阿克索伊（Asu Aksoy）	232
混凝土的轮廓	厄梅尔·卡尼帕克（Ömer Kanıpak）	240
衡量成功	恰拉尔·凯德尔（Çağlar Keyder）	246

数据

理解这些数字	贾斯汀·麦考克（Justin McGuirk）	292
理解人们的所思所想	托尼·特拉弗斯（Tony Travers）	308

反思

分界线与边界	理查德·桑内特（Richard Sennett）	324
没有浮华的生活	亚历杭德罗·赛拉-波罗（Alejandro Zaera-Polo）	332
全球问题的城市解决方案	尼古拉斯·斯特恩（Nicholas Stern），迪米特里·曾赫利斯（Dimitri Zenghelis），菲利普·罗德（Philipp Rode）	342
民主与治理	杰拉尔德·E. 弗鲁格（Gerald E. Frug）	350
城市地震	安东尼·威廉姆斯（Anthony Williams）	356
别样的风景	索菲·博迪-根德罗（Sophie Body-Gendrot）	360
从理想到现实	亚历杭德罗·阿拉维那（Alejandro Aravena）	368
城市时代中求生	戴维·萨特思韦特（David Satterthwalte）	374
通勤问题	法比奥·卡西罗（Fabio Casiroll）	380
直面大都市的挑战	布鲁斯·卡茨（Bruce Katz）	388
实地考察：德意志银行城市时代奖	亚当·卡萨（Adam Kassa）、马科斯·罗萨（Marcos Rosa）、普里亚·尚卡（Priya Shankar）	396

附录

注释	414
资料来源	417
作者简介	419
城市时代会议参会人员 2007-2009 年	421
索引	428
编者致谢	430
译后记	431

前　言

沃尔夫冈·诺瓦克（Wolfgang Nowak）

城市是政治纲领的可视化表达，而这些政治纲领是其所在的社会和国家治理体系的镜像。成功的城市彰显了社会制度的存续能力。世界各地的类似问题和冲突都集中在城市这个有限的空间里。在不断增长的大都市中，第一、第二和第三世界彼此间进行着直接交流。城市不得不处理宗教和文化冲突、恐怖主义、经济危机、流行病，以及移民问题。数个世纪之前，城市相信他们可以用建造围墙来解决这些问题。而今天，人们则试图通过城市内的封闭式社区来应对。

我们正面对着市民与政府之间的信任危机，而且这种危机不仅出现在西方城市和州镇。每天走过城市，市民们都在体验着无能为力的感觉，而他们将之视为是由政府的无能所造成的。尤其是年轻人常常会受到过往经验的影响，也容易受到各种思想的束缚。政府试图通过严格执行法规来重塑威信，但是这些举动往往只会增加对政府自身及其保障公共利益能力的怀疑。然而，城市中所发生的冲突只能通过对不同价值观念予以调解而得以解决。不断学习和进行调解，以及代入他人的视角进行观察是成功治理一个城市的核心竞争力所在。现在，合法性的获得不仅仅来自选举；当作为公正化身的市长为改善市民的（生活）状况做出重大贡献，并且反对肆无忌惮的个人利益瓦解、侵蚀城市本身时，合法性也会产生。

目前，城市的增长是不可阻挡的。欧洲城市的法律体系被设计为用于解决20世纪存在的问题，但几乎不适应今天城市所面对的挑战。一些城市已经受到国家的历史和城市边界发展的限制。在许多国家，由国家政府而非城市政府，掌握城市规划决策的行政权力。因此实际上，这些城市是由非城市内部的外部力量所统治的。但各国将越来越依赖城市本身和城市所带来的经济成就。因此，迫切需要城市治理的全新形式。在一定程度上，我们发现自己处于两种状态的间隙：旧的城市治理形式不再有效，而新的形式尚不明确。新生代的市长每天都在阐明这样一个情况：他们不仅可以忍受政治冲突在城市中的存在，并且也解决政治冲突本身。他们中的有些人甚至因此得以更加迅速地成为国家领导人。他们设法调动了所有市民的专业知识，以此来获得更好的解决方案。城市对他们的领导者（市长）的要求很高。这些领导者不仅必须成功地管理在议题、问题和矛盾上产生的混乱，而且要在一个持续性的过程中成功地将其与共同意志联系起来。一旦实现了这种愿景，城市就会成为一个可视化的政治变革方案，而这种政治变革方案所取代的是20世纪的旧意识形态。

自2005年以来，伦敦经济学院和德意志银行的阿尔弗雷德·赫尔豪森学会（Alfred Herrhausen Society），与市长、城市规划者、州政府、建筑师、科学家、社区团体和当地人民一起研究了处于增长中的，以及在某些案例中处于衰落状态的21世纪的城市。于2007年出版的《无尽的城市》总结了前两年合作的结果。而本书，《生活在无尽的城市》，涵盖如下三个方面。有鉴于21世纪是"城市的时代"，研究对象延伸到印度、拉丁美洲和地中海的城市。其结果是形成一个国际性的"思想-行动库"（think-and-do tank），跨越大陆和政治制度的差异而将人们联系起来，随时随地进行学习，为未来的城市找到更好的问题解决方案。

为了表明这项工作的价值，德意志银行决定于2010年在伦敦经济学院建立一个新的研究中心，目前在"LSE城市"的旗帜下全面运作。"LSE城市"的目标是建立和巩固知识积累，并作为在全球范围内城市化发展网络的中心而存在。

没有德意志银行首席执行官约瑟夫·阿克曼博士（Dr. Josef Ackermann）的个人支持，这一切成就都是不可能的，他对该项目的支持是突出的。我们要感谢阿克曼博士和阿尔弗雷德·赫尔豪森协会对这一联合行动的继续支持。

2006年在墨西哥城举行的城市时代大会期间，与会者参观了一个非正式的大型居民区。这个大型居民区缺乏基础设施和资源。尽管居民区处在这种生活的困境中，但我们惊奇地发现了一个对该地区年轻人有变革性影响的建筑物。这个小型艺术中心是因为当地市民的倡议而组织建设的。这幢建筑物被认为是一个无望的环境中的希望之岛。我们通过设立并颁发每年100,000美元奖金的"德意志银行城市时代奖项"而予以鼓励。这个奖项每年提供给一些城市项目，这些项目必须能够展现出负责任的合作关系并且改善一个城市的社会和物质环境。自2007年以来，该奖项已颁发给在孟买、圣保罗、伊斯坦布尔和墨西哥城4个城市的项目。这些项目就城市不可忍受的生活条件进行了回应，并通过项目合作做出了积极应对，而不是通过暴力或极端性的犯罪。暴力或极端性的犯罪都会否定项目作为城市市民参与形式的存在意义。这些项目动员自己和其他人摆脱当前的被动状态，来为人类共处找到更好的解决方案。这个奖项为那些没有话语权的城市人发声，而这些人是新想法的代表。

本书描述了我们2007年至2010年期间的集体工作，包括会议、研究和调查，以及当地的项目。城市时代项目中各方共同的目标是为城市的成功找到一个通行法则。鉴于所面临的主要问题，特别是由位于亚洲、非洲和拉丁美洲的城市所反映出的问题，怀疑主义是必然存在的。但是，我相信我们会成功；正如前巴西总统卢拉（Lula）曾经说过的那样：心怀理想，立足现实。

沃尔夫冈·诺瓦克（Wolfgang Nowak）是德意志银行阿尔弗雷德·赫尔豪森协会主任。

生活在城市时代

里基·伯德特（Ricky Burdett） 菲利普·罗德（Philipp Rode）

为什么是城市？为什么是现在？

本书调查了城市物质层面和社会层面之间的联系。这并不是一个学术活动，而是源于一种紧迫感。这种紧迫感在于，需要采取一些措施来应对前言部分统计数据所描述的城市变化。在全球 70 亿人口中有一半以上居住在城市的同时，全球国内生产总值的很大一部分将被投入到能源和资源上，以应对未来几十年产生的大量新城市居民。[1] 新一轮城市建设和城市的形态将对地球的生态平衡和城市人口老龄化状况产生深远的影响。这就是城市和城市设计很重要的原因所在。

城市形态和社会发展并不是第一次引起全球关注。在 19 世纪末期和 20 世纪初期，欧洲和北美的社会改革者也对类似的议题十分关切。在工业革命之后，新移民涌入城市，寻找工作和发展机会。但是，与目前的全球城市化浪潮相比，历史上这种移民的涌入速度比较慢，而规模更小。伦敦从 100 万人口的规模增长到拥有 1000 万人口的世界第一大城市，花费了超过一百年。现在，拉各斯、德里和达卡以每年超过 30 万人的速度在增长。而孟买将在未来几十年超过东京和墨西哥城，成为世界上最大的城市，拥有 3500 多万人口。数量级是完全不同的。

规划人员下重手应对城市的人满为患和交通拥堵。作为传统城市核心的整个社区被剥离，而用于创造清洁和健康的新城市环境来安置城市贫民。道路拓宽方案和大型街区改造取代了"窄道路—高密度—小街区"的城市街道网络。郊区化导致城市功能的分离，促使城市扩张，之后我们才意识到这对于气候变化和社会异化的影响。难道我们是要在更大的规模上重复同样的错误？

正在建设和改造的城市将在当地和全球产生更大的影响。他们目前发展演化的方式令人担忧。构成本文基础的"城市时代项目"调查发现：城市的空间更加分散，社会分化程度越来越高，环境破坏越来越严重。当然，目标是完全不同的。政府、公共机构和私营部门正在推动这一变革，改善现有和新迁入城市居民的生活条件，以应对全球经济增长和结构调整带来的实际市场需求。

2%
的地球表面被城市所占据

53%
的世界人口居住在城市中

例如，在上海这样的中国城市，强劲的增长已经使新中产阶级在几十年的时间里居住空间增长了3倍多。新中产阶级的居住空间从工业时代前简陋的住房条件发展到有自来水、稳定电力和现代化家庭设备的公寓。在伊斯坦布尔、圣保罗或孟买的边缘地带，正在计划或非法建造的社区正出现在老城区的周边，而新的居住城镇，例如封闭社区或大规模的大众住房计划，正在出现，这正如下文所示。而问题在于，与过去几个世纪社会改革者所建立的相比，大部分今天建造的、可能会留存数百年的城市建筑可能对于城市社区有更加负面的影响。

用几个例子来说明这一点。在伊斯坦布尔，政府在20年内准备建设300万套住房。在千禧城周围，20层高的楼房正在兴起，这令人联想起20世纪中期欧洲和美国最令人感到疏离的社会住房项目。社会住房项目中的一些因为社会功能的失调而被拆毁，而世界各地却仍然普遍存在相似的住房类型。尽管最近一段时间经济发展放缓，但是圣保罗仍继续维持着无休止的扩张。这种扩张是由规划的意识形态所推动的。这种理念表明，花费4个小时的交通通勤模式在每天增长大约1000辆新车的城市中是可以接受的。快速增长的经济体内的其他许多大都会地区将会有类似的案例。孟买雄心勃勃地尝试重新开发达拉维（Dharavi）。达拉维地区是印度位于城市中心区域高价值土地上最大的贫民窟。在这次尝试中，大型商业街区取代了城市最具可持续发展能力的社区，令人联想起20世纪60年代破坏了许多欧美城市社会生活和城市结构的贫民窟清理方案。尽管必须接受推动改善和增长的必然推动力，但现在是时候扪心自问，我们是否已经取得了拟定规划范式的能力。

总而言之，本书做出的回答总体上是"不"。除了极少数的例外，这种新兴城市景观对人与环境的影响可能是负面的。在考虑城市时代的专家关于形成这一新的城市变化浪潮的推动力和矛盾的调查结果和思考之前，对经济、环境和社会层面的城市影响进行概述可能还是有所帮助的。

全球城市语境

城市地区人口占世界总人口的比例刚刚超过50%，但城市地区的面积占地球表面不到2%，却集中了80%的经济产出，占全球能源消费的60%至80%，以及约75%的二氧化碳排放量。[2] 到2050年，世界人口的55%预计将集中在城市，其中大部分是百万人口的大型城市，大城市化地区遍布各国和大陆。正如第26页至第43页的地图所揭示的，这些人类和城市发展模式在全球范围内并不平均分布。发展中国家的城市由于高出生率和吸引移民而持续增长，而农村住区则转变为城市地区。与此同时，一些高度城市化国家的城市，随着人口的减少，不得不适应深刻的经济结构调整。

虽然城镇化有助于减少绝对贫困，但被归为城市贫困人口的人数却在上升。1993年至2002年间，城市地区增加了5000万贫困人口，而农村贫困人口减少了1.5亿。[3] 城市发展给当地环境造成了压力，不均衡地影响着住在较为脆弱

以我们的方式生活

尽管高水平的城市化与能源消耗增加（通过"生态足迹"测量）存在相关性，但一些国家已经能够在控制消费水平的同时，保持较高的社会福利标准（通过联合国综合人类发展指数测量），过度消费会挑战地球维持平衡和公平增长的能力。这个图表由LSE Cites绘制，是《绿色经济》的"绿色城市"章节的一部分，这也是联合国环境规划署委托进行的一项研究（Geneva, 2011）。

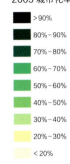

2005 城市化率

- >90%
- 80%-90%
- 70%-80%
- 60%-70%
- 50%-60%
- 40%-50%
- 30%-40%
- 20%-30%
- <20%

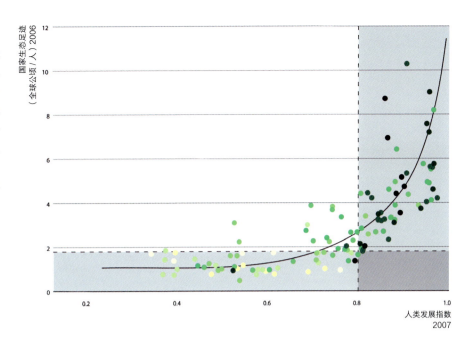

地点（如河岸和排水系统）的弱势群体，所有这些都遭受到与气候变化相关的淹水、泥石流和其他灾害。圣保罗、伊斯坦布尔和孟买的频发洪水表明了这个问题的直接性及由于这些洪水给人类生命造成的代价，更不用说新奥尔良或雅加达。

不同经济水平的城市对环境的影响不同。随着经济越来越繁荣，以及越来越多的消费和生产，其环境足迹越来越受到全球的关注。在碳排放、能源、电力和用水、住房和运输方式方面，发达国家和发展中国家的城市之间存在着显著差异。例如，欧洲、美国和巴西的城市环境影响比其各自国家的总体环境平均影响低；而由于城市的收入水平明显高于全国平均水平，印度和中国的城市影响力相对更大。

但为什么这么多城市仍然不断增长？从经济角度看，城市将人与物品联系在一起，有助于克服信息隔阂，促进思想流动。[4]国家的发展一直与其城市的发展息息相关，事实是，制造业和服务业在全球国内生产总值中的份额一直在增加，达到了97%，其中大部分活动位于城市地区。[5]

城市规模的扩大反映于城市的经济表现，城市的经济表现在地球上留下了强烈的印记。世界银行估计，虽然发达国家的城市人口仅约5%，但在1990年至2000年期间，其建成区域增加了30%。对于发展中国家的城市，人口增长率增长了20%，而城市化土地增加了50%。

每年，工业化国家城市的人均建成用地增长2.3%，发展中国家城市增长1.7%。[6]这些统计资料显示，"无尽的城市"不仅仅是一个隐喻，更是描述了美国的洛杉矶和凤凰城的真实现象，这也同样适用于墨西哥城和圣保罗。

如上所述，这种扩张主要是伴随着郊区生活方式引发的周边发展的增长与

33%

土地投机、规划控制的薄弱和人口流动性的增加。汽车使用率的快速增长与城市土地上的水平扩张紧密相连。日益增长的机动化继续造就了与20世纪50年代和60年代廉价石油时期相匹配的基础设施，并形成了高速公路、天桥和隧道的城市景观。这些对城市的环境质量产生了不利影响，造成了身体伤残、噪声污染和空气污染。尽管燃料不再便宜，但这并没有阻止墨西哥城将其大部分的运输预算用于城市中心的双层天桥（Segundo Piso）；或阻止孟买投资数百万美元建设争议颇多的Bandra-Worli Sea Link，横越其迷人的海湾，破坏风景。同时，波士顿在Big Dig投资了超过五十亿美元，拆除了20世纪60年代的高架高速公路。许多其他案例也步其后尘。

尽管在有些城市，关于物质结构和能源使用之间的联系的争论仍在持续，但越来越多的证据表明，拥有较高密度住宅和商业建筑的城市环境，其利用率更高且公共交通密集，可以减少能源消耗。研究表明，只要在大都市区和地区层面提供良好的公共交通，所谓的"紧凑型城市"模式就具有较低的人均碳排放量。[7]尽管有这些证据和重要的社会运动，如C40运动，全球大部分城市仍然遵循着不太可持续的城市增长模式。哥本哈根、西雅图、新加坡或波哥大等少数几个先驱城市所实施的政策激进却非常成功，大大减少了能源消耗，缩短了通勤时间并提高了生活质量。

但是，这些数字和统计数据对于居住者和建造城市的人来说意味着什么？几个世纪以来保障人类生存的"旧"城市化模式如何能够帮助我们了解正处于大规模全球城市化进程中的新兴的"城市"形式？城市形态与城市生活的复杂关系是什么？作为政策制定者、城市设计师和规划者，我们如何在治理层面进行干预，而带来积极的变化？这些是我们下文所说的城市时代项目已经解决的一些问题。

体验城市时代项目

本书作为《无尽的城市》的续集，增添了关于孟买、圣保罗和伊斯坦布尔等城市未来的全球性争论，同时建立于其他6个城市积累的知识和经验之上——纽约、上海、伦敦、墨西哥城、约翰内斯堡和柏林。[8]这是一个历时5年多，汇集了数百人的协同工作的精华。也许在城市时代项目之前，这些人本身并不认为自己是"城市主义者"：他们中有交通工程师、市长、犯罪学家、建筑师、社会学家、规划师等等，但并不是城市主义者。

然而，随着时间的推移，随着我们每个人都面临着不同空间上的现实，我们迫切需要关于我们与城市之间关联的独特观点。我们观察到的社会和经济变化的复杂过程越多，我们就越发意识到，城市本身的重要性使其能够持续存在，而国家、公司、王国和企业则是"你方唱罢我登场"，正如萨斯基亚·萨森（Saskia Sassen）所表明的观点一样。矛盾的是，很明显的一点在于，实际重要性（其"架构"）受到一些城市持续的，但有时是暴力的修改。这种修改说明了一些城市的弹性，以及其他城市未能适应经济变化和处理转型后果的失败。世界各地面对的城市现实证明，城市居民可以比生活在农村的居民做得更好。像最贫穷的孟买人一样，我们发现许多人将他们的城市视为"黄金之鸟"，那是一个幸运的地方，在那里你可以改变自己的命运。[9]通过前面的图片可以看出，城市居民得到工作；他们生产的更多，也赚更多的钱。他们可以更好地获得教育和健康。他们可以更容易地成为网络化全球社会的一部分。但同时，他们的消耗和污染也更多。他们经受着极端的洪水、暴力、疾病和战争。许多人没有土地、住房或投票权，从而陷入了社会和空间排斥的恶性循环中。正是这些分散的区域布置使非正式部分和正式部分密切结合在一起，使它们在现代城市景观中相互依存。

本书中的文章揭示了在没有参考城市变化的空间动态的情况下，许多研究城市时代的专家谈论自己的研究学科已经变得较为困难。正如沃尔夫冈·诺瓦克（Wolfgang Nowak）在前言中所描述的那样。这个过程从 2005 年开始，当时在纽约举行了第一届城市时代大会，随后又在另外 5 年举行了另 5 个会议。第二阶段继续集中在全球大都市增长的三个热点上。第一次发生在 2007 年 11 月印度孟买（印度的经济引擎），而每小时进入 44 个新移民使得这个"最大城市"更加膨胀。[10]第二次发生在 2008 年 12 月，在全球经济衰退的高峰期，巴西人口最多且富有活力的城市圣保罗以每小时新增 11 人的速度进行着增长。该系列的最后一次会议于 2009 年 11 月在伊斯坦布尔举行，伊斯坦布尔被称为欧洲最大的城市（尽管其三分之一的居民生活在亚洲），而每小时 12 名新增居民有助其成为世界上最具弹性的城市经济体之一。[11]这些城市代表着今天迅速发展的世界各地，而且 20 世纪的大都市区也呈指数级增长：孟买增长了 1,978%，圣保罗的增长率达到了 7,916%，伊斯坦布尔自 1900 年以来的增长率为 1,305%，相比 1980 年已经翻了两番。相比之下，伦敦在同期只增长了 16%。[12]

每次会议有 300 至 400 人出席，多达 80 位当地和国际专家介绍了多个方面的专题，包括城市治理、安全和犯罪、交通运输、住房和公共空间等，以及城市对环境和可持续性的影响。城市时代小组对更加广泛的区域趋势进行了研究，他们与当地政府机构合作，此研究作为长达一年的研究项目的一部分，产生了在会议上讨论的材料和思想，并被纳入本书。[13]

孟买会议成为印度城市（包括班加罗尔、加尔各答和德里）城市化进程的讨论重点。作为世界上最大和最烦琐的民主制度下的城市，孟买的治理处于进行重大调整的时期。在圣保罗，我们探讨了南美城市，包括布宜诺斯艾利斯、利马、波哥大和里约热内卢等城市，尤其是在不平等与安全方面是如何应对不同的经济和社会压力的。在伊斯坦布尔，我们重点关注的是在一个人类居住了 2000 多年、拥有"深刻历史"的城市中，社会、文化和经济变化正在如何影响其空间和政治格局。

75%

世界二氧化碳排放总量的 75% 由城市产生

读者路线图

本书分为三个部分："城市"部分包含了从 2007 年至 2009 年三个核心城市举办的城市时代会议内容的可视化论文和分析文本；"数据"部分则是所有 9 个"城市时代"城市的重要统计资料汇编，并附有批判性叙述和对当地居民进行民意调查的结果；"反思"部分则收集了跟随我们项目的学者和从业人员的想法，从而提供了他们对 21 世纪城市的经验教训的看法。

按照这个介绍性的文本，前两篇文章构成了本书的关键主题：建筑形式和城市经济。关于解决建筑与城市之间的关系，迪耶·萨迪奇（Deyan Sudjic）解决了《生活在无尽的城市》中的建筑语汇问题，并对设计行业内当前的现象提出批判。他回顾了近来 3 个城市时代案例研究中的项目，他认为建筑仍然处于城市研究的边缘，并呼吁建筑师脱离思维的桎梏，探寻城市可能成为什么样的城市。萨斯基亚·萨森（Saskia Sassen）选取了不同的视角来解释全球城市复杂的经济状况。萨斯基亚·萨森认为全球城市经济的复原力和生存力，同不确定的基础设施和建筑形式是相互依存的。她通过借助伊斯坦布尔、孟买和圣保罗的例子，描述了落后的且往往是非正式的部门是如何服务于先进部门和高收入员工。就此，她总结道，城市制造业在当前时代拓展全球城市的久远历史方面发挥了关键作用，并且，城市的专业差异具有特定的空间要求，目的在于使其复杂的经济得以增长和生存。

而在调查印度城市孟买的文章中，作者对治理、市民参与、排斥、城市文化和流动性提供了不同的见解。一个共同的主题始终贯穿于文本之中：尽管居民的贫困情况严重、基础设施不足，但孟买仍有值得世界各地的其他城市借鉴的经验教训。孟买超高的居住密度，苏克图·梅赫塔（Suketu Mehta）描述其为"对人的感觉的冲击"，贯穿了全文，这也是居民的韧性和创造力的源泉。梅赫塔将达拉维这样的贫民窟内充满活力的社会经济，同里斯本和伊斯坦布尔的现实相联系，并认为贫民区重建的制度方式与更具包容性的城市社会的内在需要完全脱节，特别是针对一个如此缺乏资源的社会。

同样被批评的还有孟买作为"全球城市"的自上而下的雄心勃勃的愿景，达利尔·德·蒙特（Darryl D'Monte）认为，孟买是由许多不同的社会群体与文化特征所组成的城市，而这些不同的社会群体与文化特征有可能被现在的国家官僚和既得利益者的联盟所淹没。在这个主题的基础上，拉胡尔·迈赫罗特拉（Rahul Mehrotra）则针对孟买如何发挥其不同地区的作用提供了新的观点，就是通过"动力"的维度，构建一个充满节日的、各种活动不断的、持续更新自己的城市。吉塔姆·蒂瓦里（Geetam Tiwari）认同高人口密度在能耗方面所隐含的利益，而她赞扬 50% 以上的孟买人步行或骑自行车上下班。她抨击其国家性的失败，即基于这种独特而有效的城市结构和印度城市生活方式的公共交通政策。

西瓦拉马克莱斯娜（K. C. Sivaramakrishnan）认为孟买在空间上和政治上

一样分散，并解释了政府的一项倡议（《第74宪法修正案》）：中央、州和地方社区之间的权力平衡和斗争，在其运作过程中将权力下放。他认为这导致了追责方面的重大缺失。这一缺失留给了建筑师查尔斯·科雷亚（Charles Correa），他试图用孟买的一个新中心来疏散拥挤的老孟买，但是这一尝试最终以失败告终。他苦笑着说，目前的孟买规划比愿景更加虚幻，而且建设应当重新审视城市本身的遗传特质。他提出了一个以公共交通为基础的单一的、网络化的、均衡的体系，以应对不可避免的危机，而不是为那些负担不起的人建造汽车城市。这种危机在于，孟买将面临目前仍有超过600万人生活在贫民窟、但却将成为世界最大的城市这样一种"可怕"的前景。

社会企业家精神和市民参与这两种文化的力量在关于圣保罗和其他南美城市的论文中脱颖而出，成为主流的主题。布宜诺斯艾利斯、利马、里约热内卢和波哥大已经对20世纪70年代以来的极端政治和经济发展做出了回应：专制、革命、经济奇迹和灾难。而拉丁美洲的绝望和实用主义的混合体现了对政府及其机构极低的信心。杰罗恩·克林克（Jeroen Klink）填补了这个高度城市化大陆上城市发展的体制真空。在他看来，这块高度城市化的大陆对于投资和政治意愿的缺乏推动了贫穷、环境退化和社会空间排斥的恶性循环，而这种恶性循环未能充分发挥南美城市和国家的潜力。

尽管是一个经典的"第二城市"，圣保罗也可算作是自成一类。不仅拥有超过3万个百万富翁，而且是金砖四国之一的巴西境内最大和最强的城市，正如费尔南多·德·梅洛·弗朗哥（Fernando de Mello Franco）所指出的，圣保罗地处沟通沿海与内陆地区的河畔高原，充分利用了其独特的地理位置。这种地理位置促进了城市强劲的出口经济。劳尔·贾斯特·洛雷斯（Raul Juste Lores）进一步将这个城市描述为向各个方向伸展的章鱼。事实上，圣保罗超越了地理边界和市政边界，甚至涵盖了其珍贵的水源地。圣保罗的发展屈服于土地投机的压力，而这种压力来自城市蔓延过程中边界扩张而兴起的商场、门禁社区和商务区。

通过回顾乔治·西梅尔（Georg Simmel）对于人们如何应对大都会生活的研究，可以看出，在日常生活中保持高质量沟通和联系的能力源于一种机制，而这种机制通过排斥某些社会群体，例如青年人、帮派、少数民族，从而能够在公共机构（政治家、规划者或警察）对公众信心较低的地方展开互相帮助。他认为，现代社会生活方式在墨西哥城、布宜诺斯艾利斯和利马的城市景观中得到了进一步的发展。根据特里萨·卡尔代拉（Teresa Caldeira）的研究，她认为圣保罗的社会差异在空间上是通过排斥过程而使人们分开的。这种社会差异在街区层面得以分化，奢华的富人区直接面对破败的贫民窟。她描述了城市的边缘是如何变得越来越孤立的：较贫穷的人被推向基础设施欠缺和犯罪率高的边缘地区，而富人仍然居住在城市中心的封闭式社区，或向外直接拓展到依赖汽车的"安全"的新兴开发地区。

50m

基于特里萨·卡尔代拉通过宗教、涂鸦、语言、帮派或犯罪定义的社会凝聚力的不同模式，何塞·德·索萨·马丁斯（José de Souza Martins）重点关注圣保罗的"传统"多元文化移民社区。圣保罗的"传统"多元文化移民社区构成了城市的主要社区类型——意大利人、犹太人、西班牙人、阿拉伯人、德国人、俄罗斯人、乌克兰人以及 Nordestinos（来自巴西东北部）和受保护的日本人和韩国人社区。他把这座城市描绘为一种多元文化的体现。这不是因为它接受那些没有冲突的人的文化多样性，而主要是因为它确保每一个多样性的例子都被允许保留为原来的形式，而他们日常共存的事实被接受并且产生了新的形式和创新。

关于伊斯坦布尔及其地缘政治腹地的文章围绕着全球化对城市形态和社会公平的影响，特别是在这种物理特性的背景下。理查德·桑内特（Richard Sennett）将这个争论综合成一个咄咄逼人的问题。因为其面临全球资本主义的挑战，伊斯坦布尔希望将来看起来更像现代的法兰克福还是文艺复兴时期的威尼斯呢？迪耶·萨迪奇（Deyan Sudjic）通过将伊斯坦布尔描述为像威尼斯或旧金山那样美丽的城市，从而进一步对这种视觉比喻进行描述，但是，"一旦你离开了水，就会变得同任何经受高速城市化创伤的大都市一样残酷而丑陋。"[14]

理查德·桑内特所提到的前现代的威尼斯为后现代的伊斯坦布尔提供了解释性框架。作为地中海的第一个"枢纽城市"，威尼斯从印度进口香料，从北非进口奴隶，从亚洲进口布料，然后将成品送到欧洲和东方。把城市作为生产车间的这样一种理念与萨斯基亚·萨森将城市作为制造业中心的首要地位不谋而合，并且体现在全世界最全球化的城市中。当环境变得均质化，非正式性被从城市的公共空间中抹掉之时，"铰链开始生锈"，城市作为一种社会机制则变得功能失调。

哈希姆·萨尔基斯（Hashim Sarkis）进一步发展了这一论点，利用基于地中海史学的空间模型，在更广泛的背景下分析了伊斯坦布尔的矛盾关系。这补充了厄梅尔·卡尼帕克（Ömer Kanıpak）对城市如何塑造自然及其动态地形的视觉叙述。他解释了伊斯坦布尔数千年传承的特质，解释了水和陡峭的悬崖是无处不在的，从而为居民创造了一个人人皆得以欣赏的景观，而不论其社会或经济阶层如何。通过观察贝鲁特、开罗和阿勒颇（Aleppo）等更广大地中海地区的阿拉伯城市最近的发展情况，萨尔基斯得出结论：尽管有所妥协，伊斯坦布尔已经设法维持了一个统一的跨时代的布局，并在其历史各层面之间显示了同步性。

相反，阿苏·阿克索伊（Asu Aksoy）和伊尔汉·特克利（İlhan Tekeli）尖锐地批评了"新一轮"全球化对城市空间和社会性基础设施的影响。尽管阿克索把"世俗化"的概念称为一个涵盖了开放、自由主义、实用主义、民主文化和全球"嵌入"的美味鸡尾酒，她也和提克里一样担心由激进的房地产市场和政府自己的住房机构 TOKI 主导的庞大的建造计划所形成的综合风险。市政当局已经确定了软目标；在历史久远的塔拉巴亚区（Tarlabaşl），其废弃的希腊东正教教堂和破旧的建于19世纪的房屋（现在住着库尔德人、吉卜赛人和非法的非洲移民）都将被整体清除。推土机式的强拆让罗马家庭不得不从苏卢克勒（Sulukule）地区搬离，代之以为城市新中产阶级开发的新奥斯曼式风格的住宅。这种强硬的手段根植于文化之中，几十年来人们已经学会如何应对，非正式性已经从"gecekondu"（移民在夜间建造的非法房屋），蔓延到城市生活的其他领域，包括工作（如街头小贩）、交通（dolmuş，共享出租），甚至音乐（阿拉伯风格古典音乐）和建造（共享产权，yapsatçılık）。也许这就是为什么伊尔汗·特克利并没有对伊斯坦布尔这种"混合形式"的开发控制——半规划,半不规划——进行过度的批判。

无意中，这个初步的结论为恰拉尔·凯德尔（Çağlar Keyder）提供了一个解释如何衡量成功应对棘手问题的方法。他指出，伊斯坦布尔空间扩张的发展历史并不是单向的：一方面，人口增长导致的住房需求对土地所有权会有特殊的要求，同时，土地的商品化已经成为21世纪第一个十年中，由安卡拉的国家领导人与伊斯坦布尔的市政府高级官员联合起来实现共同目标和全球化议程的必要条件。

"数据"部分包括所有9个"城市时代"项目案例城市的信息，通过以相同模式绘制的图表进行了比较。尽管各个城市的数据来源不同，但数据都经过了检查和修订，尽可能地确保一致性和准确性。这些图表说明了案例城市的各个方面，包括人口分布、密度、年龄构成、不平等状况和就业，以及行政边界、公共交通和模式划分等内容。并且基于数据的可得性和相关性，提供了从市辖区、都市区到区域尺度的相关信息。其中，特别关注了9个城市的居住密度，附带的详细地图和图表说明了9个城市高密度区域的城市形态。

在随后的章节中，贾斯汀·麦考克（Justin McGuirk）对数据进行了解释，并探究了这些数据的含义和意义。这么做的目的是为了勾勒出这一图景（即所有"事实"都可以呈现），那就是数据到底告诉我们什么，这是在数字墙上找到解释和阅读的指南。托尼·特拉弗斯（Tony Travers）则从客观和定量转变为主观和定性，为孟买、圣保罗和伊斯坦布尔居民所作的三次民意调查结果提供了平行的解释性叙述。托尼·特拉弗斯的文本参考了一项在伦敦进行的类似研究，这项研究比较了4个城市的居民对每个城市政府以及其他城市问题包括安全、犯罪、教育、公共交通和环境等的看法。

这种形式的投票对市长和地方政府来说是很重要的，因为它们能测试出人们对他们所在的邻里和城市的好恶。个人安全成为主要大都会地区的关键问题，并且投票表明，在圣保罗和伊斯坦布尔，个人安全受到严重威胁。在一些发展中城市，医疗保健和其他公共服务是严重不足的，同时便利的"商店服务"可能是居民喜欢他们居住地的一个重要原因。也许，让人意想不到的对投票结果的总结是，这四个城市的居民们的生活还是不错的。

最后一部分包含从一开始就与城市时代项目密切相关的个人以及一些新加入者的反思。建筑师，市长，社会学家和交通规划师就参与城市时代项目的城市所观察到的趋势提出了他们的看法，这提供了一个关于城市的物质和社会层面相互作用的多观点的横截面。

理查德·桑内特则指出了这些互动的矛盾之处，并通过重点关注"边境"和"边界线"之间的根本区别来强调这种矛盾，以及他们对城市居民的社会化或疏离的潜在作用，这些不同表明在当代城市的新空间中，不可渗透的边界正在取代可渗透边界。亚历杭德罗·赛拉-波罗（Alejandro Zaera-Polo）反映了20世纪90年代以来以廉价货币为动力的"无装饰"文化，引发了一种满足全球资本需求的新型同质化的建筑类型。尼古拉斯·斯特恩（Nicholas Stern）、迪米特里·曾赫利斯（Dimitri Zenghelis）和菲利普·罗德（Philipp Rode）探索了城市如何通过开发一种新的降低能源消耗和污染的绿色城市模式，在缓解气候变化的负面影响上发挥重要作用。通过比较三个"城市时代"项目案例城市的治理结构，杰拉尔德·弗鲁格（Gerald Frug）解释了国家、州和市的利益如何产生冲突，为何很少能够成功地为城市的边缘选民代言发声。安东尼·威廉姆斯（Anthony Williams）利用一个比喻进一步拓展了这一政治议题：就像一个城市领导人在多个选区截然相反的诉求之间取得平衡那样困难，而索菲·博迪-根德罗（Sophie Body-Gendrot）则指出暴力、不平等和无序是如何在这些城市空间化的。

在一个更小的范畴里，亚历杭德罗·阿拉维纳（Alejandro Aravena）强调了要为城市的核心建筑类型——住房——找到灵活而可支付的解决方案，提出一种激进和创新的基本住房原型作为对非正规经济模糊需求的具有可行性的回应。戴维·萨特思韦特（David Satterthwaite）则强调另外一个核心问题——生存，特别是对那些因为环境危害、治理不善和政治剥削而面临最大风险的最贫穷的城市居民而言。法比奥·卡西罗（Fabio Casiroli）通过解释不同的移民模式如何以不同方式影响伊斯坦布尔、圣保罗和孟买的居民，来拓展我们对排外主义的理解，而布鲁斯·卡茨（Bruce Katz）界定了美国的大都市地区的经济问题，并提供了改进方案：投资于基于绿色技术的城市就业、创新和出口导向型经济。最后，亚当·卡萨（Adam Kaasa）、马科斯·罗萨（Marcos Rosa）和普里亚·尚卡（Priya Shankar）一起通过设置德意志银行城市时代奖（这一奖项从2007年起一直伴随"城市时代"项目）将我们拉回现实，带我们理解了边缘群体在开拓他们的城市空间过程中的作用和角色。

结论和展望

前文中的各种论述给我们提供了关于孟买、圣保罗和伊斯坦布尔的社会和空间变化的截面图，帮助我们对21世纪初的城市状态有了一个初步的了解。城市间的巨大差距，并且有时当了解了城市可以怎样虐待它自己的市民和环境时，都会让我们想到当下一任城市领导者们带领他们自己的城市度过重重难关时将要面对的挑战和威胁。

但是，这些论述也提到城市是治理市民和开发环境潜力的独特方式，来带领城市发展成更为公正的社会和环境。而这也会是孟买、圣保罗和伊斯坦布尔这些新兴城市的市长、统治者和城市领导者们的主要任务。

早在一个多世纪之前，巴塞罗那、巴黎、芝加哥或阿姆斯特丹的城市创始人们就面对跟我们现在类似的挑战和威胁，他们的解决办法就是通过扩展城市边界来满足新的城市居民的居住需求。150年后，由阿方索·塞达（Ildefonso Cerdà）、奥斯曼（Haussmann）男爵、丹尼尔·伯纳姆（Daniel H. Burnham）或 Hendrik Petrus Berlage（现代时代的第一批城市主义者）构想的街道、大道、公园、住宅和市政机构已经证明了其长期的可持续性，并且适应经济周期以及建筑和空间的社会变化，既坚固又有弹性。城市结构及其社会机构的空间基因编码共同作用于多样化的社区的适应和支持，并为这些社区提供了一种地方感和身份感。在这些城市中，物质层面和社会层面都已经成功地相互联系起来。

下一代城市领导者有机会在城市的空间和社会构成的基础上发挥作用，而不是直接输入迎合全球化、同质化的通用模式。巴塞罗那以及波哥大为其他的城市提供了一条可资借鉴的道路：在充分了解和利用现有资源的基础上，通过采取与城市空间和社会结构相配合的措施对城市进行变革。重新发现将物质秩序与人类行为联系起来的脆弱线索将是这个城市时代的主要任务，因为在这个时代，世界上有75%的人将生活在城市中。

人在哪里聚集

世界各地人口分布不均的情况是由 2015 年人口密度最高的地点的色块强度标识出来的。一直有人居住的大都会区域已经集中在印度次大陆和太平洋沿岸地区，在恒河流域平原居住的人口数量位居全球第十二位，与长江流域与华北平原相似。人口密度高的群体出现在欧美城市和非洲、美洲的沿海地区。拥有超过 25000 人的城市开始在地图上显示出更明亮的光点（与此相反，人口稀少或无人居住是黑色的），

这突出表明，城市和大城市地区仅占世界面积的 2%，但却居住着 53% 的居民。

人口 / 平方公里
0
1 – 5
5 – 25
25 – 250
250 – 1,000
1,000 及以上

人类的足迹

科学家估计，人类活动对世界陆地面积的83%有直接影响。只有大面积的沙漠、苔原、热带森林和冰盖才能不被永久性的道路、建筑物、基础设施或农业侵占。虽然人类活动似乎在欧洲大陆完全饱和，印度次大陆、东亚和中美洲、北美地区呈现出从东到西的人类活动分布不均。

■ 受影响程度最低
■ 受影响程度最高

通过航空连接

城市是全球资本、货物和人流的汇合点。尽管对环境造成负面影响,但城市和大都市地区之间的航空旅行则通过更低廉的航班和市场竞争呈现指数增长。机场已成为现有或新兴的金融、旅游和贸易中心的全球化配置或重新配置的必要条件。这张地图中绘制的线条表示了9个"城市时代"项目城市之间的路线,揭示了世界经济发动机之间的通信相对集中。繁忙的纽约—伦敦路线在该图中排位靠前,每日有54次直飞航班,其次是伦敦—柏林(22班)、纽约—墨西哥城和伦敦—伊斯坦布尔(每条线路12班)和伦敦—约翰内

斯堡（10班）。令人惊讶的是，短途、区域内的从圣保罗到里约热内卢的航线拥有最紧张的时间表，即每日有240班航班；从华盛顿到纽约是196班，从伦敦到阿姆斯特丹的航班是101班。

每条路线每年的航班数

- 1 – 500
- 500 – 1,500
- 1,500 – 3,000
- 3,000 – 6,000
- 6,000 – 10,000
- 10,000 – 20,000
- 20,000 – 45,000

通过海运连接

尽管空中交通量有所增加，商业航运在四大沿岸地区分销货物和连接主要枢纽仍具有全球意义。作为主要国际航线过境点的自然港口反映出了它们的历史地理位置，许多港口城市继续发展，在21世纪的全球经济中发挥重要作用。该图反映了世界海洋的商业活动水平，及通过年度集装箱吞吐量（TEU—20英尺等量单位）来测量的港口活动规模。虽然前五大港口位于亚洲（新加坡、上海、香港、深圳和釜山），鹿特丹和迪拜在集装箱运输量方面处于前十位。

哪里的城市在增长

城市化步伐和规模的区域差异显著。该地图绘制了 1950 年（深绿色圆圈）到 1990 年（浅绿色圆圈）的超过 75 万人的世界城市的规模和增长情况，并表明根据联合国预测，到 2025 年（白圈）这些城市的预计增长。虽然许多欧洲和北美城市（如伦敦、纽约和巴黎）在 1950 年的增长达到顶峰，但日本和拉丁美洲的城市（最著名的是东京、墨西哥城和圣保罗）在接下来的 40 年里城市增长最多。但

是，在未来的 20 年里，增长最快的城市地区将在非洲（金沙萨和拉各斯）和亚洲，因为印度和中国的城市化水平最高（特别是达卡、德里、卡拉奇和孟买）。

城市的变化有多快

金沙萨、达卡或德里将在2025年之前以每75秒增加一个新居民的速度增长。同时,诸如柏林、圣彼得堡、哈瓦那和首尔等城市可能会出现人口减少,这反映出经济增长和人口增长的不同模式。发展最快的城市位于人口密度已经很高的地区,这表明在发展中地区农村向城市的移民和自然出生率的加速。在这些快速增长的城市中,城市基础设施的供给将对城市居民生活环境的可持续性和生活质量产生重大影响。

城市经济的流向

跟踪 1993 年至 2010 年间 150 个世界城市的增值税率（大都市地区的国内产出）变化，揭示了过去几十年来在全球层面发生的地缘政治转型。东欧和亚洲的"强势经济"都表现出强劲的增长，这反映出基于创新，城市格局投资的人口和区域移民相应增长。虽然在 2007-2009 年全球经济衰退令许多大都市地区受到打击，但一些亚洲和拉丁美洲城市在创新、制造业投资和出口导向型经济等方面都表现出强大的韧性。

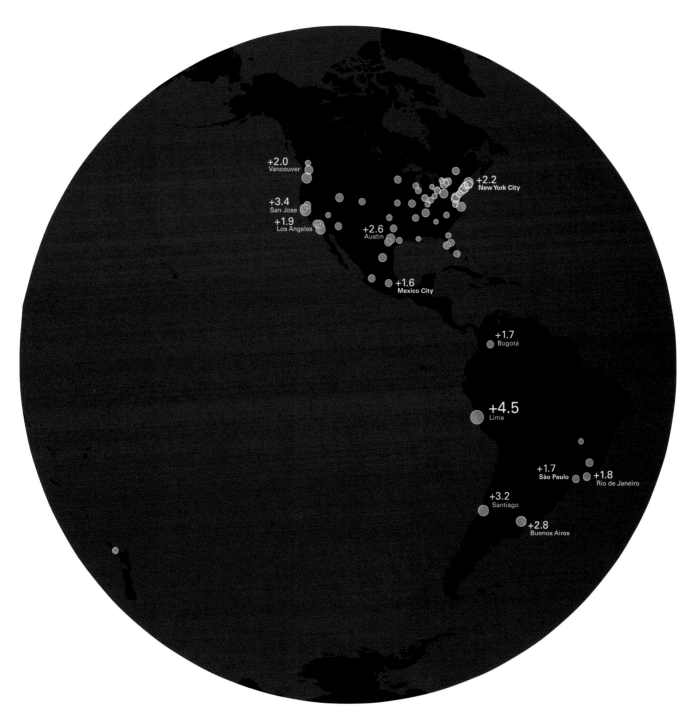

城市居民的潜力

根据居住地来看，城市居民的生活质量和期望值有很大差异。人类发展指数（HDI）是联合国制定的跟踪教育程度、预期寿命和经济发展的综合指标，它表明南方（发展中国家）的人类发展水平正赶上北方（发达国家）。尽管北半球许多城市达到舒适的人类发展水平（高于0.8的任何地方都被认为是高的），但拉美地区的城市显示出明显的改善，紧随其后的是印度和中国的城市地区，而非洲城市仍然落

后。在所有这些地区，有相当数量的最大城市的表现优于全国平均水平，反映了城市通过更好的市政和社会基础设施（如学校、保健中心和改善卫生）为居民提供福利的潜力。

风险的热点图

像财富和社会福利一样，环境风险在全球的分布也是不均匀的，在非洲、亚洲、中东和拉丁美洲的大部分地区，地震、火山、洪水、山体滑坡和干旱等自然灾害发生频率较其他地区更高。在人口较多的城市地区，问题变得更为严重，特别是在靠近河流、水路和海洋的城市，或靠近肥沃平原的城市，所有这些城市都处于由全球变暖带来的洪涝或海平面上升的威胁之下。与"人在哪里聚集"（第

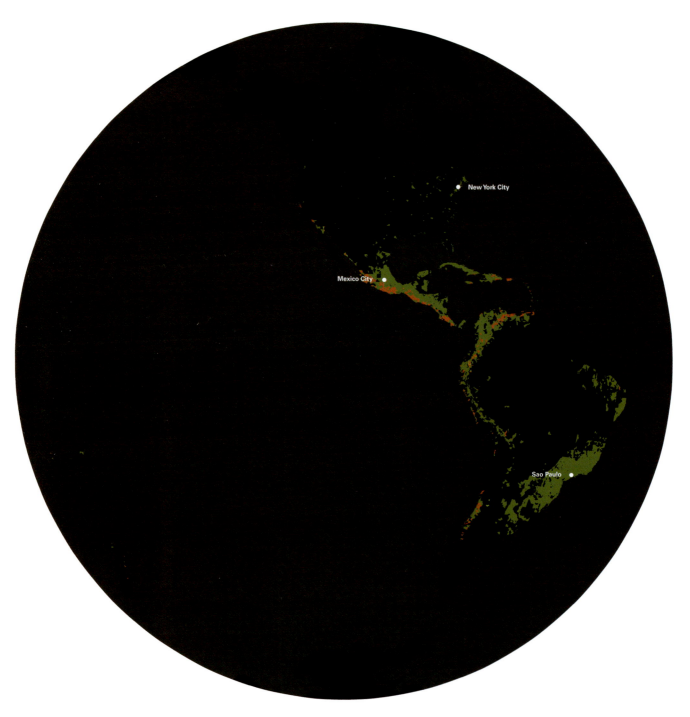

26-27页）的地图相比，更加明显的是那些吸引气候难民聚居的城市正是那些很可能产生高死亡率灾害的城市。

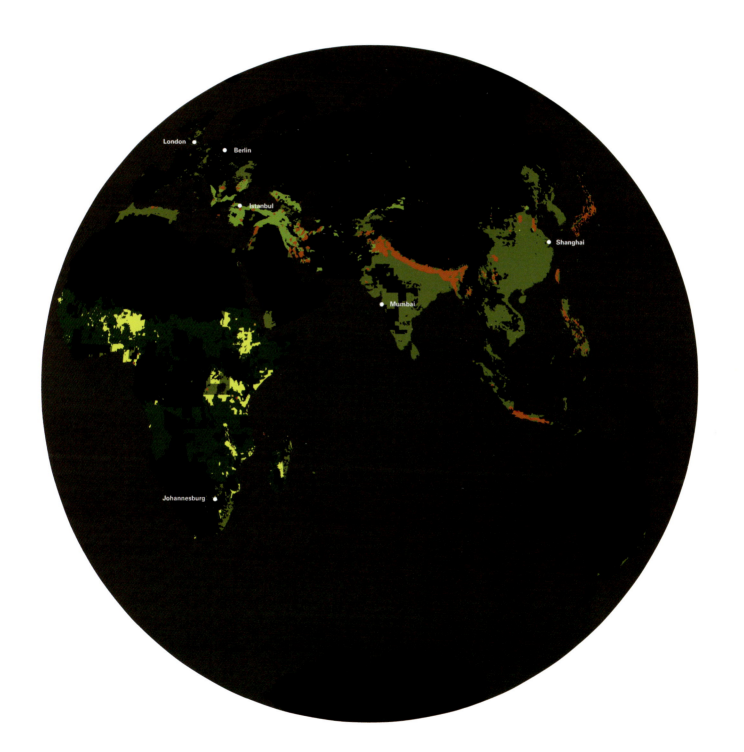

无尽之城的建筑学

迪耶·萨迪奇（Deyan Sudjic）

新的建筑学范式

作为世界上建筑密度最大，并且贫富差距巨大的城市，孟买已经开发出一种国际性的惊人建筑形式——高层宫殿。石油富豪穆克什·安巴尼（Mukesh Ambani）委托 Perkins+Will 来负责安提列亚（Antilia）项目，这个工程其实是一栋 24 层高的高层豪华住宅，其中包括造型不规则的房间，而建筑的底部则是他的办公室。

尽管建筑学处于城市研究的边缘，但是建筑学有自己独特的表达方式。在我看来，建筑学可以告诉我们一个看似谬误的观点的本质：城市在某种程度上可以被理解为一种美的艺术，但是它可以找到一种方式来接受居住空间的无序和混乱，并通过这种方式尝试找到理解和预测城市行为的方法。建筑已经准备好接受乌托邦式的和反乌托邦式的关于城市性质的想法。巴克明斯特·富勒（Buckminster Fuller）提出的建造一个覆盖曼哈顿大部分地区的巨型穹顶以防止污染的想法，可以被视为既绝望又满怀希望的态度。

一方面，建筑学可以说是惊人的雄心勃勃，因为它提供了类似于魔幻现实主义的乌托邦式的城市幻想。新一代的城市正在回归到 20 世纪 60 年代的现代主义梦想，建筑的角色正在变得更为重要，而不是仅仅作为城市的装饰品，这令人对城市的未来充满了希望。关于城市可能的模样，由埃里森和彼得·史密森（Alison and Peter Smithson）设计的位于伦敦东区的罗宾汉花园提供了一个例子，这是一个由建筑精英设想出的高层社会住宅方案（保障性住房），描绘了一个关于空中街道的梦想，源自高密度居住的社区概念。40 年后，地方当局认为它会影响居民生活，决心将其拆除，而社会活动家将其视为一个历史性的地标而掀起了一场保护运动。欧洲和北美也有类似的案例，如果著名建筑师山崎实（Minoru Yamasaki）设计的位于圣路易斯的 Pruitt-Igoe 综合大楼在 20 世纪 70 年代没有因无法居住而荒弃拆毁，那它无疑将成为今天保护运动的对象，因为该建筑多次获得美国建筑师协会的奖项。

这是一种宏大的设想，尽管有时不符合民众的需求和政治理念。但是，即使建筑没有尝试以一种戏剧性的观念来改变世界的时候，也会关注小而有形的东西。在最微观和最实实在在的层面上，当活动家们发现设计和建造公共厕所已经开始使达拉维居民的生活更加安全，为在铁路轨道上排便的危险做法提供了更卫生、更文明的替代方案，这是对孟买贫民窟生活的一种贡献。

另外的案例，则是扎哈·哈迪德的新伊斯坦布尔总体规划，以及由雅克·赫尔佐格（Jacques Herzog）和皮埃尔·德梅隆（Pierre de Meuron）设计的圣保罗

对细节的关注

亚历杭德罗·阿拉维纳（Alejandro Aravena）遵循关注社会事务的建筑传统。在他主持设计的名为 Elemental 的项目中，聚焦于如何让人们在南半球那些穷人爆发式增长的城市中过上体面的生活这一问题。他的做法是在保持设计价值观的前提下，不再沉溺于技术性的解决方案，而是综合考虑土地使用权、居住密度和人们的负担能力等因素。

新文化中心，该项目位于原来的公共汽车站，该公共汽车站在建造 30 年后，因城市中心区的复兴改造而被拆毁。这些大项目表明只要勇于将一些理念付诸实践，并维持必要的投资，就可以把整个城市发展推向新的方向。

"城市时代"项目是由这样一个理念所驱动——城市作为一种社会和物质的结合物，难免会滋生不平等，带来危险以及导致道德败坏。尽管这并不是一个客观的观点，但我相信它确实是基于谨慎的数据分析得来的。而参与其中并不一定构成了解城市本质的障碍。

在人类历史上，城市一直是经济发展的焦点。它提供了一个更为安全的环境，至少没有在农村面对土匪和地主时所面临的风险。城市为人类提供了一个能够充分发挥创意的地方。作为一个组织单位，城市比民族国家面临的问题更少。当然，城市中已经出现了大规模的种族争端，但自从民族国家诞生以来，城市一直是一个更加宽容自由和国际化的地方。尽管城市会产生污染和疾病，但是这种高密度的生活实际上是一种减小人类生态足迹的有效方法。城市一直是帮助众多的贫困人口摆脱落后的农村生活的最有效工具。

然而，人们对城市也有长期的负面印象。从中世纪伦敦尝试将增长限制在城墙内，到威廉·莫里斯（William Morris）在《乌有之乡的消息》中描述的在无政府主义领导下的田园生活和废弃的伦敦城，以及堆满了一文不值的纸币的国会广场等种种场景，都说明人们对城市的道德恐慌一直持续着。在艺术和文学方面，城市经常以最负面的方式呈现。20 世纪初，技术进步使人们能够俯瞰城市无边无际扩张的全貌，那些思想保守的人们很快就开始给人们展现城市是怎样毁掉地球美丽脸庞的。

当然，从日常生活的角度看，地平面上的情况有些不同。从"城市时代"

纵观全局

扎哈·哈迪德（Zaha Hadid）对伊斯坦布尔一个海滨工业区重建项目中使用的空间方法是十分大胆的，展现了一种城市建设的宏伟方式，让我们回忆起了豪斯曼（Haussmann）对巴黎和塞尔迪（Cerdà）对巴塞罗那的整改方案。她的客户不得不解决复杂的土地所有权问题。如果成功了，他们将为该市创造一个新的商业中心。

项目的角度来看，很容易忽视这种对城市的消极诠释。我们可能会对城市的演变发展产生怀疑。在我出生的那一年，至今仍然被叫作孟买的这个城市，只有不到 300 万的人口，与圣保罗的规模基本相同，同时伊斯坦布尔的人口还不到 200 万。然而在我已经到了中年的时候，孟买的人口已经增长到 1500 万；至少这是一个令人生畏的换算方法。在心中，我们本质上将城市看作为人们提供机会的平台。但是，在瓦茨拉夫·哈维尔（Václav Havel）于 2010 年在布拉格举办的关于城市未来的论坛上，里基·伯德特（Ricky Burdett）和我的观点被那些对亚洲、非洲和拉丁美洲城市的迅速增长保持着十分消极看法的大量建筑师和学者所质疑。我们虽然对城市的性质和城市人口的增长提出了一些批评，但是本质上我们对其保持着积极的看法。对他们来说，如何建设更有效的公共交通系统，或者更公平地为更多的人提供社会住房等问题是无法找到适宜的应对措施的。对于他们中的一些人来说，世界人口过快增长会以毁灭性的速度迅速

建筑和参与

地区资源中心促进协会是由居住在孟买贫民窟中的居民最近主动提出并创立的,力图在居住地,例如达拉维,提供更好的卫生设施使人们的生活变得更有尊严。拉胡尔·迈赫罗特拉(Rahul Mehrotra)的建筑实践为SPARC设计了一些公共厕所。这些使用竹子、钢和太阳能收集器的4层建筑已成为当地重要的中心。

耗尽世界的有限资源。他们唯一的解决方案或多或少是由马尔萨斯主义者启发的人口控制。他们认为,讨论城市可能采取的形式,以及提供可能使城市更好运作的基础设施,在某种程度上只是浮于表面的方法。

如果就这一问题的讨论是建立在未来世界人口可能达到100亿的假设之上,那么围绕这个问题的辩驳就很难有可信度,更重要的是,未来也许很大可能是依靠减少穷人的孩子来维持富人的生活这一方式来成功解决这一问题,尽管这并不是普遍的观点。例如,乔治·莫比奥特(George Monbiot)认为,人口问题不是关键的挑战:很多迹象表明人口增长已经过了最大增长率。真正的难题是城市如何利用其掌握的资源。悲观主义者几乎都是那些不接受生态理论的人,他们仍然认为我们看到的在世界各地新建成的无止境的住宅区并不能形成任何有意义的城市。

从美学的立场来看,无边的城市从空中看起来很丑陋。在地面上,它们也不能适应佛罗伦萨文艺复兴时期的审美。对于大多数学者、工程师和律师来说,或许这本来就是一个轻率的观点。但这正是那些城市中绝大多数市民看待它们的方式。城市建筑的外观和带给人的感受是什么?它们是如何共同定义公共空间的?建筑师、规划师以及景观设计师可以做些什么来使城市运转得更好?

雷姆·库哈斯(Rem Koolhaas)和里昂·克里尔(Leon Krier)这两个关键人物在建筑学界定义了这场辩论,他们看待这个问题的出发点可能看起来与建筑学无关,但实际上共同源于20世纪70年代伦敦的建筑联盟学院(AA School),而且这个问题没有任何答案。城市定居点发展得如此之快,无论是为了适应世界人口的绝对增长还是人口向城市的迁徙,都与我们曾经所认为的城市有所不同。

文化综合体，卢兹（Luz）

圣保罗采用了赫尔佐格与德梅隆事务所的方案，为城市舞蹈剧院和其他文化机构建设一个开放的文化综合体，作为城市重建的一部分。项目于2016年完成，建在20世纪60年代建成的公交车站原址之上，这里曾经是街头犯罪的高发地区。

  克里尔和库哈斯是在英国建筑联盟学院任教时相识的，扎哈·哈迪德在当时是其中的一名学生。他们对当代城市的性质有着非常不同的看法，但正如处于两个极端的政党都有达成共识的方式，克里尔和库哈斯截然不同的分析也产生了共鸣。克里尔作为勒·柯布西耶（Le Corbusier）的崇拜者开始了他的建筑旅程，后来声称受到马赛（Marseilles）和维尔·雷迪厄斯（Ville Radieuse）的实际经验的启发，使他最终走上一条让他探索传统城市性质的道路，并宣称真正的建筑师负有根本不应建造任何新建筑的责任。克里尔认为，这是一种参与摧毁人类最伟大的创造物——欧洲城市的严重的罪行。"一个负责任的建筑师在当今根本没有机会去建造……新的建筑只能意味着在文明社会自我毁灭的过程中或大或小地参与其中，""我只能设计建筑"，他在20世纪70年代说，"因为我不建造。而我不建造是因为我是建筑师。"

  库哈斯对建筑的理解也持一样的观点，但他发现机场和购物中心的废弃空间和边缘城市比克里尔探索的托斯卡纳广场和巴黎拱廊提供了更有希望的研究素材。库哈斯着迷于城市转型速度产生的影响，以及它是如何影响海湾国家和中国这些并不十分在乎传统建筑的国家，形成这种以前无法理解的现象。但他最后的结论与克里尔没有太大的区别：那些专注于建造的建筑师在某种程度上忽略了他们工作的真正意义。自从克里尔遇见了威尔士亲王（Prince of Wales），库哈斯开始在中国工作，他们的立场都发生了重大转变。

  克里尔声称要庆祝他所说的传统城市的包容性，这是一个他所谓的"稳健、端庄、而又朴实无华的街道"被偶然地、明断地提升为古典风格的里程碑。他认为，建立与牛津、布拉格或卢布尔雅那（Ljubljana）同等质量的城市中心并不困难。基于他强大的说服能力和对城市独到的理解，他已经对下一任英国国王以及现

重新激活城市

埃姆雷·阿洛雷特（Emre Arolat）的建筑实践随着伊斯坦布尔的重建而兴盛起来，成为后苏联新兴国家的焦点。他在一个废弃电站的旧址上设计的伊斯坦布尔比尔基大学（Bilgi University）的 Santral 文化中心。

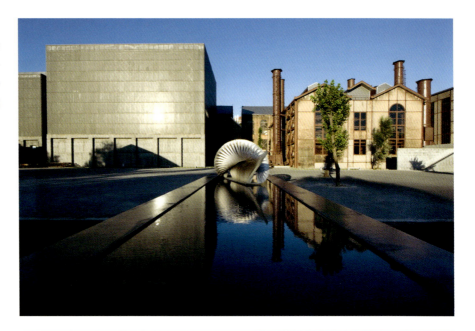

任的罗马市长的建筑政策做出了贡献。克里尔的信徒遍布从佛罗里达到罗马尼亚的多个城市。他被美国的追随者称为"新城市主义"之父，英国威尔士王子在多塞特郡（Dorset）的庞德伯里（Poundbury）发展项目是英国"新城市主义"最具代表性的案例。

克里尔认为，通过他的城市建设指引，摒弃过去 50 年的转型，并治愈已经造成的伤害是可能的。他建议说："高吊顶的低建筑比起低吊顶的高建筑，可以获得更多的建筑空间。"同时他提供了一个关于如何在城市中实现公私空间平衡的严格的指导。"公共空间在 70% 以上就太多了，而少于 25% 就太少了。"

克里尔声称他已经赢得了城市规划的争论。剩下的就是淘汰玻璃幕墙摩天大楼和那些表现主义的明星建筑。"现代主义否定了所有使得建筑有用的元素：没有屋顶，没有承重的墙壁，没有柱子，没有拱门，没有垂直的窗户，没有街道，没有广场，没有隐私，没有宏伟，没有装饰，没有工匠，没有历史，没有传统。事实上，新现代主义者不得不承认，传统的街道和广场是无法替代的。"

库哈斯还认为，当代城市不再是以前人们理解的城市，但是他对这种洞察的补救办法不是寻求改善他所看到的东西，而是尝试去接受并调整看待世界的态度。库哈斯怀念的是建筑幻想有能力改造一座城市的时代。与塞尔达（Cerdà）创建新巴塞罗那一样的方式，豪斯曼（Haussmann）重建了巴黎，奥姆斯特德（Olmsted）设计了中央公园。这不同于当代建筑师的角色，也不是一个能让所有建筑师都接受的立场。设计师持续关注总体规划，尽管总体规划具体可能是什么还有待讨论，它可以是一个密度分布图，一套道路系统，一个雕塑的视觉或叙事，一个由文字和图面组成的城市生活。

在城市时代背景下的总体规划试图展现一些连贯性的内容，而不是不断改变的爆炸式增长的城市。在圣保罗、孟买或伊斯坦布尔的这些项目很少是舒缓的学术活动，它们通常是由剧烈的、不稳定的变革所驱动的。然而，变革的速度和精英对实验的开放程度，让这些城市为建筑革新者提供了一个展望新方向的机会。

扎哈·哈迪德为重建伊斯坦布尔这个与她有很强联系的海滨城市而进行的实验需要多年才能实现。卡尔塔·彭蒂克（Kartal Pendik）总体规划规模巨大，在500公顷（近2平方英里）范围内，规划出有600万平方米（超过6000万平方英尺）的空间并且要在一天内可容纳10万人。哈迪德的总体规划用闪闪发光的图像吸引眼球，但她的总体规划并不能算是一个建筑设计。它为将来会由许多人设计的城市提供了一个脚本。哈迪德在伊斯坦布尔的工作可以被认为是以非常了不起的方式为城市塑形。

鉴于伊斯坦布尔在过去20年中发生了巨大变化，哈迪德的设计——由一群私人土地所有者发起，布特·艾克萨西巴西（Bülent Eczacıbaşı）与市政当局合作五年，但到现在还没有落实——同样雄心勃勃。这个城市在20年来人口翻了一番，尽管建造了这样一些零售中心，如同样由艾克萨西巴西建造的Kanyon综合大楼，它仍然是一个功能受其单中心结构约束的城市。卡特尔通过双悬桥与被博斯普鲁斯海峡划分在亚洲部分的城区相连，试图替代Levent商业区给这座城市提供第二个中心。面对一系列复杂的关联地块，俯瞰马尔马拉海的前工业区，以及位于E5高速公路旁的一些采石场，哈迪德计划利用现有的交通连接，将其建成一个高层地区，功能包括中央商务区、豪华住宅、文化设施，以及由小港湾和酒店集群组成的滨水休闲区。哈迪德创造了所谓的"软网格"，这是一个传承自古罗马时期，直到豪斯曼的巴黎、纽约市和爱丁堡的新城镇所使用的定义城市发展的策略。城市网格的概念以及用于保证其长期发展的法律和财务

勇敢面对

庞德伯里（Poundbury）是威尔士王子在多塞特郡的开发项目，它试图通过复制传统的城市形式来创造社区形态。总体规划是基于里昂·克里尔（Leon Krier）对城市主义的看法。他认为 21 世纪生活的弊端植根于城市所采取的建筑形式，而不是引发他们的社会或经济问题。

规范，是指导开发商在每一个孤立的地块中建设房子，并确保有一天会与其他周边建筑物从规模和功能上形成统一整体的关键。

哈迪德将她的网格描述为一种书法脚本，既可用于定义整合在一起的街道，又可以定义独立的结构。贯穿该地区的一条横向路线将连接起任何一侧的邻近区域，并和连接海滨与内陆的主要纵向道路相连。哈迪德在伊斯坦布尔的工作表明，当有革新思想的建筑师有机会以新的方式规划旧城市时可能发生的事情。

伊斯坦布尔也在快速地向那些在其之前就开始削减工业产业的城市学习。在奥斯曼帝国第一座电力站的旧址上建立的伊斯坦布尔当代艺术博物馆（SantralIstanbul）就是以文化为主导的城市更新的一个例子。更新过的 19 世纪的综合剧院、画廊和图书馆的综合设施和新的开发，为创造新的城市价值感贡献了力量。

位于智利的由亚历杭德罗·阿拉维纳设计的名为 Elemental 的项目触及了城市爆发性增长的最大挑战：使穷人也有住的地方——通过最细致的设计来解决贫困人口的住房问题。Elemental 是阿拉维纳与为其提供资助的智利石油公司的合作项目，它寻求让穷人留在市中心并让他们在社区中享有利益。在这样一个周期性变化中，在绝大部分建筑业同行对社会住房失去兴趣 30 年之后，阿拉

跟随潮流

OMA 对建筑思维的影响至关重要,即使他们对建筑学曾经在文化生活中发挥作用的能力持怀疑态度。他们更喜欢在城市层面进行操作,例如香港西九龙文化区的竞争策略,而不是单体建筑物。

维纳的工作是住房密集度和设计问题重新获得全球建筑师广泛关注的一部分。该项目的策略是使用有限的资金来达到最低限度的供给,即每位居住者占有 35 平方米,并且预期居民在资源允许时可以扩大自己的房屋。这是尝试确保产权安全,并将相关部门的建设标准推广到自给自足的(波多黎各人或墨西哥人聚居的)贫民区和(巴西)贫民窟。这种首创精神使得这个想法迅速传播,因此该项目并不局限于智利,也出现在墨西哥、美国,将来甚至有更多的国家会参与其中。

在另一极端上,爆炸式发展的大都市转型使得新兴建筑形式变得更为引人注目,而在孟买,这种新兴建筑形式是最为极端的,比如石油大亨穆列克·安巴尼(Mukesh Ambani)投资的超高密度与暴增财富的结合——一栋 24 层、高 150 米的世界上最大的安提利亚塔(Antilia)。这栋由拉尔夫·约翰逊(Ralph Johnson)基于芝加哥帕金斯 + 威尔建筑师设计事务所(Perkins+Will architects)设计的 24 层高的塔楼似乎象征着富人和穷人之间的碰撞。它是极端的产物,创造了一种新的类型学,而且与圣吉米尼亚诺(San Gimignano)塔形成了奇妙的共鸣。它展现了新兴城市中当代建筑的可见性和无效性。

我从提出建筑学一直处于城市研究的边缘来展开本章。这其中的问题可能

美化城市

圣保罗的市政美化策略一经颁布，连夜就开始清理户外广告，高速公路边巨型的广告牌架子被留下来，成为对巴西政府系统权力集中的赞扬。

基于建筑的基本二元性：在提供庇护的功能性前提下追求艺术性，同时也探求思想和情感的可能性。

在"城市时代"会议开始之际，雷姆·库哈斯和彼得·艾曼森（Peter Eisenman）展开了一场艰难的辩论。他们的听众期望的是基于实践的讨论，得到的却是天马行空的推测和思考，库哈斯和艾曼森将这种思考转化为一种看似与建筑学无关的个人化的专业探讨。

但是建筑学的推测往往会强调其务实和责任的重要性。对于城市可能会成为什么样是推测的中心议题，同时一直在寻求找到解释他们可能成为什么的关键方式。现在要做的就是通过构建这些推测来让建筑学成为有关城市讨论的一部分。

城市经济

萨斯基亚·萨森（Saskia Sassen）

城市中的多元世界

制造业似乎被西方城市遗弃了，但实际上情况似乎更加复杂。在发达城市，南和北两个世界可以共存。移民代表了它们的两极：一些在低工资行业中工作，另一些则具备从事金融工作的技能。

千百年来，企业、王国和民族国家不断地产生、消亡。但城市却是个例外，许多城市延续了下来，最多就是改了个名字。城市本身的物质性使它能够得以长存。一旦产生，就会存续下去。相比之下，王国和民族国家甚至企业的抽象框架意味着它们几乎可以随时消失。被毁坏的城市是其重建的基础。在这里讨论的"城市时代"项目的三个城市中，伊斯坦布尔和孟买正是这种历经千年历史沧桑和不同政治组织统治而存续下来的例子。圣保罗现有的城市建构也有几个世纪的历史。

按照当代先进的知识经济分析，这些深刻的城市历史很容易被忽视。这种经济被认为是新兴的，源于当代智能，所谓的"创意阶层"在其中扮演关键角色。其概念是，城市需要这样的阶层才能成为发达经济体。从这个角度来看，一个城市的历史可能面对的最好情况就是它是无用的，而最糟糕的情况是历史成为先进知识经济的障碍。而其解决办法是把高高在上的新经济落实到城市里。

我发现这最多只能算是部分的解决方案。它可能适用于缺乏历史的城市。但是，城市的历史对如今的全球主要城市都是非常重要的。让伊斯坦布尔和孟买成为全球化现代城市而忽视其源远流长的历史会显得过于极端。我想要阐述的第一个论点是，现代国际化城市的这些深刻的历史，在当今已经变得更加重要了。他们哺育城市的复杂经济。这些历史与全球城市的特殊优势和专业差异之间存在着动态关系。相比之下，20世纪中期的凯恩斯主义城市并不需要这么深厚的历史背景。

在当今的全球城市中，现有经济的关键部分是类似第二关节的衔接部门，它处于先进经济部门和落后行业之间，被认为不属于先进的城市经济，因此不符合时代发展潮流。我想在这里提出的第二个论点是，许多所谓的落后部门实际上是服务于先进部门和高收入人群的。而部分的传统小企业和非正规经济体是城市先进经济部门的一部分。在某些具体行业，与先进经济的衔接是制造业和服务业之间历史关系的逆转。一个例子是我们所说的"城市制造"；它为设计行业服务，从而扭转制造业和服务业之间的历史关系。

全球城市的视觉秩序和地形图并不能帮助我们恢复这些关节。一方面，具有吸引力的区域内越来越同质化的景观和建筑环境往往掩盖了城市历史特有的特殊优势，并因此失去了与过去的联系。过去很容易物质化成美丽的废墟和旅游胜地。即使是城市最有艺术魅力的地区也存在着"断层"的问题。但是，当我们恢复这些关节时，"城市时代"项目中的每个城市显示出的一些趋势变得更加容易理解，无论是通过这些城市各地的专门差异，还是通过城市魅力区和贫困地区的并置来实现。在最极端的格局下，每个全球城市都有一个，或是紧挨着它，或是位于其中心的全球贫民窟。[1]

帝国的管理

通过整个故事的部分要素，我们能够揭示现在的先进经济部门与它们所隐含的组织能力之间的关系。贸易、管理、制造业、矿业、农业，这些行业具有不同的调动能力。在各种历史性转型过程中，其中的一些功能进化出了组织逻辑性：即使在后来的新经济秩序中，它们也可以以不同的方式发挥作用。一个著名的例子就是芝加哥的"猪腩"成了金融期货。另一个例子是制造业向维修服务行业的转变，而不是像以前那样由后者服务前者。

有关知识经济的学术研究与普遍评价已经使得那些认为在过去与现在的经济之间存在关联的这种想法销声匿迹。知识经济被认为是新的和非物质的，因此很容易假设其存在是以摒弃一个地方、一个城市，或一个地区的旧的物质经济为前提的。我们现在对知识经济的理解认为它是关于抽象知识和所谓"创造性阶级"与"知识型人才"[2]的能力。我发现我们已经高估了这一类工人，而后果之一是物质经济以及制造业和产业工人的贬值。手工工作的贬值也是如此，即使这项工作是属于新的最先进经济部门的一部分。

在基于将知识经济作为与旧的物质经济体完全不同的经济体系的构想的分析过程中，我们遗失了两个环节。首先，上文中简单提到的，这些知识是基于在旧物质经济中的工匠和熟练工人的经验。他们被从关于知识经济的标准记述中剔除了。这种剔除也往往影响那些直接参与物质经济的知识型员工，例如提供硬件服务的计算机工程师。

遗失的另一个环节是与城市的关系。特定类型的物质经济，包括我归类为城市制造业的行业，是当今多个知识部门的重要组成部分。这些物质经济对于城市来说是非常重要的，反之亦然。正式和非正式的城市制造业在城市中蓬勃发展，如果得到认可，可以促成创造一种更分散的经济类型——产生更多的中层工作岗位和中层企业，而不是赚取过高利润的企业。这种城市生产主要是高度专业化的，但是"知识经济"分析的方法却忽略不计。与大众制造业不同，知识经济需要在城市或城市地区发展，因为它是基于多个供应商和承包商的连接网络，并且需要与客户直接联系。而且，城市间差异很大，因此反映了城市经济史的特殊性。例如，当主要的光纤生产商 LEEDs 和其他先进经济部门的玻璃部件需要扩大产量时，俄亥俄州托莱多便成了主要城市之一。与奥斯汀等高科技城市相比，在这个老工业城市建立工厂更为有利。[3] 为什么呢？这是因为托莱多作为传统工业玻璃制品生产的主要中心拥有很长的玻璃制造历史，同时拥有知识渊博的制造业人员，因此可以信任它具备生产新型玻璃的能力。

在那些发展极端不平衡的城市，先进经济会占据不相称的收入和利润，越来越多的城市制造业转移到了贫民区。这种现象在圣保罗、孟买和伊斯坦布尔是十分明显的。这三个城市都有悠久的制造业历史，并且它们都产生了一种新型的城市制造业，为从设计行业到文化部门这样的主导行业服务。无论是在城市还是在贫民窟，城市制造业往往不被经济专家和规划师承认，或被误解为对先进城市经济的阻碍。城市制造业的空间和视觉秩序不符合先进经济的形象，因此很容易被误解为发展迟缓的残余。

我们已经了解到，目前的政治和经济正在催生越来越多的全球化城市。这些城市一起形成了作为全球化践行者的最多元、最先进的基础设施——经济和文化、专业人才和移民。但是，在南半球的主要城市，贫民窟的增长并不是很引人注目。[4] 大多数贫民窟并不是全球性的，就像大多数城市一样。但一些贫民窟正在成为全球化的一部分，即使其居民的迁徙相对稳定。孟买的达拉维（Dharavi）也许是这些贫民窟中最有名的一个。它也是最发达的一个贫民窟，其中有许多非正式企业成为孟买的一些主要经济部门。圣保罗有几个主要的贫民窟，其中有一些相当的国际化，包括来自秘鲁和其他邻国的移民工人和小企业家。

在这么极端的条件下，我们也许会问世界城市和全球化贫民窟的崛起到底带给了我们关于全球现代性城市的哪些启示。

经济史及其影响

认识到传统的工业经济与现在的知识经济的组成部分之间的联系，有助于我们了解为什么它们可以在各个城市之间发生如此明显的变化，以及为什么这些差异会不断产生。伊斯坦布尔、孟买、圣保罗三个城市，除了所有城市都有的常规活动外，还有各自的专业差异。认识到这些差异也使我们看到许多大型全球城市之间更多的是相互依赖而不是竞争关系。

通常被理解为从有才华的专业人士中脱颖而出的特质，结果却与城市经济史有着深刻的联系。我的意思是，这些历史，不可避免地大部分是基于物质经济的，并造就了一个城市的现代经济。然而，这仅适用于那些在某种程度上经济复杂多样的城市，不适用于围绕一个单一行业或公司出现的城镇，例如矿山或钢铁厂，产业的消亡通常意味着该城镇本身的死亡。

我在这里做的论述是双重的。一方面，我建议今天的知识经济的主要内容应以旧经济体的知识为基础，其物质实践会带来更多的抽象知识。另一方面，我认为，只要这些较老的城市物质经济是多样化的，每一个城市最后都会形成特定类型的专业知识经济。缺乏复杂经济史的城市最终会进入知识经济时代；

新城市的旧解决方案

"AA 美国服饰"被其创始人多夫·查尼（Dov Charney）描述为一家使用垂直整合商业模式的公司，以尽量减少分包商和离岸劳务。针织，染色，缝制，分销和设计都在位于洛杉矶的工厂中进行。它是一个典型的发达城市制造业分析模型。引人注目的是，查尼的父亲是一名建筑师，曾与摩西·萨夫迪（Moshe Safdie）合作完成 Habitate 67 项目，并在哈佛大学学习城市设计。

因此，一些城市采取的吸引"创意阶层"的战略将为更多的可以标准化且容易推销的常规知识经济工作。

然而，最终，我们称之为"知识经济"的高度多样化的实体，不管创意阶层多么有才华，他们都不能完全代表知识经济的内涵。城市是复杂的系统和创新活动的推动者。为什么这些原始经济无法延伸到现在？这个问题也有助于我们认识到我们的主要城市是怎样创造属于自己的经济历史的。

我们认识到一个地方深厚的经济史对其专业的知识经济产生了各种政治影响。一个结果是，它为早期的物质经济实践带来价值；手工工人和脑力劳动者是基于这些实践的。另一个结果是，城市间的竞争实际上远远低于主流讨论中通常说的那样。公司有不同的偏好；并不是所有的全球城市都会这么做。因此，飞机制造商波音公司决定进入全球知识经济，也就是说，在全球市场上销售其制造业的产品，它甚至都没有考虑过纽约，而是选择了在今天已经是一个重要知识经济中心的城市——芝加哥作为其新总部的地点，究其原因，很大程度上是因其重工业的历史。结果是，一个城市的领导层更难与旨在设立办事处的大公司达成更为划算的协议，而且比过去 20 年来的平均代价要大得多。城市政府应该更加努力地与其他城市合作，例如与其他城市分享某些公司的办事处。当我们开始面对我们主要的环境挑战时，城市之间的合作是至关重要的。为了有

技术跨越

移动电话技术联系着在富裕世界工作的移民与他们的家乡。与此同时，它表明了曾经较不发达的经济体是如何超越西方发达经济体。由于缺乏固话电话，非洲和亚洲直接将移动电话作为银行系统现金转移的简单替代品。

效地使我们的经济更加绿色环保，城市内部和城市间的所有部门都需要积极参与其中，交换最好的实践经验，并且只是直接地交流哪种方法更有效。

一个城市和城市区域的特征取决于多个因素，包括城市在当地和全球市场的地位。《都市时代报》详细研究了"城市时代"项目中各城市的特点。这些特征比通常所设想的更重要,尽管其重要性不被普遍认可。我的论点的政策含义是，人们对竞争的关注太多，而对城市之间的行业差异的关注太少，而造成的结果是，对全球化企业而言，他们有了更多谈判的资本，世界各地的城市不得不面对同样的公司联盟。

城市制造业：历史的倒置

一个地方悠久的经济历史通过城市制造业这一非常不同的方式塑造了它现在的专业优势。关于城市经济（无论是小型还是大型，全球性或地方性）的讨论往往有两个方面被忽视。第一个方面是，无论城市空间发生多大变化，这些城市的"落后"和先进部门之间实际上有多重关联。第二个方面，首先举一个关键的例子，那就是特定类型的制造业是当今城市服务经济体的一部分，包括最先进的制造业。当我们在20世纪90年代开始研究这个问题时，我们选择称之为"城市制造业"。

城市制造业旨在设计各种行业的部门（从珠宝到家具设计，从建筑到室内装饰），文化产业（剧院和歌剧院需要布景和服饰，博物馆和画廊需要展示设施）、建筑行业（定制木工和金属制品），以及作为高级服务型经济体（豪华商店和餐馆，企业总部展示架等）的其他部门。[5]

城市制造业具有几个特点：第一是它需要坐落于城市，因为它是深度网络化并且通过承包和分包链运作的；第二，它基本上是定制的，因此需要相当靠近客户和一流的工艺工人；第三，它颠覆了服务业与制造业之间的历史性关系（历史上服务业发展是为了给制造商提供服务），现在则是制造业为服务业提供服务。

由于我们的经济绿色项目的多样性，一个非常先进并快速增长的城市制造业正在形成。它综合了更加标准的制造业和上文提到的城市制造业的特点。在20世纪80年代和90年代的大部分时间里，纽约市的大多数政策分析师和政府经济发展机构并没有认识到具体的城市制造业的存在。政策的目标是保留大型标准化工厂，因为这些工厂更加有形而且知名度更高，劳动力规模可观。但这些恰恰是它们不需要留在城市的原因：它们不需要城市经济和其包含的多个供应商和承包商以及多元化的工艺人才库。最后，在过去的几十年里，政府决策者很容易陷入强大的企业服务和金融带来的高收入雇员人数急剧增加、利润极高的好处。最终，文化界和旅游界加入了这个迷人而令人期待的行业名单。我们还不清楚的是，由于这些先进的服务业，包括文化产业的增长，城市制造业也在一定程度上增加。也许是这个原因，城市政府一般不支持这个行业，即使由于高利润企业服务所主导的城市制造业成本极度脆弱地急剧上升。事实上在纽约市我们看到，先进的企业服务和文化部门的活力越强，城市制造业就越有活力；此外，满足后者的基本需求（空间、合理的能源成本、技术和银行支持等）变得越来越困难。

芝加哥是最为主动地支持城市制造业的城市之一，包括建立教育机构的同时强调不同手工业的参与。一个基于使用芝加哥制造知识库的积极倡议就是将知识经济与制造技能结合在一起，比如芝加哥制造业复兴委员会正在进行的对制造业工人的新式教育。其目标是利用先进的知识来制造绿色经济需要的新型产品。因此，其风力发电机供应链项目旨在将本地制造公司与新兴风力发电机组联系起来，这是一个前沿部门，需要复杂的机械投入。这是欧洲（风力发电）和日本（氢燃料汽车电池）领先的先进制造行业。值得注意的是，在伊利诺伊州，近16,000个工厂雇佣了66万工人，其中有四分之三的工厂是位于芝加哥大都会区。[6] 这就是大规模的城市制造业。

正如城市制造业紧密地、不排斥地与先进的城市经济联系在一起，北美、西欧、拉丁美洲等主要国际化城市以及一个较小的范围——日本，也出现了经济非正规化。这反过来有助于解释一个被大多数人忽视的发展趋势：全球各地城市创意产业的非正规经济的激增，其中包括艺术家、建筑师、设计师和软件开发商等。

　　捕捉这些某种程度上是不可见的动态经济的一种方式是将城市经济想象成被多个专业回路贯穿。因此，将给定部门与各种城市活动联系起来的多元化回路的分析表明，即使融入这种回路的金融也与城市制造业供应商相关，财政也往往贯穿设计和建筑行业的要素，包括企业办公大楼安装高级安全设备。

　　现在，许多较小的城市通过先进服务经济的发展，拥有了技术工人和发展小型城市制造业的潜力。这是由于早先提到的经济活动城市化趋势，所以即使是采矿或以制造业为基础的区域经济，也会促进城市的专业化企业服务的增长：现在所有经济行业的公司都在购买更多的保险、法律和会计服务。更常规化的经济部门（重型制造业、采矿业、工业农业、交通运输业）需要专业的服务，也因此使得这些服务变得更加规范化，可以在较小和距离更远的城市进行生产——他们不需要一个国际化城市。不断增长的先进服务行业的出现，以及强烈偏好城市生活的高收入劳动力的增长，为城市制造业的需求创造了条件。今天这样的城市生活使一系列的需求成为必需品：优雅的餐馆和商店、博物馆和文化活动场所、定制家具和金属制品，以及修复老建筑并将其投入新的高端用途。由于政策制定者甚至分析师和研究人员大多数无法认知或是持不支持态度，使得这种潜力很容易被扼杀。

　　先进服务的特殊地位很容易错失表达城市经济更加繁荣并更加有效这一多元内容的机会。人们可以达到乘法效应，即整体上的总和超过了其部分的总和，也就是城市制造业中心的网络效应。不仅金融和高科技部门联网，更重要的是，在这个网络化的城市制造业中，存在集体行动困境，会对城市的优势发挥产生影响：一家公司无法在不失去网络效应的前提下离开城市。因此，那些需要特定网络类型的个体公司更有可能留在城里。如果一个城镇对这些产品有需求，那么它对发展城市制造业投入更多的努力和必需的资源更可能会形成一个双赢的局面，这就意味着它需要某种类型的动态服务经济。而这将会从一个非常不同的角度来看待服务经济：确保一个充满活力的先进服务业是创造一个充满活力的城市制造业的条件，但需要后者有足够的经济支持来维持城市服务经济的运行。

　　当今国际化城市最先进的建筑环境的视觉融合和均质化使得我们认为自己的经济亦是如此。但实际上只是部分相似。类似的景观可能包含非常不同的经济运营模式和公司间多地协作的流程。忽视这些差异会导致一些虚假的结论和似是而非的政策，这些都可能会损害一个城市总体的社会和政治健康。如果所有的城市经济在今天的全球时代都是相似的，那么城市的竞争确实相当激烈。在最极端的情况下，这可能一方面意味着城市为了变得有竞争力就需要尽力争取变得非常奢华来吸引富裕强大的企业和个人；另一方面，一个城市剩下的居民和企业就需要在底层竞争。在过去的20年中，我们确实看到了这些现象，随着城市的领导阶层为了吸引企业、创意课程、豪华旅游、大型博物馆，并确保有可靠且低廉的工人阶级劳动力而展开了残酷的竞争。

我试图在这里说明，一个更谨慎的调查表明，城市之间的竞争远远少于对城市景观的破坏。标准化是全球化时代的一个重要特征，但我们需要更准确地将其及其后果置于其中。我们不能认为复杂的全球现代性的标准化与凯恩斯时代大规模的制造业和大片的郊区住房建设是一样的。

找准现阶段城市间的专业差异是我们面对的主要困惑和难题，而造成这种问题的原因一部分是由于建筑环境生产标准的全球化。因此，最先进的办公区、奢侈品消费空间和高收入社区都需要满足一定的要求。然而，虽然办公楼可能具有相同的标准并因此具有多个标准化的视觉标记，但这并不意味着内部完成的工作必然是相同的。为了认识到类似的最先进办公楼的经济差异，我们需要使用能够捕捉到高水平的经济专业化的镜头。相比之下，二十世纪中期的办公大楼使用的是办公室工作的语言，"我们在办公室工作"，实际上就是主要在办公室从事文书和监督工作。今天的国际化城市的办公大楼都是高度专业化的管理类工作；大多数办公室工作都在其他地方——郊区、小镇、海上的文书"工厂"。我认为这种建筑环境更像是一个基础设施：必要但不明确。这意味着如果制造出均质化的城市视觉秩序的最先进的建筑环境实际上是一个不确定的基础设施，它可以适应巨大的经济差异。在这些条件下，建筑环境的融合和均质化成为一个容纳物，一个适用于潜在的非常不同的经济内容的标准。竞争问题在解释和政策制定方面不再处于主导地位。相反，故事的另一面需要更多的关注，即特殊的专业部门可能是由城市景观同质化孕育出的。通过重新编码这些同质化的景观——全球业务的多维空间——作为基础设施，对是什么样的专业部门会栖息于基础设施中的强调已经转移到了专业的部门是如何适应基础设施的。

这些分析性的拆解应该有助于我们更深入地解释城市空间组织。在这里我特别关注了我认为关键的两个方面。

一个是主要城市的经济史的重要性。为了采取最极端和意想不到的情况，我认为知识经济的一些重要组成部分来自一个地方深刻的经济史。例如，一个像伊斯坦布尔这样有着3000年历史的城市，人们几乎不可能相信其丰富复杂的过去对现在没有影响。一个特殊的间接方式是从旧的物质经济实践中提取知识的能力。一旦知识被提取出来，它就可以商品化并销售，这是我们全球现代性的关键能力。我们赋予这种（提取）知识内容和它的全球流动性以额外价值，同时促使我们重新评价一个地方的经济史。

另一个是作为全球现代性的一部分，我们并不认为先进的城市经济和空间是联系在一起的。这是第二个讽刺。这些幸存下来的服务于其他经济的空间——必须知道如何解决，如何制造，如何联系——正是对新的城市经济有用处的地方。过去20年来，为了建造不断扩大的最先进的建筑环境，金属、木材、石头、石膏、丝绸和油漆方面的手工劳动力需求不断增长。

这两个方面都打开了一个全新的城市地域，并且我将这两方面看作全球现代性的一部分。在国际化城市最具活力的行业的核心，我们可以找到一个庞大、多样的空间和部门的组合。全球城市的视觉秩序使这些表现形式变得不可见。

城

孟

买

除了高楼之外，宗教节日活动逐步推进了孟买滨水区的转型。

寺庙、清真寺和教堂使孟买成为印度最国际化的城市。

高密度所产生的代价是：每天都有生命消逝于铁轨之上。

富人的聚居区与贫民窟常常仅有一墙之隔。

临时和非正式的活动支配了城市的公共领域。

正规住房所提供的空间与贫民窟相差无几。

孟买以危机事件中所展示出的凝聚力为傲。

当教室被洪水淹没,课堂便转移到了街道上。

管理的混乱

迪耶·萨迪奇（Deyan Sudjic）

如果说"城市时代"（LSE 关于城市空间与社会发展的研究项目）的相关研究印证了世界从农村主导到城市主导的转型，那么对于印度来说，虽然这一转变迟早会发生，却尚未完全实现。时至今日，与世界的整体发展潮流相悖的是，这个国家的绝大多数市民依旧是农民。然而，正如中国一样，印度对于其广大的农村地区始终保持着浓厚的兴趣。这两个国家均国土广阔，他们的人口总和又占全人类的将近三分之一。同时，两者都在以自己特有的方式逐渐摆脱落后的发展状况，然而又不得不对社会所依据政治信条的主要原则提出质疑。在印度与中国日益激烈的竞争之中，印度的民主制度与法律体系常常被看作该国的两大关键优势。当然，从某种程度来讲，他们既是优势，又是障碍。

中国不想看到他们的城市因过度扩张而不堪重负，因此通过政策限制了人口的流动。而印度则用宪法保障了自由流动，即使甘地主义中关于印度独立的思想深刻体现了其对城市的反感，毕竟印度根植于自给自足的乡村生活。这种憎恶与对工业化城市中英国殖民者的恐惧合为一体。印度受过牛津、剑桥等精英教育的人们所持有的对于城市的态度，可以说是从拉斯金（Ruskin）和莫里斯（Morris）（工艺美术运动代表人物，该运动提倡用手工艺生产表现自然材料，以改革传统形式，反对粗制滥造的机器产品——译者注）的思想中汲取而来的，他们将城市理解为一种"外星创造物"，把外来移民转变为贫民窟的流民。

许多印度大城市历史上都曾是殖民地，比如加尔各答（英语：Calcutta，印度语：Kolkata）。他们都拥有着欧洲的历史底蕴。民族主义者的动乱驱使着英国人把首都从加尔各答和孟加拉（Bengal）迁往古城德里（Delhi）边缘的一个新的地点，从而寻求一个更为和平的环境，以及借由更具象征意义的主张，使自身统治能够扎根于印度的传统之中。在殖民地被划分后，灾难性的人口迁徙使得德里和孟买挤满了巴基斯坦的难民。

目前，印度有着覆盖全国的城市等级体系，其中包括孟买、德里，以及班加罗尔（Bangalore）这类最具活力并且正在飞速发展的城市。与此同时，加尔各答则试图在其中发挥更广泛的作用。但是即使在印度金融业的核心——孟买，

55%

孟买 55% 的人口居住在贫民窟。

65%

孟买 65% 的劳动力就业于非正式部门。

65%的就业岗位依旧集中于非正式部门，与之相对应的是，全国83%的就业岗位集中于非正式部门。

在计划经济控制下的漫长岁月中，印度城市发展也趋于停滞，在当时"大使牌"（Ambassador）小轿车都是在英国的生产线制造并通过海运输送过来的。经济的自由化促进了印度中产阶级的兴起，同时吸引了接受高等教育的移民，以及在硅谷海湾地区赚得第一桶金的海外侨胞。也正是这些人，创造了巨大的经济发展潜力。随着快餐店与购物中心的出现，以及在一些邦暴力抗议和抵制下仍然坚持推广的超市，印度逐渐开始探究在城市基础设施领域推行自由市场体制的可行性。随着前期探索的不断推进，初步显现的成果也进一步使人们对其运行机制的效率产生了怀疑。

变革中的印度对于解决交通堵塞、基础设施短缺以及官僚主义等城市问题并无耐心，它希望看到的是巨大的改变，因此投资多集中于德里的新地铁系统之类的大型工程。

正如中国一样，印度也在努力寻找能够同时对政治变革产生深远影响的发展路径。甚至在加尔各答这样作为印度马克思主义以及人文学者心中具有悠久而辉煌的传统的城市，也开始进行了一些自由市场建设的试点。然而在印度，即便是经济特区支持企业家建厂，生产价值一万卢比的小轿车，孟加拉湾农民的抗议便能使邦政府改变先前的想法。

同时，班加罗尔和德里也试图通过放宽限制来提高工作效率。在众多的寻求转型的印度城市之中，加尔各答采取了切实可行的政策转变发展方向，建设真正以地方为中心的市民政府，而不是继续将权利掌握在邦政府的手中，维持农村地区的发展现状。然而印度管理机制十分复杂，同时州、城市和联邦权力往往相互交叉重叠，比如孟买市政府就发现推行为外来者接种疫苗的工作非常困难。他们最初是想在城市的入境口——火车站设立接种中心，但是后来发现很难实现，因为城市政府未能与国有铁路管理局在用地租金上达成一致。当涉及推广疫苗之类的事务时，执政党一定会保证其意愿的实现。

尽管公共暴力事件不断发生，孟买依旧称得上是一个真正具有种族与宗教多样性的全球城市，而这种多样性可以追溯到印度受到欧洲殖民时期。随着18世纪葡萄牙人将孟买的群岛和渔村转交到大英帝国的手中，该地区人口已由2万人增长到1900万人，从一个小港口发展为工业城镇、铁路枢纽、金融中心，以及世界电影产业中心。在建筑领域，从弗雷德里克·威廉·史蒂文斯（F. W. Stevens）借鉴英国维多利亚哥特式风格所建造的贾特拉帕蒂火车站（Chhatrapati terminal），到印度门（the Gate of India），再到近些年建筑师查尔斯·科雷亚（Charles Correa）所主持建造的一系列结合现代主义与印度本土气候及社会条件的开放式建筑，孟买的建筑形式与建筑表达变得十分多样。然而这些建筑之中夹杂着孟买贫民窟、单身男性移民蜗居的小旅馆，以及服务他们的红灯区，构成了一个悲惨世界，又成为最为突兀的地标性建筑。

在班加罗尔，飞跃式的发展与财富的积累也带来了新问题。印度"硅谷"的上班族所要忍受的超长通勤时间促使IT巨头们逐渐采用工业与居住混合的产业布局形式，通过产业分散来提升商业运营效率。然而，像德里这样建设私有化新城镇的经验却并不值得借鉴，因为这种私人化的住房项目就像是加利福尼亚南部住宅项目的复制品，对于印度的富人阶层具有十分强烈的吸引力，却将世界隔绝于公寓房门之外，同时并不注重人行道或是交通线路的建设，导致周边的居民难以获得与服务业相关的工作机会。

在孟买，公共物品的供应是极其不稳定的，特别是自来水和电力的供给；郊区的铁路系统经常超负荷运转，以至于每天都有搭乘铁路通勤的乘客因为从车上跌落而殒命。因此私营部门常常被要求建设其他形式的居住区，或采取其他解决方案来减轻基础设施的压力。然而，不能忽视的是这些措施的执行同样受到高度集中的政治环境的影响——即便孟买市政局的议员由当地选举产生，邦政府仍然拥有最主要的控制权。

与此同时，其他一些试图改变孟买长期以来的拥挤状况、限制开发以及增强对农村移民的吸引力的自由主义政策尝试也受到了质疑，例如孟买街头30万摊贩却只有数千人有经营许可证。到目前为止，孟买地区的1200万居民中有将近650万都居住在贫民窟。孟买的贫民窟主要可以分为两类：官方批准的（市政部门有义务提供基本服务）以及未经官方批准的（理应拆迁的区域，市政部门无义务提供自来水或电力）。在某些贫民窟地区，人口密度高到难以置信，比如在孟买最大的贫民窟达拉维（Dharavi），每平方公里生活着8.2万人（约为每平方英里213,118人）。未经批准的贫民窟占总数超过60%，远远超过官方批准的贫民窟总数，并且有些只能使用非法的立管取水，而另一些甚至完全没有生活用水。

孟买这座城市激发了苏克图·梅赫塔（Suketu Mehta）的创作灵感，写下《最大城市：孟买失物招领》，它是一个极具个性，与其他城市迥然不同的城市。今日的孟买，正在通过激发新兴经济力量的发展潜力，寻求新的发展路径与解决方案，以应对时代的浪潮挟裹而来的种种挑战。从这个角度来讲，印度的实践也为世界各国提供了经验与教训。

民主与自利

K.C. 西瓦拉马克莱斯娜（K. C. Sivaramakrishnan）

民主的等级

印度民主是在三个层面上进行的：联邦、州和城市。直至今日，这仍然是一个以牺牲国家的城市为代价，奉行国家利益至上的原则，以换取新德里中央政府权力的体系。

美国前众议院议长托尔·奥尼尔（Tip O'Neill）曾对政治有过十分贴切的解读，那就是"所有的政治都是地方性的。"当今世界，许多国家都热切希望获得民主国家的美誉。而调查显示，民主的活力不仅仅体现在中央或地方政府层面，而是渗透到国民生活的方方面面。如果应用这一标准去衡量民主程度，那么印度仍然相差甚远。迄今为止，备受吹捧的第七十四条宪法修正案和民主分权的进程推进得并不顺利，这项通过修改宪法来赋予地方机关合法地位的决议是由已故前总理拉吉夫·甘地（Rajiv Gandhi）推行的，但是最初的改革重点却是"潘查雅特"（Panchayat 音译，即评议会——译者注）——由5位地方选举的长老管理地方事务的系统。随后有人认为扩大代表结构的措施也应当推广到城市机构之中，然而拉吉夫·甘地的修正案并没有在议会通过。由维什瓦纳特·普拉塔普·辛格（Vishwanath Pratap Singh）领导的继任政府也主张为农村与城市机构共同立法，但这项法案由于该届政府的任期过短而未能实施。最终，纳拉辛哈·拉奥（Narasimha Rao）所领导的政府与议会委员会重启修正案，并于1993年以第七十三和第七十四条修正案的形式，将修正案确立为正式法律。

简短地总结第七十四条修正案的突出特征就是：将城市政府划分为大城市政府、中小型城市政府以及正发展为城市的半城半乡地区政府。总的来说，以上三类机构都被统称为自治委员会（nagarpalikas），由从各选区选举出的代表组成。同时决议要求三分之一的代表席位以及主席团职位要留给女性。

选举是强制性的并由依法创立的国家选举委员会举行。每个选区或多个选区所组成的联合小组应该设立选举委员会。此外，县级规划委员会和都会区规划委员会也需要协同处理县级行政单位中城市与农村的共同问题，有时还包括跨都市区的问题。

第七十四条修正案所设想的区划结构显然是经过精心设计的。截至目前，全国的101个市政委员会、1430个城镇委员会以及2091个居民委员会，已经举行了两到三次全国范围内的选举，各类城市地方机构的当选代表总数已将近7万人。在这些机构的3640位主席中，至少有三分之一是女性，而印度市长全

体会议目前也由女性领导。而这些都是自治委员会代表的组成结构发生显著变化的信号。即便如此，问题的关键在于印度的民主体制是否有效。事实证明，当前的制度仍然存在以下几个缺陷：

首先是财政分权导致的赤字。在印度宪法中，国家权力划分成三类：与印度中央政府有关的联邦权力、邦权力以及联邦与邦的共同权力。而地方政府权力范围则归入邦权力范畴。如果一个邦政府的实际权力范围与邦权力完全一致，那么该地区地方机构的权力行使范围只能附属于邦权力。尽管第七十四条修正案明确规定，宪法第十二附表的 18 种职能同样适用于自治委员会，但是总的来说邦政府在考虑划分权力范围时并非强制分配而是自由裁量。当然，关于这种权力分配方式的争议在法庭内外始终存在。现实情况是，自治委员会所拥有的权力范围很大程度上仍旧由邦政府划定，并且在全国范围内差异很大。在北方邦（Uttar Pradesh）、泰米尔纳德邦（Tamil Nadu）、卡纳塔克邦（Karnataka）和喀拉拉邦（Kerala）等地区，即使像供水这样的基本市政服务，也是属于邦政府或半国营的机构的服务范围。

再举一个例子，城市规划（包括城镇规划）是宪法第十二附表列举的第一项职能，然而这一权力很少被城镇委员会或者市政部门行使，而通常是由半国营机构执行。因此近些年城市规划已成为高级法院与最高法院极具争议且占用了大量时间的议题。

即使对于某些已经下放的职能，中央政府的控制也是普遍存在的。邦政府的行政赤字实际上是财政赤字的结果，毕竟地方政府的收入与支出在各级政府总开支中所占比例小于 5%。

同时，政府主席与市长的角色定位也十分不清晰。根据宪法规定，市政府公职人员的任期为 5 年，而市长与主席的任期却在不同州之间存在差异。在印度的大多数州，市长与主席由地方议员选举产生，然而在泰米尔纳德邦、北方邦和中央邦（Madhya Pradesh），他们是由选民直接选举产生，当然此举并不能赋予他们任何权力。事实上，被任命的官员的行政权力大多数是由城市法律赋予的。

这项制度带来的主要问题是问责制度的模糊。尽管第七十四条修正案所设计的结构是非常精细的，但是关于城市内部分权的问题确实比较模糊。在城市选区这个层级，宪法规定了一个或多个选区必须拥有选区委员会，然而除了喀拉拉邦委员会成员由各团体选举产生，其他州的委员会构成是由邦政府来确定的。与此同时，城市以及选区等不同层级机构间的职责划分也没有特定的标准，因此选区委员会并没有成为地方有效参与的平台。类似的是，宪法特别规定了大都市区可以为众多选区设置中间层级的机构进行管理。然而这项权力依旧牢牢掌握在邦政府手中。

在印度的某些州，这种地区性的组织或委员会确实存在，但是几乎都由市议会的议员组成。由于选区委员会并未提供足够的公众参与机会，而地区委员会又在无形中排斥了公众代表，因此代表与民众间缺乏沟通已经成为一个重要问题。

在一个全球化的时代，国家权力的边界已经成为关注的焦点，因此对于地方自治的要求可能会引发人们对于国家完整性的怀疑与恐惧。然而人们早已意识到的是，即便是最为强大的联邦或邦政府，也没有百分之百的自信治理好城市。同样，即便是一个占有全部资源的最大规模城市，也没有资格将自己同国家相提并论。在印度，中央与邦的权力共享一直处于艰难推进的过程之中，而第七十四条修正案提出了一个邦政府与地方政府权力共享的新思路。

最后，我们应当充分关注市民参与城市管理事务的意愿或准备。在印度许多城市中都可以见到社区组织与非政府组织的身影，即使他们与选举出的代表之间的联系存在某种程度的缺失与断裂，但他们在政治议程中发挥的作用依旧不可忽视。总而言之，政治结构确实能够促进或约束政治参与的过程，而这正是解决民主政治问题的关键所在。

人民的故事

达利尔·德·蒙特（Darryl D'Monte）

印度大城市的死与生

作为一个受地理条件限制，且诞生之初就为了服务殖民地政府的城市，孟买的历史背景是城市高密度的根源。现在我们是时候理解，"贫民窟"并不是一个适合描述所有非正式社区的词汇，就像简·雅各布斯曾提到的格林尼治村那样。

在不同人的眼中，孟买代指不同的地理区域，多数市民并没有清楚地认识到孟买是一个人口超过1000万的大型城市。因为占地约为438平方公里（169平方英里），规划概念的大孟买区，经常与孟买大都市区——占地约为大孟买区十倍（4355平方公里或1681.5平方英里）且包括卡延（Kalyan）和塔那（Thane）等人口超过100万的边远乡镇的总和——相混淆。甚至连专家们也会十分困惑，无法清楚界定他们的研究对象。例如，在一篇于2010年9月柏林某学术会议所刊发的论文中，来自孟买的塔塔社会科学院（Tata Institute of Social Sciences）的大卫·辛格（D.P. Singh）教授指出："孟买的人口增长快于印度其他城市"。而他在这里所指的孟买即为孟买大都市区，即孟买城市群。除此之外，他与他的同事也为孟买市政部门2009年发布的人类发展报告（HDR）提供了人口数据。

孟买的人类发展报告引用了国际智库"城市市长"（City Mayors，其于2006年将孟买列为世界最大城市）提出的半岛南端"可能是世界上最大最密集的核心城市"的论述。然而，关于人口与移民的统计依然存在混乱。许多专家都设想过城市的崩溃，然而规划委员会的研究显示，20年前印度城市的增长并没有比非洲与拉丁美洲速度更快。当将其与巴基斯坦、尼泊尔、中国与斯里兰卡等邻国相比时，印度甚至没有一个首位城市，同时全国范围内城市与乡镇扩展的也相对均衡。海得拉巴（Hyderabad）和班加罗尔的增长速度实际比孟买、德里、加尔各答和金奈（Chennai）这四个主要城市的增速更快。这一点在1988年建筑师查尔斯·科雷亚（Charles Correa）所领导的全国城市化委员会中得到了重申。在马哈拉施特拉邦（Maharashtra）中，浦那（Pune）、纳西克（Nashik）与那格浦尔（Nagpur）的增长比孟买更快。在伦敦国际环境与发展研究所2007年公布的题为《向城市为主导的世界过渡》的报告所列举的世界上100个人口增速最快的城市中，印度有11个城市入选，其中，只有德里、海得拉巴和班加罗尔可称得上大城市。

一些政党和非政府组织将大量的城市移民比作成群涌入孟买的"幽灵"，但事实并非如此。人们来到孟买并不是因为长居黑暗渴望光明，并不是寻找家的感觉，而是为了寻找更好的工作，实际上他们在城市中的居住环境比原来差得多。

趋于平缓的曲线

虽然与其他城市相比，孟买的城市增速依然较快，然而孟买迁入人口的增长在近十年已经趋于平缓，这反映了该时期经济与产业的调整。

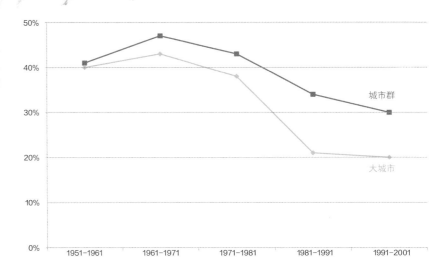

当然，来自农村地区的"推力"远远大于城市的"拉力"。包括孟买的国际人口科学研究所（IIPS）在内，没有任何学术机构能够确切统计每天有多少人口涌入孟买。20年前，这个数字被粗略地定为每天500个家庭——这与实际移民的总数基本一致。国际人口科学研究所的巴贾特（R.B. Bhagat）博士告诉"城市时代"课题组，根据2001年孟买人口普查的数据进行推测，当时大孟买区人口将近1200万，因此现在大概是1450万到1500万左右。与此同时，移民占城市总人口的比重也在下降。20世纪70年代，移民占总人口的比例约为60%，本土居民约占40%，而目前这一比率已经完全颠倒。然而，如果考虑到孟买各类作坊、重型机器制造业、化工厂以及一些跨国企业的转移，以及随之导致的城市就业岗位大规模缩减，移民所占比重的下降就不难理解了。同时，来自落后地区的移民往往不具备制造业所需的技能，因而常就业于休闲服务业。杰米·雷勒（Jaime Lerner）告诉圣保罗的"城市时代"课题组，目前甚至连拾取废料、垃圾回收这样位于就业金字塔最底层的职业也已经达到了饱和状态。

虽然人口增长并不显著，但是城市规模却在迅速扩张。孟买大都市区外围的地区比核心区扩张的速度更快，特别是面积约为100平方公里（约38.6平方英里）的海岛城市。"孟买的地理位置是不变的"，巴贾特博士强调，"但是人口与民主的转型已经出现。"印度大陆的最南端，就在东印度公司兴建的"堡垒"之外的区域，密度依旧很高。2001年的人口普查结果显示，选区C的面积为1.8平方公里（0.69平方英里），包括许多诸如布讷什瓦（bhuleshwar）的大区，人口密度达到了每平方公里114,000人（每平方英里295,337人）。与其他城市相比，这里曾经是世界上人口密度最高的地区，当然现在可能仍然是。然而，随着人均受教育水平的提高，家庭成员可能更为分散，更多的年轻夫妇愿意生活在较为偏远的北部郊区公寓中，即使这意味着更长的通勤时间。在一部最新的论文集中，科雷亚（Correa）指出印度城市的高密度是虚假的，因为这种高密度并不是由像西方或者"亚洲四小龙"这些国家由飞速发展的经济所带来的，也并非以"高层建筑"为象征，而是以"每个房间的高度占有率"为标志。比如在每十个孟买人中就有7个人住在单间，这包括

54%的人居住在贫民窟。

这种高密度的聚居形式是历史的产物，是由于大量的本地"土著"不得不聚集在内城以外、远离宜居区域的工薪阶层住宅与单间出租房之中。这些移民从19世纪中叶起就开始在港口的纱厂工作。同时，由于作为中心城区的主要商业区地处这个海岛城市的南部，地理环境的限制使得人们不得不居住得更加紧密。显然，地形与经济环境已经受到了文化潜移默化的影响：在像吉尔古姆（Girgaum）这样的地区，干河床与内陆地区的主要人口大多来自同一个社会团体。在该地区中，作为印度最古老的社区之一的帕萨尔普拉布斯（Pathare Prabhus），与由古吉拉特邦（Gujarat）印度斯坦人和东印度天主教徒组成的商贸社区（笔者所居住的社区）紧密相连。这就解释了为什么历史学家在提及孟买时，都会由衷地将其称作印度城市中最为国际化且最能充分展示印度的活力与多样性的大都市。当发生特定事件并引发社会紧张时，孟买人首先想到的便是向社区寻求帮助。

虽然移民的绝对数量增加了（并非相对数量），但是他们依旧需要面对来自本地人的质疑。在20世纪90年代早期，孟买有史以来最严重的骚乱之中，印度北部的一座清真寺遭到毁坏。同时流言甚嚣尘上，说很多孟加拉人（简写为穆斯林）能够轻易地穿过并不严密的印度东部边境，隐秘地偷渡到印度。作为当时《印度时代》杂志的编辑，我派出了一组记者去调查这些非法移民，因为这些人的大量消失非常引人注目。事实上，2007年的恐怖袭击也并没有引起多大反响，因为罪犯来自巴基斯坦而并不是土生土长的本地人。然而，沙文主义的政党，特别是分裂的印度教右翼"湿婆军"，近年来有针对性地指出，北印度人，特别是出租车司机，抢走了他们的工作机会。

华盛顿人口研究所的数据显示，孟买城市群将在2020年成为世界人口最多的聚居区，总人口约为2850万，而日本东京将以2730万的总人口屈居第二。无论孟买走向何方，它的发展都将关系到广大发展中国家城市的未来。这不仅是因为其庞大的规模，城市多样性以及颇具普遍性的城市问题（住房与交通是最为紧迫的两项），更重要的是民主框架及其功能的变革。在这些方面，中国特别是上海，常常被拿来与孟买相比较，特别是民主体制改革方面。除此之外，新加坡和香港也被当作是亚洲城市的典范。

然而，孟买第一智库（Bombay First think-tank）致力于将孟买列为"世界级城市"（灵感来源于伦敦同行，同时被商业利益所驱动）的行为事实上是对城市居民的极度贫困视而不见。我们必须记住的是，印度的国内生产总值增速接近两位数，却是世界上拥有贫困人口最多的国家。在联合国于2010年10月发布的人类发展报告中，牛津贫困与人类发展倡议（Oxford Poverty & Human Development Initiative）提出了一个新的多维贫困指数，该指数显示印度最贫穷的8个州的贫困人口比26个撒哈拉沙漠以南的非洲国家贫困人口的总数还要多。

除了孟买之外，印度甚至于全世界再没有其他城市，更确切地说是大城市，有如此多的城市居民居住在贫民窟之中，特别是占城市总人口54%的约800万人口被官方规划安置到大孟买区的情况更是少数。然而重点是，孟买已经成为该国工业和商业中心。2010年9月，孟买市政府不情愿地透露道，250万人（来自近

500,000个家庭，属于贫困线以下人群）的每月平均生活支出低于13美元/人。事实上，在调查了110万个处于贫困线以下并获得救济的家庭后，这个统计数据早在1月已经得出，然而一直被官方保密而未曾公布。而20世纪90年代末进行的类似调查显示，这样的家庭只有27331个（这个数字明显偏低）。据此，贫民窟活动家艾姆普蕾特·辛格（Simpreet Singh）说："处于贫困线以下的居民数量的急剧上升，暴露出当前开发模式缺乏包容性的问题"。

第二个问题是犹如天文数字般虚高的房地产价格，特别是纳里曼（Nariman Point）和班德拉库尔拉办公楼区（Bandra-Kurla Complex，BKC）以北的两处中心商务区中的商业空间。在一栋位于纳里曼区的高层公寓中，公寓转手价约为每平方英尺2000美元（21520美元每平方米），这个价格几乎处于世界的最高水平。相关报告指出，纳里曼地区在北部的房地产市场中几乎所向披靡，没有任何竞争对手，因此这280公顷（1.08平方英里）的孟买市中心房地产业的繁荣，必须结合客观情况来理解：高档住宅区连一个单间公寓都十分紧缺。同时，这种资源紧张的状况也同样适用于开放空间。事实上，孟买在开放空间的拥有量上与国际惯例差距很大，孟买每千人拥有0.03英亩（1306平方英尺）的开放空间，而国际通行标准是每千人4英亩或0.016平方公里（174240平方英尺）。而如果将孟买的开放空间分摊到每个人身上，人均占有量大概是1平方米（10.76平方英尺），几乎是世界最低。在城市快速增长的高压之下孟买并没有崩溃，某种程度上是人类坚韧特质的象征。

被称为亚洲最大的贫民窟的达拉维，紧邻班德拉库尔勒地区。由区域资源中心促进会（SPARC）的负责人希拉·帕特尔（Sheela Patel）与卡马拉维迪亚尼迪建筑与环境研究所（印地语缩写是KRVIA）合作起草的一份关于达拉维的文件之中提到，"孟买的大都市由于集聚了世界上最多的贫民窟居民而经常被称为'贫民窟之城'或者'贫民窟海岸'。达拉维作为城市中的一个非正式乡镇，是世界上30个超大贫民窟之一，同时也是亚洲最大的贫民窟。在这片总面积超过212公顷（0.82平方英里）的区域，达拉维创造了一种由数以千计的小企业，以及来自不同宗教、种姓、地区、语言和种族的异质化人群所构成的，一种在经济、政治与文化上相互依赖的共生系统。这些极具创造性的居民制造服装、皮具、食品、陶瓷，同时发展着一项繁荣与独特的垃圾回收业务。"然而不管如何将其浪漫化，这也是一个肮脏的临时工作。因此，达拉维需要规划，但是更需要的是一个具有包容性、符合人性需求的规划。

2004年，纽约的前建筑师穆克什·梅塔（Mukesh Mehta）成功说服了州政府重建达拉维。重建达拉维项目中有5个领域对国际开放招标。截至目前，这个项目吸引了近80个房地产巨头在这片0.4平方公里（0.154平方英里）的地区进行9250亿（21亿美元或15亿欧元）的投资，以建造高层社区。同时幸运的是，贫民窟特有的政治运行方式得以保持。印度前行政服务中心（SPARC）的官员桑达尔·布拉（Sundar Burra）对此不以为然。他写道："开发商们向政府支付了一大笔费用，因此他们将会得到可观的楼面面积指数（FSI），以便他们能够建造更多的商业及其他形式的建筑，并最终从开放市场中获取更多的利润。其中的部分利润用来补贴免费住房

网络连通的代价

由于孟买的贫民窟被官方视为非法定居点,市政府不愿意给他们提供水和电力等基础设施。因此基础服务的特别供给成为当地政治家权力斗争中,从贫民窟居民获得选票的棋子。

与基础设施建设。鉴于该区域土地价格的迅速上涨,开发商将会大发一笔横财,而同时政府也能够获得可观的收益。因此,这个方案受到抵制的主要原因在于整个计划的构思过程中没有涉及任何的社区参与,而是传统自上而下规划方式的一个缩影。"

这事实上否定了移民来到城市的理由,忽略了达拉维其实是作为一个工作与生活的空间存在的。作为印度最大的几个垃圾回收中心之一,除了数以百计的其他职业之外,达拉维居民使用他们的房子分拣废料并进行制作。然而根据目前的贫民窟重建计划来看,他们可能承担不起高层公寓中每月的生活花销,而是倾向于将其出售然后挪到另外一个贫民窟居住。因此,对于达拉维或者其他的贫民窟地区,最好的方案应当是给予这些非法居民固定期限的租赁权(并非所有权),这样就会使贫民窟中的家庭逐渐成形。比如,当儿子结婚了之后,家庭规模会继续扩大。同时作为回报,他们应该每月支付租金——每月每个家庭300卢比。那么当160万个贫困家庭选择这一方式(按每家5人来计算),最终将有总计4.8亿卢比的收入,可用于为贫民窟居民提供足够的水、照明和卫生设施。对于房屋的建造者来说,这一方案还为贫民窟居民提供了就业机会。

如果该方案获得通过,达拉维将被私有化和中产阶级化,转变为一个配备高尔夫球场的中产阶级居住区。当然这些可能性都与孟买的治理水平息息相关。已经有人呼吁孟买从马哈拉施特拉邦(Maharashtra)中脱离出去,成为一个独立的城邦——就像新加坡一样。虽然孟买在个人所得税与企业所得税方面占国家总体税收的比重较大,

生活在边缘的居民

这是孟买众多贫民窟中的一个,该贫民窟的居民占据了城市人口的60%——与今天伦敦的总人口大致相同。这些不稳定的住房结构使居民暴露于健康与环境风险之下,而更为重要的是,贫民窟居民缺乏代表民众的发言人。

然而从另一角度看这也是十分危险的状况,因为它与民主进程的本质相抵触。除此之外,直接税(直接向纳税人征收的税种,不同于商品税、服务税等间接税——译者注)的征收过高且不成比例,因为许多全国性的企业都将总部设在了孟买。其目的是要加强孟买与马哈拉施特拉邦(Maharashtra)的联系——这样的话,如果有1500亿卢比(34亿美元或25亿欧元)的资金供政府使用,考虑到维达尔巴(Vidarbha)等贫困地区成千上万的农民已经由于近年来的干旱和随之而来的债务而自杀,这笔钱更可能用于改善维达尔巴等贫困地区的灌溉和其他农业设施,而不是优先进行城市道路的修建。

另外,对于该方案中设立孟买CEO的提议我们也应当理性看待。孟买不是一个需要更高公司治理水平的企业实体,而是一个高度异质化和多样化的城市。所有政府行政人员都承认,每一次市政部门中的政党变动与更替,都会推动或阻碍城市治理。城市当然可以被治理得很好,然而也没有证据证明,务实的市长无法由选举产生,至少在纽约和伦敦有过先例。这样也可以破除关于邦政府农村选区选举的部长仅把孟买当作摇钱树的指控;虽然孟买所在的马哈拉施特拉邦仍然像印度的其他地区一样,是一个典型的农业社会,但是它更需要全面的管理,而不是以一种排他性的方式进行城市治理。

2007年美国市值超过1兆美元(合欧元7340亿)的公司高管与印度同行举行了闭门会议。会议的议程是讨论如何使孟买成为一个主要金融中心,然而重点在于讨论为何孟买在成为世界一流城市的过程中,普通民众的利益却遭到排斥。即便贫民窟居民仅占据了10%的城市土地,他们的政治权利依旧被政治家与决策者借助某些机会剥夺。为此,部分政治家甚至提出了"他们""我们"的用法,来妖魔化贫民窟居民。当然,如果在一个贫民窟人口占多数的地方,该地居民还是会被优先考虑。

除此之外,公共交通也是孟买的鲜明特色。在这个地方,使用公共交通出行

向达拉维学习

尽管达拉维的贫困显而易见,但是更吸引世界目光的是达拉维可持续的发展模式;这是一个工作与生活场所紧密结合的地方。然而,这种模式始终受到贫民窟合法化的威胁,同时对于居住在那里的居民来说,达拉维也是一个颇具挑战性的生存环境。

的人比世界上任何地方都多。只有 4.7% 的通勤者使用私人机动交通工具,而大约 90% 的孟买人选择步行或搭乘巴士和火车。世界银行的研究表明,高达 56.3% 的非通勤者步行或骑自行车上班;当然,考虑到超过一半的人口生活在贫民区,这个数值会适当高一些。相比之下,东京只有 81% 的公共交通用户。

新德里科学与环境中心(The Centre for Science and Environment in New Delhi)的研究表明,一辆汽车需要 23 平方米(247.5 平方英尺)的停车场,这其中包括出入口所需的空间。根据 2007 年的统计数据可知,德里的汽车用户数是其余的三个大城市的总和(920,723 位已登记用户),估计 2007 年德里汽车占用的空间已经等于首都的贫民窟占用的空间(面积)。因为孟买的非法居民仅仅占用了 9% 的孟买土地,因此了解汽车占用的土地比例是一件非常有趣的事情。更重要的是,人们想知道哪一个是更为棘手的问题?谁被排斥在公共话语之外?

事实上,孟买可以走包容性发展的道路——让每一个社区都变成相对独立却又相对融合的个体。在这里,世界上最穷和最富的人共同生活 [实业家安巴尼(Ambani)已经为他的五口之家建造了一个价值 10 亿美元的摩天大楼,据说是世界上最昂贵的住宅]。这种接近性给行人一种安全感,因为街道从来都不是空的;城市犯罪和暴力也没有滋生的温床;同时,这是一个共生的系统,穷人或者无家可归者为他们有钱的邻居工作(女佣、司机)。

另外,孟买也可以仿效其他城市建立分裂式的高层住区,在大片的穷人聚居区中间建设少数的富人聚居区。目前,孟买已经模仿圣保罗著名的帕雷斯城(Paraisópolis)多层公寓这个糟糕设计建造了此类住区,并在每个阳台都安装了泳池。同时,国家批准了 117 层的豪华"标志性"住房塔。"城市时代"项目也对正确认识这一重要的城市问题做出了贡献。

寻找黄金之鸟

苏克图·梅赫塔（Suketu Mehta）

印度的国际城市

孟买是印度所有的城市中，对穷人最具吸引力的城市，但同时也是印度人民向美国或欧洲移民的起点。现在，它已成为了解新兴国际城市性质的关键。

2005年7月27日，孟买出现了历史上最高纪录降雨量——一天37英寸（94厘米）。随后的洪水充分展示出这个城市最好的与最坏的两面。成百上千的人被淹死；但是与卡特里娜飓风（Hurricane Katrina）袭击新奥尔良后的情况不同，这里的市民秩序并没有崩溃。即使警察不在场，犯罪率也并没有上升，这是因为孟买人正忙着互相救助。在这里，贫民窟居民到高速公路上把被困司机解救出来，并带回自己的家园；即便他们仅拥有平均7个人住一间的简陋的小屋，也会为需要帮助的人提供居住空间。同时，志愿者涉过齐腰深的水，把食物带到有150,000人滞留的火车站。人们自发组成"人墙"，帮助受困者走出洪水肆虐的地区。大多数政府机关都"集体失声"，但是也没人对他们抱有期待。孟买人互相帮助，因为他们对政府的灾后组织救援能力完全失去信心。在这个充斥着城市居民的星球上，这就是大多数人类生活以及对抗灾难的方式。

孟买市辖区范围内约有1500万人口，是印度最大、发展最快也最富有的城市。孟买也是一个古老国家的希望之岛，但城市繁荣与民众危机也会同时发生。受到宝莱坞电影的影响，孟买对印度人民来说也变成了一个美好的梦想。如果你在孟买各地散步，你会发现一切——性、死亡、贸易、宗教——都是在人行道上进行的。这是一个巨大的城市；不仅体现在危机上，更体现在人民的精神上。

为什么人们仍然生活在孟买？在这里的每一天都是对你感官的攻击——从你起床的那一刻，到你去上班的交通工具，到你工作的办公室，到你所享受的娱乐方式，冲击无时无刻不存在着。废气太浓重，空气像汤一样沸腾。在火车上，在电梯里，在你回家的路上，在你能够想象到的所有公共区域，都是拥挤到摩肩接踵。即便你生活在一个海滨城市，你与海的唯一联系，就是星期日晚上在肮脏的海滩上待上的那一个小时。当你睡着的时候，这种影响也不会停止，因为黑夜会把蚊子从充满疟疾病毒的沼泽地中带来，黑社会的暴徒将会敲响你的门，富人聚会的喧哗和穷人节日的欢庆交织在了一起。而你为什么要离开那座门口有两棵芒果树，能够远眺到东边山丘美景的小砖房，而选择来到这里居住呢？

或许是因为，有一天你的大儿子能够在城市的北部边缘米拉路（Mira

Road）买两间房，小儿子能够移民到新泽西州（New Jersey）。你曾经在孟买所经历的困苦都变成了一种投资。这里的人们如同蝼蚁一般，会轻易放弃短暂而快乐的家庭团聚时光来换取更大的进步。如果一个兄弟选择工作来接济家里其他人，那么他自己可能会得到一个令人满意的结果：他的侄子对计算机十分感兴趣，并可能会到美国继续深造。孟买总是发挥着援助网络的功能。在孟买贫民窟，没有个人，只有有机体。有机体内的圈子由忠诚和责任所构成，但这种圈子的最小单位是家庭，而没有围绕个人形成的圈子。

同时，印度又会颠覆你对以上描述的美好想象，因为它是真实与虚假的结合。是的，它很快就会拥有世界上最庞大的中产阶级群体，然而现在已经拥有了世界上最庞大的底层人群。因此在孟买，一切都在成倍扩大：客服中心、电影业的全球影响力、作为印度金融要塞的地位，以及贫民窟的数量、陷入绝对贫困的人口，还有基础设施的退化程度。这个城市的规划者们坚定地把上海视为孟买的榜样。政府批准了麦肯锡（McKinsey）所提出的名为"孟买愿景"（Vision Mumbai）的草案，旨在于2013年前将孟买建成一个世界级城市。正如建筑师查尔斯·科雷亚（Charles Correa）对该计划所作出的评价那样，这一草案"并无远见，更像一种幻象"。

孟买需要大幅提升其基础服务水平，例如道路、下水道、交通、健康、安全。然而，孟买的一位规划师对我说道，"我们将孟买建设得越好，就会有越多的人涌进孟买。"绝大多数的孟买移民都来自贫困的印度北部的邦，如北方邦（Uttar Pradesh）和比哈尔邦（Bihar）。除非解决了比哈尔的问题，否则孟买的问题将永远无法解决。我们若想将这些移民留在原有的农场，那么比哈尔的农业必须能够维持小农户的基本生计。这就意味着要取消美国和欧盟扭曲的贸易补贴，使印度棉花能够与美国竞争。因此，事实上孟买的发展受到国内和国际因素的双重影响。

为了使孟买摆脱阻碍发展的不利因素，以下是一些印度政府可以采取的步骤。孟买没有理由成为马哈拉施特拉邦（Maharashtra）的首都。将之前邦政府对孟买行使的管理权转让给孟买地方政府，就像之前构想的那样，调整行政区划使其管辖面积越过海湾，此举将为纳里曼区（Nariman Point）拥挤的办公区腾出大量空间。除此之外，必须通过立法建立一个具有强大的行政权力并享有真正的决策权的城市。目前的市长办公室不过是傀儡，孟买的城市运行一直以来依靠着首席部长一个人的突发奇想，然而，邦的利益不一定就与城市利益完全相符。的确，聪明和勇敢的建筑师和规划师一直在试图为邦政府工作，但是跟一些来自农村、对城市毫无依恋的人们讨论城市规划，无异于对牛弹琴。因此，孟买需要一位兼具远见和政治权力的市长来推动孟买所急需的庞大基础设施项目建设工程。毕竟这个城市为印度贡献了国家总税收的37%，但只得到了一小部分中央政府的补贴。

这个岛屿的东南部应该开辟新的土地，然而目前大部分由一个海军及商业港口占据。事实上孟买并不需要海军基地，它可以搬迁到离海岸线更远的地方。同时，东部港口区的有效利用也可以缓解基础设施供给压力；城市需要学校、公园、音乐厅、公共空间，然而却被建造成了豪华住宅和购物中心。比如在市中心的工业区，那片迫切需要公共设施的600英亩（0.94平方英里）土地，却被交给开发商做房地产开发，这对城市的发展并无裨益。

与世界上的其他大城市相比，孟买所需要的不是贫民窟拆除，而是贫民窟改造。生活在城市里却没有产权的人，都被标签化地称为"en masse"，即贫民窟居民。贫民窟事实上是一个定义，就像打在穷人身上的烙印。什么是贫民窟？因为你和我不喜欢它，所以我们称它为贫民窟。然而，住在孟买贫民窟的居民却更习惯用另外一个词语来形容它——巴斯蒂（basti），意味着社区。巴斯蒂催生了社区公共空间的出现：厕所与水龙头前等待的队伍，社区中房前屋后零星的空间，数以千计的小店的门前。巴斯蒂的建设对于"孟买精神"的形成起着至关重要的作用，同时，经过了多次洪水、骚乱以及恐怖袭击，孟买精神的凝聚力又进一步显现与增强。

巴斯蒂的房间是精心定制的，包括它的每一个细节，例如墙壁和天花板。在过去的几十年中，每个房屋都是不断变化的，直至它适应了业主的需求。他们能够根据家庭结构的变化以及人员的变动，灵活地调整房屋分区，或是加盖额外的房间。除此之外，房屋外在与内在的颜色也是按照主人的喜好进行挑选。纵观世界上任何一个贫民窟，它们没有一个不是多姿多彩的。然而当公共房屋取代它时，这些色彩终将消失，变为整齐划一的单色。

我们惊叹于里斯本（Lisbon）的老城区，也希望住在特拉斯提弗列（Trastevere）、沼泽区或东区这样充满韵味的住区，然而，这些也是一百年前的"贫民窟"。年轻人现在想住在另一个世界。我在纽约的一个年轻犹太朋友正在寻找东区的公寓。当她的祖母听到这件事，提醒她，"我穷尽一生，试图走出那个地方。"

这个故事的寓意是：不要破坏贫民窟，而是改善贫民窟。为他们建造私人厕所，或者改善公共厕所条件；加固屋顶，为他们提供干净的水和可靠的电力；最重要的是，给予贫民窟居民棚户区土地的使用权以及99年的租赁权。穷人已经生活在他们想居住的地方，并自发制定了符合居民需求与未来发展的建筑和城市规划，他们不需要其他规划者。当政府工作人员与规划者试图说服他们，去了解官方的规划时，大多数时候他们并不能理解这些。这是因为，围绕规划的谈话大部分都是刻意的，像拉丁弥撒（Latin mass）一样。这些计划在上帝与人类之间划分出一类特殊的人群，同时这类人群也处于夹缝之中，只能接受对城市发展有着不同理念的政治家与规划师的博弈结果。

孟买有一个传奇的土地掠夺计划，被称为SRA（负责贫民窟重建的机构）项目。在这个方案下，如果70%的贫民窟居民同意拆除现有贫民窟住房，以在未来换取由私人开发商开发的新建房屋，其余30%居民的观点将变得不重要。这是我在参观乔格什瓦里（Jogeshwari）附近时别人向我解释的，"70%即100%"。

在我于20世纪90年代所开展的研究中，那些当初在暴乱、黑社会、政治环境中活跃的人，现在都进入了房地产行业，而建筑工人把大笔的利润双手奉上。在贫民窟获得居民身份所需要的文件，或者是同意拆除的证明，大部分都是伪造的，例如配给卡、电费与租金收据。贫民窟中被保留下来用作"绿化区"的地区现在都被建设成了"花园"。小得可怜的开放区域，充斥着蓬乱的枯草，隐藏在高层住区的夹缝之间。

在贫民窟的重建计划中，规划师的方案是促进贫民窟的"横向生长"。他们将为贫民窟居民建造的房屋FSI值（建筑面积指数）设定为2.5。因此每间公寓的面积最多为

270平方英尺（25平方米），又被称为"套内面积"。这足够容纳一个小客厅和一个小卧室，再加上一个小厨房，甚至包括一个有壁龛的橱柜区。除此之外，每间公寓还带有独立的卫生间，并且这些建筑也应当配备有电梯。这样听起来好像不错，直到你采访过已经搬进去的住户。"我们的文化并没有被纳入建筑体系之中"，一个老人看着高高耸立的高层建筑，无奈地解释道。全世界的城市都在拆除高层公共住房，而孟买仍然在新建着成百上千的高层住宅区。

在孟买、圣保罗、伊斯坦布尔，究竟是谁设计制造了这些建筑？在世界的某些地区，政府规划办公室里必然坐着自以为是的建筑师，龟缩在这个小小的"巢穴"之中，他却能够设计全世界的公共住房。现代贫民窟的重建计划就是个人与集体、混乱与团结的一场大战。

那么，我们可以在哪里寻找真正的解决方案？建筑师胡拉尔·麦罗特拉（Rahul Mehrotra）曾向我解释说，孟买的规划是徒劳的。城市变得越美好——增加道路和火车轨道，提高住房存量——便会有越多来自贫困地区的人被吸引到孟买，挤满道路、火车和房屋。那么我们如何解决这一问题呢？

2007年时，我是孟买"城市时代"项目评审团的一员，公开征集孟买最有潜力（有可能）影响居民未来生活，且可在世界其他城市广泛借鉴的最佳项目。我们将世界银行、邦政府和私人开发商资助的项目都列入了考虑范围，包括道路、住宅、标志性建筑等。最后，由陪审团成员，其中包括华盛顿前市长、一名世界领先的建筑师、该国最大的宝莱坞明星，以及我，共同决定将"城市时代"奖颁给一个设计优秀的公共厕所（见本书第396-411页）。

在我们所收到的100多份投稿之中，只有一份是用马拉地语（本地语言）手写的。这是一个由当地居民所创造的社区项目。在这个社区内，有一个数百人共用的公共厕所，当然，环境的恶劣程度可以想象。因为这相当于是大家的共同财产，那么换句话说，也并非是任何人的财产，再加上市政的清洁工经常不清理，因此变成了一个充斥着肮脏和疾病的地方。显然这对女性来讲是非常不利的，因为她们无处可去。于是，居民们想出了一个方法，他们在公共厕所所在建筑楼上加盖了两间房，并将其用作教育中心。同时在厕所的周边种植了很多花草。教育中心为当地居民提供了简单的英语及计算机课程，并使之成为邻里活动中心。要到社区中心，必须经过厕所，因此人们开始对它的清洁负责；毕竟没有人想在肮脏的地方学习电脑。

现在这片区域已经不仅仅是一个公共厕所，它逐渐成为周边年轻人的聚集地以及一个社区中心。简言之，厕所的状况大为改善，因为使用厕所的人事后一定会清理干净，毕竟他们的邻居和家人都在附近，而且有时就在楼上。

因此，我们将100000美元（73393欧元）颁发给了这个项目所在地区的居民，因为他们想出了一个如此巧妙且因地制宜的解决方案，这一方案仅需要少量投资，便可以在全世界各处的非正式住房中普及。对我来说，最好的瞬间是在颁奖典礼时，德国总理安格拉·默克尔（Angela Merkel）亲自在舞台上颁发这一奖项的时刻。获奖者乘坐公交到达颁奖礼堂，穿着不得体的、租来的西装来到了这个重要场合。当默克尔为他们颁奖的时候，他们优雅地接受了支票并与之握手，然而当遇到所在辖区的市政官员时，他们立即跪下并触碰官员的脚趾以示尊敬。他们知道谁有能力对他们的日常生活做出改变，而这个人显然不是德国的总理。看到这些，我更加佩服当地居民，因为我认识到：这些人是夹缝中的求生者。

最具震撼力的，且以叙事形式为主的，应该就是关于犯罪的故事。生活在大城市的人们对犯罪相关内容十分着迷——他们读相关的小报，废寝忘食地追看电视上耸人听闻的审判，以及为承诺用必要的手段打击犯罪的政客投票。

在20世纪90年代的喧嚣中，孟买被定义为一个充斥暴力、犯罪团伙猖獗的城市。在那时，每年有数以百计的人在帮派斗争之中或是因警察法外处决而丧命。这座城市里的人十分确信自身安全受到了威胁，而当时的报纸标题、电影的主要内容，总是围绕着歹徒和警察。歹徒因为公众关注与媒体曝光，社会地位得到了提升——毕竟他们理应生活在恐惧之中，恐惧是他们的动力，而警察因公众对犯罪的恐惧而被授予最高权力—未经审判取人性命的权力。我感受到了一个对犯罪极其敏感，将自身想象得比现实更暴力的城市。

事实上我在里斯本（Lisbon）也观察到类似的情况，在城市中心区一个叫卡沃达莫拉（Cavo da Moura）的贫民窟中，聚集了超过7000名来自佛得角（Cape Verde）的移民，他们主要从事小时工、帮佣之类的服务业工作。他们从20世纪60年代起便开始定居在这里，也并没有引起什么严重的社会问题。然而城市土地开发商却早就盯上了这片土地的商业价值，并且积极地为他们的开发寻找合理的理由。比如，我曾看见该城市的一份杂志上恐怖的杂志封面——"巴里奥的警察"，旁边的配图是尸横遍野之中，警察将一名年轻的黑人按倒在地并戴上手铐，旁边还附有该地区的地图，暗喻这是一个充斥着不安定因素的区域。这篇文章的配图勾勒出一个犯罪与吸毒十分猖獗、对里斯本中上层人士构成长期威胁的贫民区图景。诸如此类的文章，将贫民窟污名化，并给地方政府造成一种假象，那就是想要彻底治理外来人口犯罪，就必须彻底拆除贫民窟。

伊斯坦布尔也出现了类似的情况。它是欧洲最安全的城市之一，但无论是在城市中心和郊区，增长最快的住房形式都是封闭式社区。这些封闭式社区的出现，是对犯罪的一种回应，或者是一种感知。因此，这里的居民花了大笔钱雇佣私人保安。事实上，人们每月在安保上的花费已经远远超过了可能被抢劫的金额。但是他们并不介意多付钱，因为他们始终对贫民窟中的"怪兽"之类的传奇故事奉如圭臬。

无论我们住在哪里，我们都有理由帮助住在孟买这样的大城市的人们。孟买贫民窟居民的绝望情绪可能会直接影响到纽约或者洛杉矶人的经济命运。除此之外，伦敦人了解孟买与孟买人了解伦敦都是具有等同意义的，毕竟下一代的伦敦人可能降生于孟买。

那么为什么人们仍然愿意生活在孟买？"孟买是一只黄金鸟"，一名叫作乔格什瓦里（Jogeshwari）的穆斯林男子这样告诉我，即使他的哥哥在骚乱中被警方击毙，而且他仍然住在一个没有自来水或厕所的窝棚里。这是一只金色的鸟，所有人都在试图抓住它，它飞得快速而灵活，你需要通过更加努力的工作才会有机会抓到它。然而当它一旦到了你的手中，神话般的财富之门将会向你打开。这也就是为什么每个人都宁愿抛弃绿意盎然、充满乡间野趣的村庄，忍受着极差的社会治安与恶劣的生活环境，依旧向孟买涌来的原因。这是一个无关种姓，女性可以独自在餐馆吃饭而不被骚扰，可以与所爱的人结婚的地方。对于来自印度乡间的年轻人来说，孟买的魅力不仅仅在于财富的吸引，更在于自由的召唤。

城市的动与静

拉胡尔·迈赫罗特拉（Rahul Mehrotra）

平行世界

孟买是一个多维世界，在印度教所支配的传统世界中，牛象征着神明。而在现代世界中，跨国资本支配一切。不同世界的交汇与碰撞造就了紧张的局势，也对城市的世界中心地位产生了影响。

南亚城市的一大特点就是物理空间与视觉空间的冲突，这些空间共同交汇、融合，形成一个不可思议的多元化景观。历史上，特别是英国殖民时期，活跃在城市中的不同世界占据着各自的空间，拥有不同的经济、政治和文化形式，依据各自的规则运行。他们的分离是为了增强对各自领地的控制并减少领地间的冲突。[1] 然而今天，这些世界共享相同的空间，即使他们对空间的理解和使用方式截然不同。[2] 20 世纪后半叶，农村大规模的移民浪潮使得这些地区融合成一个单一但多面的实体。再加上土地供应不足且缺乏新的城市中心，现有城市的密度迅速增加。随着后工业时代即服务业的兴起，同一片区域内不同世界的内在联系变得愈来愈紧密了。[3]

在后工业时代，印度的城市已成为精英和庶民文化协商的关键地点。后工业经济时代中社会阶层之间的新关系与国有经济时代存在着很大的不同。[4] 服务和生产部门经济的碎片，在空间上创造了一个新的、百家争鸣的城市主义，并将其融入整个城市景观中。[5] 这是一种由现代化国家中精英阶层以外的人群所创造的城市主义。同时，这是一种"海盗"的现代化，人们为了生存而象征性地遵守城市法律，然而也并没有建立反主流文化的意识。[6] 20 世纪 80 年代和 90 年代以来，随着国家管制从各个领域撤退出来（南亚各地采取了不同措施），"日常"的空间是经济和文化斗争的交汇点。这些公共空间在很大程度上被排除在专注于城市精英领域生产的全球化文化语言之外。[7]

时至今日，印度城市主要由同一片物理空间上的两类要素构成。首先是静态城市：由混凝土、钢铁和砖等永久性材料建造而成，在传统的城市地图上形成了一个二维实体并且可以长久存在。第二是动态城市：作为一个二维实体可能难以理解，这是一个"流动"的城市——一个增量发展的三维结构。动态城市是临时性的，通常是用再生材料建造的：如塑料板材、废金属、帆布和废木料，因而能够不断地改变和重塑自己。动态城市的砌块不是建筑的砖瓦，而是能够支持居民的生活和生计、保持联想价值的空间。空间使用方式决定其形态和知觉。这是一个有其特定地方逻辑的"土著城市主义"。它不一定是穷人的城市，尽管

大部分图景上是这么显示的;它是一个时间的延续与空间的占有相结合的产物,不仅能够增加物质空间的可感知性,也能展示出高密度的城市环境中物质空间突破了自身的限制,产生出无法想象的多种用途。[8]

动态城市提出了一个激动人心的愿景,让我们逐渐了解当前城市中人与空间不断变化的角色,以及其与现行的城市主义的模糊交界。随着全球化浪潮中财富与商品的集中,不平等与社会阶层的分化日益加剧。在这种不平等的经济世界中,一种平等的建筑或都市主义,更需要寻找与纪念那些被财富和经济繁荣排除在外的地方与文化。这些地方的意义不一定在于那些正规设计并建造的建筑,而是不断挑战现有形式并且勇于创新的精神。这里所提及的城市是一种具有弹性的发展状态,不是一个宏大的愿景,而是"宏大的变革"。

动态城市可以被视为南亚城市的群像。游行、婚礼、节日、小贩和贫民窟或不正规居住区,构建出一个不断变换的街景——一个处于动态演变之中的城市,以物理结构持续不断的变化为特征。与之相对,静态城市的主要表现形式——建筑,不再是感知城市的唯一方式。因此,建筑不是城市的"奇观",它甚至称不上是处于主导地位的形象。相比之下,排灯节(Diwali)、十胜节(Dussehra)、九夜节(Navratri)、回历正月(Muharam)、杜尔伽女神节(Muharam)、象神节(Ganesh Chaturthi)等节日,已经成为动态城市新的"奇观"。他们在日常的城市图景中普遍存在,并且主导了印度城市的视觉文化。这些节日搭建了一个平台,在这里市民阶层的美好愿望能够转化为现实的政治行动。

比如在孟买,象神节逐渐变得越来越流行。[8] 在8月或9月,节日持续的10天之中,许多街区都会妆点一新,张灯结彩,意欲迎接象神的到来。在这个节日期间,家庭、社区和城市活动共同构成了整座城市的庆典。在节日的最后一天,将会有很多人经历漫长的游行,托举着象神的雕像并最终将其沉入大海。每一支队伍都托举着画像,上面印有当地与世界的共同议题,希望得到象神的解决。事实上,这个节日不是基于印度教的正式经文或预定规则,而是人类的智慧超越了地方与世界、历史和当代的界限所创造出来的产物[9],同时表现了印度城市的高度融合。每个街区的队伍都沿着既定的路线行进[10],同时队伍之间相互竞争,以显示自身对象神的忠诚。在静态的城市图景下,游行的高潮是在圣歌之中将象神的雕像浸入水中的一刹那,因为这意味着向象神告别,期待明年象神的复活。

这个将象神沉入大海的仪式已经成了场景的象征。当泥土的偶像溶解在海湾的水中时,这个场景就要结束了。没有一个静态或永久的机制能够为此注解,因为这里的城市记忆是一个不断"制定与创造"的过程,是流淌的时间定格,而不是像建筑一样将公共记忆凝固在静态的或永久的实体之中。[11] 在动态城市中,所有的意义与内涵都不是固定而持久的;所有的空间都经历着被使用,重新诠释,到再生的过程。动态城市将静态城市重新组合,创造了一个新的图景。

在每年8月15日印度独立日期间,动态城市的这种变革与创新能力在市政厅举办的活动中体现得淋漓尽致。公共工程部（PWD）将会颠覆古典建筑的现有意义，并为一年一度的庆典仪式重新设计建筑，并调整现有建筑的形式。为了使建筑免遭雨季降水的影响，公共工程部改变建筑的外部结构，建造了一个与建筑相连接的特大阳台。新建部分由竹子与织物制成，辅以一些细节性装饰以及观赏植物，使之与古典建筑的地方特色与传统底蕴相契合，同时带来一些新的改变。

对于这种改动，生态环境保护者认为这是对文物保护法的一种滥用，以及对资源的浪费，然而他们忽略了一个事实，这是一个可逆的行为，甚至按照最神圣的保护者的标准来看也是符合的。[12] 这些曾象征着殖民力量的形象以及来自静态城市的资产都被重新颠覆而成为一个动态图景。公共工程部改变了建筑的意义而使得动态城市边界也得到了扩大。

这类改造事实上触及了一个关键议题，特别是在与公认的历史保护方法比较时。关于静态城市保护的争论常常围绕着"文化意义"的概念展开，这一观点在 20 世纪 80 年代的保护主义辩论中很清楚地体现出来。[13] 这类"以对象为中心"（忽略生命体）的定义可以追溯到文艺复兴时期古文物研究者所持有观点。[14] 然而，当文化记忆不断变动的时候，这种观点还能称之为真理么？又或者，文化意义像动态城市一样不断演变，而后殖民时代城市历史环境的使用者与保护人已经不再是文化的创造者，而是来自多元文化背景的移民，那么文化意义该怎样理解呢？

除此之外，我们对于动态城市的文化，又该怎样解读呢？他们是否已经成为当前城市现实的一部分？如果说对于城市形态与建筑的构建与保护，必须要参照我们在动态背景下对于文化意义的解读，那么就势必要将"意义的构建"这个概念纳入建筑与文物保护的争论之中。[15] 事实上，理解文化意义的演变，就是理清建筑师作为变革先锋，与静态城市及动态城市共同互动的角色（保护主义者则反对变革）。在这种情况下，关于建筑景观象征意义的研究将会加强建筑与当代现实之间的联系。这种认识将会使建筑与城市形态借由干预而得以改造从而适应当代生活、现实需求，以及新兴的愿景。这样，静态城市与动态城市就能够建立联系，同时静态城市更能得到全面的理解，从而得以按照其运行逻辑实现新的转变。

在孟买的历史街区，老城堡地区维多利亚拱廊上热闹的集市场景，便是静态城市与动态城市相妥协的结果。拱廊的用处原本是双重的，首先，他们为街道与建筑之间提供了空间的缓冲，其次，这个拱廊仿佛是针对孟买气候而量身设计的，它使得行人免受日晒雨淋。时至今日，随着非正式集市逐渐占领了拱廊，它的原有功能也受到了挑战。拱廊与集市之间的新兴关系不仅受到了相关利益群体的挑战，也对原有保护方案提出了新的要求。对于孟买居民来说，小贩提供的货品价格比本地店铺的价格低很多。因此，拱廊的集贸市场形成了蓬勃发展的新商业业态。对于精英和保护主义者来说，与不朽的圣像相辉映的维

更新后的贫民窟

正如曾经的曼哈顿和伦敦一样,孟买新的房地产开发项目已经取代了最近被拆除的贫民窟,这是一个棘手的问题。

多利亚时代是古老的城市中心精髓的主要表现。事实上,随着城市的进一步蔓延,这些历史建筑的存在形式逐渐模糊,因而文物保护主义者就会通过强化古建筑的内涵、地点与标志来获取更大的文化意义,以便将其作为城市历史形象的重要符号。因此,地方政府不断将拱廊市场划定为违法经营,并试图为市场重新选址。

孟买面临的主要挑战是城市转型,但是并非通过夸大城市的双重特征,而是要认识到城市的这些对立面是可以同时存在的。在同一物质空间存在着两个世界,意味着我们必须要包容并融合多种用途、感知与物理形式。老城堡地区的拱廊就拥有这种罕见的、对原有物质空间重新解读的能力。作为一个建筑解决方案,他们展示了单一空间可具有的惊人弹性,他们可以容纳新的用途,同时产生保持了建筑完整性的错觉。

因此,这个拱廊的改造方案事实上应当进行调整,以重新适应拱廊现有的功能。他们可以被重构以同时容纳过往的行人与沿街的摊贩。他们可以给人一种无序的市场嵌入有序的维多利亚拱廊的错觉。有了这种方法,城市的关键部分将有更大的生存能力,因为他们可以适应不断变化的经济和社会条件。即使,对于城市景观来说,并没有兼具持久性与瞬时性的统一行动方案。但是至少,城市可以通过维护那些具有历史意义的"城市硬件"的关键组成部分,并结合当下的现实状况,不断提出新的解决方案。那么,维多利亚拱廊的农贸市场有望成为不断演变下的现实的真实反映么?显然,动态城市与静态城市已经超越了表面差异,而建立了一种超越物质形式的、在空间上具有多重含义的联系。这里吸引力与排斥力同时存在,在看似无法调和的矛盾之中形成了微妙的平衡。城市的非正规经济生动地反映了静态和动态城市的断裂和融合。达巴瓦

基础设施及其影响

孟买的铁路网络对于城市的发展至关重要。它使经济基础设施成为可能,并为孟买大大小的企业提供支持;从为上班族送餐的人,再到为欧洲人缝制衬衫的纺织工人,人们无时无刻不与交通网络发生着联系。

拉(dabbawalas,直译为"饭盒人")是正式与非正式、动态与静态关系的一个案例。这种午餐递送服务,依赖于火车运输系统,费用大约每月200卢比(4美元)。每天,达巴瓦拉可能从城市的任意一间房子中取到午餐,然后在午餐时间把饭盒送到顾客工作单位,并在晚些时候将空饭盒送回家。达巴瓦拉每天经手的饭盒成千上万,这一切都得益于线性城市的脊梁——孟买火车系统的高效率。达巴瓦拉创造性地建立了一个运输网络,以便于非正式的系统能够合理地利用正式的基础设施,这种网络甚至能够实现从顾客家中取餐,再到送回过程中总共转手四五次,仍然保证无误送达。事实上,每个饭盒的运输距离大约为30公里(18英里)。据估计,每天大概有200,000个左右的饭盒被投递,超过4500个达巴瓦拉参与了这项递送服务。从经济角度来说,达巴瓦拉的午餐递送业务的年营业额约为5000万卢比,约合100万美元。[16]

在动态城市中,创业是一项非常自发的过程,主要依靠正式与非正式形态的共生关系。达巴瓦拉,像其他一些诸如银行汇款、货币运输、快递和电子产品市场等非正式的服务一样,利用社区关系和网络,同时熟练地使用静态城市的基础设施而创造远超预期的利润。这些网络结构通过集合现有资源发挥协同作用,而不过分强调物质结构的规范化与形式化。动态城市经常将基本需求与现有基础设施未开发的潜力相结合,从而催生出新的服务形式。孟买的火车是一个动态空间的典型象征,既支撑着正式与非正式系统的存在,又同时模糊了他们之间的边界;既切断了不同世界之间的联系,又在顷刻之间使他们合并为单一的实体。在这里,现代性的自我意识以及那些由静态城市所制定的规范都是无用而冗余的。动态城市致力于将地方智慧融入当代世界,同时对当代现代化毫无畏惧,而静态城市则更希望抹去地方性,而将其置入既定规范之中。[17]

住房问题最能生动地展示动态城市对静态城市的重构过程。例如，在孟买，大约60%的城市人口无法获得正规住房，这些人主要居住在占城市土地面积10%的贫民窟中。据统计，大约70%的城市人口就业于非正式部门。而随着新自由主义经济对劳动力的分散作用以及对议价能力的剥夺，这个数字仍在继续上升。尽管他们具有非正式性，但这类人口的生产力在全球范围内仍然具有竞争力。[18] 这类生活在诸如道路两旁、排水渠旁以及铁路线旁边的城市边缘人群，必须要利用极具创造性的方式与日常生活相周旋。例如利用卫星电视的天线、电线电缆等材料作为骨架，并用塑料布或者空桶的桶壁覆盖，建成一间日常的居所。在这个关于过去、现在和未来的旋转万花筒中，可以窥见的是由各种小巷、死胡同所构成的有机结构，以及迷宫一般神秘的、不断自我发展与创新的街道。就像一个有机体一样，动态城市在永恒的运动之中定义与重新定义自己。而定期的拆迁又进一步减少了该地居民对土地的占有量，同时抑制了他们对于改善物质生活条件的投资意愿。流动、不稳定与不确定性是动态城市的基础。因此，一个动态城市是流动的且充满活力的，是可移动的也是暂时的（经常作为对抗驱逐的一种方式）。除此之外，由于不断地回收资源并进行二次利用，只需非常有限的资源就能够维持它的生存，因而它也是没有废墟的。

事实上，这只会加快财富在空间上向城市与郊区的封闭式社区集聚，就像规划师与政治家们常常提到的那样：把孟买打造成另一个上海。这句标语代表了规划者对于城市发展的单一构想。[19] 用上海作为参考的隐喻是，将城市打造为特定的形象，同时将建筑作为全球化与现代化的代表。毕竟，城市物质特征的彻底转变，往往被视为使该城市被纳入全球城市与经济网络最直接也是最简易的标准。新的高速公路、高架桥、机场、酒店和会议中心（包括二次开发的博物馆、画廊、公园和与国际标准相一致的城市法规）都是静态城市实现其既定目标的关键要素。这种全球性影响也对城市治理的民主进程提出了挑战。

孟买的城市形态和主导形象的模棱两可引发了一个疑问：孟买究竟是谁的城市？这个问题已经超出了政治学领域并且挑战了当前对于城市的构成要素的理解。城市的构成要素不仅是静态城市与动态城市协调中的要点；也是政府有效干预的焦点。城市建设过程体现了全球化及其对城市景观的过度侵蚀，但同时也体现了动态城市如何在社会、文化、空间三个层面抵制或参与全球化。

在孟买，贫民窟组织及网络的出现是对其正在采取有效参与措施的印证。这些组织一方面积极与静态世界斡旋，另一方面试图解决动态城市合法性、非正式性以及动态性、暂时性等内生矛盾。在这些运动中，最成功的是一个三方联盟，包括一个非政府组织区域资源促进协会（SPARC）、一家CBO全国贫民窟居民联合会（NSDE），和一个针对贫困妇女的帮扶组织Mahila Milan。这个联盟以土地担保与基础设施为重点关注领域，成功地促进了城市正式和非正式世界之间的沟通，并和世界各地的贫民窟组织建立了联系，共同为贫民窟居民的利益奋斗。

这些措施除了能够代表贫民窟组织为实现市民权利所做出的努力，也构成了阿君·阿帕杜拉（Arjun Appadurai）所提到的"深层民主"。所谓"深层"是指"这种模式使贫困地区的居民能够与城市、地区、国家与跨国机构建立战略伙伴关系，这些机构拥有更大权力，且致力于改善贫困、发展市民权利，通过与拥有更多权力的组织和个人建立垂直合作与伙伴关系，构建一个相互支持的循环体系。"[20] 这种深层民主与网络化的集成路径，使得关于贫困的措施与观点能够流动与传送。正是通过对城市建设的重构，动态与静态的城市可以相互交织，超越单一物质空间，更好地促进居民融入城市。

孟买的城市主义代表了一种奇妙的交汇——以反乌托邦主义景观以及乐观主义为象征的动态城市，与以建筑为主要表现形式的静态城市相互交叉，进而重塑城市。[21] 动态城市迫使静态城市在现实情况中重新认识自身，放弃乌托邦式的计划并与社会真实状态进行互动。这有可能成为关于静态与动态共存的理性讨论基础吗？这是因为孟买这类新兴城市的固有矛盾，还是静态与动态城市、乌托邦与反乌托邦的共存本来就是不可避免的？这种同时存在的空间结构是否可以被正式建构？动态城市显然不能被看作一个设计工具，而是一种理论与指导，用于建设灵活、用途广泛且耐久性强的城市环境，发挥城市的动态特性，实现繁荣与发展。或许动态城市就是发展暂时性、高密度与强度城市的最佳战略？也正是因为这些潜在的裂痕，我们才能够得知真正建构印度城市景观的，是多元与动态的互动过程。在这种都市主义影响下，静态和动态的城市必然共存并模糊成一个整体，即使是暂时的，也会为他们利益的交汇点创造出共同的利润空间。

放眼长远

查尔斯·科雷亚（Charles Correa）

史前时期的城市

孟买首先被建设成为一个殖民地的贸易港口，随后，铁路的修建使得军事力量部署与商业需求交汇在一起。

在这篇文章中，我想强调一些孟买提供给我们的、能够帮助我们理解全球特别是发展中国家城市问题的一些经验教训。

公共交通

孟买城市交通系统的发展并不是"后来添加的"（"事后诸葛亮"）。自城市诞生起，它就是孟买重要的DNA。这个城市所在的岛实际上是一个加长的防波堤，保护海港远离海域。为服务位于该岛南端的港口，英国修建了两条主要铁路线。其中一个向北部和西部方向延伸，是用来将军队运送到开伯尔山口（Khyber Pass）。另一个向北部和东部延伸，主要用来将英国商人送至被称为加尔各答的城市。从城市南端开始，两条线路与岛屿的海岸线大致平行，在到达大陆之前，他们才分道扬镳。

车站沿着这两条铁路线逐渐建造起来。同时围绕着车站，一些为工厂工人提供的住房逐渐在巴雷（Parel）和拉尔巴格（Lalbagh）的北部开始建设，同时办公区在岛屿南部蔓延开来。两条铁路线之间的交汇处，如达达尔（Dadar）和班德拉（Bandra），因为能够提供更多的经济机会与较高的通达性而发展得更为迅速。

因此孟买市成功的城市结构，并不是来源于任何有预见性的城市规划，而是两名建筑师设计的原始火车轨道。他们创造了既能够满足较低的票价，又有较高发车频率的交通模式。这是不可能在均匀扩张的昌迪加尔（Chandigarh）与德里实现的。这种较高的市民流动性和潜在的互动机会，正是孟买成功的核心之一。这种成功的构成要素，特别是"马上去做"的精神，与金奈（Chennai）或者加尔各答相比是截然不同的。但是，扪心自问，这种成功多大程度上是基于城市居民本身所拥有的高流动性？毕竟城市的特点是相互作用以及产生协同作用。也许城市规划者的真正目标不应该是"美丽城市"，而是"网络状的城市"，从而增强协同能力。

孟买并不是个例。线性城市的其他案例，像曼哈顿和波哥大，也是由于物

城市的 DNA

孟买沿着英国工程师所规划的铁路走廊逐渐发展起来,将港口与印度次大陆相连接。随着孟买发展成为世界最大的城市,基础设施已经变得相对不足。

理空间和公共交通内在结构的限制而形成的。当然,伦敦可以说是世界上所有大城市之中最适宜人类居住的城市。在这里,带有美丽的公园和露台的房子供应充足,由相通的地铁、火车和公共汽车所构成的公共交通系统非常完善,能够带你在城市自由穿行。不久,投资 160 亿英镑(253 亿美元/185 亿欧元)的横轨高速地铁线将进一步提升人们的出行体验。这些是怎样发生的呢?从 19 世纪起,伦敦的城市增长速度持续加快,地下交通系统的发展已经大大超过了现有郊区住宅的范围,因此也为城市边缘区大片的土地带来了新的发展机会。在 20 世纪 20 年代和 30 年代,开发商紧随其后,在这些地下车站附近建立了住宅区。因此,伦敦这个供应产生需求的生动案例,说明了公共交通能够重塑城市的增长,并产生十分正面的影响。

今天,印度的很多城市(包括世界其他国家的城市)很少关注公共交通,而任其以松散的形式发展。或者,即使进行规划,交通线也基本会以矩阵形式分布,根据需求增长,而非结构化的自由发展。然后在数十年后,当我们试图在其中植入公共交通系统时,政府就必须提供大量的补贴。在一个城市发展之后再去重塑公共交通,是一个十分昂贵的选择。但是,如果像孟买那样,从一开始就把公共交通与土地使用结合起来呢?这将是更便宜的建设方案,并且高

一个新城市的构想

凭借着想象力的飞跃,孟买可以摆脱地理条件的限制,汇集现有的定居点,创造一个跨越以往的城市边界,并成为一种新的方式发挥作用的功能强大的城市。

密度走廊的城市结构也能使系统更经济地运作。即使有一些针对交通系统的补贴,实际上也是在间接补贴住房,因为巨大的交通网络为城市开辟了更多的土地,因而使房价降到了可以负担的水平。

类似的交叉补贴政策在北美也得以应用,只可惜若要在郊区建设住房,只有大量建设为小汽车服务的高速公路才能使之成为可能。有些美国人认为这种补贴形式是存在问题的,因为以私家车为主的通勤模式破坏了美国的城市结构。不幸的是,这种政策的危险性不被印度的精英所理解。汽车的使用在城市中逐渐普及,导致交通拥堵的产生。除此之外,更深刻的影响在于,由于高速公路需求的不断增长,抢占了公共交通的可用预算。而这种悲剧,几乎每一个城市都在发生。

因此,一个简单的事实是:孟买的铁路不是为了亏损而建造的,而恰恰是为了赚钱。印度的铁路都是由私人资本出资的,如同欧洲和北美修建的铁路。像范德比尔特(Vanderbilt)、摩根(Morgan)和哈里曼(Harriman)等投资商正是通过在 19 世纪投资铁路积攒了大量财富。为了合理控制城市未来发展规模,我们必须理解孟买的 DNA 告诉我们的宝贵教训:公共交通基础设施不应该最后一个被纳入考虑。考虑到城市发展的速度,将公共交通置于首位将会带来许多益处。

治理

从一开始，孟买便吸引了全印度的人：来自北部的古吉拉特人（Gujaratis）、祆教人（Parses）和旁遮普人（Punjabis），来自东部的孟加拉人（Bengalis）和比哈尔人（Biharis），以及来自南部的泰米尔人（Tamils）和克勒拉人（Keralites），并且他们都为孟买的成功做出了巨大的贡献。孟买最为强大的金融机构，如证券交易所、商品市场等，都从古吉拉特邦带来的企业与能源之中汲取力量。英国人对移民高度包容，包括对巴格达犹太人——其中维克多·沙逊（Victor Sassoon）负责用垃圾填埋场连接起 7 个岛屿，从而在实际上创造了我们今天所知的城市。

因此，孟买可以被视作印度近代史上的第一个，也可能是唯一一个国际化大都市。孟买的成功是有意为么么？3 个世纪以前，英国人在马德拉斯（Madras）建立自己的统治，当时的马德拉斯主要由当地的泰米尔人（Tamil）组成，似乎永远不可能变成世界性的大都市。然后，他们搬到了加尔各答，希望将其建设为帝国的第二大城市。不过，经过两个世纪的努力，它本质上仍然是一个孟加拉城市。然而同一时间，欧洲的城市如维也纳、巴黎和柏林成为世界大都会中心。一定有人注意到了这些城市与孟买的区别在于多元化的市民组成，这种多元化不仅能够影响孟买地区的文化，也能够激发孟买的经济活力，因而更加突显了吸引多样化人口的重要性。如果这是真的，那么孟买对移民的鼓励政策是最早、最有效的城市社会工程的案例之一——虽然它可能没有以正式的政策文件的形式宣布，却可能出现在伦敦印度事务办公室的文件之中。

因为狭窄（狭隘）的本位主义和宗教偏见，我们的政治家们今天正在迅速摧毁这个多元化特性，这对于城市的破坏是不可估量的。当政党喊出像"北印度人回家！"之类的口号时，他们实际上是在摧毁城市。城市是由人、商品和服务所构成的网络，拆散了这些网络，你便摧毁了城市，以及整个民族的财富。印度的政治机构，无论是在邦还是在联邦层面，都在宣称他们希望孟买成为一个金融中心、一座世界城市。然而，孟买的政客们却被放任做相反的事情。他们似乎不明白贸易中心或商业中心兴旺的根本原因是商人的安全感。这是一个和撒马尔罕（Samarkand）一样古老的原则。

未来

未来的城市增长规模是一个关键议题。这就是为什么孟买的"DNA"这一经验如此重要。尽管移民源源不断地涌来，截至第二次世界大战之前，得益于两条铁路走廊所提供的可用土地，孟买并没有贫民窟的存在。贫民窟的出现始于 20 世纪 50 年代——一个明确的迹象表明，公共交通所带来的新的土地开发不够及时，需求已经开始超过供应。

1964 年孟买的人口是 450 万，其中只有 10% 是贫民窟居民。而到 1980 年孟买人口已达 800 万，其中 50%（400 万）是贫民窟居民。今天，大孟买人口超过 1700 万，根据政府统计，60%（超过 1000 万！）是贫民窟居民。我们应该对此作出回应，在新的地点设立新的就业中心，并像 1964 年那样修建新的公共交通设施使其相连。

以下是新孟买（Navi Mumbai）总体规划的首要目标：构建新的城市愿景，重新引导城市沿海地区发展，并逐渐向内陆特别是马哈拉施特拉邦的腹地扩张。这个项目的核心是建设公共交通动脉所构成的一系列新的混合型城市中心。新孟买规划是一个将城市活力转化为海港地区多元的城市体系的战略规划，旨在使它再一次成为举世瞩目的水上之城。由于经济与社会问题常常涉及物理尺度与视觉维度，因而决策者所做决定常常与规划有关。但不幸的是，这些目标与策略从来没有得到充分实施，甚至可能没有被邦政府完全理解。

公共交通对城市发展至关重要。毕竟，移民来到城市的目的不是为了寻找住房，而是寻找工作机会。所以他们会尽量居住在离他们的工作场所较近，或者能够搭乘某种交通工具的地方。因此，保障性住房并不是一个孤立的问题，而是一个方程的乘积，其中至少包括两个重要的参数：工作位置与可用的交通方式。在印度，很少有人搭乘汽车，这就是为什么公共交通十分重要的原因，因为这意味着他们可以接近他们的工作地点、他们的学校所在地，以及医生和朋友。

今日的孟买有望在未来十年发展成为一个人口 2400 万的城市。这似乎过于庞大了，除非我们意识到城市的规模可以通过结构的调整而缩小。一个拥有 1000 万人的中心城市可能是一场灾难，但是，如果将相同的人口分布在 5 个相互关联，却仅拥有 200 万人口的城市呢？

圣弗朗西斯科的海湾地区就是一个成功的案例：它的总人口超过 400 万，然而圣弗朗西斯科本身只是一个拥有约 80 万居民的城市。荷兰的兰斯塔德（Randstad）城市群是一个更好的例子：阿姆斯特丹、鹿特丹、海牙和乌得勒支等主要城市，以及一系列小城市通过快速铁路连接，共同构成了一个综合的城市系统，其中并没有一个城市规模过于庞大。同样，临近印度腹地的喀拉拉邦（Kerala）或果阿邦（Kerala）周边许多城镇和城市，共同构成了一个和谐安定的居住地。

结语

近些年来，关于如何将孟买打造成世界级城市的讨论甚嚣尘上。然而无论按照何种标准，60 年前的孟买已经可以被称为世界城市了。可悲的是，随着城市规模的不断扩大，孟买的城市实力逐步被削弱，成了一个畸形的城镇。

超越极限

吉塔姆·蒂瓦里（Geetam Tiwari）

步行上班

孟买的未来，或者说整个世界的未来，都取决于城市如何解决汽车使用的问题。即使印度已经发布了成本最低的汽车Nano（塔塔NANO，印度塔塔集团轿车，被冠之全球最便宜的汽车称号——译者注），印度依旧是一个汽车拥有量相对较低的国家，出租车始终在交通系统占有一席之地。

印度的城市交通主要以步行、自行车、公共交通（包括中级公共交通，IPT）为主。尽管电动两轮车以及汽车的使用在近二十年来保持较高的增长（分别以每年15%与10%的速率增长），汽车的占有率还是相对较低，占家庭总数的3%到13%，与之相对的两轮车在家庭中的占有率则达到了40%到50%。与此同时，两轮车与自行车在不同规模城市中的家庭占有量基本等同。[1] 这三种模式的变化似乎与城市规模与人均收入有关。小型或中型城市比大城市的人均收入更低。因此，居民对人力三轮车与自行车的依赖度在小城市显然更高。在一些中等规模的城市（人口1至300万），私人巴士已经出现。由公共部门运营的国有运输公司负责经营城际航线。除了四大城市（德令哈市、孟买、加尔各答和金奈）之外，班加罗尔和浦那（Pune）也是国有运输公司的公共汽车运行相对成熟的城市。其他城市则拥有由市政府提供的干线巴士服务。像电动两轮车、汽车、人力三轮车这样的中级公共交通模式也发挥着重要作用，因为他们在满足中小城市的出行需求方面是十分必要的。这些车辆获取交通部门颁发的机动车驾驶证门槛较低；而这些交通模式的实际运营则留给私人运营者来操控。当然，他们常常存在过量排放与安全违规问题。然而，截至目前没有任何的政策和项目可以提高准公共交通的运营水平。政府的定价政策往往得不到经营者的尊重，在设计道路基础设施时准公共交通设施也未被纳入考虑范围。结果是，运营者只有违反法律政策才能得以生存。

在印度2.85亿城市居民中，近1亿人居住在城市贫民窟。非正规住房或贫民窟居民的出行方式与正规住宅居民有很大不同。一般来说，骑自行车和步行约占非正式住房居民日常通勤出行的50%至75%。正规住房居民则依赖公共汽车、汽车与两轮车。这意味着，即便高风险与尚不完备的交通设施等问题依旧存在，这种低成本的交通模式仍然备受青睐，因为他们的用户并没有其他选择；换句话说，这些用户是俘虏型用户。公共交通是大城市机动车出行的最主要方式。除了选择步行的居民外，公交车承载了出行总数的20%到65%。[2] 使用低成本的公共交通意味着，在占城市总人口约50%的那些非正式定居点中，家庭收入

的 20% 至 30% 仍被花费在日常的通勤之中。

直到 2006 年印度宪法将交通建设划定为国家责任，该国的中央政府才开始出台针对城市交通基础设施的政策与投资计划。城市政府试图联通孤立的道路，以解决交通危机。尽管在道路基础设施、土地使用和交通发展计划上的投资不断增长，城市所面临的拥挤、交通事故、空气和噪声污染问题仍在加剧。道路拓宽和立交桥项目的投资在政府支出中占主导地位，它主要使私人交通工具（汽车与两轮车）用户获益。以德令哈市为例，2006 至 2007 年运输业拨款总额相比 2002 至 2003 年翻了一番。根据 2006 至 2007 年间的记录，60% 的资金被标记为用于公共交通，特别是地铁系统。[3] 然而，实际上 80% 的资金被分配给主要受益群体为汽车和摩托车用户的道路拓宽计划，即使德里市仅有 15% 的家庭拥有汽车。结果就是，对于汽车友好的公共设施投资，将不利于大多数的通勤者。

除此之外，以推广公共交通为名，一些城市推行了以铁路为基础的交通系统（地铁、轻轨及单轨铁路）。然而由于此类地铁系统为资本密集型投资，潜力未被充分开发，以及缺乏系统运营资金成为这些城市铁路系统的运行常态。在现有的地铁系统中，加尔各答、金奈和德里市仅使用了总承载力的 20%，同时这三个系统全部处于亏损运行状态。[4] 即便如此，德里市政府仍然决定扩大地铁系统。同样，马哈拉施特拉邦、卡纳塔克邦（Karnataka）和安得拉邦（Andhra Pradesh）政府已经决定投资地铁系统。[5] 虽然这些系统所承载的旅程仅占出行总数的一小部分（少于 5%），但城市当局仍然坚持推行，并作为私人参与的投资项目进行推广。孟买的地铁项目已被批准为第一个大众高速交通系统项目（MRTS），并以政府和社会资本合作（PPP）形式运行。

在贾瓦哈拉尔尼赫鲁国家城市更新任务（Jawaharlal Nehru National Urban Renewal Mission，简称 JNNURM）之前，由顾问所起草的交通运输的改进建议主要包括道路拓宽、修建立交路口和地铁系统的倡议。结果是只有少数城市实行了道路拓宽及枢纽改善计划，而公共交通改善则仍停留在报告中，因为地铁工程所需的资金超出了邦政府或市政府的能力范围。

许多印度城市正在建立或寻觅新的公共交通系统，无论是地铁系统、大容量巴士还是空中巴士。引入新技术的原因是，他们将服务于未来几个城市走廊中高密度的交通需求。在过去的二十年里，至少 20 个城市制定了全面的交通和交通规划。关于未来 30 年的交通预测已被用来评估轻轨或地铁系统方案的有效性。然而印度城市主要是以贫民窟的形式进行高密度扩张，即使是有价格补贴的地铁系统对于贫民窟居民来说仍然过于昂贵。

孟买已经逐渐成长为具有混合土地利用模式的多节点中心。正式和非正式住房往往共存，在一定程度上缩短了出行距离，而这也是印度城市地铁系统需求较低的原因之一。地铁系统是资本密集型的系统（建造每一公里地铁平均需要 20 亿到 30 亿卢比，或 4500 万到 6700 万美元）。它并不能满足广大城市居民的出行要求。同样的价格可以开发 30 至 50 公里的公共汽车线路，包括使用现

着眼长远

孟买的基础设施投资一直着重关注财政回报,而不是那些有利于城市发展的项目。而未来的成功则取决于是否能够将这两种评判标准有效地结合起来。

代巴士的费用。获益人群将达到原有地铁用户的 30 到 50 倍。单次搭乘地铁的成本至少 45 卢比（1.01 美元），而搭乘公共汽车仅需花费 15 卢比（0.34 美元）。由于汽车与私人两轮车能够提供灵活的上门服务，即便某些用户可以负担得起地铁出行的成本，说服他们选择搭乘地铁也并不容易。对于相同的旅程来说，地铁票价的补贴至少要达到公交汽车票价 10 倍到 15 倍以上才能使其具有吸引力。所有的铁路系统都要依靠公交车、两轮车、三轮车互补交通方式来增加他们的辐射区域，而只有长途旅行者（至少有 15 公里行程）才可能使用互补交通方式。因此，要实现地铁系统的社会效益，城市结构必须彻底改变。

　　全国城市交通政策草案于 2004 年起草，并于 2006 年通过。同时国民政府颁布了尼赫鲁国家城市更新任务（JNNURM）以升级城市地区衰颓的基础设施。在 JNNURM 的框架下，印度政府已经明确了即将对其道路基础设施援助的 63 个城市。[6] 除此之外，详细的导则也明确了公共交通将会置于优先发展地位。为提高交通项目通过审批的概率，导则建议交通基础设施改善方案最好合乎国家城市交通政策（NUTP）。因为 NUTP 的关注点在公共交通、行人与自行车，因此城市建设主要内容逐渐由之前的道路拓宽项目转向快速公交（BRT）和自行车友好计划。BRT 计划已在由中央政府批准的 6 个城市以及其他 4 个城市推

飞跃贫困线

修建一条穿过拥挤的城市中心的收费高速公路，可能会为国际金融家提供更好的条件，同时对孟买成为全球金融中心大有裨益，但条件是将大部分居民排除在外。

行并处于不同的准备阶段。由此可见，行人和自行车设施都不是这些项目的重点。在双向六车道的干线公路上，有两条车道供公共交通巴士使用，但这似乎并未为行人和骑自行车的人提供优质设施。这反映了在资源有限的情况下，多种交通模式空间分配的先后次序。为了留出两条机动车车道和一条公交专用车道，行人和自行车已无法获得理想的空间。然而，事实上 50% 的旅程是由步行、自行车或者中级公共交通构成的。参与 BRT 项目的主要动机变为以合法方式获得中央政府的补贴。而公共交通、非机动车辆和行人友好的基础设施是否在这些项目实施时被创造出来，有待进一步观察。

尽管 BRT 计划已经开始在德里实施，然而实际看起来，在规划和投资时满足主要利益群体的要求才是重点，如德里铁路公司运输业（DMRC）、公共工程部、轻轨和单轨铁路行业。提供一个高效、安全的交通方式以服务大多数人，并以最有效的方式使用公共资金并不是德里实施 BRT 的驱动力。负责执行该项目的相关企业已经建立，同时德里的多模式运输系统（dimts）也开始着手准备轻轨和单轨铁路的开发计划。BRT 项目的设计目标已被调整为"改善"车流量以保证汽车用户不受 BRT 车道调整的影响，即使这意味着行人与自行车用户的便捷性与安全性的降低。

鉴于最近推行的措施以及当前的投资重点，我们应当期望在所有的印度城市中，中等以及高收入家庭增加私家车的使用（包括电动两轮车和汽车），而低收入居民则更多选择步行与骑自行车出行，即便当前的交通环境十分恶劣。目前每年有超过 20,000 人是致命交通事故的受害者，另有 40 万人严重受伤。这个数字有可能在接下来的十年里翻倍，从而导致重大公共健康危机的产生，与此同时两轮车和汽车使用的增加，也会使得交通拥堵和环境污染继续恶化。

很明显，印度城市的公共交通议程失败了。随着资本密集型铁路项目的吸引力逐渐增强，投资以行人、自行车和道路为基础的公共交通基础设施的选择将继续被忽视。时至今日，选择公共交通的用户并不是出于自由选择，而是有限的购买力。随着收入的增加，人们更喜欢使用私人车辆，因为可以为他们提供更为便捷的服务。

公共交通议程的失败也反映了民主进程的失败，因为目前的规划和决策机制尚不允许将绝大多数城市居民的需求，也就是行人、骑自行车出行者和公共交通用户的需求纳入议程之中。一方面，政策制定者关注日益严重的拥堵和污染，而另一方面，交通政策继续鼓励使用私家车。

圣代

保罗

20 世纪下半叶以来拉丁美洲经历了最大规模的城市爆炸性增长。

规划建设与自发扩张之间的对峙与共存

对于交通或安全问题的担忧促使富人使用直升机通勤。

一片混乱中的地标建筑,由奥斯卡·尼迈耶(Oscar Niemeyer)设计建造。

交通基础设施的匮乏限制了城市的发展。

圣保罗市中心蓬勃发展的街市。

巴西经济的繁荣正在推动住房性质的转变。

安全问题仍然是各方关注的焦点。

巨型城市

迪耶·萨迪奇（Deyan Sudjic）

拉丁美洲的城市与南美洲的城市是两个截然不同的概念。前者以墨西哥城为代表，迄今为止，它在广义和狭义的拉丁美洲概念里都是最大的城市；迈阿密市是后者所公认的代表，尽管事实上它并不属于南美洲。也许这正是南美洲如此吸引巴西当局的原因。由于地理上的调整，圣保罗大都会区（Metropolitan Region of São Paulo）人口达到1900万，堪称拉丁美洲当之无愧的领导者；鉴于其南美洲最大城市的地位，它至少也是南美洲的佼佼者。

即使圣保罗的经济活力落后于墨西哥城，其城市规模和文化、政治影响力必然超过了里约热内卢。作为奥斯卡·尼迈耶（Oscar Niemeyer）最重要的支持者，朱塞利诺·库比切克（Juscelino Kubitchek）将政府转移到巴西利亚具有重要的政治意义：放弃原有沿海殖民地首都，转移至地理中心位置的巴西利亚，建立了一个全新的国家形态。一个意想不到的后果是，这一做法打破了巴西两个最大城市之间的平衡，使之进一步偏向了圣保罗。即使里约热内卢仍然拥有优越的自然环境，它也只能不断走向衰败，颓败的大使馆被肆意扩张的贫民窟（favela：葡萄牙语含义为贫民窟——译者注）围困。

但是巴西利亚当地对建筑所展现出的城市自信心和独树一帜的建筑风格，是南美洲城市不同发展情况的反映，特别是与"城市时代"项目其他的调研地进行比较。与具有强大中央集权政府的上海相比，南美洲城市显示出更为复杂的"社会创业"和市民参与特征。在当地，无论是富裕地区还是高度组织化的贫民窟，活跃的压力集团、宗教团体、种族机构和政治团体都不听命于中央政府。南美洲也有提高市民积极性的举措，并收到了成效。库里蒂巴（Curitiba）就是其中之一。除此之外，在具有800万人口的波哥大市（Bogotá），以改革闻名的市长所开展的工作规模更大。

在过去的十年间，波哥大市已经建成了50多所新学校，且大部分学校的建筑设计独具特色，这对提高城市贫困居民的生活质量做出了切实的贡献，比如降低辍学率、提高城市包容性。该市还采取了一系列积极的举措，包括建设新图书馆，以及基于特快专用公交车道的公共交通系统，从而有效减少私家车的

5.8%

圣保罗人口占巴西总人口的 5.8%。

11.9%

圣保罗贡献的国内生产总值占巴西总量的 11.9%。

使用。除此之外，波哥大市对加强社会正义做出明确承诺，以解决犯罪问题，极大程度降低了城市谋杀率；同时，在年轻人口占比极高的情况下，市民识字率得到提高。波哥大市向周边城市做出了示范，即如何推动城市发展、顺应民意、建设城市组织，以及如何选择优先事项。

在南美洲的城市网络中，圣保罗必将淘汰布宜诺斯艾利斯（Buenos Aires），尽管其19世纪的古典主义建筑和欧化的城市氛围仍然使其在20世纪40年代重回巅峰，而当时的阿根廷还被看作是另一个澳大利亚。阿根廷农民依旧对政府的经济政策感到愤怒并引发了抗议活动，使布宜诺斯艾利斯的发展在2008年冬天陷入迷局，但这并没有让布宜诺斯艾利斯大都市区当局引起高度重视。

巴西规模庞大，人口超过1.8亿，这让它与其南美洲邻国阿根廷（Argentina）、秘鲁（Peru）和哥伦比亚（Colombia）这些拥有一个绝对主导地位城市的国家具有不同的城市格局。每三名阿根廷人或秘鲁人中就有一人住在首都，相比之下，仅有九分之一的巴西人住在圣保罗。利马市（Lima）在秘鲁的统治地位实际上已经摧毁了国家的城市体系，这一趋势即使在20世纪90年代初期，政府支持南美洲最激进的新自由主义改革，拆除利马市公共交通系统后也没有被遏制。因此，鉴于该市独特的自然环境、山脉和海洋的限制，以及增长控制的不足，利马可能会发展成长达300公里（182英里）的线性大都市，侵占邻近地价较低的沙漠地带；在供水和交通可达性已经达到极限的情况下，这是一个不可持续的城市发展模式。

圣保罗和墨西哥城是两个截然不同的城市发展模型。墨西哥城的历史可以追溯到前哥伦布时期，而直至20世纪初圣保罗也只是小殖民城市的前哨基地。圣保罗现在是巴西这一世界上最重要的新经济体之一[即金砖四国（BRIC）中的"B"，其他三个成员是印度、中国和俄罗斯]中最大的城市。

巴西是一个能够建造和发射自己的卫星的国家。它坐拥世界第十大市场，能够举办具有全球影响力的艺术双年展。圣保罗的人均国内生产总值（国内生产总值）超过10,000美元（7,339欧元），总计3万名百万美元富翁。巴西经济发展超过了墨西哥，与蓬勃发展的印度和俄罗斯持平，并一同重塑了全球经济格局。巴西的经济实力很大程度上归因于圣保罗空前的经济增长。一个世纪以前，圣保罗几乎不能被认为是一个城市，然而它的人口在20世纪初就从24万开始大规模地爆发。尽管近来经济实力有所下降，但它还是一部创造就业机会的机器，吸引着一波又一波的移民：或是来自欧洲和日本，或是来自巴西贫穷的东北地区。随着各项措施的推进，圣保罗的发展无疑是成功的。

然而，无论是从国家还是城市的层面来讲，巴西或圣保罗都不能有效遏制犯罪现象。2007年的一系列事故之后，巴西发现其无法保障航空安全，而且会由于空中交通管制陷入航运瘫痪。关于圣保罗的种种传言迅速传播开来：其市民登记的私人直升机数量超过了世界上其他任何一个国家；其监狱系统处于长期的暴动状态；流浪儿童群体受到犯罪和警察系统的双重虐待。除此之外，在圣保罗，致力于改革的市长通过禁止户外广告来恢复公共领域的措施赢得了世界性的宣传效果，然而留下的却是广告牌上海报撕去后的丑陋痕迹，以及霓虹灯被拆除后墙面烧焦的印记。圣保罗也是创造了"浪漫肥皂剧"（telenovela）的传媒中心，为世界各地的观众传播了一种非常特殊的巴西文化。

圣保罗从一片平地开始进行工业化的爆炸式发展，是典型的第二城市（second city），这也是工业基础不同造成的巴西经济差异。这种发展远远优于邻国基于自然资源的、从繁荣到萧条的循环发展模式。圣保罗本可能成为曼彻斯特、上海或芝加哥那样的城市，但由于巴西的特殊情况，里约热内卢在政府迁都巴西利亚后失去了发展意愿，使圣保罗成为形式上的第一城市，实际上的第二城市：基础设施建设仍处于波动状态，犯罪问题仍亟待解决；但是像约翰内斯堡（Johannesburg）一样，圣保罗具有不断发展的活力和动力。圣保罗是一个真正的大都市，其种族多样性可以用日本、阿拉伯地区和巴尔干地区的移民证明。

在城市和建筑方面，如今的巴西依旧在其先辈面前黯然失色。教育部大楼是那段辉煌年代的开端——它是里约热内卢的天才建筑师柯布西耶（Corbusian）的代表作。它抛弃了奥斯卡·尼迈耶（Oscar Niemeyer）的那个让巴西建筑在20世纪40年代到60年代闻名世界的地标建筑模式；第二次世界大战后从意大利到圣保罗的优秀建筑师利诺·博巴迪（Lino Bo Bardi）尚未被其后继者所超越；而其作为创意设计的领导者，坎帕纳兄弟（Campana brothers）的作品也在圣保罗打开了知名度。

在城市运行方面，管理者面临的问题是如何解决社会不公平问题以及公共服务的漏洞。如果解决以上问题，繁荣发展和组织规划克服了随机快速增长模式，圣保罗可以成为下一个东京。

填补政治空白

杰罗恩·克林克（Jeroen Klink）

全新的巴西

巴西终于成为一个经济大国，拥有与中国和印度同步的经济增长率，但它仍然在努力追求能够与其经济成功相匹配的政治基础。这些都是国家刚刚开始解决的问题。

拉丁美洲大陆在20世纪80年代的发展轨迹被称为"失落的十年"，特别是在债务危机和随后一系列结构调整方案的阴影之下。20世纪90年代，拉丁美洲遭受了第二次较为轻微的打击，直至最近才开始试图恢复。随着国家发展模式的转变，许多拉美国家社会经济、技术和管理的巨变对城市和大都市地区产生了深远影响。然而作为能够指导拉美城市可持续发展的手段，坚实透明的制度和监管框架严重缺失。考虑到拉美的城市化情况，这种制度缺失更加引人注目。较大的城市区域及大都市区成为威权主义、凯恩斯主义以及以进口替代、工业化和国家建设为目的的国家驱动发展战略的空间节点。因此，来自国家和大都市区、地区范围的挑战愈发具有相关性，包括社会排斥、环境恶化和整体竞争力的缺失。一些研究拉美城市发展的学者认为，拉美大陆的城市进入了一个国际化的新阶段，然而退一步说，历史性的财政赤字尚未妥善解决，如基本公共服务、土地、稳定可持续资金来源等。[1] 事实上，从20世纪90年代开始，就已经有了许多关于拉丁美洲大都市区的社会空间分异增大的质疑。[2]

三个案例：圣地亚哥、布宜诺斯艾利斯、波哥大

以下几个案例可以说明拉丁美洲城市化模式的转变。[3] 圣地亚哥国内生产总值约占整个智利的一半，并且大约三分之二的人口集中在圣地亚哥市的瓦尔帕莱索（Valparaíso）和康塞普西翁（Concepción）。虽然智利的发展模式以促进经济增长、减少贫困上的成就著称，但圣地亚哥日益面临着高速扩张、环境质量下降、社会隔离和城市内部差距不断扩大的困扰。表现在人口上的问题就是日益显著的危机之一。同时，智利缺乏具体的大都市地区制度架构。在圣地亚哥，政府管理被划分为超过三个省区（一个是圣地亚哥本身，又细分为32个自治市）。在实践中，政府高层最终"排挤掉"在市政服务组织和管理方面发言权较弱的地方机构。

沿着同样的路线，即使布宜诺斯艾利斯不存在类似的正式政治和行政机构，其大都市区（广义上即布宜诺斯艾利斯自治市及其周边32个城市）囊括了整个

任何事都有可能发生

圣保罗新移民在充分利用城市中的机会所表现出的韧性,创造了一种可行的微观经济——出现在住宅、商店、体育中心——甚至在最繁忙的立交桥下,你都可以遇到它的踪影。

阿根廷约一半的产值和三分之一的人口。在20世纪90年代,城市经历了生产重组和逆工业化阵痛期。大都市区缺乏明确的架构,体现在大的省区、联邦城市、周边地区政府和国家政府机构复杂、重叠的责任关系,这也使得城市更加难以制定有效的策略,来应对城市内部差距快速增大、环境恶化等问题。毫无疑问的是,在这一过程中,布宜诺斯艾利斯的封闭社区数量激增,都市不断蔓延。[4]

根据2003年的统计,波哥大市由700万居民的中心城市和周边24个自治市构成,国内生产总值占哥伦比亚全国的30%,人口占全国的五分之一。哥伦比亚开放的贸易体制增强了地区吸引力,巩固了其经济强国的地位。到2010年,波哥大居民数量有望从800万增长到960万。然而,对于即将面临的挑战,如波哥大河(Bogotá River)污染问题的升级、城市内部的交通运输问题、环境敏感区域中的固体废物处理与土地利用规划问题,城市没有正式的应对策略。虽然如此,波哥大市昆迪纳马卡地区(Bogotá-Cundinamarca)于2002年初推行的区域圆桌会议(Regional Roundtable)取得了成功。这一政策由国家政府、昆迪纳马卡州政府、波哥大市政府以及周边其他116个市镇行政部门和三个环境保护特区共同参与,其目标是创建一个非正式的多方政策网络,从而充分利用分散城市系统的效用。

巴西的情况

20世纪90年代,巴西的社会经济和地域重组模式也不例外。从20世纪80

年代中期开始，随着债务融资的宏观经济扩张走向崩溃、生产全球化的推进，高度集权专制的巴西模式感受到了来自民主化和权力分散化的压力。20 世纪 90 年代的金融和财政危机反映了宏观经济和监管环境的转变，并且导致了贸易制度、监管制度和私有化的放开；然而在联邦层面，技术和产业政策的空白并没有填补。[5]

这些转变为国际经济离心力对巴西经济日益增强的影响力打下了基础，这直接关系到国家和地方层面的空间战略。随着 1988 年的宪法巩固了松散的政策框架，为国家和地方政府提供了更多资源，明确更多职责，使得在 20 世纪 90 年代以来放松监管、强调市场化配置的格局中，巴西联邦之间的竞争关系日益明显。[6] 城市和大都市区是全球生产体系和监管机制重组过程中的关键。工业部门实行"集中分散"的策略[7]，将一些生产活动移出成本相对较高的大都市区，如圣保罗等，但并不远离所谓"多边区"——由米纳斯（Minas）、里约、圣保罗、南里约热内卢（Rio Grande do Sul）、圣埃斯皮里图（Espírito Santo）和巴拉那（Paraná）构成，以推动积极创新，保护大都市区的孵化效果。[8] 在此情况下，多边区内部国家和城市的竞争更加激烈。

在 20 世纪 90 年代的巴西大都市区发展过程中，即使当时的城市规划管理被誉为拉丁美洲的模范，政治制度的空白也对城市产生了一定影响。例如，库里蒂巴（Curitiba）是公认的可持续发展的、合理规划的城市，特别是鉴于其通过加大在公共交通的投资来促进城市增长，协调土地利用及城市规划的能力。[9] 而最近的情况表明，这种做法并不完全符合库里蒂巴的现实。在中心城市和郊区之间的功能性依赖越来越强的情况下，激进的城市化过程明确揭示了库里蒂巴模式的主要结构缺陷。著于 1978 年并于近期修编的城市总体规划已经发出了警告：由于涉及环境保护区和提供了 70% 城市用水的水源地，城市发展不应该在都市区东部进行；然而城市正在向这个方向蔓延。这种扭曲的土地利用模式，一部分可以归因于国家和地方政府为吸引圣保罗州黄金地段的产业，实行了一系列积极的地方经济发展政策，包括给予补贴、税收优惠和土地补助等。圣若泽杜斯皮尼艾斯（São José dos Pinhais）位于库里蒂巴郊外，靠近环境保护地区；1996 年汽车制造商奥迪（Audi）、雷诺（Renault）和大众（Volkswagen）在此地的投资应当与这些政策直接相关。

像巴西许多其他大都市地区一样，库里蒂巴对土地市场几乎没有控制权，城市和郊区的贫民窟和自发性居民点的增长也反映了这一问题。尽管激进的联邦立法（"城市法令"）强化了地方政府在土地市场的杠杆作用，但由于缺乏对城市总体规划的内部协调机制，这一困境至今没有一个理论上的解决方案。因此在实践中，大部分巴西城市土地市场都是由不同标准、不同方法的地区计划拼凑而成的，没有有效整合出一个针对大都市区整体可持续发展的战略视角。

从这个角度来看，库里蒂巴与其他的巴西城市没有什么不同，都是将低端房地产市场推向危险的洪水多发区、环境保护区，使贫困、环境恶化和社会隔离陷入恶性循环。例如在环境保护区瓜拉图巴（Guaratuba），联邦政府投资改造贫民窟，导致非正式的和自发式的发展在20世纪90年代增长了70%。同时，库里蒂巴备受赞誉的综合公共交通系统已不能应对从中心城市到郊区之间通勤需求的飞速增长。自20世纪90年代末以来，私家车数量和拥堵水平呈指数增长。根据库里蒂巴市的数据，2000年至2009年间，该市的汽车数量增长了78%。[10]

七大城市

然而，即使在这种相对不利的宏观制度环境下，巴西的社会制度创新也在逐渐开展。在所谓的"ABC区"中，这七个城市位于圣保罗大都市区的东南部，共同构成巴西的工业核心地带（也被称为巴西底特律）。直到20世纪90年代，这一地区都是巴西汽车产业的领头羊、石化工业的主要区域。从20世纪90年代起，它受到经济结构调整的负面影响，却缺乏一个有效的协同治理框架。作为一个积极参与巴西民主化进程的高度政治化区域，该地区通过创新制度组织，充分调动了当地的利益相关者和州政府的积极性：1991年市政联盟（inter-municipal consortium）成立；1998年国家组建了致力于参与性战略规划的区域商会（Regional Chamber for Participatory Strategic Planning）；1998年私营部门积极参与的经济发展协会（Economic Development Agency）成立。尽管涉及多方利益相关者的规划过程通常具有复杂性，这种更为灵活的管理体系已经应用于一系列工作中，包括区域基础设施建设（道路系统、污水处理）、环境规划（流域保护区立法）和经济发展（惩治逃税问题、组建信息系统、推行中小型企业扶持政策）。有趣的是，这一制度安排根植于ABC区在特定社会历史语境之下共同的身份认同感，在1970年试图整合圣保罗大都市区39个城市失败后才逐步推进。系统内部平移所取得的成功，说明了整合不同利益相关者的参与性方法更加有效，这也进一步促进了各种区域性和大都市性机构的设立。

大都市议程的缺失

除了这种表象上的社会制度学习，我们应当承认，拉丁美洲的政府越来越意识到大都市区和国家福利之间的相互依存关系。例如，巴西政府针对市际财团建立了一个新的法律框架，大大加强了这些机构的制度建设和组织能力。同样地，阿根廷联邦政府与美洲开发银行（Inter-American Development Bank）紧密合作，开展了一项远大的计划，致力于在全国范围内加强对大都市区的制度建设、管理和组织能力。然而，巴西的经验表明，大都市地区缺少一个更广泛的国家战略，从而启动合作治理的激励机制。奇怪的是，虽然联邦政府在城市金融资源配置方面有了长足的进步并且各级政府的参与机制和体制得到优化，他们并没有联合成为国家大都市区发展议程的整体。

这也许正是最近拉丁美洲经历的教训之一。虽然在国家经济中扮演关键角色，在经济飞速发展阶段汇集了大量的社会财政赤字和经济机会，过去十年的领土和监管机构重组也通过推动多等级城市的发展，以提升不同规模的城市的凝聚力和社会空间的包容性。表面上社会制度的创新的确是可持续的，但这并没有被植入更广泛的治理结构中，体现出城市群和大都市区在国家发展政策中的作用。因此，虽然20世纪70年代的凯恩斯主义这一在国家战略中建立大都市机制的关键工具已经逐渐消退，但是始终没有相关制度取而代之。对于拉丁美洲而言，这种"多尺度缺失"将继续遏制大都市地区创新的积极影响。

大都市区文化

加雷斯·琼斯（Gareth A. Jones）

贫民区的管理机构

当官方机构先入为主地认为帮派文化能够深入影响贫民窟居民的日常生活时，拉丁美洲的街头文化便能反映其对于重建社会结构的渴望。

格奥尔格·齐美尔（Georg Simmel）既为此着迷又十分焦虑。[1] 在每个月的第一个晚上，墨西哥城市中心塔皮托（Tepito）周边街道挤满了狂欢的人群，他们都渴望见到，甚至亲手触摸拉格兰奇（La Grande），这个真人大小的死亡圣神雕像。街边还有许多商人贩售圣神的小塑像——红色象征爱情、金色象征财富、黑色象征平安，同时还有祈祷用的粉末、护身符、糖果销售。穿过熙熙攘攘的人群，死亡圣神深陷的眼窝追随着每个人的脚步，成百上千的烛光渲染出恐怖的氛围。对于那些把塔皮托与"邻居怀特"（西班牙语，唱片名——译者注）相提并论的外人来说，这个仅被拉格兰奇施以小恩的典型边缘地带既令人振奋又让人神经紧张，因为它总是与制造盗版 DVD 和时尚品牌、从中国走私、拐卖儿童和贩卖毒品等海盗行径（西班牙语，piratería——译者注）脱不开关系。纹身的青年争抢地盘，指导大家如何成为一个铁杆团伙成员；而不久之前，人们还能看到他们抱着婴儿？这些夜晚标志着当地帮派之间突然休战，帮派成员带着他们的孩子去看拉格兰奇，在婴儿的嘴唇上放一支烟，让烟雾缭绕于神龛之上。

在媒体的眼中，死亡圣神的信徒一般为瘾君子和贩毒者、妓女、破产者和前囚犯，但她也吸引了商人、公交车司机、技术工人和政府雇员。作为一场"宗教信仰危机"，死亡圣神为那些新自由经济以及由"公共安全"引发的暴力事件的受害者提供了一种社会性依附的方式。圣神为朝拜的人们提供一个途径，去感受内心的痛苦、经济上的烦恼，还有与 1200 万身在美国和加拿大的墨西哥人团聚的家庭心愿。这些人正是墨西哥作家和评论家卡洛斯·孟希维（Carlos Monsiváis）所描述的城市中"激进的乐观主义者"。[2] 他说，面对城市化"意味着人口过剩高于一切"的现象，城市中"许多人沉迷于把自己的行为强加于人"，使得"城市活力受到无情摧残"，居民拒绝诱惑以寻求"完美的孤独"，并将城市拥护为"美学的多样化"。

宗教在社会生活中的地位

在墨西哥城的居民眼中，奇卡诺人（the chilangos）被称为布宜诺人（the porteños，来自布宜诺斯艾利斯）、里约人（the cariocas，来自或居住于里约

热内卢)、利马人（limenhos，来自于利马）以及洛杉矶马那瓜人（los managuas，来自于马那瓜，Managua）的生活场景略有不同，但本质上是相同的。在马塞约（Maceió）这个坐落于垃圾堆的贫民窟（favela）中，一位号称"诸神之母"（Mother of Saints; mãe-de-santo）的人用贝壳给人算命，这个老太太有源源不断的客户，他们渴望了解未来，也相信一些东西能够为"保持健康"提供助力。在贫民区充斥着吸毒、酗酒、结核病、登革热或"神经病"，这种对健康的关注超越了精神层面。

在圣保罗，宗教仍然是社会生活的中心。新五旬节教派（Neo Penteco-stalism）是巴西成长最快的教派，拥有 2400 万忠实教徒（是美国教徒人数的四倍）。近期由雷纳塞姆克里斯托（Renascer em Cristo）教堂组织的"耶稣游行"（The March for Jesus）活动汇集了 100 多万人进行了一整天的节日祭祀活动。许多与会者被那些关于努力工作、家庭和道德的内容所吸引。他们都通过万国天神教堂（Universal Church of the Kingdom of God）运营的网络电视和广播频道进行传播。在主要的城市地区和废弃的工厂、精英聚居区和最近的棚户区里涌现出许多教派的教堂。尽管许多教堂发生丑闻，对"信仰"的渴望似乎在今天的大都市区供不应求。

宗教提供多种救赎方式。在拉丁美洲的许多帮派中，圣萨尔瓦多（San Salvador）及危地马拉市（Guatemala City）超过 8 万名的马拉斯成员（maras），或加拉加斯（Caracas）的波哥大（Bogotá）和马兰德罗斯（malandros）的帕切派（parche）成员，转变为新教徒，是脱离帮派（jombois; home boys）的少数几种方式之一，这也避免了他们在寻求成为"良民"（calmado; quiet one）的过程中受到"退出惩罚"（因脱离帮派而受到的迫害）的流言困扰。即便如此，这样的决定也不能轻易做出。在许多城市，帮派是青年人社会参与的主要形式。会员聚集在空地或街角闲话家常、喝酒、处理毒品，是年轻人朋克、嘻哈和斯卡托斯（skatos）身份的象征。即使在最困难的情况下，例如在墨西哥城街道中艰难求生，这些年轻人也很在意他们的服装、身材和体味。

青年与城市治理

帮派、青年团体与社区领袖、警方和对手帮派的关系决定了整个街区的氛围。标签和涂鸦标志着领土范围，通常借鉴美国、日本漫画和流行画作中具有喷绘风格的"脚本"绘制，并给予社区特殊的美感。音乐起着重要的作用。里约热内卢的音乐背景对帮众具有安保和警示作用，它也是帮派统治贫民窟的音频信号。百乐放克热舞之夜（The baile funk dance nights）吸引了整个城市的人们，它跨越了阶级和"种族"的分歧，但限制依然很严格。"红色命令"（Comando Vermelho）与"朋友之友"（Amigos dos Amigos）帮派监管下的贫民窟的百乐夜有所不同，人们可以任选其一。

帮派被政治家和媒体视为反社会产物，但对他们的成员来说，他们是超越社会的。密集的社区中几乎没有秘密存在。帮派对社区中家庭暴力、通奸和酗酒等事件了如指掌：他们了解债务人和邻居有关于噪声、盗窃或住房的争议。尽管存在着诸多争议，但帮派的老板或领袖是解决冲突的手段。在罗西尼亚（Rocinha），一个位于里约山坡上的典型贫民区，当地的毒品团伙经常参与调解纠纷，有时也与非政府组织合作。组织贫民窟居民申请注册文件的"柜台计划"（The Balcão de Direitos）项目有里约法学院以及各大帮派的协议参与其中。像"和平实践"（Sou da Paz）和"里约万岁"（Viva Rio）这样的非政府组织已经与年轻人和帮派合作，以减少暴力和枪支贸易。虽然并不总是公平的，但人们没有理由相信一个帮派的判决比法官的裁决缺乏公信力，而且帮派的裁决速度更快，并能给出合理建议。在里约，让一个人死亡的成本要低于非法获取电力。总体来说，判决可能是无情的，但帮派可能会强加规范，以防止贫民窟居民诉诸暴力。

公众对政治家、规划者或警察的信心几乎不会很高，而区域老板和帮派领导人之间沆瀣一气却常常被宽恕。这正是我们常说的盗亦有道（ele rouba mas faz；他虽然偷盗，但是也做实事）。街区领导人可以提供很多东西——彼此互惠互利，也可以作为工作项目的组织者，例如排水、用水或建设幼儿园。所有这些都需要人们集体参与，这在拉丁美洲不同地区被称为法纳、明加或罗达斯（faena，minga or rondas；高潮结局/连续劈刺、成年女性、巡逻）。在布宜诺斯艾利斯，街区的组织者曼萨内拉（the manzaneras；表演者）和普特诺（punteros；领导者），通过虚构的亲属关系创造了密集的地方网络，将人们与社区、政党和政治家结合起来。侍从主义（Patron-clientelism）是政治学家和国际机构"专家"口中的不当言论，但在街头政治语境下，它似乎是个性化仲裁和解决问题的有效手段。

经济危机的影响

社会和经济掠夺产生某些形式的社会参与。在利马，20世纪80年代的危机促使社区团体组织了流动厨房。到1986年，流动厨房数量已达到800多家，到90年代后期达到近10,000家，每天提供50万顿饭，同时作为分享儿童护理和医药、交换服装的聚会点。在天主教会的支持下，委员会引起了市政府的关注，该市通过了"一杯牛奶"（Vaso de Leche）法案，使用流动厨房向儿童免费分发牛奶。有100万名儿童通过这个近10万人的委员会获得了牛奶。削减法案的预算引发了广泛的抗议活动，特别是来自妇女的抗议，迫使政府做出让步。2010年，修改后的法案仍然是公共政策的中心。

阿根廷一再出现的经济危机促成了相互团结和行动团体的形成。最著名的是"纠察者"（piesteteros），它最初是失业人员的组织团体，后来得到工会的支持，堵截公路（设置警戒哨 piquets），收取过路费。2003年，在布宜诺斯艾利斯大区有超过5000个哨卡，36万个组织成员。各个哨卡团结一致，对旅行者进行恐吓。商务俱乐部（clubes de trueque）和工人所有权企业（empresas recuperadas）纷纷占领街道、仓库和工厂，相比之下这些做法较为温和。以纺织工人联盟为代表的新联合组织在布宜诺斯艾利斯近400个私营纺织商店针对虐待工人问题举行抗议活动，并敦促遣返来自玻利维亚（Bolivia）、巴拉圭（Paraguay）和秘鲁（Peru）的10万名无证移民。然而，这些散居群体已经逐步建设并形成了诸如巴乔夫斯（Bajo Flores）和31区（Villa 31）这样的城市地区。

新定居点的形成

搬迁到新地区能够获得的机会有：在新的定居点（往往是相同地点）建设房屋，以在同族中壮大家庭成员和扩展交际圈。另外，在圣保罗，"工人住房运动"（Movimento dos Trabalhadores Sem Teto；简称 MTST；无家可归的工人运动）通过土地占领来让穷人获得土地和住房。2003 年，MTST 动员了 4000 户家庭来占领大众集团（Volkswagen）所有的土地。在利马，萨尔瓦多镇（Villa El Salvador）周边地区历经 20 世纪 60 年代和 70 年代末期的一系列土地入侵，现在已经是一个容纳 40 多万居民的定居点，"合作团体"正在利用土地法来获取沙漠和沙丘上的地块。对于目前只有一些茅草房的地区，社区可以利用土地法为他们提供保护，以避免遭到驱逐。

随着时间的推移，萨尔瓦多新区将成为一个统一的、充满活力的居民点。已建成的地区充斥着广告牌和广播最新商品和信贷信息的面包车。埃文（Avon）的女性很擅长做生意。当地有出售木材和混凝土块的小建材厂、缝纫车间，和出售煤油、缝纫机及其他大量机械的商店。这个定居点能容纳 12000 个中小企业。据我所知，定居点中没有图书馆，但是存在一个由组装屏幕与劣质 DVD 组成的临时电影院，以播放最新影片。所有这些企业都面临着失业问题——该区 30% 的人口永久失业，54% 的家庭存在收入无法满足基本生活需求的问题。然而由于警察缺勤或腐败，当地犯罪率很高。帕查卡马克（Pachacámac）等分区的居民组织以雇佣有偿保安或者居民轮值的形式，组织治安维持会。2004 年，在利马有 700 多起"暴民执法"（vigilante justice）案件记录在案，其中许多是在自发居民点，这些人经常把年轻人视为犯罪嫌疑人或帮派成员。在萨尔瓦多镇，70% 的居民在 25 岁以下，但只有不到 15% 的人接受过高等教育或技术教育。

可选择的财务方案

令人遗憾的是，葬礼是体现城市社会生活的一个重要环节，逝者的家属、邻居和社区领导聚集起来，进行为期几天的哀悼活动。每个家族可以进行小规模的储蓄，以负担丧葬、子女教育和房屋建设费用，这被称为"储蓄链"（cadenas de ahorro）。截止到 20 世纪 90 年代，大多数储蓄俱乐部依靠社区内的流动资金周转。但随着越来越多国际移民的出现，俱乐部已经能够接收和周转境外汇款。根据经合组织（OECD）的数据，拉丁美洲国家通过国际汇款可获得 700 亿美元（超过 510 亿欧元）的收益。基多（Quito）、瓜亚基尔（Guayaquil）和昆卡（Cuenca）的大部分建设资金来自居住于欧洲、美国的约 100 万名海外厄瓜多尔人（Ecuadorians）的资助。波哥大、利马、圣萨尔瓦多（San Salvador）和特古西加尔巴（Tegucigalpa）的情况也大抵如此：居住在国外的约 2000 万拉丁美洲人通过手机、社交网站、老乡会联系；而最重要的联系方式则是西联汇款（Western Union）和速汇金（MoneyGram）这样的汇款机构。

"货币经济"的转变为解决西梅尔（Simmel）所认知的中大都市生活的准时性、可计算性和准确性带来了新的处理方式。一些储蓄俱乐部加入了小微型金融组织，一些则隶属于大型银行或非政府组织。利马最大的储蓄俱乐部是米班科（Mibanco），专门向小微型企业家提供小额贷款；近年来，它每年能够接纳约 12.5 万个客户。在布宜诺斯艾利斯，普罗塞萨（Progesar）也向那些具有正式储蓄记录的成员提供小额贷款，其利率低于银行和放贷人的利率。这些贷款通常用于建立小商店或报刊亭，销售软饮料、金枪鱼罐头、卫生纸和蜡烛等物品。这些东西库存有限、利润很小，且竞争对手多，但风险很低。

联盟的重要性

当代社会生活在城市景观中得到体现。经过巴兰基亚（Barranquilla）的工业区和寮屋区前往机场，沿路景色被一个巨大的混凝土体育场打破。走过弗拉门戈（Flamengo）与科林蒂安斯（Corinthians）交战后的里约莱伯伦（Leblon）地区，或者博卡青年队（Boca Juniors）胜利后阿尔贝托·阿曼多体育场（La Bombonera）附近的普拉特河（River Plate），能看见人们从酒吧涌出，聚集在一起讨论，还有街边的人群以及呼啸而过的汽车。考究的人穿着正版衬衫，而其他人穿着冒牌货。停车场工作人员和零售商在脸上涂抹油彩，显示他们对球队的忠诚，或者从球迷那里招揽生意。歌曲的仪式和颂唱给予足球一种宗教感，就像在里约的圣热内罗球场（Estádio São Januário）内部还有一座教堂。

球迷的情绪可能会失控。特里布斯队（tribus）和巴拉布拉瓦队（barra brava，支持者俱乐部）的争执引起了防暴警察的关注并展开巡逻。打斗在场馆内外都会爆发，有人受刀伤，甚至出现人员死亡。但相关组织是存在的，巴拉队与俱乐部也有关联。俱乐部代表了城市身份，并将社区与社会历史联系起来。对某一个球队的认同与否可以辨别他是否是本地人，还可以表明他们的政治隶属关系或阶级地位——布宜诺斯艾利斯工人阶级聚集区阿韦亚内达（Avalleneda）赛车俱乐部球场（the Racing Club stadium）被称为贝隆总统体育场（Estadio Presidente Peron）。在阿根廷、巴西和墨西哥，隶属哪个足球队甚至可以为了解该人的性取向提供参考。

许多政策制定者都希望"捕获"和"引导"所有这些具有社会活力的因素，以提高政策制定、城市设计的水平和工作效率。许多城市的政治学家都认识到，人们创造了城市，决定了城市的风格与偏好，他们对城市生活感到焦虑和恐惧的反应将决定他们究竟是"市民"还是"陌生人"。作为参与式预算的经验，现在拉丁美洲2500多个城市和地区的政府部门和治理项目证明，"市政厅"可以在复杂的社会情况下工作。诸如"波哥大，我们该怎么办"（Bogotá, cómo vamos）和"麦德林市市民参与运动"（Compromiso Ciudadano movement in Medellín）等项目通过开放不同城市角色间的对话而得到认可。这样的策略为人们在公众场合、邻里交流或快速公交（TransMilenio and Via Expresa）候车过程中创建了表达意见的"场所"。这使得冷冰冰的基础设施变得具有生机。

齐美尔（Simmel）考虑了人们应当如何应对大都市区的过度刺激问题。受到快节奏的城市生活、持续驱动的经济发展，以及媒体和高新技术的轰炸，他认为人们的本能就是把自己封闭起来，采取一种厌世（blasé）的态度。他所担心的推动力和原创力将让位于人们在城市资本主义机器中"从属却不可缺少"的秩序。个人主义的范围会受到限制，集体生活将会发挥作用。在拉丁美洲，我们仍然可以感受到社会生活的巨大变化、日常生活中处理应急事件的能力，以及城市的关联性。近几十年，社会形态发生了变化，尤其是人们制定了广泛的策略，来应对各种来源的危机及其影响。这种应对的范围从亲密和私人的到公开的，偶尔也会透露出民众的焦虑、愤怒和积极建议。涉及大量成员的集会和示威比以前更加少见，而激进（ser radical）不再是值得骄傲的。令一些评论家哀叹的是，超级英雄（Superbarrio）已经让位给死亡圣神。但是，就像齐美尔在20世纪初提醒我们的那样，我们的任务并不是抱怨或宽恕，而是理解。21世纪初，由于推动力和原创力的土壤仍然存在，大都市区文化应当逐渐被理解。

寻求共性

何塞·德·索萨·马丁斯
(José de Souza Martins)

归属感

拉丁美洲城市的增长反映了城市与民族国家之间的紧张关系。巴西与美国和墨西哥一样，自愿移民和非自愿移民同步发展；移民先是来自欧洲和非洲，然后来自中东和亚洲。其凝聚力依赖于构筑所有这些移民的认同感。

圣保罗市及其大都市区毫无疑问是一个多元文化的整体。其文化多样性的特征是广泛而复杂的，这不仅是受1870年以来外来移民浪潮的影响，而且也是移民特征多样性的结果。

其中最有代表性的是来自意大利的移民，他们实际上并不是"意大利人"。涌入城市的大量移民其实并不来自意大利本土，他们来自统一后的意大利，一个源自不同政治现实的全新国家和地区，并受到意大利区域文化的熏陶，这些区域文化在19世纪文艺复兴时期（Risorgimento）被统一起来，形成了意大利文化多样性的图志。他们到达圣保罗后，仍然保留着原来的方言，并带来当地的习俗和传统。在城市的一些社区，人们仍然使用那不勒斯语（Neapolitan）、卡拉布里亚语（Calabrian）、威尼斯语（Venetian）或曼图亚口音（Mantuan accent）的葡萄牙语。

这些移民通过让孩子去意大利学校学习上一辈人母语的方式，努力地在巴西成为"意大利人"。文化复刻成为圣保罗的特征，人们会在家里说他们的母语（无论何种语言），在街上说外国口音浓重的葡萄牙语。无独有偶，工程师亚历山大·马尔孔德斯·马查多（Alexandre Marcondes Machado）在他的著作中发明了一种具有讽刺意味的意大利语——保里斯塔诺（Paulistano）方言，并以化名乔·巴尼埃尔（Juó Bananère）出版；他的第一本书名为《神圣的仁爱》（La Divina Increnca），出版于1915年，模仿了但丁的神曲，在书中他认为多元文化主义是一种混乱，而不是偶然事件。

20世纪初以来，外国口音的葡萄牙语与外语单词相结合一直是许多圣保罗作家常用的喜剧语言。这并不意味着贬低移民，而是提供一个外部观点，以批判的方式强调城市市政和政治的荒谬；而这一现象因咖啡出口所引发的资金流入而发生转变：金钱在金融、工业和贸易的影响下倍增。新增的财富也改变了社会关系，特别是社会差异，因为它消除了偏见，并在短时间内颠覆了主导地位和权力。

巴尼埃尔（Bananère）在他的书中生动描绘了20世纪20年代和30年代

城市的身份

圣保罗在一个非常短暂的时间内建设起来,具有了推动巴西世界性文化发展繁荣的能力。它已经成为意大利、日本等世界各地的文化摇篮,并对此进行具体化的创新。

圣保罗人民的日常心态、对城市的认知和矛盾的生活方式。这些移民直到有了第三代,才慢慢适应了当地的社会文化,成为真正的巴西人——这种文化并不是单一的,而是各地移民的文化拼凑,包括意大利当地文化。意大利裔艺术家若昂·鲁比纳托(João Rubinato)的作品说明了这一点。他使用巴西化名安东尼奥·巴博萨(Adoniran Barbosa),与巴尼埃尔正好相反。他的音乐和流行作品与巴尼埃尔运用了同样的讽刺方法,将残存的巴西当地语言与圣保罗工人阶级社区常用的意大利方言相结合,描述市民的日常生活。许多人认为这是一种自创的语言,就像巴尼埃尔书中所写的一样。但是实际上,安东尼奥在实际生活中也完全是这样说的。在处理城市日常生活的部分,如在"沙托马洛卡"(Saudosa Maloca)和"特雷姆·安泽"(Trem das Onze),他将口音伪装成讽刺语言,讲述了工人和醉酒者的日常戏剧,就如自己的生活一样。

这种多样性具有很多其他的重要特征,比如新一代表现出对多元文化主义的认同和尊重,使其与父母一代区分开来(只涉及一两种文化)。20世纪40年代一档优秀的广播节目《托提科先生的学校》(the Escolinha of Nhô Totico)就是一个很好的例子。托提科先生(Nhô Totico)是维塔尔·费尔南德斯·达席尔瓦(Vital Fernandes da Silva)的昵称,他出生于圣保罗附近的农村,母亲是意大利人,父亲是巴西的巴伊亚人(Bahia)。他出生在多元的文化背景之下,在第三种文化中成长并接受教育,即由印第安人和白人的后代构成的凯皮拉文化(caipira culture)。在节目中,托提科先生(Nhô Totico)使用不同声音展现不同角色:巴西的教授和来自意大利、西班牙、叙利亚、葡萄牙和日本的学生。他将当时的圣保罗多样性的起源和特征,通过学校和巴西老师组成的多元化小组表现出来,将其变为通过教育克服文化差异的活动。

20世纪50年代后期,由于干旱引发甘蔗种植危机,巴西东北部大量流动移民转而被以汽车工业为先导的新型工业化所吸引,这使得圣保罗的文化更加多元化。巴西东北部居民(Nordestinos)将自己独特的文化印记融入圣保罗文化中,这不仅体现在语言习惯上,还体现在饮食和习俗上。像当地意大利人、西班牙人、阿拉伯人、德国人、犹太人、东亚人、俄罗斯人和乌克兰人的社区一样,圣保罗也有东北人(Nordestino)社区。近几十年来,拉丁美洲移民,特别是玻利维亚(Bolivians)移民,不断为城市增添了新的色彩。对于在圣保罗的餐厅享受丰富饮食文化的游客和当地居民来说,这种多元文化主义是显而易见的。

就其宗教多样性而言,其宗教建筑从犹太教堂到清真寺,从新教和福音派教堂到各种由不同机构捐赠的天主教堂,都是文化多样性的表现。您可以在圣本托教堂(the church of São Bento)中跟随格里高利合唱团(Gregorian)颂歌,或者在圣阿马罗神殿(the shrine of Santo Amaro)、维拉玛里亚纳(Vila Mariana)的东正教大教堂唱诗,在市中心的新教教堂(Protestant worship)礼拜,在国家大道参加穆斯林庆典,在几个犹太教堂之一参加犹太人礼拜,在维拉蓬皮埃亚(Vila Pompéia)和拜西达·格利埃里奥(Baixada do Glicério)的教堂参加五旬节教派会议,在维拉·普鲁登特(Vila Prudente)的俄罗斯移民教堂中,伴随俄式三弦琴(balalaikas)的声音进行新教礼拜,甚至在卢斯(Luz)的一个韩国教会参加新教礼拜。

然而,圣保罗的文化多元主义并不是因为它在历史上的宽容和开放。相反,它在历史上承载了两种奴隶制,以及奴隶制所导致的一切形式的限制和禁令。首先,土著奴隶制在18世纪初正式终止,随后黑人奴隶制在1888年被废除。在没有奴隶的城市,人们可能会以几种方式预测奴隶制的结束。然而在圣保罗,这并不是慷慨承认自由和平等观念的结果，而是因为奴隶制已成为廉价劳动力短缺问题的障碍，而社会上已经形成的稳定的流动移民和自由工人已经能够满足需求。从经济角度看，奴隶制是一个弊端。

奴隶制时期对语言的影响仍然存在于饮食、宗教传统以及其他习俗中，甚至还存在于土著奴隶制时期的农业杂交遗迹。例如，萨奇·佩雷雷（Saci Pererê）是土著人民信仰的神话人物，在非洲的版本中他是只有一条腿的黑人男孩。作为儿童故事中常出现的顽皮孩子，他依然具有儿童的想象力。他的原名萨奇·佩雷雷是土著语。18世纪时他被确立为黑人形象。当时土著奴隶制被废除，前往圣保罗，尤其是前往圣保罗州卡皮塔尼亚（Capitania）繁荣起来的甘蔗种植园的黑人奴隶数量增加。

雷纳托·达席尔瓦·奎罗斯（Renato da Silva Queiroz）的研究表明，萨奇·佩雷雷是一个与极限和边界有关的神话人物，因此他通常出现在围栏中。在18世纪，他跨越了界限，并投向新黑人奴隶阵营，继承了他们的肤色和身份，同时他仍然是社会分层状态下的土著人，这种分层在种族、民族和社会群体上或多或少有着严格的界限。类似于萨奇·佩雷雷这种文化入侵是圣保罗地区首个适应性多元文化主义的高度象征性表现。

并不奇怪的是当时圣本托教堂的主教从他的魔术师教徒那里购买了一个黑奴，为他除去了本佐禁令（banzo）。这意味着一个天主教徒转信巫术，让他的奴隶摆脱诅咒和法术。这是文化多样化和多元文化主义不能兼容的表现，就好像社会由独特清晰的文化结构组成，每一个结构都有着自己的逻辑、价值观和范围。从某些方面来说，多元文化主义还是一种生活方式，人们每天都会经历的不同文化，取决于他们在缓慢困难融合的碎片生活中所扮演的角色。这是一种持续的做法，例如在巫达班神殿（shrines of Umbanda）祷告，还有一部分人信仰坎东布雷教（Candomblé）以及黑人传统宗教的，转移到完全不同的文化和宗教圈子中。

事实上，在宗教和宗教信仰方面，我们的确找到了证明原始传统存在的最有力证据，这是一种非常典型的保罗斯塔诺（Paulistano）观点，即过去是延续的，而不是静止的。这就是使圣保罗文化具有独特性和文化多样性的要素。这并不是因为它能够接受那些没有冲突的多样性文化，而是因为它能包容每一个多样性文化都被允许保存原貌，同时共存，并形成新的形式和创新。

因此，一名日裔人在意大利人聚居区布拉斯岛（Bras）的小餐厅唱意大利语歌《狼蛛》（tarantelas），或者一名来自贝希加（Bexiga）的黑人向意大利卡拉布里亚的牧师进行忏悔，都不是奇怪的事。抑或法国新教（Protestant）和加尔文教（Calvinist）的先驱社会学家罗杰·巴斯蒂德（Roger Bastide）深深地痴迷于非洲文化。由此可见是否是黑人并不基于肤色，而是他的理想状态。这些是圣保罗多元文化主义的实例，本质上是保存文化原貌，同时进行更新和变异。这种做法是对文化创造力和不同文化之间常态化交流的呼吁。

圣保罗的爆发

在其增长最快的时期，圣保罗的发展依靠引进外来移民，通过创造发展机会，塑造城市形象，以吸引来自巴西其他地区的人才。

在这个意义上，圣保罗及其周边地区的多元文化主义可以更好地被理解为一种传承性的多元文化主义，这与其他多元文化的大都市区即文化的静态多样性的拼贴非常不同。在这种情况下，我们正在处理一种多元文化主义的约束，即多样性被认为是文化差异的聚集，而不是差异性之间可能的沟通交流模式。在此情况下，我并不是说多元文化主义应该被看作是一种变革的现象，而是从两个相反的角度考虑文化多样性。

尽管历史上多元文化倾向于被限制发展，但圣保罗的传统多元文化主义最终被复杂的需求所推动，即城市中建立多元文化传播机制，这不仅体现在城市更新和建筑学意义上的重建，还体现在其人口方面，包括至少三个时期：18世纪80年代、20世纪初和20世纪60年代。这都是文化上的巨变时期，新的特色被添加，同时旧的阴谋被取消。

僵化的文化传统和习俗逐渐缓和，使得新旧居民能够互相适应。但是，圣保罗人无条件地接纳多元文化的观点是错误的。它们不可避免地与多元化的日常生活息息相关，并且认识到这种多元化主要是为打破原有身份认同、冲淡变革及适应过程中的阻力而存在。同时，这并不是单就私人生活、家庭和社区方面而论，而是在多元化社会更新的背景下关注一些文化元素，使之不至于陷入混乱，就像在圣保罗依然存在的一些婚恋文化中，比如日本和韩国的移民，其自身文化基本与外界隔绝，特别是涉及年轻一辈和老一辈之间相处的行为模式时。更多的时候，这些障碍随着时间的推移而减弱，这就是我们所说的传递性特征，在保持原有文化和完全吸收与现有文化没有冲突甚至有所补充的文化之间达成一种微妙的平衡。

碎片世界

特里萨·卡尔代拉（Teresa Caldeira）

丑恶的现实

圣保罗成功的经济发展、基础设施投资不足与控制发展能力不足之间的矛盾关系，可能对其未来发展造成威胁。

被称为当代圣保罗最具代表性的、经常出现在国际各大刊物上的城市图景，是在莫隆比（Morumbi）拍摄的图片：一侧是帕赖索波利斯地区（Paraisópolis）的贫民窟、另一侧是一栋带有网球场的豪华建筑，每个阳台上都有一个游泳池（见172-173页）。然而，关于城市的学术文献和城市政策相关文献展示出的是另一番形象：中心城区经济发达、设施完善，外围地区贫困动荡。根据这一观点，城市不仅由对立的空间和社会形态构成，而且不同形态之间存在一定距离。这两种观点是矛盾的：一个指出了社区之间贫富差距的可憎面目，另一个阐明了不同档次社区存在很大的空间距离。这两种观点都能够在城市中出现吗？如果可以的话，情况会是怎样？

毫无疑问的是，圣保罗尖锐的社会不公平问题一直很严峻。然而在过去的几十年里，不平等的多重含义、城市空间的质量和城市社会阶层分化都发生了巨变。城市周边地区的建设有所提高，导致硬件建设的空间差距有所减小。但是这座城市已经不像其在20世纪后半程时那么信奉发展与进步，让暴力和恐慌占据市民生活的中心。现在这座城市里标志着社会分化的印记已被城市管理者重新遮盖与粉饰。同时，废弃的公共空间被重新改造，用作市民畅所欲言的意见墙。

圣保罗是一个复杂的城市，不会被简单的二元模型所限制：对立的社会阶层既不是完全接近，也没有存在明显的距离。这两张照片都是城市景象的代表。但单独来看，两者都不能完整捕捉到如今大都市区结构的空间和社会不平等格局。这些图像是两个历史过程合并的结果，物质上表现在城市空间的叠加。富人区位于城市中心、贫民区位于边缘的结构对应着20世纪40年代左右的城市化模式，这一模式一直延续到20世纪80年代。在此期间，受到自发性建设的影响，圣保罗城市化面积急剧扩张。数以百万计的工人迁往城市，定居在郊区的非城市化地区。他们在没有基础设施的地区购买了廉价的土地，耗费几十年的积蓄，经过家庭的共同劳动，修建了他们梦想中的房子。在圣保罗和巴西及其他发展中国家的城市，工人意识到可以通过违法行为和社会动荡让自己在现

刻骨铭心的差异

圣保罗新精英所居住的有游泳池和私人露台的高层,俯瞰着帕赖索波利斯贫民窟中没有自来水和基本卫生设施的摇摇欲坠的房屋。

代化城市中定居。中产阶级和上层阶级仍然处于中心地位,享受着良好的基础设施和服务,以及正规化有补贴的土地使用权。因此,大都市区被上层阶级居住的城市中心(又被称为"合法城市")与不稳定的边缘一分为二。

然而,从 20 世纪 70 年代开始,受城市中心和外围的发展影响,这种清晰的分离状态开始改变。由外围居民发起的社会运动组织是一个主要导火索。这些积极参与城市活动的人大多是妇女,这些新业主意识到政治组织是迫使城市政府向其社区扩展城市基础设施和服务的唯一途径。这些社会运动大大推进了民主化进程和市民权利。他们还引发了外围城市环境的重大变革:上级政府响应了他们的需求,在巴西众多城市中选择了圣保罗市,投入大量资金进行城市基础设施建设。其结果是,城市外围的道路交通、污水处理、卫生设施和电力供应均有明显改善。这些改善大大降低了婴儿死亡率。因此几十年前还很荒芜的城市外围社区,如今已经完全城市化。它们还与商业网络和消费形式扩展联系在一起。虽然城市社会运动在 20 世纪 90 年代开始减少,圣保罗仍然具有完备的组织。各种形式的非政府组织和协会随处可见,涵盖了从宗教到艺术等各个方面,更不用说犯罪组织了。这些多样化的组织意味着民主巩固和市民参与。

改变中心 - 外围模式的第二阶段开始于城市中心。从 20 世纪 70 年代开始,财富稳步转移。一方面,新的商业区在城市西南方皮涅鲁斯河(Pinheiros River)沿岸形成,如今集结了高端写字楼、购物中心、传媒总部、酒店和新的文化中心;另一方面,一些中产阶级和上层阶级及其公共空间开始从中心外迁。这主要是出于对从 20 世纪 80 年代中期到 90 年代末逐步发展起来的暴力犯罪的恐惧。寻找一种新的生活方式与全然不同的居住模式为他们带来了安全感。这些富人群体为了居住、休闲和工作,在曾经的贫民区且尚留有部分贫民居住的地区,例如帕赖索波利斯地区(Paraisópolis),建立完全围合的高档居住区。因此,穷人和富人出乎意料的接近,这是由上层阶级自愿搬离所引起的。

虽然市中心外高档公寓与贫民窟并排的图景被认为是圣保罗社会不平等的体现,但它忽略了一个重要因素。贫民窟并不是圣保罗贫民的主要居住类型,多样化的城市外围地区也不能用贫民窟一以概之。房屋所有权是问题的根源。尽管存在违法违规的情况,但大多数人还是购买土地、建设房屋并宣示所有权。棚户区的居民也有自己的房子,但他们没有土地,所以他们的权益经常受到侵犯。此外,市政相关统计数据显示,圣保罗大都市区的住房所有权增量从 1920 年的 19% 增长到 2000 年的 69%,这是受到城市外围(而非中心富人区)住房数量激增的影响。[1] 在最贫穷的街区,百分比超过了 80%。[2] 约 10% 的圣保罗居民生活在贫民窟[3],而里约热内卢及巴西其他城市的贫民窟居民比例非常高。然而,如果城市中心和外围拉开距离,错过了不同社会阶层的人比邻而居的机会,这张描述居住位置的照片就忽略了城市发展的复杂性,以及被纳入消费市场的城市边缘区条件的显著改善。

自 20 世纪 80 年代中期以来愈演愈烈的暴力犯罪和恐慌也引发了城市空间

发展和生活质量的改变。不断恶化的对于暴力的恐惧与流言创造了新的城市景观，以及极端化、二元化、简单化的不平等论调。

20世纪80年代中期到90年代末以来，暴力犯罪数量激增。90年代末，每年，圣保罗每10万人中就有60人死于谋杀，成为世界上暴力问题最严重的城市之一。然而暴力事件的地区分布十分不均。城市边缘社区每10万人有110人死于谋杀，而市中心地区不超过5人。谋杀的主要受害者是年轻男性，尤其是黑人。此外，数量猛增的警察非法虐待和滥杀问题也大多发生在城市外围地区。在21世纪初，暴力犯罪率从2000年的每10万人中有57.3人下降至2009年的11.3人，其中外围地区犯罪率也在降低。[4]然而，整个城市的暴力犯罪行为分布仍然是不均匀的，尤其在外围地区发展了许多犯罪组织，包括圣保罗帮派的代表"第一司令部"（Primeiro Comando da Capital）。

尽管凶杀率有所下降，但这座城市似乎仍然充斥着因随机性暴力事件而引发的恐慌感，这是自20世纪80年代以来的一个普遍议题。[5]在这种恐慌气氛中，人们在谈话中散布暴力。与能够扰乱社会秩序的实际犯罪相反，运用简单的术语以及明确善恶对立双方的关于犯罪的日常讨论，则能通过重新探索一个静态图景而重建社会秩序。这种对现实事件的删减以及戏剧化是人们谈论犯罪的核心方法。和处理暴力问题的其他日常做法一样，犯罪故事试图为被撼动的世界重新提供一个稳定的支点。这些叙述划定区域、构筑围墙、明确距离、实行隔离、实施禁令并限制其转移。简而言之，它们对世界进行简化和封闭，阐述偏见，消除歧义。

对犯罪行为的议论和恐慌也塑造了城市景观和公共空间，造成了新的空间隔离和社会歧视。其中最典型的形式就是建在贫民区旁完全围合的高档居住区。这些用于居住、商业、休闲和工业的私有化封闭监控区具有安全保障。它们可以是购物中心、办公楼、住宅区或者城市边缘带。他们依靠私人警卫和高科技安防措施来保护和强制排他，以确保该地区的社会排他性。他们把不平等作为一种价值观和一种社会事实来进行重现，把封闭性和私密性当作一种优越感。随着这一逻辑成为主流，此问题也在整个城市蔓延开来。如今即使在外围的最偏远的地区，壁垒也无处不在，这既是要保护地区免受犯罪行为困扰，也是将富人社区与贫民窟区别开来，以表达不同的社会归属感。

正是在这种基于犯罪恐慌背景的简单化和刻板描述语境下，圣保罗多样化的城市外围区被称为贫民窟（favelas），这一过程掩盖了城市和社会进步。同质化的条件、贫困的生存空间以及恶劣的设施配置，成为普遍的发展趋势。近几部巴西电影反映出，穷人通常与贫民窟、黑暗和暴力犯罪密不可分。其中具有代表性的是《上帝之城》（City of God）。这与作家迈克·戴维斯（Mike Davis）在《贫民窟星球》（Planet of Slums）中使用的手法相同，这样的手段将世界各地多种多样的贫困居住区冠以一个简单的标志：贫民窟（slum）。

这种趋势也被城市外围区居民自己所强化。圣保罗的说唱音乐描述了城市

从游泳池可以俯瞰没有下水设施的贫民区。

不同地区间的分歧，谴责了彼此之间的不平等。说唱展现了当代城市外围区年轻人的生长经历，他们成长于高犯罪率地区，很少被纳入正规市场范围。嘻哈音乐希望通过音乐遏制暴力，拯救他们的生活。通过描绘边缘区贫困居民恶劣的生活环境，批判对当地年轻黑人居民的偏见，说唱乐进行了强烈的社会批判。他们谴责种族主义，表明阶级对立立场，创造了一种对峙的方式从而压制了妥协和谈判。他们希望通过音乐构筑贫与富、黑与白、中心与边缘之间亲密无间、无可辩驳的关系，同时阐明边缘区的地位。他们把边缘区当作一个孤立的世界，一个类似于美国的贫民区的，与巴西无关的虚构世界，那里的居民认为自己非常弱势，仍然是城市的组成部分。作为最著名的说唱组合之一，理性MC（the Racionais MC's）在他的歌曲《桥的那端》（Da Ponte pra cá）中唱道：

与我们一起开派对，不要离开；
你我同在，每个人都待在属于自己的地方；
你明白吗？
若生活如此，我是否会难过？
桥那端的世界截然不同。

正如乐迷对城市郊区生活条件的反思那样，他们将多样化的城市边缘区概括为一个标志：外围（periferia）。作为新的象征，外围被同质化，以代表严重的社会不平等和暴力问题。这种对空间转变的失望与20世纪40年代到90年代以来对城市改善、流动性增强的期待形成鲜明对比。它有时也被称为贫民窟（favela），这不是为了描述其处于外围的地理位置，而是强调其恶劣的居住条件。当然，如今已被重新定义，通常意指对贫困的谴责。

明确而不可妥协的社会分异、希望与失望的循环、剩余空间的建设，以及表述对立概念的符号使用如今在巴西社会的两极都能找到踪迹。说唱乐手的自我封闭与上层阶级的封闭是共存的。二分法、简单化和零容忍构成了这两个极端对城市的希冀。

对犯罪问题的探讨与恐慌、进行隔离和分化都改变了公共空间的特征。私有化、封闭化、边界和距离的监控设备创造了一个碎片化的公共空间，不平等是其核心动因。即便如此，这些剩余的公共空间仍然没有清空或荒废。在圣保罗，除了围墙和篱笆，几乎所有街道上的涂鸦和pixação（一种圣保罗传统的标记形式，运用黑色墨水书写直线线条）数量激增。事实上，随着"清洁城市"（Cidade Limpa）法令成功实施，户外商标得到清除或控制，pixação成为普遍分布于城市的标志类型之一，它随处可见，将不同类型的空间统一化。在通过建立"壁垒"进行私有化的城市中，这种公共题字强占了城市空间，对公共区域进行重构。涂鸦和pixaçãos重建了街道、建筑立面、围墙，因此不同空间之间得以和谐共生，不再是分裂状态。大多数涂鸦艺术家，尤其是pixadores（pixação的创作者），都是来自城市外围的年轻人。通过那些文字，他们逾越并忽略边界的存在，占用适当的空间来控诉一直以来所受到的歧视。显然，许多人将这种空间占用曲解为蓄意破坏、犯罪行为，以及公共空间恶化的证据。

虽然涂鸦和pixação同根同源，它们介入公共空间的方式是不同的。涂鸦是大型的彩色壁画，经常在大型公共建筑的表面，如高架桥和挡土墙。它们被公认为是一种公共艺术，通常受到城市授权，有时也由私人机构赞助。一些圣保罗的涂鸦艺术家享誉国际，还有一些人向私人美术馆高价出售他们的作品。

但如果说涂鸦可以融入人们对艺术与美的构想，pixação具有更强的穿透力。创作者认为这是一种无政府主义的干预行为，是一项激进的城市运动——城市攀岩。Pixadores在最不可能的空间上创作，比如从建筑物外能够攀爬到的顶部，以及那些从没有受到过市政厅资助的地区。相反，他们是警察驱逐的目标，一般人也表示不屑，因为他们认为这些创作者恶化和破坏了公共空间，而并不是完善他们。虽然对于pixadores而言，他们的干预为公众发出信号，类似的形式并不多见。诸如涂鸦和pixação，那些主流文化体系之外的大师进行书法和绘画的目的，与说唱乐手如出一辙。他们发明了新的风格，传递了叛逆的理念，有力地改变了公共空间的性质。

总而言之，构筑壁垒、全封闭居住区、说唱乐、涂鸦和pixação的出现揭露了社会不公平和社会紧张的迹象。在城市发展过程中，当暴力问题不再是主要问题时，主导城市发展的理想状态应当是社会流动、提升、扩张和合并。空间和社会上所呈现的距离象征性地被忽视。城市运转必须得到保证，以巩固人们对社会流动的坚定信念。如今，社会不平等和社会分化是显而易见的，很少受到忽视。夸张和简单化掩盖了变革和进步的进程，不可避免地加剧了社会群体之间的紧张关系。不平等已经被视为理所当然的生活日常和社会交流的问题，尽管它被难以预料的干预所谴责。因此，这是紧迫的、多层次的生产和竞争的不平等，我们应该尝试探索城市的困境与生机。

城市构想
及其局限性

劳尔·贾斯特·洛雷斯（Raul Juste Lores）

匿名城市

令人感到诧异的是，作为一个成功的城市，圣保罗无法在世界面前展现出积极的城市风貌。城市缺少特色建筑或者地标，只有带来负面影响的城市污染和违建的贫民窟。

每周五下午，上百万圣保罗市民都不得不加入一场癫狂的城市竞赛——谁将第一个逃离圣保罗？城市流亡者将面临数英里的交通拥堵，仅150公里（91英里）的路程需要花费长达4个小时，周日返回城市时情况亦是如此。然而，这种令人窒息的事情在每个周末和国庆日都会重演，超过220公里（133英里）的街道出现交通瘫痪。

圣保罗所面临的最大挑战虽是无形的，但却潜藏在最显著城市问题（安全和交通）的原因和影响中。这种感觉就像生活在监狱一样，需要随时逃离它。居民对生活充满抱怨，那些热爱着城市的人甚至说"圣保罗让人绝望。"但是，这样一个在20世纪下半叶才开始崛起的新兴城市，为何变得如此不可救药？

在这个全球竞争的时代，城市普遍希望吸引投资者和游客，招揽人才和资源，而圣保罗并没有这样现代化的场景。像上海的磁悬浮列车（Maglev）、迪拜的新干线（new skyline）和东京的高速列车那样的设施在圣保罗都毫无踪影。相反，基础设施陈旧匮乏的现象随处可见：地铁线路只有60公里（35英里），而在墨西哥城则有200公里（121英里）；机场和市中心之间的长途交通依赖出租车；在城市景观方面，几十年来一直投入资金进行清理，然而河流依然死气沉沉，臭气熏天。

对于圣保罗缺乏流动性、建筑缺乏美观，以及居民缺乏安全感的问题（即使是在安全的区域，居民也不敢在周末经过空旷的街道），我们应试图指出问题所在并提出解决方案。对于圣保罗的问题，我们既需要分析城市本身，也要确保其未来发展会拥有一个良好的开端。在过去的20年中，博兰尼（Berrini）和联合大道（Nações Unidas Avenues）的建设展示了圣保罗强大的经济实力。然而，该地区的扩张暴露出了一系列问题，特别是不人性化、不可持续的发展模式——这些错误与世界上其他发展中的城市不同，并不是由于资金匮乏造成的。城市周边公路只能允许汽车通行，而不能用于公共交通，这传达了一个明确的信息：你必须开车出入城市，而不能乘坐地铁或公交车。

房地产投机行为把曾经是贫民窟的边缘区建设成了一系列所谓"智能"高

层建筑，将城市拒之门外。某些情况下，甚至很难找到停车场或车库以外的入口。街区尺度过大，没有树木或公共空间，底层缺少酒吧、餐馆和商店。即使在白天，这一地区也是荒无人烟，除了周边长期的交通拥堵。

房地产开发商以低廉的价格购买一处地块，并将土地利用到最后一平方厘米。随后地产公司代表居民进行游说，强迫政府动用国库资金来供电供水，以及公共交通等其他公共服务。在圣保罗，这种楼市周期已经出现了几次：第一次出现在20世纪60年代，保利斯塔大道（Avenida Paulista）失去了其中心地位；第二次出现在20世纪80年代帕拉伊巴州（Paulista）的布里加代罗法利亚利马大道（Brigadeiro Faria Lima Avenue）；之后是20世纪90年代的西部地区。对城市建筑遗产的修复和更新（现代化）非常罕见——现存建筑遭到忽视，而崭新的金融区逐步建立起来。

在圣保罗，越来越多的道路不断向城市外延伸，而无法提供有效的公共交通。城市的触手伸向四面八方。在城市西部，大型企业、封闭社区和高层建筑数量激增。在城市的北部、东部和南部，尽管有成百上千的空地块、废弃建筑和荒废的土地，最贫穷的人仍然居住在城市边缘，对本应受到保护的地区造成污染，甚至污染了提供城市饮用水的水库。

随着郊区和金融区的扩张，公共权力并没有及时跟进，因此使错误制度化而成为惯例。即使圣保罗在过去的三十年中经历了一系列建设热潮和前所未有的经济增长，然而相关资源并不能纠正以前的错误。市长和州政府必须作为引导者和监管者来指导城市增长，而不应该对改善投资环境、设立限制或添加条件抱有顾虑。

对于建设上的问题，博兰尼和皮涅罗斯河滨大道（Marginal Pinheiros）地区可以通过房地产开发商自身加以解决。15层以上的建筑应附带一个广场、花园或公共空间，以强化临街空地的体验感。建筑沿线需要餐厅、酒吧、商店、药店和书店。这些功能性设施日夜不断地增强街区的活力，并给圣保罗提供迫切需要的社会监督。

与城市其他地区相比，为何保利斯塔大道每时每刻都更加安全？这是因为它在设计过程中与城市相融合，并强调了土地的混合使用。特里亚侬公园（Trianon Park）附近有广场、宽阔的人行道、尺度适中的街区和丰富多彩的活动。在大型居住区附近，如保利塞亚（Paulicéia）、圣宝莱（Saint Honore）、联合大道和特锐斯瑞尔斯（Três rias），有银行、学校、大学、医院、药店、酒吧、报刊亭以及类似于SESI剧院、伊豆文化宫（Itaú）以及圣保罗艺术博物馆（MASP）那样的文化中心。

国家联合大楼（Conjunto Nacional）的建设证明了圣保罗对智能建筑的了解。建筑共33层，分为三个区域，办公区和居住区都有独立的入口。大厦外宽阔的马路与室内地板的材料相同，从而模糊了公共区域与私人区域之间的边界。一层有电影院、商店、银行、餐馆和药店。这种多样化的土地利用方式向我们阐释了在不损坏建筑本身的情况下，如何为20世纪50年代的建筑注入现代化的因素和全新的生活方式。其结果是，国家联合大楼成了保利斯塔大道最宜居的地方。无论是工作日还是周末，建筑附近的人流量都很大。在一个对于安全的关注近乎偏执的城市，国家联合大楼这样受人欢迎的新型建筑保证了成百上千人的安全与和谐。那些喜欢在阴暗废弃之地独居的罪犯在这里是不受欢迎的。

时至今日，皮涅罗斯河滨大道和博兰尼的后现代主义建筑，为何不能复制1953年国家联合大楼（Conjunto Nacional）的成功呢？即使当前圣保罗的房地产市场偏向于重复和简化既有方案，公共权力仍有义务在建设城市的过程中提出要求。尽管大量文献证明了商场会破坏城市景观，但是政府对于购物中心的规划还是采取了放任的态度：大面积的无窗墙体需要空调和人工照明，造成了交通拥堵、大量停车需求以及堆积如山的垃圾。他们还扼杀了街头市场这一为街区带来活力的景观。迄今为止，圣保罗已经有将近80个购物中心。五年来，达斯鲁（Daslu）、城市花园（Cidade Jardim）和维拉奥林匹亚（Vila Olímpia）等新城市中心建在旧的中心旁边，例如伊瓜特米（Iguatemi）、莫伦比（Morumbi）、黛恩蒂（D&D）以及贸易中心（Market Place）。其结果是，10平方公里（3.9平方英里）的地块内聚集了七个城市中心。由于市长可以就邻里影响问题，对建造一栋100层高的高楼行使否决权，或者使一栋建于20世纪20年代的建筑免于拆除，地产商若想获得新购物中心的建设许可就应当准备替代方案。

限制私家车的使用，鼓励人们走上街头、进入公共空间，是一种具有教育意义的行为。这不仅因为曼哈顿、布宜诺斯艾利斯、巴黎以及里约热内卢的街头将有很多行人，而且因为如果圣保罗的社会精英走上街头，他们会对人行道维护、交通标志和城市基础设施有更多的要求。

新购物中心的设计师们应该记住，商业街标志着圣保罗的中心，就像巴朗（Barão）和伊塔佩蒂宁加（Itapetininga）一样。过去40年占据主流地位的购物中心类型是不可持续的。北京刚刚落成的三里屯购物中心，有19个不超过4层的低层建筑，由16个建筑师设计。其目的是保证建筑的多样性，并设计大量的人行道和安全通道。实际上，它是一个开放的购物中心。既然如此，为什么还要继续通过那些对城市景观没有任何助力的项目呢？

东京的地产比圣保罗任何社区都更昂贵和稀缺，而市政法规要求东京市中心进行多功能复合性建设，预留40000平方米（430556平方英尺）的地块修建花园，并在中间建设艺术画廊，作为城市的公共空间。六本木地区对企业进行赞助，令他们在街边安装长椅。在博兰尼，建造商已经证明，他们依据自己的意愿来建设城市。相关法规会对公共汽车站、长椅和广场的设计和维护加以限制，这些投资只会提高他们的财产价值。

工业大厦（Palácio das Indústrias）、卡萨德斯（Casa das Retortas）、拉丁美洲纪念公园（Memorial da América Latina）、现代化住区公园（Casa and Parque Modernista）以及特里亚农公园（Parque Trianon）都是圣保罗人尽皆知的地名，

他们之间有什么共同点吗？前两个是空置多年的大型历史公共建筑，正在等待翻修；其余的是免费开放的公共空间，周末较为空旷。而同时，圣保罗近年来在皮涅罗斯河滨大道和博兰尼以外的区域修建了几座剧院。对于大多数民众来说，听一场音乐会或者演出需要乘车一个半小时。

同样的城市空置问题也发生在圣保罗市中心。在一个只有少数建筑物的建成时间超过 150 年的城市，这个成长为南美最大都市区的小城镇的历史遗存应当被优先考虑保护或者再利用。有数十栋 20 层左右的建筑处于空置或未充分利用状态。尽管有许多振兴历史中心的言论，但这些观点在过去十年里已经被投资公司和法律顾问所抛弃。

该中心的住房项目未能成功，一方面是因为大量穷人居住在这些 20 层住房中，单就电梯养护费这一项，就只有中产阶级才能承担得起；另一方面，城市中心的"品牌效应"仍具有一些消极意义。布宜诺斯艾利斯的马德罗港（Puerto Madero）、墨西哥城的历史街区拉康德赛（La Condesa）和罗马（Roma），以及波哥大的拉马卡雷纳（La Macarena）等地区的发展，证明了即使城市的发展水平不如圣保罗，也可以恢复废弃城区，改造原有建筑，在当地建设成类似于纽约的 SOHO 和切尔西区（Chelsea），或者巴黎时尚区玛雅斯那样的特色城区。

在圣保罗市中心，聚集着大量博物馆和文化设施、地铁站和公共汽车站、广场、人行道和公共建筑，并且警力也更加完善。该中心也处在城市中心的战略位置。

那么，为什么城市中心的复兴没有起作用呢？这是由于政府当局的推动力不足。大型建筑公司在城市西部边缘区修建高层建筑的过程中，需要考虑建造空置中心区的替代品，甚至包括改造那些具有历史魅力与馈赠的建筑。摄影师、视觉艺术家、造型师、广告商、音乐家和设计师都不需要从当局接到明确的和直接的邀请，来填补城市的空白。城市当局可以迅速拆除整个建筑，为高架桥、隧道等工程腾出空间，但不允许创意产业的专业人士对维拉马达莱娜（Vila Madalena）、维拉奥林匹亚（Vila Olímpia），以及贾丁斯（Jardins）等市中心地区的空置建筑进行再利用，从而提高当地房价。

即使是所谓"中心复兴"过程中的重大投资，也没有办法"建设城市"。诸如美术馆（The Pinacoteca）、圣保罗大厅（the Sala São Paulo）、葡萄牙博物馆（Museu da Língua Portuguesa），这些优秀的文化机构都没能像预期一样振兴社区。他们仍然是孤立的建筑，人们乘着汽车来去匆匆以避免他人不必要的干扰。无论是否得到资助，都没有人想要在那里设置办公室、住宅或工作室——这些本可以对周围环境起到带动作用。

罗斯福广场（Roosevelt Square）的案例体现了圣保罗公共服务停滞和城市活力之间的鲜明对比。自 20 世纪 60 年代以来，随着高速公路和高架桥的建设，罗斯福公园成了贩毒和卖淫的窝点，情况直至五年前才有所改观。然而，那些贬值住宅楼的底层现在有了新的用途：在这些价格低廉的区域，电影院、酒吧、剧院比邻而建。随着演出人员有机会来到城市，罗斯福广场如今已经聚集了多家酒吧以及7座剧院，他们整日演出以赚取日常开销。

拓荒者的勇气和该地区的不断发展减少了犯罪的发生。罗斯福广场因此变成了市中心的一个和谐小村庄。但是，尽管经过多年讨论和承诺拆除，一栋混凝土建造的"五角大厦"（pentagon）依旧不能使它成为一个真正的广场。景观设计项目会让罗斯福"运动"蔓延到附近的街道上，以建造更多的剧院、饭店和酒吧，带来更多有活力的年轻人。市中心其他几个地区可以建设创意产业集群，如贝希加（Bexiga）和多纳亚亚之家（Casa de Dona Yayá）旁边的工人村庄、剧院办公室（Teatro Oficina）旁边的空地、20世纪50年代的步行街和美术馆、美丽的拉格度阿若切（Largo do Arouche）、维埃拉橡树大道（Avenida Vieira de Carvalho）以及废弃的意托罗罗别墅（Vila Itororó）。

大获成功的"清洁城市"（Cidade Limpa）项目中，宣传板和户外广告都从圣保罗的街头清除，由此可以看出，即使再小的干预措施也能够对城市的观感起到深远影响。这并不是一个耗资巨大的项目，但是他扭转了"圣保罗使人绝望"这一认识。这一项目的终止体现了圣保罗公共管理的滞后。那些曾隐藏在广告牌下城市丑陋的灰色地带，现在变得清晰可见。政府没能够及时改善城市景观，徒增当地市民的自卑心理。

22年前，巴塞罗那通过"美丽巴塞罗那"项目，将撤出户外广告与特许临时广告牌的政策相结合，改变了它的城市景观。当翻修历史建筑的正面时，广告商可以把他们的商标印在防护网上。在禁止广告牌的情况下，街头广告被转化为更有价值的东西，使得地方当局在更好地利用现有资源的同时，拥有了更多的话语权。

圣保罗拥有世界上最大的现代主义建筑集群，正如20世纪30年代到60年代的上海那样。然而，尽管一些作品出自奥斯卡·尼迈耶（Oscar Niemeyer）之手，城市的文化和旅游却并没有充分利用这些建筑遗产。恢复城市的形象可以从这些建筑地标开始。想要重回昔日的辉煌，圣保罗需要像那些古老的欧洲城市一样，重拾过去的荣誉，并进行打磨、抛光。然而科潘城（Copan）外立面状况不佳、1936年建成的艾斯特大厦（the Esther building）门面破败、马蒂内利（Martinelli）或桑帕约莫雷拉（Sampaio Moreira）这样在历史上具有重要地位的革命性建筑处于半废弃状态，这些情况为圣保罗带来极大的挑战。

在日益繁荣而充满自信的新未来，圣保罗应像过去一样重新将发展寄托在建筑上——在那一时期，当地社会精英创立了MASP，即现代艺术博物馆暨双年展。这项工程为年轻人才提供机会，改变当前房地产市场乏味而尴尬的现状；有才华的国外的建筑师有机会进入市场，他们将为城市带来新的关注视角、新的建筑材料和全新的城市体验；当地建筑师也可以推进新的社会住房项目，创造新的社区形式，打破以往千篇一律的"板条箱"（豆腐块）造型。除此之外，最后，城市可以为相关主要建筑的建设创立PPP合作关系和国际性比赛，奖励那些激发美感、创造公共空间的项目，而不是单纯猎奇、吸引市民的建筑。

边缘生活

费尔南多·德·梅洛·弗朗哥
(Fernando de Mello Franco)

表象之下

城市自发性增长受到了惩罚。圣保罗暗淡的前景体现在污染问题和城市错位之上,而且难以寻找有效的控制增长、改造未来的方法。

运动

建筑材料上的滞后性、空间上的固定性以及时间上的永久性,证明了建筑不足以满足不断变化的城市需求,即当代城市日益迅速的建造进程。建筑之所以具有重要作用,不仅仅是为了建成永存的古迹,更重要的是要激发它适应变化环境的能力。

从转型的角度思考建筑实践的其他范式,其中一个方案就是找出相关措施,以解决城市不稳定运动问题,这是城市物质和社会环境的关系不断变化的过程。

令人感兴趣的是,转型中的城市需要得到支持和杠杆,以保证其在不同状态间不断变化。因此,了解其支持基础有助于设定一些假设,来应用于未来战略制定。接受和允许空间重组的项目具有很强的实用性,这种主张倡导城市运动在动态平衡中发生。然而,一旦驱动和引导城市运动的机制已经建立,那么他们的未来方向又是什么呢?

在圣保罗,有力的转变过程对应着一个新的生产周期,这将对城市肌理造成重大影响。这些变化背后的价值观的建立是非常必要的。在空间维度上,圣保罗是一个没有轮廓定义的不定型城市。它的扩张几乎没有控制,远远超出了特定的地理区域。从100多年前的现代史开始,它在时间维度上一直不断变动。[1]

与当前认为圣保罗是一个混乱、随意、没有效率的城市的假设不同:实际上,大都市区年生产量占全国的15.6%[2],而领土只占全国的0.09%[3]。这引导我们去探索圣保罗对于能够激发城市发展的组织和规范的需要。这些迹象表明,组织的产生是为了满足现代化工业城市的需求,但对城市居民的生活环境保护并不关心。

圣保罗城市的起源应回溯到1554年。原有村庄的历史被附近一个殖民地的政治中心记录下来,它坐落在一个海拔720米的高原上,靠近大西洋,却由一个陡峭的悬崖割裂开来。与萨尔瓦多(Salvador)和里约热内卢那样的首府不同,圣保罗没有在巴西经济中发挥过主导作用,情况直到19世纪末才有所改变。

然而,从它诞生之日起,圣保罗就一直是一个非常具有影响力的中心地带,

相比于初始的定居点发展构想，它的扩展区域显然大得多。这是由于上铁特盆地（Upper Tietê Basin）是地理学上的水网系统中心，山谷和河道构筑了一套放射状的天然交通路线。该区域的土著居民知道如何利用这一特殊地理位置，建立陆路交通网，补充水道，从而发展南美各国之间的通信和贸易线路。

铁特河（Tietê River）先是流向内陆，然后转向与海岸线平行的方向，最终在阿根廷布宜诺斯艾利斯的普拉塔盆地（Prata Basin）流入海洋。在这条河相反方向的腹地则适宜建设居民点。殖民统治的前几个世纪，葡萄牙人和耶稣教士很快认识到，这片他们将探索的土地的自然构造具有巨大的发展潜力。从圣保罗出发，他们利用这一优势强占了广阔的领土。他们跨越了托尔德西里亚斯条约（Treaty of Tordesillas）所划定的界限，从而重新定义了巴西的陆上边界。[4]

圣保罗的现代化进程也遵循同样的轨迹，即发掘自然资源，特别是利用河流的潜在优势和城市的战略位置，扩大其在空间上的影响力。如果说在排列发展次序方面有一种逻辑，那就是通过技术干预实现自然环境的转变，以建立能够适应资本主义生产方式的地区。

由于圣保罗的工业化开始较晚，直至19世纪下半叶，一些基础设施建设项目才逐渐启动。由境外资本资助的大型基础设施系统是为支持现代化的生产方式而建造的，尤其是英国的投资。当20世纪全球政治和经济中心转移到北美洲后，圣保罗引入了新的发展模式，在分水岭平原的湿地和河滩进行城市扩张，以推动大都市区发展的议题被重新提出。铁路、结构性高速公路和运河系统结构、排水运河、供水和发电等设施的建设为工业化提供了基础，决定了工业园区和工人区的建设逻辑——他们建设在沿河低地地区，是流域分水岭生态环境最脆弱，也是最具发展潜力的地区。

因此，圣保罗的逻辑模型复制了国际资本投资实践所演化的模型。这种将城市建设定义为技术产品的逻辑，在世界其他许多地方都能够寻得踪迹。

变化

大都市目前正面临着发展变化的回潮问题。生产重组的过程不仅重构了圣保罗的产业条件，也使得圣保罗的重组方式更加多元化。在人口增长率不断下降的背景下，通过对旧工业区进行转型、推进贫民窟的城市化来提升城市环境的做法在理论上具有可行性。这在本质上与联通水路的做法是相通的——都是对历史发展模型中无序扩散、无限扩张的反对。

在20世纪60年代的城市化热潮中，大都市区人口平均每年增长5.6%[5]，而今天，这种人口动态发展遭遇逆转。大都市区人口以1.21%的速度增长，而圣保罗人口在2010年的增长率只有约0.59%。[6] 人口迁移趋势的逆转体现了城市发展的负平衡，是上述变化的决定性因素。

然而，有关数据显示，这种增长是不平衡的。中部地区人口下降，而城市外围仍然保持着超过 5% 的增长率。[7] 但不可否认的是，可扩展的空间越来越少，大都市区周边水源地的环境保护政策将越来越多。特别是在圣保罗，城市建设正在经历第一次大规模、系统性的内部转型。

与其他工业城市相似，圣保罗的生产性结构调整始于二三十年前。目前，该过程为巴西经济增长带来了更强大的动力，并以独特的方式吸引了人们对圣保罗的关注。

应急

巴西目前正处于发展的繁荣期。政治体制虽然脆弱但是民主，在解决军事政权遗留问题上取得了巨大成功。过去 16 年中，丰富的自然资源、坚实的宏观经济和公共管理基础，意味着政府至少能够积极推进结构升级的议程，为经济发展奠定基础。社会经济的政府援助计划也提高了政府的正面形象，如发放家庭津贴[8]、提高最低工资标准，以及将个人消费信贷范围扩大到中产阶级这一新的国家发展主体。这些举措极大提高了居民消费水平，并且在全球经济危机、国际贸易紧缩的情况下，带动了全球市场的发展。

为保持经济的持续增长，国家需要在短时间内扩大基础设施投入，然而只有大量投资的支持才能实现这一目标。在这种情况下，圣保罗将改造重点放在水路沿线基础设施的系统升级上。270 公里（164 英里）的城市铁路由以往的货运专线转变为客运，这体现出城市交通状况的重大改善。在水资源短缺的情况下，水资源管理的新方法可以为景观配置带来新的契机。对于正在进行重组的大规模生产区，对厂区用途的改造有助于推广新的城市模式。以上措施表明，现在是研究城市其他组织方式的恰当时机。但是，由于这些价值观不仅引导了城市建设，还影响了城市理念，因此失去这一短暂契机将是非常危险的。

对房地产开发商而言，他们有信心了解消费者的欲望和恐惧，"城市变得越来越混乱"。他们预见到："在未来，商场将成为一个集办公室、酒店、私人医生及牙医工作室于一体的迷你城市，因为人们希望所有的事物集中在同一个地方。"[9] 工业区为这些大规模封闭社区建设提供了理想空间。这种模式的真正发明者是按照消费者模式、遵循市场细分逻辑的营销专业人员。他们综合社会阶层、收入和年龄，甚至包括性取向等因素，决定了城市的发展性质。在他们的逻辑中，城市被细分为不同的营销区域，相似的人被划分到一起，从而避免了不同社会价值观和行为模式的对抗，同时推动了群体内部的和谐共生。城市通常被看作一个封闭的群岛结构，然而具有讽刺意味的是，外界经常将它形容为"出入生活的完全自由"、"兼容并包"和"自由"的城市。

在经济不断增长、犯罪率逐渐下降的背景下，"围城"（city of walls）的观点在理论上得到削弱，这使我们推断出，城市危机是文化危机的一种反应。这种动态过程是被人们不愿融入城市生活的价值观所驱动，而不是已经成为可能的城市化趋势。这是一个非常有吸引力的矛盾点：一方面，人们意识到，自己可以在城市中畅想未来；另一方面，正如今天所提出的，人们对城市也有抵触情绪。

这一现象促使我们更加细致地审视新中产阶级的兴起——其构成离不开人口从 E 阶级到 D 阶级，再到 C 阶级的流动。[10] 对社会流动的原因有许多假设，但在近期刚刚上升到贫困线以上的 3000 万巴西人面前，这些假设都失去了说服力。需要强调的是，巴西从农村到城市之间的关键转折点发生在 1960 年至 1970 年间。因此我们可以做出假设，城市新兴中产阶级可以在已有城市中找到，某种程度上他们已经可以用自己的价值观来表达城市文化。老一辈的人还是希望回到原籍地去，但是出生在圣保罗的年轻人，已经能够在自己所居住的地方寻得归属感。[11]

索萨（Souza）和拉莫尼尔（Lamounier）认为：“这种 [中产阶级兴起] 的现象不仅对经济造成强大的影响，而且通过多种方式影响了政府结构，如对社会服务的需求、社会价值观、政治生活，甚至是自然环境。”[12] 那么问题是，这种现象是否会导致文化价值、政治组织形式的重构，以适应当前的城市关系。这个问题只能留待以后回答。但是在这个恰当时期之下，它已经向建筑师提出了新的要求，强调了对过程驱动设计方法进行批判性修改的必要性。

基础设施投资起决定性作用的逻辑影响了圣保罗城市化的历史进程。时至今日仍有人认为，扩展基础设施的新增投资是维持城市未来经济发展的基础。这意味着，建筑师和规划师参与到重新制定基础设施建设和组织的规范制定过程的这一战略是势在必行的。这一切都表明，原有的系统将推动这一转变，二者的差异在于基础设施系统的战略集中，而下一阶段发展的最佳区域将是河流和低地周边的复杂地带。

在这一进程中，气候变化使发展陷入困境。据估计，到 21 世纪末，圣保罗的气温将升高 2℃ 到 4℃。通过长期的气候分析预测，伴随着大量降雨的风暴将更加频繁。[13] 显而易见的是，降雨模式已经发生改变，城市将遭受更大频率和强度的暴雨。城市化面积广阔、植被稀少，造成了城市上空的热空气在大气压力上的差异，潮湿的空气从大西洋向城市转移，然后凝结成猛烈的阵雨。长期的洪水问题将直接影响到沿岸低地的建设，这一地区河流、机动车交通高峰区与旧工业区并存，现在正在进行重组。城市面临的主要问题之一是如何协调地区发展与气候变化；当然，这需要空间使用模式理念的结构性转变才能实现。

人们环境意识水平的不断提高，为城市规划专家向民众宣传绿色发展观念提供了机会。可持续的概念假定了一种动态平衡，尽管这个术语已经由于使用不当而失去效力了。而且，由于环境和基础设施的问题是系统性的，需要在区域内进行资源重新分配，而不仅仅是优先考虑特权地区。如果不解决基础设施侵占河道、将城市的非正式区域设置为水源保护区等一系列问题，就不可能解决洪水问题，以及对水资源进行升级。缓解严重的环境问题具有必要性，它能够提升当权者对减少城市不平等的认识。

当前城市的动态发展正在全面展开，我们需要重新定位我们的支持因素和驱动工具。基础设施只是潜在的工具，就像骏马的马鞍一样。在设置基础设施的过程中，重点是要权衡惰性环境与转型社会，以批判性思维考虑未来发展方向，从而以一种新的视角看待基础设施并部署合理的战略规划。为此，我们过去只视基础设施为技术产物，然而如今要把它当作居住场所。

在圣保罗，运河、渠道和桥梁并不能算作居住空间，相关元素的功能优点也并不是装饰。这些树木，通常被认为是一种美化环境的元素，如果能在整个城市广泛种植，也能减少城市热空气的影响，并将部分降雨保留在树叶中，成为一种高效的、扩散的水资源保存系统。除了排水的系统性功能，人工盆地保存的降水也可以顺势流入小溪与河流，同时通过水系将城市连接在一起，形成独特的结构景观，特别是在巴西一些距离海洋较远、没有海滩的城市。

解决生产动力问题的权宜之计在过去半个世纪被证明不足以保证城市化人口的生活质量。相关行动应在空间规划机构的一致方案下进行，从而为现有空间增添新的价值。因为在圣保罗，对于城市情感关系的需求非常迫切。这需要我们认识到"领土"的概念：我们属于城市，城市也属于我们。

伊斯坦

布尔

两座悬索桥连接着欧洲与亚洲大陆。与此同时,第三座桥正规划建设。

与洛杉矶相比,伊斯坦布尔是一座众所周知的历史名城,但很多地区开发时间并不长。

即使经历了数十年的疯狂城市扩张,这座城市的中心地区仍然能够看到它过去的影子。

高密度住宅和低密度购物中心比邻而立。

尽管伊斯坦布尔的渡轮业兴盛发达,运输量大,但是道路交通却越发停滞拥堵。

由美国捷得国际建筑师事务所（Jerde Partnership）和建筑师特班里奥格鲁（Tabanlıoğlu）联合设计的卡尼昂大厦（Kanyon），是一个全新的购物中心，其前身是一个工厂遗址

塔拉巴（Tarlaba），作为一个既受欢迎又较为破败的社区，正感受着来自城市新兴财富阶层的压力。

伊斯坦布尔的城市中心仍然体现着一种较老旧的城市化形式。

大而不倒之城

迪耶·萨迪奇（Deyan Sudjic）

伊斯坦布尔是一个优美如威尼斯、旧金山的城市。然而，一旦远离滨水地区，和任何一个受到扭曲的快速城市化影响的大都市一样，往往既混乱又丑陋。在水边，人们可以坐在古老的松树和棕榈树的阴影下，享受悠闲的下午时光，欣赏水面上的落日，眺望远处的博斯普鲁斯海峡。但同时，要小心翼翼地对待某些地方。像任何一座欧洲城市一样，在伊斯坦布尔建筑物地基下，埋藏着丰富的历史地层。在2010年，它当选欧洲文化之都。伊斯坦布尔曾是三个，也许是四个王朝的首都，这取决于你如何计算。它仍由希腊、罗马、拜占庭、威尼斯和奥斯曼文明的残存片段所塑造。它拥有东正教教堂、逊尼派清真寺和犹太会堂。它也有围绕着环形围墙的古代碉堡、露天剧场和宫殿前的古典水池。同时它也有大量荒无人烟的郊区、城市恐怖主义和挣扎着融入城市生活的社会底层。

经历了第一次世界大战的混乱和凡尔赛和约的签署，在1923年，伊斯坦布尔成为土耳其最大的城市。现代土耳其创始人凯末尔·阿塔土克（Kemal Atatürk）出生在欧洲小城塞萨洛尼基（Thessaloniki），所以他无疑是一个欧洲人。他的愿景是将土耳其迁都到安卡拉，一个几乎空无一物的城市。在现代土耳其存在的头几十年里，国家把大部分资源投入新首都及其基础设施的建设上。经过一段时间的建设后，安卡拉和伊斯坦布尔似乎成了两个核心城市：一个是欧洲的门户，一个成了安纳托利亚中心地区的平衡点。随着土耳其的城市化从20世纪50年代起开始加速，这种平衡不可逆转地向伊斯坦布尔倾斜。农村贫困人口涌入大城市和那些过去被认为是世界性的飞地，这证明了土耳其对其他种族群体和信仰的宽容。这些地区因此成了土耳其最保守选区的核心领地。伊斯坦布尔生存着3500个无依无靠的罗姆人（Romas），他们是生活在拜占庭城墙（Byzantine city walls）阴影下几个世纪的苏鲁库勒（Sulukule）社区的后代。他们已经被系统地通过一系列手段从人们的视线和内心中移除。这促使罗伯特·摩西（Robert Moses）作出决定——让联邦政府资助的公路穿过黑人和波多黎各人位于纽约城的社区。

伊斯坦布尔是这个国家最大也是最躁动的中心城市，有致力于世俗主义的

1.2m

1950 年，伊斯坦布尔有 120 万人。

12.9m

2010 年，伊斯坦布尔有 1290 万人。

军队。在某些极端的情况下，这些军队逐渐变化，远离了阿塔土克对于权威主义的理想。如果领袖作出了错误判断，将存在潜在叛乱的风险，导致土耳其成为另一个阿尔及利亚，伊斯坦布尔成为另一个阿尔及尔。但也正是伊斯坦布尔推动着土耳其向巴西、俄罗斯、印度和中国看齐，成为新的经济强国。苏联的解体总的来说使土耳其，尤其是伊斯坦布尔，成为重要的新服务业和专业化中心，并且从能源丰富的苏联加盟共和国的迅速增长中获益。这种现象可以从大幅增加的伊斯坦布尔机场上的飞机队列上反映出来：从乌兹别克斯坦航空公司，到第聂伯航空、塔吉克斯坦航空、阿斯塔纳航空、顿涅兹克和鞑靼斯坦航空，飞机的机体被漆上华丽的色彩，看起来更像是公交巴士。

也可以看到，在日夜川流的船只充斥于博斯普鲁斯海峡的同时，连绵不断的油船和货船穿行于定义这座城市的尖塔和悬索桥间。伊斯坦布尔是建筑师、建筑公司、广告公司以及银行业的基地。这些银行正在重塑哈萨克斯坦和阿塞拜疆，甚至是俄罗斯。这座城市有银行和电视台，也有制造商正在试图迅速提高产业链价值，从生产仿制品到具有设计师标签的厨房水槽。

伊斯坦布尔是土耳其进入欧盟的通行证。它把自己看作从迪拜到圣彼得堡的轴线上一系列城市的一部分。如果伦敦是欧洲第一个全球城市，伊斯坦布尔将自己视为第二。这是一个通过文化和商业形成影响的城市。伊斯坦布尔具有蓬勃发展的当代艺术，当然更令人惊讶的可能是阿塔土克将个人兴趣与建筑紧密结合，请奥地利人规划安卡拉。安卡拉目前还没能形成一个像墨西哥和澳大利亚拥有的那种独特的建筑文化形式。伊斯坦布尔的地理面积和人口规模意味着它有强烈的发展意愿成为欧洲最大的城市，即使三分之一的市民正生活在它位于亚洲的部分。在伊斯坦布尔，有位于欧洲的莱文特（Levent）郊区，它是一个拥有银行集群的主要商业区。在这里，你可以找到伦敦精致的中餐厅和大型购物中心的复制品。但是伊斯坦布尔也拥有它自己的特色，其中，安纳托利亚（Anatolia）乡村的库尔德移民在预制混凝土公寓楼下放养着羊群。

伊斯坦布尔是一座和其他城市都不相同的城市，同时也是一个与许多其他城市有共同特点的地方，虽然人们不总能认识到这些相似点。自从1980年以来，开罗的人口翻了一番，而伊斯坦布尔的人口，与拉各斯（Lagos，尼日利亚首都）相似，已经翻了两番。伊斯坦布尔横跨两大洲，在某种程度上是非常特殊的，但是也不可避免地让人联想到埃尔帕索（El Paso）和华雷斯（Ciudad Juárez）双城，它们横跨格兰德河（Rio Grade），模糊了墨西哥城和美国的边界。

伊斯坦布尔拥有1290万人口，最近它被调整为单一管辖权管理的形式。该市的土地面积从约1800平方公里（约695平方英里）增加到5300平方公里（约2046平方英里），城市土地面积增长了接近三倍。即使是现在，它仍然每天额外吸引150万工人，使其峰时人口增长接近1500万人。城市管理局正试图将人口限制在1600万，他们担心如果允许城市不受限制地蔓延，在这样一个目前有7250万人的国家里，伊斯坦布尔人口将达到2500万，这的确不可想象。考虑到土耳其最贫穷地区的增加值总额（GVA）是最富裕地区的23%，因此限制人口问题的关键掌握在国家政府手中，而不是城市政府。伴随着这种失衡，伊斯坦布尔成为农村贫困人口的吸铁石也就不足为奇了。过去的几十年里，土耳其的内部移民十分繁荣，非但没能缓解不平等，反而已使伊斯坦布尔的不平等现象变得更加尖锐。伊斯坦布尔无法掌控自己的命运，国家住房发展局（TOKI）的国家住房计划，就是由总理主持运行的。

几乎没有城市有像伊斯坦布尔一样的地理划分。绝大多数伊斯坦布尔市民从来没有从一个大陆穿越到另一个大陆，但是有10%的人口，每天从城市的一端穿越到另一端，人数达到了130万。为了适应他们的需求，政府已经批准计划，建造第三座横跨海峡的大桥。然而，有人担心，这会摧毁供养这座城市的大水库。对于伊斯坦布尔来说，如果有环境问题，就问市民领袖。他们谈论的第一件事，就是在1999年的8月17号，一场严重的地震袭击了这座城市，造成了20000人死亡。自然资源、人口增长和民间资本所剩无几。

当然，也有雄心勃勃的计划：创建城市东部和西部兼有的线性副中心，让城市两部分更好地发挥功能。一个副中心在城市的亚洲部分，位于卡尔塔尔（Kartal）。在扎哈·哈迪德（Zaha Hadid）的总体规划的推动下，它正在经历早期阶段的形成过程。随着私人融资的发展，伊斯坦布尔一直在大力投资基础设施。地铁系统正在逐步建立，有轨电车正在复兴。在博斯普鲁斯海峡下，有一个新的火车隧道，这将让土耳其，这个欧洲古老帝国的目标得到实现：用铁路将柏林和巴格达直接连接起来。

由于文化和政治的原因，相互竞争的权力集团间的和解是相当重要的，伊斯坦布尔正是它们之间的关键桥梁。这是一个拥有足够多城市问题的城市，但也有足够的精力和资源来解决这些问题。这些问题不应该损失任何人的利益。

搭建历史之桥

伊尔汗·特克利（Ilhan Tekeli）

欧洲最大的城市

伊斯坦布尔是欧洲最大的，也是最古老的城市之一。作为一个具有深厚根基的城市，在全世界城市经历迅速发展的当代，它指引着城市的未来。它展示着一个城市是如何以它的长寿和重要性在与民族国家的时间尺度抗衡。

从经济角度评估，伊斯坦布尔是一个国际成功的故事。如果把这一成功归功于政策制定者和规划者，可能是错误的。更多的应该归结于土耳其人民创造性的潜力和他们提出新解决方案的能力，而这些往往是政策机构所忽视的。

在为居民提供高质量生活方面，很难要求伊斯坦布尔为它的人民带来同样程度的成功。在这座城市生活是艰辛的。一个人每天花费两小时通勤是很常见的，同时一个人每天可能会因交通拥堵花费最多 8 小时，即使只是试图四处走走。然而，这个城市成功地为它的较富裕居民创造了高水平的生活质量，也许这正是过几十年来这座城市能够容纳近 1300 万人口的原因之一。

使用全球城市理论没能为评估伊斯坦布尔的成功故事提供充足的证据，城市居民对自身生活质量的看法也需要加以考虑。全球城市理论认为，城市的人口越多，外部经济效益越大。然而，除非有方法来测量这些有效实现的外部经济，否则很难认为，一个 1500 万人口的伊斯坦布尔将比一个 1000 万人口的伊斯坦布尔实现更多的外部经济效益。

在这篇文章中，我想论证的是，城市化是一个复杂的社会 - 空间进程。并且，文章将从两个尺度上探讨伊斯坦布尔最近发展的两个方面。我不仅将观察宏观层面，着眼于土耳其城市人口的再分配，也将考虑微观层面，着眼于住房供应的"形成"因素对城市建成形态的影响。

1945 年之前的伊斯坦布尔

与其他发展水平相近的国家一样，土耳其没有预料到第二次世界大战后如此迅猛的城市化。第二次世界大战期间，土耳其认为，一旦战争结束，共和国的根本现代化之路也将恢复。然而，土耳其和伊斯坦布尔面临着城市化激增的问题，这是一个国家能够经历的最深刻的变革之一。

在共和国前 22 年的"激进现代化项目"中，伊斯坦布尔城市规划和管理的经验有限，尚未完全解决主要问题。该政权在 1923 年将首都从伊斯坦布尔迁至安卡拉的决定，推动了民族国家的建设，对整个国家的城市规划和市政管理产

生了重大影响。将资本从一个历史悠久的城市转移到一个规模相对较小、位于国家内部的中心市镇，且这个中心市镇的资本积累水平有限，风险很高。新共和国承担了这种风险，很快就获得了发展和管理新城市职能的丰富经验。

在20世纪30年代，土耳其通过对城市治理、国家卫生保健、基础设施甚至建筑的立法，对这些知识制度化。可以说，"现代主义项目"提供了一个"现代合法性"的框架，以支持土耳其城市的增长和发展。这个框架是基于两个原则：向公众解释城市规划的准备，以确保业主和居民的接受，避免人们被迫面对既成事实。正是在这一时期，安卡拉和伊斯坦布尔的高等教育机构在建筑和政治科学系设立了城市规划课程。[1]

1923年伊斯坦布尔失去其首都地位后，人口从第一次世界大战前的120万锐减到60万。[2] 这座城市面临的问题是当时习惯于处理城市扩张问题的城市规划者所不能理解的。繁荣城市经济，以及重建大面积被遗弃的城市地区和被火灾摧毁的地区并不是件容易的事。作为国家现代主义运动的一部分，土耳其在20世纪30年代推出了新的举措，扩展了伊斯坦布尔（当时仍为土耳其最大的城市）的公共工程。法国市镇规划师亨利·普罗斯特（Henri Prost）受命于1936年编制城市扩张计划。其设计的几乎涵盖所有领域的、详细的总体规划（以1:5000比例尺设计）是国家现代主义项目集中实现的第一步。虽然普罗斯特的总体计划没能完全实现，然而当这座城市正在经济迅速增长的停滞期时，它指明了城市发展的方向。[3]

土耳其秉持着积极的工业化姿态，一方面保护国家经济，另一方面促进那些安纳托利亚小城的发展，它们坐落在横跨国家的主要铁路干线的沿线上。国家投资很少被输送到伊斯坦布尔。然而，伊斯坦布尔是土耳其唯一拥有大学的城市，而且它拥有一个由私营部门主导的动态进出口贸易，它们主要由中小型企业主导。作为民族国家建设计划的一部分，这座城市的非穆斯林人口失去了意义，伊斯坦布尔开始失去其国际化的性格。

随着从世界城市转型成为民族国家中最大的城市，伊斯坦布尔经济得以复苏。并且，依照普罗斯特的总体规划，伊斯坦布尔的人口被重新分配到新兴的热门住宅区。这些地区在塔克西姆（Taksim）、哈比耶（Harbiye）、玛喀（Maçka）、尼桑坦什（Nişantaşı）、希什利（Şişli）等地周边，沿着新设计的阿塔土克林荫大道延伸，成了中产和上层阶级在博斯普鲁斯西部的聚居区。在亚洲部分，凯兹托普拉克（Kızıltoprak）、格孜坦普（Göztepe）、波基普西（Erenköy）、博斯坦哲（Bostancı）、马尔泰佩（Maltepe）和苏瓦迪耶（Suadiye）均坐落在卡迪克伊（Kadıköy）和彭迪克（Pendik）之间，它们从季节性娱乐地区转变为永久居住区已有多年。

伊斯坦布尔重要性的重新确立：1945—1980年

第二次世界大战结束后，土耳其政府从一党制转向多党制，此举为共和国的激进现代化项目带来了强烈的平民主义特点。冷战期间，土耳其与西方世界结盟，接受了一种支持进口贸易和本土工业化并存的混合经济。因此，随着私营部门的增长，伊斯坦布尔的经济重要性增加。毫无疑问，城市的发展是由一种快速的城市化推动的，这种城市化具有一定程度的自治性。

第二次世界大战后，农业的工业化和随之消亡的自给农业，导致土耳其建立了强大的国内和国际市场。[4] 而安卡拉是战后唯一以6%的年增长率增长的城市。在随后的几年里，整个国家以一个惊人的城市增长率发展。在1965到1970年之间，每年的增长率达到了6.1%的峰值。

由于内部迁移，特别是从黑海地区的迁移，伊斯坦布尔的人口份额稳步上升。1945年，全国4.5%的人口居住在伊斯坦布尔的市政边界内。到1980年为止，伊斯坦布尔成为由32个自治区和全国10.4%的人口组成的大都市。与对国家经济政策的影响相比，这种趋势对伊斯坦布尔的发展产生了更大的影响。这个城市通过扩大国内市场和出口经济，以及最大限度地发挥其人力资本优势，形成了自己的经济核心。在这些年里，伊斯坦布尔的历史优势，以及其得天独厚的地理特征，促进了这座城市的生长和发展。

为了给城市新移民提供就业机会，伊斯坦布尔存在大量的工业和服务行业的投资需求，这个社会空间过程是伊斯坦布尔迅速扩张的新形式。为了给人们提供满足现代化要求的生活环境，需要住房和城市基础设施领域的大规模投资。然而，在当时，土耳其的资本积累规模远远不足以实现这个目标。许多城市的新居民是缺少城市文化意识的村民，但他们却需要以现代的生活方式居住在城市里。事实上，住房问题并没有得到国家或伊斯坦布尔市政府的解决。城市移民的新浪潮本身就是问题。他们在没有官方许可或者任何合法性的情况下，在不断扩张的城市中建立非正式住房（棚户区、棚屋等未获得官方或合法许可建造的房屋，土耳其语称为"gecekondu"）。非正式住房成了公众默认的住房模式。这种自发形成的结果成了社会既定事实，却违背了现代主义和高效国家的所有原则。非正式化从住房传播到城市生活的其他领域，包括工作（如街头小贩）、交通（共享小巴和共享出租）、音乐（阿拉伯风格古典音乐）、建筑共享产权（yap-satçılık）。

非正式住房体现了底层住房的缺乏，与此同时，住房供给的缺乏对中产阶级的影响不比迅速膨胀的城市底层小。法律允许一个家庭在一块土地上拥有所有权，但是土地价格的急剧上涨，意味着中产阶级再也负担不起购买属于他们自己的住房了。过去，建设项目只包括单一的别墅，但现在多层公寓楼的建设明显成了城市有产阶级的解决方案，这导致了"共享产权"供给方式的出现。"共享产权"模式允许共享单一地块的产权。小规模的承包商通过从原土地所有者手中购买土地，建造多层公寓。但购买土地的方式是用建好的公寓交换而不是现金购买。剩余的公寓在市场上出售，供开发商获得投资回报。并且土地所有者原先的土地在此过程中，也获得了长期的收益。这一机制开辟了几乎整个

不断变化的城市景观

早期棚屋阶段属于准乡村生活，这些非正式住房已经逐渐被产权不明的公寓楼取代。

城市的公寓住宅开发的紧急方案，其激进和非正式程度堪比棚屋，即使它符合国家的基本法规，并且促进了资本积累。它是现代主义项目实现的一部分的。

无论是普罗斯特的总体规划，还是创造性的非正式住房策略，都没能完全引导这座迅速扩张城市的发展方向。因此，当局采取了新的策略，认为非正式住宅的合法化能够增进城市化的速度和提升新居民的文化。由于上面提到的地块共享开发模式，导致现存的城市总体规划变得无效。地块无计划地增加密度导致市政服务不足，交通拥堵。大规模的开发只能通过高层干预来实现，通常来自总理本人。中央的资助往往倾注到一些需要法律界限明显延伸的领域。公众的负面反应和资源短缺刺激了新总体规划的形成，它为之前非正式的解决措施提供了法律框架。但这些新计划未能获得公众的支持，或为城市发展树立清晰的愿景。结果，伊斯坦布尔的扩张以一种半计划和半非计划的混合形式迅速发展，尽管这座城市的市政治理高度集中。

随后的城市发展状况被规划者描述为"溢油"，这些溢出的油彩散布在一张粗糙的纸上。城市沿着市际道路轴线发展，但是在市中心却进一步挤压。中心商务区变得密集，而高收入社区蔓延到城市边缘并向外发展。在基础设施方面，这座城市急需投资，这意味着伊斯坦布尔成了永久的建筑工地。共享产权的供给模式导致大量城市原有结构的破坏——高水平的私人部门投资（集中于商业

面对新机遇

伊斯坦布尔的棚屋等非正式住宅就坐落在新兴建设地区旁边,这些新建地区由中央政府下设机构国家住房发展局(TOKI)建设了大量住房。

和工业部门)遭到破坏,这往往和居住于非正式住房内的工人阶层紧密相关。在这几十年里,伊斯坦布尔没能成为一个大都市,却成了巨大的工业城市,覆盖整个博斯普鲁斯和金角湾地区。[5]

重获世界城市的地位:1980年后的伊斯坦布尔

在20世纪80年代,土耳其政府放弃了混合经济模式,并采取了私营部门主导的自由政策,进口替代让位给出口导向型经济。土耳其经济日益受到全球化影响;它由工业社会转向了信息社会;从福特主义(被用于描述一种基于美国方式的新的工业生活模式,它是指以市场为导向,以分工和专业化为基础,以较低产品价格作为竞争手段的刚性生产模式。——译者注)转变成多元混合的后福特主义。

1989年柏林墙的倒塌、东欧和俄罗斯实行市场经济,二者为伊斯坦布尔恢复其在第一次世界大战后失去的"世界城市"地位提供了新的机遇。[6] 20世纪90年代中期,政界和商界精英达成了伊斯坦布尔作为"宜居的世界城市"的共识。土耳其申请成为欧盟的正式成员更加强了这一愿景。[7]

在这方面,土耳其可以通过促进伊斯坦布尔在世界城市之间竞争,而非民族国家之间的竞争,不断取得胜利。通过成为世界城市,伊斯坦布尔不只组织和监管自身的国际经济腹地，同时也成为资本输出的金融中心。伊斯坦布尔也开始大量投资艺术和文化领域，而重要的跨国公司则把他们的地区总部搬到了伊斯坦布尔。可以这样认为，以伊斯坦布尔的发展为基础的经济发展政策，为土耳其的国家发展进程提供了理解社会空间的证据。

对于一个边界模糊的城市地区，很难清楚地了解其人口规模。最近一次人口普查显示，伊斯坦布尔全省总人口为1290万人。如果邻近的科贾埃利省（Kocaeli）和泰基尔达省（Tekirdağ）也考虑在内，城市地区的总人口将接近1500万。在1980年，伊斯坦布尔人口占国家总人口的11%，到2010年为止，这座城市的人口几乎达到国家人口的20%。虽然伊斯坦布尔还不是世界十大最具影响力的城市之一，它却舒舒服服坐享在第20到25之间的国际排名。在东欧和南欧、高加索地区和中东没有其他城市可以与之竞争。

随着伊斯坦布尔继续确立其主导地位，其空间结构从一个工业城市变为一个大都市地区。这种转变的主要原因可以归结为福特主义式的生产方式被一个灵活多元的生产系统取代。灵活生产的主导地位改变了一体化的模式：从纵向层次型到横向型的转变。这些新的一体化模式使城市由单一中心型向多中心型转变。另一个重要因素是强大参与者的产生，他们有能力干预这一转变进程。此外，土耳其建筑业成为世界前三名之一，这反映了工业发展已经获得的重要地位。伴随着城市恢复了世界城市的地位，房地产市场向外国投资者开放，并邀请外部代理商参与转型进程。公共部门的作用也越来越重要。除了伊斯坦布尔大都会市政府的政治和财政权力大幅度增加外，总部设在安卡拉的国家住房发展局（TOKI），成了总理通过特殊权力为国家的新兴低中产阶级提供上百万住宅的方式。

因此，大众住房在伊斯坦布尔的重塑中扮演了关键角色。虽然私营部门开发商和合资企业已经在这片土地上发现了投资的绝佳机会，国家住房发展局庞大的住房计划最终决定了城市的发展，无论是在住宅还是商业部门。此外，大型工业区、仓储中心、批发贸易中心、专业制造业中心和自由贸易区亦伴随新一代运输服务出现。

自20世纪80年代以来，伊斯坦布尔一直由大规模参与者和机构的行动支持转型，而不是以前碎片式的发展，那时主要是由规模较小的开发商和承包商推动发展。一个新的中央商务区已经建成，豪华集群的摩天大楼坐落其间，这个新商业中心沿着麦斯蒂耶克（Mecidiyeköy）和马斯拉克（Maslak）之间成呈轴线伸展。由于艾米诺努（Eminönü）和巴耶格鲁（Beyoğlu）的老城区已无法满足需求，并且由于一定程度的规划控制，城市高收入住宅区沿其西部扩张。基于大量资本的积累，伊斯坦布尔慢慢转变成今天我们所看到的多极城市。

在这个过程中，以前位于中心的服务和生产设施转移到这些新地区。剩下的空隙成为普通住宅高档化进程的集中地，譬如库兹卡克（Kuzguncuk）和斯汉格尔（Cihangir）社区，另一些则通过酒店和旅游设施重建历史地区，譬如苏塔纳迈特（Sultanahmet）地区。同时，大量再生项目由政治机构发起，在现代主义政权期间，这并没有被尝试过。对棚户区和地震多发地区的提升改造成为新的城市战略的一部分，这反映出解决这些严重问题的实际需要。毫无疑问，以保持一些中心地区的独特身份和历史特征为目标的一系列举措已经被实施，并主要是由执着的城市政治参与者推动。新奥斯曼主义风格的建筑已经获得规划许可，正在不断取代伊斯坦布尔典型的现代建筑形式。伊斯坦布尔纺织品生产交易行业发展的复杂性，和苏鲁库勒（Sulukule）地区——一个几世纪以来由罗姆人（Roma）栖息的传统吉卜赛社区——的强制性更新，都是这新一波的被我称为非自愿的、伪再生项目。

伊斯坦布尔可能需要一个新的规划和治理系统来应对新的现实。然而，伊斯坦布尔的政策制定者似乎并不抱这种希望。先进的民主国家发现，用一个过时的计划来控制城市是不可能的，因为它没有反映城市的真实边界。大都市的增长可以谨慎地通过战略计划来引导发展方向，这些计划往往经过一些公众质询及参与的过程。然而，在今天的土耳其，这些透明的过程是十分缺乏的，规划决策仍然反映了市政府自上而下，与市长绝对负责的特点。更大的参与和放权需求往往是政治开发的主体，这反映了一些事实：城市治理还没有完全民主化，并且权力是通过狭隘的封建领导制进行制衡，而非在一个城市范围的水平。尽管缺乏成功的规划过程，毫无疑问，普遍采用的所谓"特设战略"和应急解决方案，已经开启了一个世界城市的现代化进程。今天，不受监管的野蛮生长不仅在棚户区司空见惯，而且也存在于现代化的城市区域。[8]

观察结论

在过去的 20 年里，伊斯坦布尔迈出了成为世界城市的重要步伐，并继续朝这个方向努力。这个城市能够举办吸引世界瞩目的重大活动。它显然已经从一个杂草丛生的工业城市变成了一个城市地区。它为国际社会和高收入群体提供了一种有吸引力的生活方式，并且表现出色，用它的力量使来访者印象深刻。然而，很难认为它已经成功地为低收入群体和穷人提供同等质量的生活。伊斯坦布尔将在未来几年里继续它的动态增长，但这座城市需要新的概念框架，以解决这些基本的城市问题。

枢纽城市

理查德·桑内特（Richard Sennett）

位于两个世界的中心

伊斯坦布尔的枢纽城市地位来源于它的物理环境和地理背景。这个组合使土耳其具有持续重要性，是土耳其及其邻国关注的重心。来自安纳托利亚的新移民为伊斯坦布尔郊区带来了乡村习俗。

人们常说，在上一代城市中出现了城市化的欧洲，这些城市彼此之间的联系削弱了每个城市与其民族国家的联系。这个命题既真实又不尽真实。为了使事情更复杂，欧盟的新成员，如波兰和匈牙利，将华沙和布达佩斯等城市带入欧洲的城市网络，推动经济和政治一体化。然而，也刺激了这些城市的社会和文化逐渐远离欧洲。

理解欧洲城市的背景需要通过了解大多数欧洲城市是如何应对第二次世界大战后造成的巨大破坏的。"恢复"，主要是恢复以前存在的中心城市结构。新的建筑通常建在工业革命之前的农用土地上，这意味着城市的边缘转而成为新兴力量的关键地区。人口稀少、未开发的边缘地带不断接受新移民、新的工业生产和办公形式。随之而来的深远后果是：城市边缘的住区与居住在市中心的人隔绝，两不相见。而在边缘地带的经济活动则走上了与城市中心的经济复兴不同的道路。在欧洲旧格局的大背景下，国家权力重新回到紧凑的城市中心，这是一个尝试将集权与城市中心的命运重新联系起来的问题。

这条权力回归之路在伦敦、曼彻斯特、法兰克福、汉堡、华沙和米兰的表现不同于战后几十年内的美国城市，美国城市中的中产阶级放弃了中心城市；相似地，圣保罗和约翰内斯堡等地区，以不同的方式，在成长的岁月里，开始了错落有致的以种族和阶级为基础的全封闭高档住宅区的开发。事实上，早在半世纪前这些开发就开始了，城市则成为贫困和富裕共生的群岛。

纽约"城市时代"会议旨在解决中心城市空洞的问题。[1] 威廉·H·怀特（William H.Whyte）在20世纪60到70年代，首先绘制了行政工作的具体行动，范围从城市街道到企业园区。并且，他探讨了这些公司之后不久可能产生的崩溃，这一趋势令人担忧。他指出，城市以外的地方，和城市面对面的经济相比，具有隔离化的特点，从而进一步削弱了已经十分脆弱的公司。在约翰内斯堡，"城市时代"会议在城市核心之外找到了同样的空洞。在这里，经济的驱动者完全是种族主义者，大企业和小企业的经济作用很弱。

在过去的半个世纪里，欧洲城市通过不同的方式，从城市中心撤退。重建

另一种街道

伊斯坦布尔的核心地区现在只有其爆炸人口的一小部分。它还没能为其新移民找到一个同样独特符合当代特点的住区,它目前依赖于当地对美国模式的复制。

城市中心和边缘之间的区别,再一次给予城市中心区特权,标志着欧洲的城市成长过程。"欧洲城市"的概念关注的是这些城市中心的网络,而不是整个城市的网络。人口从一个城市边缘移动到另一边缘是非常罕见的:几乎没有被驱赶到法兰克福边缘地带的土耳其家庭被鼓励迁移到伦敦的边缘。在伦敦和巴黎的周边,居民流动幅度也很小。另一方面,城市中心的联系越来越紧密:伦敦和法兰克福之间的金融贸易路线比之前更强烈了,并且这些城市的金融活动很大程度上脱离了它们所在的国家。同样,出国游贸易路线——一个中心城市获取财富的主要来源——以固定的伦敦-罗马-巴黎之间的线路为标志,而不是从巨大的城市中心分散到全国各地。

这些都是许多欧盟国家希望改变的众所周知的现状。20世纪90年代,欧盟劳工部门和城市规划部门的官员都希望新成员国的城市,特别是波兰和匈牙利的城市,能够打破战后西欧增长独大的格局。通过投资政策和公共劳工法的实施,欧盟力求建立更多具有内部凝聚力的城市,减少同一国家内与小城镇的隔离状况和增强城市间整体性。然而这种情况还没有发生，至少在金融服务业、高科技和创意产业这些新经济的驱动产业并不明显。随着华沙和布达佩斯在更深层次上融入欧洲，它们正日益脱离本国。

很多人认为，全球资本主义是集权与城市和民族国家脱离的根源，这种城市增长模式也存在于孟买、特拉维夫和圣保罗，而不只在欧洲存在。在圣保罗的"城市时代"会议上，萨斯基亚·萨森（Saskia Sassen）认为，城市中心地带的改造，无论在市区还是在城市边缘，都是这个城市新全球经济角色的一部分。从经济到文化、政治领域重建这些城市的关键地带，并且这些城市作为迅速发展的全球活动和自由流动的平台，解释了为什么在过去20年中，建筑、城市设计和城市规划都变得更加重要和可见化，并且更标准化。与这场大规模的经济变化有关的是，现代城市发展拥有同质化的建筑形式，倾倒的混凝土和玻璃盒子变得无处不在。

标准化取得进展的一个原因是，这样的建筑物可以在全球范围内进行交易：就像金钱一样，它们在所有地方几乎都是一样的。标准化的社会后果也存在于全球，而不仅仅是欧洲：建筑形式同质化促进了居住隔离，建立为特定社会群体服务的社区变得更迅速和更容易，并人为地把一部分人区分出来，除了那些适应当地建筑的特点和复杂性的规划。这种同质化和居住隔离的合并趋势正是孟买"城市时代"项目所讨论的问题。如果这种倾向是真实存在的，那么伊斯坦布尔作为欧盟城市将意味着欧盟的运作机制——其劳动力市场和建筑实践、金融投资规则、公民自由运动权的主张——均支持融入资本主义进程而非欧洲秩序。"欧洲"放弃的只是一个标志：通过突出中心和外围之间的区别来展现其更大的包容性。

但这种区别的重要影响在很大程度上是因为它不是静态的。社会排斥是人们不得不接受的事实。许多重建和维护欧洲城市的繁重工作都是由移民劳工完成的，移民们从事建筑施工、清扫街道、旅馆和医院服务等工作。现在，在第二代和第三代移民家庭中，已经不再接受所谓边缘人的地位。"本土"欧洲人已经没有集中或撤离城市中心的趋势了，这已经成为事实。过去十年文化民族主义的复兴一定程度上标志着城市外围居民拒绝被边缘化，他们的隐形曾被认为是理所当然的，而当地人则仅仅作为一种装饰。中心与边缘的差距产生深刻的社会不稳定。这是对于任何一个像伊斯坦布尔这样进入扩张期城市的重大问题。

在我们的全球城市研究中，发现像墨西哥城和上海这样多样化的地区容易出现对集中化的排斥。但是这个问题的更集中的版本可能出现在伊斯坦布尔，因为它是一个"枢纽城市"，这种城市形式在欧洲有特殊的表现形态。威尼斯是枢纽城市在欧洲的雏形。文艺复兴时期的威尼斯建立在远途贸易的基础上，交易来自印度的香料、属于现在摩洛哥地区的奴隶、亚洲丝绸之路上国家的布料和地毯，并把货物送到欧洲东部。由于威尼斯到处都是外国商人，该城市试图通过最严格的住宅区划来控制他们，把犹太人限制在三个犹太区，土耳其人、德国人和其他国家移民则居住在一个称为方达其（Fondaci）的封闭社区内。在这个社区，人们白天出门和夜晚回来都要经过登记。方达其作为一个多元族群的聚居地逐渐衰败：外国移民渐渐在威尼斯各处落脚。

使威尼斯具有枢纽城市雏形的原因，是这些外国移民四海为家的栖息习惯。他们很少在一个地方停留几年以上。地中海沿岸的枢纽城市大体上也是如此。我们设想，伊兹密尔（Izmir）、巴塞罗那或卡萨布兰卡有不同的群体一代又一代聚居在那里，但统计结果是，每一个社区的内部组成是每一代人都在发生变化。地中海枢纽城市因相互宽容而赢得声誉的根源在于，它的大部分人口把这个城市作为一个中转营地、一个交易和工作的场所。这些人往往具有企业家精神，他们愿意迁移到任何他们感觉到机会的地方。因此，种族间的相互宽容建立在对当地生活缺乏永久认同。枢纽城市是一个移民城市，而不是移民，是一个地方而不是一个目的地，是一个具有流动性的城市。

在威尼斯统治地中海地区的时代，君士坦丁堡也有这种特点。通过费尔南·布罗代尔（Fernand Braudel）和威廉·H. 麦克尼尔（William H. MacNeill）的历史研究，我们现代人比前几代人更充分地理解以前人们把苏丹看作一个封闭的社会——事实上，尽管欧洲从 16 世纪开始试图封闭其北部边境，但是人和货物还是沿着地中海的东部和南部通过君士坦丁堡迁徙流动。

在功能上，城市"枢纽"解决了大部分交通节点城市的基本问题。这是因为商业活动吸引了更多的移民，这种吸引力要强于那些本身能够提供工作或机会的城市。与其将苦难植根于一个地方，枢纽所产生的接触和信息流让人们可以去别处寻找机会和发展。从都市层面看，这意味着社会公共空间获得了重视：在咖啡厅或者市场聊天是人们找到工作或发展机会的方式。

人们有时认为，网络通信的出现将取代传统枢纽城市的物理公共空间，但在经济上，这种情况还没有得到证实。面对面的接触和联系仍然是至关重要的，因为这种接触会产生人与人之间的信任，而这种特殊的信任由于能够使穷人对信息采取行动，因此对他们尤为必要。由于没有足够资金或机构来支持他们，他们赖以采取行动的信息主要来源于他们如何评估传授他们信息的人。

如果非正式的公共领域是在拥挤的、缺乏资源的交通节点城市生存的关键，那么巨大的规划悲剧正在今天的地中海城市发生着。"枢纽"虽然还如过去一样，但已经开始生锈了。在欧洲北部地区，非正式迁徙和非正式劳动正在成为违法行为。在我看来，欧盟已经错误地与民族主义者相妥协而不是与其做斗争，并且冲动地判定非正式是违法的行为。沿地中海东部和南部的边缘地区，流动性的"枢纽"正在渐渐生锈。

在黎巴嫩、埃及、阿尔及利亚和摩洛哥的大部分城市正在消除或削弱非正式公共空间。例如，在贝鲁特（黎巴嫩首都），内战后的重建已迫使小企业远离滨海地区。在亚历山大市，图书馆周围的翻修工程正在建设主要面向游客的整洁、受控制的公共空间，来取代穷人使用的非正式场所。这种抹除和驱逐可以追溯

应对密度

通过几代人的实践，伊斯坦布尔已经在居住区的开发强度与多样化的、动态的公共空间之间取得平衡，而这些公共空间构建了公众参与的渠道。

到经济学，但城市设计的基本问题也涉及非正式公共空间的削弱。非正式的公共空间需要有明确的城市规划，允许建造多功能灵活性的建筑，承认建筑物之间的物理间隙和不确定的关系。正是在这些阈限空间内，非正式性能够繁荣发展——如建在停车场的咖啡馆或者装载码头外的市场货摊。换句话说，枢纽城市中的非正式公共空间的优点要求我们在城市设计中挑战那种强调空间秩序和目的的思想；而在实践中，这些观点往往产生严重的环境后果。

  这也是伊斯坦布尔面临的危险，作为政策制定者、规划师和建筑师，我们应该探索能做些什么来保护和促进非正式公共空间。无论是集权和信息化的挑战，都可以看作是一个问题：伊斯坦布尔在今后是想看起来更像现代的法兰克福还是文艺复兴时期的威尼斯？

这是伊斯坦布尔
（而不是全球化）

哈希姆·萨尔基斯（Hashim Sarkis）

中心而非边缘

在伊斯坦布尔的区域背景下，它的地位和传统赋予了这个城市新的意义，它是欧洲和亚洲文化的磁石，是中心而非边缘地区。人们因此想起它的古老角色：位于拜占庭帝国和其后的奥斯曼帝国的中心。

2008年7月，我订不到从贝鲁特到伊斯坦布尔的航班，担心会错过与托普巴什（Topbaş）市长的会议，我向一个旅行社询问能否为我找到通过大马士革或安曼的替代路线。她笑着解释说，整个阿拉伯世界的游客蜂拥到伊斯坦布尔是因为一个非常受欢迎的土耳其肥皂剧《努尔·曼尼亚》（Noor mania），用叙利亚阿拉伯方言配音并在阿拉伯世界通过沙特的卫星网络播放。[1] 旅行社正在组织旅游路线，游览这部剧拍摄的别墅和其他社区。在2008年，沙特人到访伊斯坦布尔的人数，从前一年的3万人增长到大约10万人。[2] 他们的行程也包括城市的历史遗迹，但拜占庭式的教堂和奥斯曼帝国的宫殿显然不具有主要的吸引力。阿拉伯公众当然可能最终重新发现控制该地区长达500多年的帝国首都，只是他们的注意力被转移了。

2008年的《努尔·曼尼亚》更多地代表了对伊斯坦布尔生活的稍纵即逝的迷恋。阿拉伯的观众被伊斯坦布尔幸福的生活所吸引，被一个更高层次的伊斯兰教内的社会宽容吸引，被一个拥有35位亿万富翁的浮华城市吸引，和一对年轻夫妇超出了他们传统价值观束缚的国际化的生活方式所吸引。

虽然存在好莱坞肥皂剧的冲击，巴西和墨西哥已然将自己的魅力和激情通过阿拉伯卫星电视传播出去。观察人士认为，"努尔"现象表明，土耳其肥皂剧正是因为在距离本国较近的地区传播，才如此成功。一对年轻的穆斯林夫妻之间的爱，一个女人在丈夫的支持下开展事业，并从安纳托利亚的一个村庄迁移到博斯普鲁斯的别墅，这些都存在于一个人的人生跨度内。在最后一集，它甚至吸引了大约8000万名阿拉伯观众。这也释放了那些本想禁止该剧的宗教领袖的本能反应。[3]

虽然社会学家仍在争论伊斯坦布尔肥皂剧的性别、阶级与种族关系对阿拉伯世界的影响，空间和地理的关系可能也是值得探索的。除了老一代人的怀旧与苏菲派（al-Sufiyyah 是伊斯兰神秘主义派别的总称。——译者注）或泛伊斯兰派的复兴，伊斯坦布尔的影响力不可能没有被现在的阿拉伯世界感觉到。这种影响建立在地理上接近性、历史联系，以及阿拉伯与土耳其在传统、语言、美食和音乐的重叠上。

从好莱坞的视角看,答案将会是"区别在哪里?"那首著名曲子"伊斯坦布尔不是君士坦丁堡"的视频片段,由 Tiny Tunes 动画制作,混淆了伊斯坦布尔与阿拉伯世界的刻板印象。城市的尖塔和圆顶屋以沙漠和帐篷为背景。将马拉松平原以东的一切混为一谈已不是美国流行文化的新错误。[4] 然而,尽管存在东方的偏见,文化的相似性在有地理邻近性的地方,依然存在。在这种情况下,目前阿拉伯地区对伊斯坦布尔的吸引力,可能与城市避开这种亲和力的能力有关。沿着大卫·哈维(David Harvey)对全球化空间基础的分析路线,我将依靠这些地理关系的历史演变来解释伊斯坦布尔世界主义姿态的形成。[5] 反过来,只要能够适用,我也将基于地中海史学空间模型,研究大背景下城市的矛盾关系。

过去 20 年伊斯坦布尔指数增长背后的动力一直被归因于全球化的出现。无论是金融和黄金市场、纺织和服装行业,还是建筑和房地产,这些方面均强调土耳其正日益超越其地理和国家领土范围,成为地区地理邻近性(中亚和巴尔干地区)的第二环,继而辐射世界其他地区。

如同很多全球化城市一样,伊斯坦布尔的经济交流受到地理和历史因素的影响[6]。例如,与中亚密切相关的建筑行业是基于地理上的毗邻关系,但也和这些苏联加盟共和国土耳其文化的复苏密切相关。然而,从全球化的角度,应强调的是超越这些连接,实现一个角色、规模和范围,把城市定位于其直接地理范围之外的其他地方。伊斯坦布尔在这方面做得很好。这一超越在过去曾是城市地位的表现,当时伊斯坦布尔是统治广阔领土帝国的首都。伊斯坦布尔城通过国家和地区之间的矛盾关系,成功地说明了帝国和全球城市之间的连续性。

在从地理限制到区域甚至是全球角色的转变中,认识哪些地理区域被压制是很重要的。与巴尔干、中亚,甚至西欧的联系都在解释伊斯坦布尔向一个全球城市攀登的过程。[7] 欧洲标准和发展愿景指导着这座城市的交通、基础设施和环境建设。巴尔干地区的劳动力越来越多地来到伊斯坦布尔,但它在地中海东部地区的地位却大多被忽视。无论何时提起,大多数情况下并且直到最近,这种联系主要被描述为地理位置接近性的巧合。正如一些历史学家所说的那样,很可能是这样的情况:这种对眼前环境的超越和迁移具有典型的地中海特征,像伊斯坦布尔这样的帝国首都与具有世俗愿望的港口城市相比有更少的限制。[8]

诚然,地中海东部困扰仍然相当多,譬如希腊人和土耳其人之间、阿拉伯人和以色列人之间、土耳其人和亚美尼亚人之间、塞浦路斯人内部、土耳其人和阿拉伯人之间、阿拉伯人内部爆发的大量紧张与冲突。这无疑阻碍了自由贸易与土耳其和阿拉伯世界之间文化联系的加强(例如,黎巴嫩,一直与土耳其有良好的贸易关系,由于对土耳其民族过去的偏见和希腊东正教和亚美尼亚社区浓厚的文化和政治影响,至今,两国尚未形成较为明显的文化交流)。

在 1516 到 1918 年的奥斯曼帝国统治期间,伊斯坦布尔对阿拉伯世界的城市产生了不同程度的影响。不同的模型被用来描述不同的时代。最常用的是 16 和 17 世纪的三位一体的城市(伊斯坦布尔、开罗、阿勒颇)和 19 世纪的港口城市（伊斯坦布尔、伊兹密尔、海法、贝鲁特、塞萨洛尼基和亚历山大市）。在这两种模式中，伊斯坦布尔都是第一位的，但它不是一个痴迷于中心地位的城市。早期的16和17世纪的帝国中心和省市之间的关系，从早期的游牧状态，保持战略距离作为行使权力的手段而不断延伸。[9] 即使伊斯坦布尔有超过16世纪阿勒颇的行政组织和公共建筑、教产组织（waqf）的建筑物、宗教持有物，但这些往往更多反映地方实践和精英规则。[10] 19世纪关于一个由非连续的火车线路支持的港口网络的解释，没能形成城市内部腹地的网络，并且再一次确认了城市中心和领土范围的散漫连接。民族集团、商人和集贸市场跨越地中海地区进行密切的贸易往来，交换商品和思想，然而，他们是以松散的控制手段掌握各自的腹地。[11]

根据最近的研究报告，帝国空间组织的结构性转变发生在19世纪末，特别是在巴尔干地区失去后，伊斯坦布尔试图更集中实现在阿拉伯地区的存在感。这种倾向转化为农业和水利改革的大量投资、新的道路网络建设、新铁路的修建、东部地中海地区主要城市的有轨电车和排水系统建设。这些项目中很多通过欧洲企业的私人特许经营筹集融资，这预示着他们各自国家对该地区的兴趣与日俱增。尽管如此，城市帝国的形象在某种程度上却压倒了均衡化的努力。那些黎凡特（Levant，是一个不精确的历史上的地理名称，它指的是中东托罗斯山脉以南、地中海东岸、阿拉伯沙漠以北和上美索不达米亚以西的一大片地区。——译者注）城市中心建设的钟塔和喷泉，备受历史学家的迷恋，它们被解释为现代化的标志。它们也是分散网络建立的标志，这一网络以火车和公共空间为基础；也标志着中心地区的普遍印象——伊斯坦布尔的苏丹王国[12]。尽管这些大型投资旨在通过现代化均衡地域，尽管人们对中心和外围地区将以某种方式协同发展普遍持有信心，伊斯坦布尔和地中海东部地区之间的差距，在1918年土耳其完全退出该地区时，仍然巨大。

根据欧盟授权，阿拉伯民族国家的后续发展完全排除了身份和偏见，与历史上的奥斯曼帝国民族一刀两断。[13] 阿拉伯国家也将这种原则适用于当前与土耳其的关系中。阿拉伯和土耳其民族主义的矛盾，拓宽了文化差距[14]。尽管一些阿拉伯国家和土耳其政府之间最近将共同努力修撰史书，这段过往继续在学校课本中被描绘成一个漫长的黑暗时代。[15] 分歧的另一个重点是20世纪50年代的国际政治，当时土耳其加入巴格达条约和美国的势力范围，而埃及带领阿拉伯世界走向一个非结盟道路。

在两次世界大战间，伊斯坦布尔的民族人口流失到其周边的新兴民族国家，并且其对安卡拉的政治主导地位也丧失了。1927年进行了第一次全国普查，伊斯坦布尔大约有69万居民，而土耳其总共有1360万人。[16] 同年，奥斯曼帝国的第二大城市——开罗，已经达到了100万人口，超越了伊斯坦布尔。[17] 开罗将继续其上升趋势，成为区域政治和人口中心。同样，第二次世界大战后阿拉伯国家的独立将导致围绕主要城市（通常是首都）的快速城市化。贝鲁特、巴

幸免之城

政治和经济的转型塑造了城市。在阿塔土克对安卡拉的改造下,伊斯坦布尔依然幸存下来,渐趋繁荣,成为众多城市的区域竞争对手,譬如贝鲁特因此陷入了危机。伊斯坦布尔把制造业基地和蓬勃发展的服务经济结合在一起。

格达、科威特、安曼、阿布扎比,等等,见证了这一时期的城市指数增长,它们每个城市在各自国家国土范围内,在不同集中程度下,取得了主导地位。然而为了超越港口城市吉达(Jeddah),利雅得(Riyadh)将不得不等到20世纪70年代中期。[18]虽然能够保持政治和文化霸权,作为首都,只有大马士革以其人口和经济居于首位的优势,能够与省会阿勒颇媲美。

特别是第二次世界大战后与1950到1960年间曼德列斯(Menderes)领导下的自由主义阶段,伊斯坦布尔再次成为土耳其的工业和贸易中心,它为自己设定了不同于阿拉伯国家首都的成长和发展道路。伊斯坦布尔面临着挑战:建设公路来连接不断膨胀的大都市、越来越多的"贫困带",以及内城衰落。[19]它也经历过城市更新与建设早期边缘城市中心的过程。20世纪80年代,伊斯坦布尔历史保护运动取得了巨大的成就,它促使伊斯坦布尔于1985年成为世界文化遗产。值得注意的是,开罗和大马士革虽然六年前就获得了这项殊荣,但伊斯坦布尔保护政策所涉及的范围和深度均远远超过前两者。[20]伊斯坦布尔还设法解决并削减非正规部门的增长,与其他地区内大都市中心相比,它使用了更加成功的方式。虽然这些做法由于对某些种族存在选择性排斥而遭到批判,他们仍然试图从空间的角度,陶冶城市的多民族特性。安曼、贝鲁特、大马士革,

视线之城

其古老的郊区有一种方向感,这种方向感来自水流和纪念碑描绘的天际线,分外独特。

甚至一些更富裕的城市,如吉达,正继续与现存的庞大非正规部门斗争。1996年,75%的开罗居民生活在非正式住房中。[21]

尽管存在日益扩大的裂痕,阿拉伯世界和土耳其依然分享了一些当时流行的规划和设计模板。甚至在布雷顿森林体系之前,联合国和个别专家已经开始在共同发展的背景下分享他们的新模型。法国的规划师亨利·普罗斯特(Henri Prost)曾对北非的菲斯(Fez)和卡萨布兰卡等城市进行过规划。他承担了1938年伊斯坦布尔的城市规划。人们将人口减少地区的整合和城市内部产业引入归功于他。所以当瑞士建筑规划师厄恩斯特·埃利(Ernst Egli)在安卡拉和贝鲁特之间承担规划工作时,在20世纪30年代和50年代提出了行政改革,回应这些城市的大都市新秩序。

也许伊斯坦布尔和其他地区之间的主要共同点在于城市与管理者之间的关系。坦志麦特时期(坦志麦特时期是奥斯曼帝国在1839~1876年所推行的近代化改革。坦志麦特为土耳其文Tanzimat的音译,意为改革或改良。——译者注)的残余是基于一个奇特的报告系统,它往往产生出不同城市管理水平间的紧张和冲突。自1984年以来,伊斯坦布尔成功地创建了一个大都市自治区,选出了一系列强大的市长领导该城。自那时以来经历的城市改进,包括对非正式发展的控制，可以归因于地方政府的强化。相反，在阿拉伯大多数城市，中央行政当局继续对市长的预算和行政责任进行相对有力的控制，其中许多城市市长继续由任命产生，而不是通过选举。

20世纪70年代，当土耳其工人被欧洲市场封锁时，土耳其和阿拉伯世界之间通过了一项重大提议，基于此，他们找到了去阿拉伯海湾的路。今天，土耳其的劳动力中，大约十万人在中东，大约95000人在沙特阿拉伯。他们发展迅速，尤其是当土耳其工程师和施工企业也开始进入阿拉伯地区，特别是海湾地区后。[22]

政治科学家研究发现，土耳其和阿拉伯世界之间的和解带来了21世纪的转折，并通过《努尔·曼尼亚》这部电视剧达到高潮。和解进一步促进伊斯兰正义与发展党在土耳其接管权力。有趣的是，他们解释道，这一做法有助于伊斯兰世界挑战欧洲世界持续的冷落，以及扩张区域市场和权力以增强与欧洲谈判的筹码。通过贸易这个明确的指标，我们能够发现土耳其和阿拉伯世界关系的改善。土耳其与阿拉伯世界的交易额从2002年的110亿美元增加到2008年的620亿美元。2005年，土耳其在伊斯坦布尔常设了土耳其阿拉伯经济论坛，2006年土耳其被邀请成为阿拉伯联盟的永久性特邀嘉宾。自2002年以来，阿拉伯人已投资约300亿美元，其中大部分注入伊斯坦布尔。[23] 2010年，自由贸易协定在土耳其、叙利亚、黎巴嫩和约旦签订，开放了国家间居民和货物的边界，划定了地中海东部一个新的地缘经济实体，超越了以往的民族和文化边界。除了经贸交流，政治关系在过去8年里也渐趋和睦，土耳其进一步于紧张的邻国关系中，充当阿拉伯人与以色列人之间的调停人并派遣维和士兵。在土耳其和以色列、土耳其和阿拉伯世界之间，通过海底管道分享电力和水源的会谈，把这种合作变成了一种未来主义和现实。

在这期间，土耳其和海湾国家之间的房地产、建筑技术和投资交易已经基于一个土耳其品牌而实现。这一品牌有关海湾国家的经济和发展模型，开展大规模的工程管理和建设。[24] 这些品牌已经在这些城市的发展中，创造了不寻常的超额收益率。阿拉伯联合酋长国已尝试建立塔式建筑，并以该国的名字命名博斯普鲁斯珍贵的天际线。英国的伊拉克裔建筑师扎哈·哈迪德（Zaha Hadid）在亚洲南部的卡尔塔尔设计城市新区。这些项目大部分是私人开发项目，但由市政府赞助和支持。蒂莫西·米切尔（Timothy Mitchell）认为，相似的过度发展的标志性大型项目，也存在于开罗。譬如20世纪90年代的梦想世界计划，它的经营在政府财政约束范围之外，前身是为形成房地产市场而便宜售卖的土地，却反过来支持公共基础设施的建设。[25]

利雅得、贝鲁特、阿勒颇等城市经历了高档化和重建城市的历史中心。现在吉达（Jeddah）和多哈（Doha）对奥斯曼建筑遗产的兴趣有所增加，当然也不无邯郸学步和误解。开发商在贝鲁特市中心的开发过程中，保留了极少的奥斯曼时代建筑，但他们却反驳说，其中有夸张的奥斯曼式复兴风格建筑，包括一个新建的大型清真寺，它主导着城市的天际线。阿勒颇在恢复奥斯曼式的过程中表现得更好。这可以体现在保护奥斯曼城市结构和纪念碑方面，以及它们与经济振兴项目的联系。2002年，沙特当局摧毁了奥斯曼的堡垒遗址，并在麦加建立一个房地产项目，这造成了土耳其官员的愤怒并暴露了两国之间深层的意识形态冲突。宗教领袖对《努尔·曼尼亚》的疯狂攻击是这些紧张局势在最新阶段的表达，它可能暂时威胁伊斯坦布尔的旅游业，但稳定最终会占据上风，而到伊斯坦布尔的航班将继续爆满。[26]

我终于订到了飞往伊斯坦布尔的机票。晚到了几天，不过市长很和蔼地重新安排了会议。当我在他位于伊尔迪兹府（Yıldız Palace）马耳他亭（Malta Kiosk）的夏季办公室等他时，他的外事人员用流利的阿拉伯语与我交流。作为交流项目的一部分，他和其他工作人员都在约旦的扎尔卡大学（University of Zarga）学习过阿拉伯语。市长不会说英语，而我不会说土耳其语，但对他来说，让他的翻译人员将他的话翻译成英文与我这个来自美国的阿拉伯教授交流，并且他的外事人员和我用阿拉伯语交谈一定挺别扭的。

从伊尔迪兹府花园，这个19世纪的权力所在地望出去，全景画面无尽展开。你可以纵览博斯普鲁斯海峡，深深流入城市的心脏。有些景观类似于世界各地的边际城市和封闭社区，包括迪拜、贝鲁特、开罗和利雅得。但到目前为止，它们还没能产生超过这座城市的独特魅力和吸引力。不同于其他城市，尽管存在修剪，伊斯坦布尔仍保持着一个统一的地理概念，纵贯各历史时代，并显示着历史层次的同步性（费尔南·布罗代尔归结其为典型的地中海式）。[27] 世界上没有城市像伊斯坦布尔这样有如此多的面孔。扩张和视线的广度编织了一个他们自己的世界，又同时推动和阻碍着伊斯坦布尔的发展。

伊尔迪兹府居住着阿卜杜勒-哈米德二世（Abdul Hamid II），对他来说，与歌剧的诱惑相比，贝鲁特和开罗是多么微不足道啊。在我们的谈话中，市长重复了拿破仑的话：如果世界是一个国家，伊斯坦布尔将是它的首都。拿破仑无疑是具有战略智慧的，这位市长正是骄傲于此。我正努力不为这个地方的美丽而分心，也努力不去想这件事：我的姓氏，萨尔基斯（Sarkis），与亚美尼亚的建筑师萨尔克斯·巴里扬（Sarkis Balyan）的名字是同一个单词，他设计了19世纪的马耳他亭（Malta Kiosk）。这位市长一定知道这一点，在他早期的职业生涯中，他曾经负责掌管这座城市宫殿的修复。他不知道的是，在我们喝茶的同一片土地上，米塞特·帕夏（Mithat Pasha），我妻子的曾曾祖父，1881年因反对阿卜杜勒-哈米德二世被判以叛国罪。无论是阿拉伯人、亚美尼亚人、土耳其人，我们似乎总是无休止地回到这个地方，去展现对帝国格局的复兴希望。[28]

变革的暴力

阿苏·阿克索伊（Asu Aksoy）

塔之城

新伊斯坦布尔以三种基本房屋形式为标志：一丛丛高塔、一排排公寓楼以及市郊的独栋房屋。

在土耳其加速与欧盟的入盟谈判及新自由主义框架受到土耳其执政党 AKP（正义与发展党）欢迎的大背景下，一个更自信、外向、全球化及开放包容的土耳其在过去的 10 年里逐渐形成。发生在土耳其的这种变革模式和方向对于土耳其的其他地方来说是一个积极的信号，因为伊斯坦布尔不仅凭其财富和影响力，成为土耳其事实上的领头城市，他还再次成为一个国际化的都市，容纳着主要来自安纳托利亚（并越来越多来自邻近国家、欧洲和非洲）的移民人口。因此，如果这个有 1300 万人口的大都市能够坚持所谓的"世俗"——开放、自由主义、实用主义、民主文化和全球嵌入性的集合体，那么这一势头将帮助土耳其以更核心性的角色，更深入地参与到世界事务当中。土耳其终将摆脱闭关锁国发展模式的残余，这一模式到目前为止一直使这个国家被边缘化，也使该国人民因地方主义及封闭主义而备受诟病。

2007 年初的赫兰特·丁克（Hrant Dink）被杀事件开始让这一新文化导向的试验性与脆弱性特质受到全面审视。在他供职的报社门前，这位活跃在伊斯坦布尔的亚美尼亚族记者、作家和民权运动者被一名极端民族主义青年杀害。这一谋杀事件表明了一点，如果说在过去大约 20 年间，土耳其的城市意象出现了一定的开放、多元化和重新释义倾向，那么反动势力也相伴而来。而这些反对势力的共同特点恰是对开放的恐惧。愈发变得明显的还有世俗文化的不稳定性，这种不稳定性引起的极度紧张气氛也在给世俗文化带来越来越多的挑战。因此，如何发展伊斯坦布尔的公共文化是决定土耳其会在全球秩序中适应什么位置的核心议题。伊斯坦布尔对开放的优越性的坚持，和对那些具有开历史倒车和民族主义性质的闭关锁国运动的反对，都将产生重大影响。

伊斯坦布尔进入全球化角力场，这将影响到当地人民那根深蒂固的思维和行为方式。凭借其消费主义新空间和文化，投入房地产和服务行业的资金流的扩大和深入，通过商品化来实现地方文化全球整合的新机制，全球化正不可逆转地进入伊斯坦布尔这座城市的日常生活中，促进了城市空间和文化的变更。然而，要弄清楚这个全球化过程可能以何种方式转化为这个城市公共文化领域当中一个

以全球大同主义为目标的文化导向，我们还有很远的路要走。随着这个城市面向现代全球秩序开放自己，伊斯坦布尔面临的问题不应该是开放与封闭之间的选择，而应该是对于开放方式以及城市文化是否要包含全球性战略的选择。对这个争论至关重要的是，这个城市有通过改善世俗的民主形式为正统新自由主义流派进行制衡的潜力。面对当前城市全球化的强劲力量猛烈冲击伊斯坦布尔的现状，开放性可能会因由市场驱动和塑造的自利文化而被削弱。在这种背景下，伊斯坦布尔应当选择通过赋予被排斥和弱势群体权利来深化民主化的开放方案。

事实上，伊斯坦布尔已经把自己投入新一轮的城市全球化。2007年，私有化管理局将金斯里库尤（Zincirlikuyu）地区10万平方米的国家高速公路土地以8亿美元的价格出售给土耳其商业集团时，这个中央商务区的土地价格大幅上涨。此后不久，伊斯坦布尔大都市政府最终完成了46,000平方米仓库用地的拍卖。这片土地属于伊斯坦布尔运输管理局，紧邻高速公路管理局。这片土地以7.05亿美元被出售给一家位于迪拜的房地产公司，计划以50亿美元建造一栋伊斯坦布尔最高的建筑，属于伊斯坦布尔的"迪拜塔"（该项目现已取消）。通过这次市政销售，该地区的物业价值已经上升到每平方米15,000美元，超过了伦敦和东京中央商业区的平均价格。在这两次销售间，这个地区的地价以惊人的速度几乎翻了一番，这表明全球房地产投资者对伊斯坦布尔地皮的兴趣。

而且还有很多（类似的）土地。就像20世纪80年代中期的案例那样，土地与全球商业利益之间的转化不再局限于这个城市某一个特定的地区。伴随着大规模的私有化和发展鼓励政策，围绕城市的公共空间一个接一个逐渐出现。在促进公共土地的销售这件事上，公共机构和市政当局没有拖延任何时间。位于安纳托利亚和博斯普鲁斯海峡欧洲部分的两个主要入口口岸，绵延在加拉塔桥港（Galataport）海达尔帕夏（Haydarpasa）地区附近大片土地的重新开发，现在正在被考虑。考虑到支持私有化的政治意愿的存在，埃尔多安总理（Erdoğan）宣布他的职责是营销他的国家——伊斯坦布尔将会见证越来越多的全球资本涌入这个城市处于困境中的地方。

由此可见，伊斯坦布尔新一轮全球化主要是由房地产驱动的。正如查格拉·凯德（Çağlar Keyder）所说，"土地终究会成为一种商品"。[1] 提出这一观点的语境是，应当对最近一个通过针对低质量住房或空置土地，但具有历史价值的物业（进行改造）来推动大规模城市更新的政治举措进行评估。地方和中央两级的政策制定者现在正在狂热地制定大都市规模的蓝图和计划，以落实下一轮投资所需的基础设施。囊中羞涩的市政当局通过将大型项目交给强大的投资和建设公司运作来寻求解决办法。

公共住房管理局（TOKI）的负责人宣布，伊斯坦布尔的一半住房（约300万栋）将在未来20年内被更换[2]，这项工作将从20个贫民区开始。无论是住在苏鲁库勒（Sulukule）地区、历史中心区城墙内的苏雷曼尼亚（Süleymaniye）地区、佩拉（Pera）区的塔拉提斯（Tarlabaşı），还是城西橄榄角（Zeytinburnu）地区的伊斯坦布尔居民都已经受到了包括附带现金赔偿的私人房产征用、搬迁至城市外围的新建住宅等市政计划的影响。位于贝尤鲁（Beyoğlu）地区的塔拉提斯历史文化区中分布着废弃的希腊东正教教堂以及由破败的19世纪时期房屋组成的街道,目前被来自土耳其东南部的库尔德(Kurdish)人占用,比邻当地的吉卜赛人和来自非洲的非法移民而居,这些地方都是上述计划的清理目标。此计划旨在将这些房屋改造为具有吸引力的住宅,配套停车场、购物区等设施,且房屋的外墙将会作为这片历史文化区的特色之一被保留。在这个城市的各处,建筑公司已经整体拆毁了一些社区。这项工作推进的基础是一项明确的城市更新与再发展议程,目的是将新扩展的城市空间转化为能够赚钱的城市资产——能够消化城市当中新近崛起的新富阶层的住房需求或者满足旅游业、文化遗产保护、购物、娱乐以及大型项目举办等需要的场所。

在这新一轮的全球化中,全球资本侵入了利润最高的领域,但这些领域不再包括城市的工业板块。投资者被疯涨的高质量住房、休闲娱乐与零售等消费需求所吸引,当然毫不令人意外的也被文化旅游的高需求吸引。尽管在这个城市,制造业所占据的就业份额依然超过了三分之一,城市的形象已经不再与工业有联系。事实上,有一项明确的政策正是以城市的去工业化为目标。正如伊斯坦布尔市市长卡迪尔·托普巴什(Kadir Topbaş)所说,这一目标是:"伊斯坦布尔应当逐步裁去它的工业板块……从现在开始,伊斯坦布尔应当成为一个金融、文化以及会展旅游中心。"[3]这种转变的结果已经能在卡特尔(Kartal)看到。卡特尔(Kartal)是安纳托利亚海岸沿岸的一片重工业区,超过100家工厂分布在此,占地550公顷。卡特尔自治市市长宣布了一些从外国投资者中融资50亿美元以开发一个由扎哈·哈迪德设计的可供1000只船停靠的游艇船坞项目,再加上酒店、住宅和购物广场。为应对这一政策,在卡特尔的工厂企业将陆续迁走他们的生产基地,他们手里这些抢手的地块也计划改造为购物娱乐中心。

伊斯坦布尔的全球化工程发起自20世纪80年代中期,目前已被全面实现。但这是一轮新的城市全球化。在20世纪80年代以及整个90年代,全球化取得了片面的、零碎的成果。这个早期阶段以房地产(包括购物中心、复合居住区以及商业总部)开发为特点。房地产开发并没有触动这个城市的大部分,也没有对城市市民的日常生活产生大影响。这些开发项目只是局限于全球化精英内部,主要由土耳其本土多产业企业联合集团的资本驱动。因此,伊斯坦布尔带着"两极分化的城市"的形象迈入新千禧年。[4]目前随着越来越多的土地被卷入市场领域,伊斯坦布尔的各个部分都在经历根本性的变革,这也推动着伊斯坦布尔进入一个不可逆转的大规模城市开发进程。这是一次不可阻挡的、全面的转型。而驱动这一转型的是国家和地方的政治意愿,以及地方与全球的强大经济利益所结成的联盟。

文化的新角色

但是这新一轮全球化不仅仅是由房地产带动,同样与一项野心勃勃的文化项目有关。随着空间设计和物业管理项目(总是通过全球房地产开发商的参与实现)范畴内的公共空间一个接一个的衰落,而基于消费和休憩的定位,城市公共空间已经成为一个商业命题。位于伊斯坦布尔中心商务区马斯拉卡(Maslak)的"峡谷"(Kanyon)购物中心展现了公共空间是如何被过度消费文化所吞噬的。在其占地面积约 38000 平方米的地基上，峡谷购物中心将一片巨大的公共空间完完全全地改造为富裕中产阶级的消费天地。在这里购物不仅仅是一种消费体验。购物中心的四层楼营造出了一个像峡谷一样的露天空间，在周围富有艺术感的街道灯光和装潢的环绕下，给人们以街道两旁高端零售商铺林立的感觉，还有打扮得干净利落的街头小贩，推着极具设计感的小推车在兜售传统食品。但是购物中心的宣传资料宣称，大部分的步行区域其实都是有顶棚覆盖的，并且有自然光和开放空间进行内部气候控制。这能让游客们享受各个季节，不会因为不同季节里的极端气温而难受。其实峡谷购物中心提供的是对城市及其街道多元性体验的一种新理解和新文化。[5]

在类似潮流的影响下，地方政府正推动着大规模的城市更新项目，并以城市形象和风格为理由合理化他们通常来说是很激进、连根拔起式的干预手段。贝尤鲁（Beyoğlu）市政府率先允许私人开发商将佩拉区（Pera）破败处的一整条街道改造成法式风格主题区。街道的名字由阿尔及利亚街改为了法兰西街，街上所有的东西，从街道装修风格、雕塑、墙体颜色涂刷到餐厅内部设计，都被做成了会让人想到法国城市蒙特马尔（Montmartre）的造型。这条街道曾经是一条公共大道，现在已经成了一个由商业机构管理的商业区。这个商业协会还把持着街道上的室外音乐、建筑特点和广告。该机构甚至一度尝试在街道入口设置安全警卫以控制"顾客"流量。尤其是在城市的中心部分，社区里的工作坊、修理厂及其他非正式的具有服务性质的房产，正被以打造城市风格、形象和质量的名义从社区中清除。这就是贝尤鲁市长在解释他是如何推动塔克西姆（Taksim）地区里的老城区塔米安利（Tamirhane）老城区转型的时候所吹捧的：从汽车零配件商城聚集地转变为旅游中心，并且要配备面向上层社会高雅人士的酒店、咖啡厅和餐厅。

新城市更新项目及住宅开发都是伴随着极力主张某种程度上的城市文化的强烈意愿而来。文化，在这种新的语境下，已经与"生活方式"联系起来了。根据位于伊斯坦布尔安纳托利亚地区中一个大型住宅开发项目的营销概念——我的世界，安塔舍尔（Ataşehir），一种新的城市文化以对完美新世界进行构想的形式，通过宣传在这里"你将找到你所期盼的生活"的手段对外传播。居民将愉快地居住在他们自给自足、设备齐全的环境里，与和他们相似的人们为邻，不会和其他人挤在一处，摩肩接踵（哪怕是和他们隔壁门的邻居）；他们只需要在工作的时候离开他们的"领地"，以及如果他们愿意，可以在周末进行一次清雅的文物和艺术品体验。

在伊斯坦布尔，文化及其丰富多元的含义正在发生转变：在其人类学意义上，文化是一种生活方式；在其经济学意义上，文化是一种商业机会；在其象征性意义上，文化是权力和地位的核心。文化被视作新型城市性的基本要素，而这样的城市性正在被实现，这将是提升城市形象、吸引旅游以及教化市民的机车头。投资艺术和文化已经成为当下的潮流，主要的商业混合产业集团及其名下基金会相互竞争，争夺合适的地块以建设艺术和文化中心。伊沙吉卜顺（Eczacıbaşı）家族是在伊斯坦布尔占据主导地位的商业家族之一。在由其出资建设的"伊斯坦布尔现代"开幕以后，另一个有名的具有商业公司背景的艺术基金会——苏娜与伊南·柯克基金会

（the Suna and İnan Kıraç Foundation）提议通过一个由弗兰克·盖里（Frank Gehry）设计，造价 6000 万美元，以及由柯克基金会为文化艺术品出资 5 亿美元的文化综合体项目（尽管该项目还未实现就已失败），将产权为都市市政府所有的城市中心图雅布（Tüyap）区改造成为一个国际性文化艺术中心。通过合资企业协议和合作，国际资本第一次出现在了一贯以来都是封闭的文化艺术部门；最负盛名的萨班哲博物馆（Sabancı Museum）与卢浮宫博物馆之间一份为期 5 年有关艺术及科技方面合作的协议正以展览、专业实践技术以及建立关系网络的形式，为伊斯坦布尔带来文化资产。

文化目前正被运用到所有方面。企业利用文化提升他们的赞助者形象。他们意识到投资文化艺术同样能够为他们带来更高利润和声望，并且能反过来帮助提高城市的整体名气，让更多投资人认识到这个城市，这个道理在游客和居民当中同样适用。中央政府以及地方市政府目前正在执行大型文化基础设施项目。在伊斯坦布尔市中心，位于塔克西姆（Taksim）地区的阿塔土克文化中心（Atatürk Cultural Centre, AKM）以及位于哈尔比耶地区的穆赫辛·埃尔图鲁尔剧院（Muhsin Ertuğrul Theatre Hall）都表明了目前为了建造超现代、广受赞誉以及多功能的文化空间，而拆除现有文化设施的趋势。后者目前已经被重建，但是更加具有民族特色象征意义的阿塔土克文化中心项目依然前途未卜。

正义与发展党（通常称为 AKP）中央政府及地方机构目前促成了一系列关键倡议，其中一个例子就是伊斯坦布尔 2010 欧洲文化之都（Istanbul 2010 European Capital of Culture）项目，这一项目明确地以利用伊斯坦布尔的文化资产和资源，提升该城市（及国家）的全球形象为目标。伊斯坦布尔大都会市政府最近批准的总体规划设计，表明了其通过投资文化来塑造城市的现代形象的强烈竞争野心。[6] 有关"城市品牌化"和"形象营销"等议题现在已经进入这个城市的政治语境当中。新自由主义政策以文化为财政收入和旅游业的驱动工具。虽然是由私人部门发起，但是这次文化复兴是源于政府的支持。除了体现在以充足的财政项目来支持开发和升级城市中的文化和旅游基础设施，政府的支持还体现在法律上和政策上的改变，其中就包括了一条广受争议的支持历史区域"更新"法条（法条 5366）。作为伊斯坦布尔 2010 项目的一部分，中央政府已经组织起了一项数额等同于文化与旅游部年度预算的投资，将投入伊斯坦布尔丰富文化遗产的复原和复兴当中。伊斯坦布尔争取成为全球"开放城市"的努力围绕着改变其形象，创造卡迪尔·托普巴什市长提到的"一个以多样的态度面向世界的城市"而展开。[7]

对于开放的新政治环境的需要

那么，在伊斯坦布尔，是什么发生了改变？答案隐藏在一个观点的转变中——远离固步自封：全球化正迫使城市开放其城市化与文化的实践，伴随而来的还有文化转变的过程。这可能又将反过来引领城市走向更大程度的开放与内部的紧密联系，但是，伴随着城市的中产阶级贵族化，这基本上仅出现在一个封闭的联盟内。"规划而成的城市"是高档化后空间的集合，而越来越多的文化意象也是由这样的中产阶级贵族化项目所塑造的。对于执政的正义与发展党政府而言，这些中产阶级化项目很大程度上与他们渴望以伊斯坦布尔为舞台展现其现代性与全球性有关。地方与中央政府不得不去整理清洁好这片舞台，铲除掉看起来落后的非现代的东西，以及根据全球化城市的惯例，建造属于高档化空间的装饰。在这个面向未来的城市，将不会有空间留给棚户区以及住在那里的"粗俗的人"，以及出于同样的理由，不会有空间留给尚未出名的艺术家和文化人。棚户区居民应当被"现代化"，也可以说是被彻底地强行同化。他们被鼓励放弃"蜗居"生活，去接受在为他们的现代化需求而开发的大型住宅计划当中的新生活。正如许多媒体专栏作者公开谈论的一样，这些棚户区居民不应该被允许"占用我们的公共用地并且建造违规且丑陋的建筑物……"[8] 伊斯坦布尔正被敦促着"阻止移民继续破坏这个城市的生活质量及其形象"。[9] 在这些"官方意愿"的表述背后，我们找到了一个在之前没有参与其中，当然也是"无法参与其中"的城市精英联盟。这一个利益共同体确实只是一个表面上的联盟，主要就是所谓的"北伊斯坦布尔精英"（西化的、世俗化的中产阶级）和一个新近崛起的由"传统"伊斯兰文化圈中的商务精英之间的形式上的同盟。[10] 直到最近，这两个精英团体依然处于两极分化状态。但目前，至少在某些特定时刻，他们达成了一项共识，描绘了共同的愿景和蓝图——伊斯坦布尔作为一个全球化且高档化的城市，配备干净整洁的公共空间和居住环境，以及塑造具有吸引力的全球形象。

目前为止我所描述的伊斯坦布尔面向全球开放，是在持续不断演变的新自由主义动态过程基础上的。在执政的正义与发展党政府向市场驱动的各种国际势力已经开放的伊斯坦布尔范围内，这个城市的变迁其实是一个由国家主导的项目。这个重建的过程契合城市中的全球化精英们的野心，但同时也事关一群重要的人的愿景——日渐庞大的不动产所有者。考虑到58%的家庭（根据2000年的普查，该百分比的基数为250万）住在他们自己的房子里，城市人口中的重要一部分正直接受到城市经济变迁的影响。而且，根据伊斯坦布尔省长办公室（Istanbul Governor's office）的数据，构成这类房产拥有者中的相当大一部分人是住在最近才被合法化的棚户区中。换句话说，由于这些曾经的棚户区居民现在已然成为合法房产所有者（尽管他们的房产可能是规划之外的或者是破破烂烂的），因此市场活动的规模扩大了。

反常的是，这个过程鼓励了代表不同利益或者自利的选民。而最终的结果就是形成了一个奇怪共同体，这个共同体包括了伊斯兰社区、世俗精英、大资产阶级、小而保守的商业利益群体、合法化后的棚户区房产所有者，甚至还包括所谓的中产阶级波西米亚人。讽刺的是，所有这些不尽相同的利益群体，正是在他们相互厮杀，想从伊斯坦布尔的转型中争夺红利之时，又相互建立不同的联系，通过各种方式结成战术同盟。作为城市更新项目的结果，除了一些民间社会活动家和组织以外，伊斯坦布尔的市民似乎都被严密监视，而穷人、自由职业者以及被边缘化的外来移民则被驱逐出了公共空间。

如果不是积极参与了对弱势群体的强制搬迁，那么伊斯坦布尔的特权阶层大多会对此持冷漠或是顺从的态度。举个例子，如苏鲁库勒（Sulukule）案例，这是伊斯坦布尔中最古老的罗马时期居民区之一，而那里的居民最近已经全部被驱逐出他们的房子，搬迁到更偏远的地点，尽管事实上他们一家好几代人都住在这片地方。驱逐他们的原因是，一个市政府主导的更新项目在此实施，并且计划将这片居民区改造成高档住宅区。目前，当地罗马族人和目前住在塔拉提斯（Tarlabaşı）区，来自土耳其东南部的库尔德（Kurdish）移民将面临同一命运。这些居民都非常穷，更重要的是他们没有其住所的产权，也正因此他们无法参与到伊斯坦布尔日益市场化的住房经济当中。这样的产权缺失似乎悄然压到那些处于"隐形状态"的人们头上，他们的声音在公共领域里已无法被听见，除非他们变成了瘾君子、贩毒者或者少年犯。

城市中不完善的福利体系，以及非正式的、基于身份的社会融入机制的崩塌，已经导致了前所未有的大规模社会排斥。伴随着高失业率、低素质劳动力以及持续涌入的来自土耳其农村地区和非洲邻近国家的外来人口，伊斯坦布尔已经成为社会排斥滋长的温床。[11] 考虑到伊斯坦布尔官方公布的人口数量从 2000 年的大约 1000 万上升到 2007 年的 1200 万，对这一社会问题的规模理解就清晰起来了。几乎所有的人口增长都可以归功于新迁入的移民。而至关重要的是，伊斯坦布尔缺乏抑制这愈演愈烈的市场关系下的社会排斥的动力。如果不加控制，这些移民最终可能会通过社会的撕裂、分化和冲突里寻求自我表达。在排斥和融合的分歧日益尖锐以及为人所熟悉的融入机制逐渐被削弱的大环境下，基于宗教与种族的身份地位划分会成为发泄沮丧与愤怒的最好工具。

在由市场驱动的消费主义压制了关于集体利益的官语体系的大环境下，存在一种真实的危险——城市文化将失去其公共属性。这象征了一种对于公民参与性的城市化根本上的挑战。现实的情况是，通过向全球开放，一种对于文化多元化和世俗化的压制悄然形成。这可能会带来的后果是政治上保守主义甚至是独裁主义的扩张。[12] 面对这种情况，呼吁并且争取全新的服务开放的政治环境是个显而易见的需要。这种政治环境是一种基于"一个独特的全球模式是有可能实现的"[13] 概念的观点。总的来说，这是一个需要在清晰的议程下进行长期磋商的项目。这一议程是有关能够扩大服务于互动、融合以及共同责任的公共空间的全球化和开放的类型，反对只服务于深藏不露又不断滋长的社会不公、排斥和同质化的城市空间碎片化和商业化。这一项目坚持立足（市民）最迫切的需要，以摆脱新伊斯坦布尔的耀眼光环带来的局限。

这一切会只是一个美梦吗？伊斯坦布尔能够正视它所面临的选择吗？由于有抗议者将这一议题描述为本土与国际之间的对峙，委托给国际知名建筑师的公共项目面临人们日益激化的愤怒——在这样一个大环境下，哪怕是新自由主义开放计划，其脆弱性也变得很明显。人们对于城市全球化的对抗性与充满恐惧的反应很容易彼此间无缝对接，进而转化为一种排外的话语体系以及对于差异和多元的排斥。最终，这可能会成为民族主义运动的助燃剂。另一方面，这一新自由主义框架似乎忽略了城市终将由华丽璀璨老化为暗淡无光的动态过程。那么，挑战就在于加固加深任何现存的有关世界大同主义的公共经验与认知的延续性，从而做到不忘伊斯坦布尔需要做的真正选择。我们不得不希冀，伊斯坦布尔的世俗化能够帮助维持社会团结的民主基础，基于此，这一城市被想象着再一次成为一个属于所有人的公共空间。

混凝土的轮廓

厄梅尔·卡尼帕克（Ömer Kanıpak）

孤独地立于人群中

土耳其悠长的思想史给了这个城市深厚的文学传统，这样的文学传统在描绘它不断变迁的身份与性格中发挥了作用。最近，土耳其的世俗文化已经不得不适应由土耳其执政党——一个严格以宗教为导向的党派所构建的行政体系。

评价一个你已经在其中居住数年的城市是很困难的。熟知城市中的每个细节，这使得一切在你眼中都是既美丽又可恨的——作为这个巨大有机体中的一个居民，你知道城市中的哪个部分运转得不好，但你也知道城市的哪一个特点使得它独一无二并且有趣，甚至于会使该城市人格化。

作为全球超级城市联盟中的一员，在欧洲和中东地区，伊斯坦布尔算得上是主要商业、交通、文化和旅游枢纽。就像任何一个特大城市一样，伊斯坦布尔的实际人口无法被确定；即使是官方的统计数据，也是在1200万到1400万之间浮动，而这一数据比欧洲40个国家的人口数都要大。这是个如此巨大的都市，以至于其纵横超过100平方公里，几乎要与泰基尔达（Tekirdağ）和伊兹密特（Izmit）这两个相邻省份的城市融合在一起，构成了北马尔马拉城市圈（Northern Marmara megalopolis）。自从1950年农村人口大批外流，伊斯坦布尔急剧增加的人口已经导致了问题，因为（农村人口在城市的）非法定居点反过来引发了森林砍伐和对于交通、公共健康服务与教育的挑战，以及其他的城市问题。

伊斯坦布尔目前缺乏一个可执行的策略性总体规划，用以协调39个基于各自选举的自治市的发展。即使如此，外国投资者仍继续寻求着机会进入这个城市繁荣的房地产开发市场。这在一定程度上是因为伊斯坦布尔对于来自国内和海外的新居民，以及开办了东欧与中东总部的全球性企业来说，仍然像一块磁铁一样有吸引力。但是伊斯坦布尔无法名列世界上最宜居的城市之一。伊斯坦布尔的生活质量显著落后于温哥华、哥本哈根或者伦敦的生活质量。根据"万事达信用卡"2008年的"全球商业中心"报告，尽管伊斯坦布尔是犯罪率最低的城市之一，单就宜居性这一点来比较，伊斯坦布尔在这75个城市中仅名列57。并且，在过去超过50年时间内，伊斯坦布尔还是一直无法阻止非法居民定居点在市郊的出现，尽管干净的水源、电力以及污水处理系统几乎覆盖了全部的人口，包括这些非法聚居点区域。所以目前对于伊斯坦布尔在做些什么还未能拿出有说服力的答案。

独特的地形地貌是伊斯坦布尔最明显的特点。具体来说，这个城市的地貌类型正是使得伊斯坦布尔区别于其他全球超级城市的最重要因素。陡峭的小山、

应对地形

由水系和陡峭的山丘塑造出了骨架,城市中的地理限制条件使得伊斯坦布尔城市结构中的垂直性更为突出。

峡谷以及博斯布鲁斯海峡的蜿蜒海岸线塑造了这个城市的形态、居民聚集点、交通,甚至是生态环境。在伊斯坦布尔,其地形地貌创造了居民心中对这个城市的方向感知,几乎是刻画出了一个三维的心理地图。住在伊斯坦布尔的人总能看到水,水总是在附近或就在视野范围内。人们能看到山谷的斜坡通往博斯普鲁斯海峡或者金角湾。正是这种水文和城市垂直景观的存在,使这些风景成为伊斯坦布尔市民日常生活中一个无所不在的特征,这也是城市中大部分居民都能接触到的,不分社会或经济阶层。而且,得益于城市的动态地形,这并不是一个单一的场景,而是一系列场景的集合。

从视觉上去感受一个城市的能力,会让人形成对这个城市的整体感知,就好像整个城市是一个巨大的舞台或一系列的银幕。如果没有埃菲尔铁塔、伦敦眼或类似的标志性结构,这是可能的。因此,我们可以很容易地断言,伊斯坦布尔的地理条件是让它如此独特的主要因素,尽管这给公共交通运输带来了许多问题。然而,在制定区域规划或建筑条例时,市政当局并不十分重视这一特点;

在他们的规划和条例里，这个城市就该像一张白纸一样平滑。建筑高度限制仅与地块面积有关，地形上的差异没有被考虑或被视为将要克服或抹去的障碍物。

伊斯坦布尔另一个独特的方面相对不那么明显，也更难以描述。为了分析这个城市，我在这里做一个看上去可能不那么恰当的比喻：伊斯坦布尔就像一块皱皱的布，中间一点被揪起来用一根蓝色绳子绑着。从远处看，这块布上似乎是均匀的图案和颜色。然而，仔细观察后，人们会发现它不是一张简单的布，而是许多不同纺织物的组合，每一片纺织物的颜色、色调、质地和形状都略有不同。然而，这并不是一个类矩形体的拼接物（类矩形体的拼接物是一个常见的比喻，用来描述大城市，在这些城市中多样性是一个主要特点）。它更像是一块画着迷彩图案的布，其中小块图案的形状是不规则的。这些不规则小块中的其中一层可能与城市的社会阶层相对应，另一层则与城市的地形重叠，而再一层则对应城市中人工建造的环境的特点。这些图层和形状的构成没有特定的规则。出乎所有人的意料，伊斯坦布尔成为一个令人惊讶的充满活力的城市。

例如，塔克西姆—哈比耶（Taksim-Harbiye）地区中轴线的北端，是这个城市最高档的地区之一。它与尼桑塔西（Nişantaşı）社区接壤，这是一个以高端外国奢侈品牌商店为特点的主要居住区。在稍远一些的地方，邻近的菲力柯伊 - 庞格提（Feriköy-Pangaltı）社区里，多拉普德里峡谷（Dolapdere valley）的斜坡上有成排的公寓楼和横平竖直的街道网格，这与在这个城市其他地方能找到的相互交织的街道与建筑形式很不一样。这个地区的社会模式也有着低收入群体和邻里关系紧密的特点。而在塔克西姆—哈比耶（Taksim-Harbiye）地区中轴线的另一端，则坐落着会议中心、五星级酒店和文化设施——"峡谷宝石"。

在这个城市的任何地方都可以找到彼此间差异巨大的社区并存一处；在吉汉吉尔（Cihangir）已经中产阶级化的城市肌理中，附近还居住着来自托普哈内（Tophane）及其周边沿海商业区的低收入群体。正是这些独特的区域之间的距离较短，使得这个城市在任何意义上都是不可预测的。这不断变化的建筑风格、街道模式、地形特征、社区规模和密度并不符合某种规律，而这样的规则是能够与当地这些地区住户的社会和经济特征保持一致的。也许这就是为什么这个城市缺少一个可执行的战略规划：直到最近，对于这种"迷彩服模式"的分析都还没有被市政当局纳入考虑当中。

心理模式的物理反映

应当运用逆向工程法来理解和分析这个城市中的特定模式或者特定区域。然而，单凭空间和视觉线索并不能引导我们找到一个合乎逻辑的因果情景。我们需要考虑到人的行为，以及城市这片区域的使用者的心理状况。我们需要用社会心理学来分析某些特定群体的行为会如何影响物理环境。

例如，在伊斯坦布尔，你可以在某些特定街区看到一些特定类型商业活动的集聚。位于卡拉柯伊（Karaköy）地区的潘森贝 - 帕扎尔区（Perşembe Pazarı）因五金商店而出名，而梅尔特（Merter）地区则是一片聚集了纺织品经销店的区域。如果你想买便宜的进口垃圾，塔塔格里（Tahtakale）是你应该去的地方。低收入家庭知道最便宜的服装可以在玛汉特帕萨（Mahmutpaşa）找到。（如果要买）摄影设备或电子设备，你需要去西尔凯吉（Sirkeci）。甚至连吃饭的地方，在大多数街区，都是聚集在一起的。在独立大道（Istiklal Street）入口处欢迎你的是数不清的土耳其烤肉店和汉堡店，而在奥塔柯伊（Ortaköy）的末端，则一个挨着一个挤满了卖烤土豆的小贩。

这种相同商品的聚集似乎不太讲得通，因为如果商人想赚更多的钱，他们应该卖点与邻近同行不一样的东西。然而，他们更愿意聚集在一起，满足于从蛋糕中分到的一小块。这似乎是为了给潜在客户创造一个更方便的环境而做的有意识、有计划的决定。然而，最根本原因可能不是这样。

和许多中东国家一样，土耳其人民对彼此的容忍程度不如西方国家那样高度发达。与许多其他国家相比，土耳其的社会信心水平是世界上最低的国家之一。举个例子，作为世界价值观调查研究的一部分，由伊尔马斯·埃斯梅尔（Yılmaz Esmer）教授的团队执行的调查表明，土耳其人对彼此及其国家的治理体系并没有太高程度的信任。埃斯梅尔（Esmer）教授说，歧视和不信任已嵌入这里人口的基因中。[1]

这在人们的日常生活中很常见。讨价还价几乎成了标准流程，因为人们害怕在购物时被骗。对商家可信度或商品质量的怀疑迫使消费者在决定购买任何东西之前要先进行比较，无论是在买电视机还是买汉堡包。即使在餐馆里，人们也会想要检查账单，看看服务员是否正确地计算了费用。这种环绕在日常经济活动中的不安全感导致了类似的商品在一大堆聚集起来的商店中被出售，这一方面使顾客能够方便地进行比较和决定，另一方面，也使商人之间能够相互控制。类似的集聚可以在世界上许多中东和欠发达国家见到，对于其他人的不信任可以说是这些地方的一种共同的社会模式。

公民对于治理系统的不信任也体现在土耳其的城市形态中。土耳其的人工建筑环境格局高度分散，且在外形上是由个人拥有的地块形成的。建成环境格局高度分散是衍生自个人拥有的地块形状不一。在（地块）持有人死后，相对较大的地块会在他们的继承人之间被分割成较小的几块。人们宁愿单独持有相对小些的地块以及住在不那么方便的建筑里，也不愿意将小地块联合起来，为建大点的建筑创造更大些的地块。今天，一次在伊斯坦布尔上空的短暂飞行就能显示整个城市是如何被不规则的、分散的小公寓所覆盖的。在土耳其的任何城市中，拥有较大边界的街区、长而直的住宅单元或者阳台房，几乎不存在。即使在新开发的封闭社区和公共住房管理局（TOKI）负责的社区中，同样的模式也能看到：大面积的区域被同样类型的四角棱柱体街区分割。

建筑法规强化了这种做法，因为建筑规范里的每一条款都是为了避免各种可能违反限制的行为，就像所有的公民都是潜在的违法者。因此，希望建造不同类型的居住单元的建筑师被严苛的建筑条例束缚，以至于在全国各地，同样的"流水线"产出了同样形状的建筑。

最有活力的城市

然而，在土耳其的城市生活中，并不是所有的一切都这么负面。人们常说，伊斯坦布尔不存在公共空间，也没有广场或类似的开放空间让人们可以聚在一起。这其实是一个迷思，就像人们也可以很轻易地表示，伊斯坦布尔是世界上最美丽的城市之一，拥有曾经那么拥挤的街道。的确，它没有边界清晰的公共空间，就像我们常常见到的在中欧城市或都市生活手册中看到的那样。然而，伊斯坦布尔公众对城市中的空隙的利用是独特的，大多是即兴和无计划的，但同时，又是很和谐很有活力的。在伊斯坦布尔，公共空间不是采取静态公共广场的形式。它被定义为人们在城市中穿梭的坐标轴。他们所需要的只是一个更适合步行的表面重新设计，因为伊斯坦布尔是世界上行人运动最糟糕的城市之一。

在不理解社会的心理动机的情况下，西方城市惯用的正交分区原则并不能成功应用于伊斯坦布尔的城市结构。在学术界被广泛接受的西方城市术语，还不足以解释"伊斯坦布尔的状况"。相反，伊斯坦布尔应该发展属于自己的城市语言。而且它应该利用其固有的特点和编码——那些尚未被理解或被严格分析的元素。破译前面提及的迷彩图案是一项至关重要的调查，只有通过多种学科的协调努力才能完成。建筑环境只是整个城市体验的一小部分。社会学家、经济学家，更重要的是社会心理学家，应该一起来分析这些看起来不和谐的邻里关系模式如何得以并存。不定型的街区形式与社会、经济、建筑和地形等要素之间的紧密联系，是伊斯坦布尔这种如同不同图案布料拼接而成的城市结构的结合力。

四维的城市生活

知识分子在城市生活中的利益伴随着危险。我们拥有的知识和通过我们的知识和学术所产生的新信息并没有直接渗透到我们城市管理的各个层面。我们仍然无法与管理机构、市政府、塑造城市的开发者保持良好的沟通。因此，我们的分析很少被那些处于权力位置的人掌握；我们的解决方案或建议几乎没有实现，而且更多通常都是在货架上。我们还没有创建一个成功的接口把我们的知识传递给那些统治者。

城市固有的新陈代谢速率也比我们的反应快得多。当我们作为建筑师和城市规划者去努力改善城市条件时，我们大多时候是试图修补一些坏的东西，而不是防止故障。因此我们发现自己处于被动的位置，而不是主动的位置。

在各种知识分子圈子里，对城市主义的兴趣与日俱增创造了它自己的流行文化。想想奥斯卡获奖影片《贫民窟的百万富翁》与获得奥斯卡提名的《上帝之城》。这些城市的现实生活问题，还有最重要的是，生活在他们之中的人的问题可能会成为一种视觉假象。真正的四维城市生活很容易被压扁成引人注目的数字、图表和影像，而那些为生活所困，在街上游荡的人们被遗忘了。我们必须更准确细致地思考对城市问题的研究，因为这些实际问题很容易成为一种带有异国情调的假象，这是非常危险的。

与伊斯坦布尔一样，每个城市都需要通过破译物理结构，以及把它的社会和心理因素考虑在内来解码其空间 DNA。不仅伊斯坦布尔，每个城市都需要通过建立自己的城市语汇为他们的公民创造更好的生活条件。如果我们想要我们的研究和预测能被这些城市的管理机构有效利用，我们也需要为我们的研究设计通信接口。

衡量成功

恰拉尔·凯德尔（Çağlar Keyder）

俯瞰城市

新商业中心的发展是以高层建筑为标志的，这些建筑被用来为建设和使用商业中心的企业进行宣传和推广，其中许多是家族企业。

大多数观察者都认为，伊斯坦布尔正在走向成功，在全球经济、文化和政治领域都获得了重要地位。从土耳其政治家在 20 世纪 80 年代开始的课题中的观点来看，这个前帝国首都已经履行了带领国家进入国际舞台的使命。伊斯坦布尔已经成为土耳其对外开放过程中无可争议的门户，并在当代舞台上远远超过了其潜在的竞争对手。

然而，这种成功实际上最多只能追溯到 21 世纪前十年。纵观 20 世纪 90 年代，伊斯坦布尔的全球化进程都受到了其首都安卡拉消极合作立场的阻碍。政府对亲市场化倾向的政策持怀疑态度，并且抑制了这些政策，以避免可能导致的两极化影响。此后，全球化进程趋于碎片化和被动化。在 20 世纪 90 年代，全球化的影响是一个不可否认的社会事实；然而，由于当时还没有明确的政策，加之安卡拉发出的相互矛盾的信号，伊斯坦布尔地方政府的主动权随时会遭到破坏，这使得城市精英阶层难以满怀信心地将其资源用于全球化项目。直至 20 世纪末，这种紧张局势仍然没有解决方案，并且发展为一种非正式全球化的情形。有关部门亟待进一步调整，以适应伊斯坦布尔的转变，而这一过程中，资本很难充分信任当时的环境值得投资，尤其是对于外国资本家来说。若此前对于安卡拉的政治压力可能会破坏伊斯坦布尔发展路径的问题，人们还有所怀疑，那么 2001 年事态就更加明晰：总理和总统对亲市场政策的争执引发了货币危机，并由此导致了严重的经济衰退，伊斯坦布尔失去了 50 万就业岗位，贫困水平上升。

2001 年经济衰退之后，伊斯坦布尔在全球城市排名上才逐渐取得明显的优势，这在很大程度上归功于城市政治和经济预期上的不谋而合，以及在此基础上形成的，基于全球化投资、文化和休闲需求自由化背景下，提升城市形象和发挥市场潜力的共识。

2002 年底，土耳其开始出现巨变，标志着与过去的决裂，并彻底改变了伊斯坦布尔作为一个全球城市的前景。由伊斯坦布尔前市长塔伊普·埃尔多安（Tayyip Erdoğan）领导的、作为社会保守党派的正义与发展党（AKP）赢得了选举，组成了一党专政的政府。这意味着他们不必向联盟伙伴做出任何让步；

由于埃尔多安声称自己是一个真正的"市场的信徒",他所领导的政府能够在更大程度上推动新自由主义改革。当他当选市长时,埃尔多安宣布伊斯坦布尔将停止接收移民:他计划通过制定税收政策、严格入境签证的方式提高城市的价值门槛。他还明确表示,他意识到了全球城市即将到来的"信号",同时伊斯坦布尔的地位对于确保土耳其成功进入全球市场至关重要。换句话说,伊斯坦布尔必须成为土耳其对外开放的港口。

在埃尔多安新政府的努力下,通过在全球资金、旅游业、高端服务业资源流动的过程中获得更高份额的方式,以政治承诺提高伊斯坦布尔的全球排名的策略变得非常明朗。安卡拉的中央政府和伊斯坦布尔的市政官员对此意见一致。而更重要的是,这向伊斯坦布尔的资产阶级发出了一个信号:他们不必再通过与安卡拉的民族主义和反全球主义政治家保持良好关系来对冲风险。他们现在可以全身心投入全球化(自由化)议程中。事实上,他们通过参与外国资本的投资决策、加入与市政府的伙伴关系、资助博物馆和艺术节,以及组建开发公司的方式,实现提高伊斯坦布尔世界市场地位的目标。

中央政府应当进行体制改革,以推动其发展方向的转变。像伊斯坦布尔这样的城市,渴望在密集的跨国网络中进入更加核心的位置,需要通过政治、经济流动和社会经验的互动彻底改变它的物质形态,创造一个全新的建筑环境。这种空间生产显然需要将土地作为一种可塑性商品来看待。城市发展意味着城市的开发,在这个意义上说,开发商要开辟新的建设空间,就必须参与其中。针对复杂性和差异性功能的需求,更为彻底的土地商品化成为必要。土地必须被视为一种可以买卖的商品和私有财产,根据现有的政策进行开发,并作为价格波动的资产进行投机。以伊斯坦布尔为例,追踪这种商品化的过程是至关重要的,因为与许多周边环境一样,土地产权结构往往是不规则、不明确、不确定且有风险的。由于奥斯曼帝国的法制史和20世纪城市人口结构的剧变,情况可能更糟。

法制史表明,在帝国时期,相对于住房和其他建筑,土地私有化总是存在一定问题。当时的政府对于所有权问题从未提出任何主张,换句话说,(土地)私有化是一个值得商榷的概念。随着人口的增长,私有财产的复杂性也逐渐提高。伊斯坦布尔的人口在第一次世界大战前的几十年里迅速增长,达到近100万。当时约有三分之一的人口是希腊人,15%的人口持有外国护照。截至1923年,由于土耳其与希腊的强制性人口交换事件(the compulsory Exchange of Populations with Greece),所有不能提供居住证明的东正教徒被驱逐出城市,许多外国人被迫离开,伊斯坦布尔失去了三分之一的人口,帝国主义也走向末路。此后由于人口趋于同质化,许多财产遭到遗弃。城市人口在两次世界大战时期有所下降,但到1950年又回升到百万级别,从那时起,第三世界城市化的动力开始发挥作用。1970年城市人口为280万,1990年为650万,2000年为900万。而如今,这个数字已经超过了1200万。20世纪下半叶的人口激增必然伴随着城市地理空间扩张。在这种扩张过程中，土地所有权的法律结构变得更加复杂。有些土地被将要离开的外国人和非穆斯林遗弃，他们的财产所有权无法得到保障；居住空间附近的公共用地被大规模占用；还有以用益物权形式持有的农业用地被"出售"给外来移民。这些不同类型的土地都存在违章建设。由于政治上的讨价还价，这些地区住房拥有者的住宅所有权随着时间的推移都获得了不同形式的承认，从而许多违章建筑都被合法化了。

而其中的关键是，伊斯坦布尔空间扩张的进程并不是直接进行的，因为要容纳人口增长，就需要在土地所有权方面做出特别安排。当资本主义在全球自由主义的影响下深化时，为适应企业进行全新一轮的投资，新的保障措施亟待建立，故而需要更加直观的土地所有权形式。换句话说，为使得空间营造与城市发展新需求保持一致，对所有权的法律制度安排也需要更新。在建立这些保障措施的过程中，中央政府和伊斯坦布尔市政府之间也逐渐达成共识。

住房建设管理局（TOKI）负责落实正义与发展党政府所推行的城市复兴政策。通过这种政策工具，城市所有权重组所需的改革变得比较容易接受，特别是在伊斯坦布尔。通常情况下，城市更新都转变为改善城市形象的贫民窟清理计划。

伊斯坦布尔市政府宣布将使用防震评估、文化遗产保护、环保法规和绿带清理等多种法律手段，建立清理城市中心区非正式社区和拥挤地区的政策基础，这些地区将有助于吸引新的投资，或重新开发为潜在的旅游空间。住房建设管理局是这一过程的执行机构，因为拆迁总是涉及住房安置问题，需要将动迁居民重新安置到城郊的大规模住房中。换句话说，住房建设管理局不仅通过建设新的住宅区成了城市郊区私有资产的生产者，而且通过转移那些对所居住的土地没有清晰产权的人口，在城市中心区获得了土地所有权。住房建设管理局还能够单方面接管和开发国有土地，并通过这一权力向住宅区、商业区、教育和卫生服务园区等项目的发展开放大面积的城市区域。城市清理行动通过公共土地私有化创造了发展机会，并落实了土地所有权制度，这意味着城市终于对创造新的社会空间所需的土地资本扩张做好了准备。土地的商品化为资本主义的全面发展、投资和投机扫清了障碍。

虽然通过新的所有权制度，住房建设管理局对资本主义发展的直接影响是显而易见的，然而它也已成为一个重要的社会政策机构，为住房政策的制定做出了贡献。在伊斯坦布尔和其他城市，穷人只能在"善意忽视"策略下自谋生路，即允许他们在不属于自己的土地上非法建房。由于已清理土地正在向高档化、统一商品化方向发展，满足中产阶级的居住和休闲需求，住房现在已成为主要问题。更加占据主导地位的市场与现代社会政策携手并进，以取代传统的民粹主义和基本的前资本主义安排。

作为一个全球城市所取得的成就，伊斯坦布尔吸引资本和人口的第二个条件是它的城市形象。正如在资本主义竞争下的所有适销对路的商品一样，品牌化是其产品销售成功的必要条件。尽管将成功的秘诀完全归功于明智的品牌宣传有些夸大其词，但与全球流行趋势产生共鸣的连贯叙事绝对是一个加分项。在试图将历史和文化转化为可销售商品时，伊斯坦布尔遇到了窘境。由市政府、房地产开发商、多种类型的资产阶级，以及公民社会的精英阶层，包括媒体和由商人资助的城市促进基金会组成的新的城市联盟，希望营造一种高雅的城市形象。伊斯坦布尔的城市营销也按照预期的路线进行：城市的历史遗产、夜生活和丰富的美食文化被重点推广，各种音乐、艺术、电影节、博物馆和展览馆也都得到发展，他们都体现了伊斯坦布尔的城市遗产。

就其本身而言，这些成就并没有形成一个占主导地位的主题，因为每一个具有文化自信的城市都着力于这些领域。提炼一个确定的主题是个棘手的过程，在这一过程中，这座城市基于考古发现的众多化身都是优先考虑的备选方案。选取这些形形色色的虚拟意象，其目的是用一种特殊的方式来代表城市，突出其复杂的历史特征，体现城市叙事的内核。拜占庭城市的古典主义者想要强调伊斯坦布尔的地理文化遗产，因此与伊斯兰信徒产生冲突。对于后者来说，先知穆罕默德向信徒们承诺，伊斯坦布尔是他们的首都。在整合其文化遗产的尝试中，土耳其共和国的城市作为参照点的范围太窄，而且吸引力不会很大，特别是在20世纪80年代以前，共和国对伊斯坦布尔即便不是不屑一顾，也是相当冷淡。世俗精英们不会允许将奥斯曼帝国的遗产重新配置为伊斯兰的旅游景点，古典主义的愿景也没有社会支持。

两种文化达成妥协，有利于兼容多元的观点：伊斯坦布尔被视为拥有多元文化的奥斯曼城市。人们炮制出一个包容的奥斯曼主义，即包含了这个城市引以为傲的各种遗产的重构性概念。精英们乐于展示他们的豪宅和帝国时期的墓葬，基督教堂、犹太教堂、清真寺和传统民居也都得到精心修复。19世纪的奥斯曼艺术成为新博物馆的主要展品，其展览有助于体现多元文化的奥斯曼帝国精英与欧洲艺术、音乐和文学的密切联系。当地士绅还原了伊斯坦布尔19世纪的欧式街区，令人倍感亲切。奥斯曼帝国末梢的现代化与当代全球空间中的理想状态无缝对接，城市得到了全新的呈现。通过全球媒体、艺术界和时尚达人的努力，伊斯坦布尔将走上世界舞台，这座城市的故事也将传递给更多的人，包括来自全球各个城市的投资商、挑剔的游客、展览策展人、房地产开发商、购房者，以及各种各样的文化消费者。

伊斯坦布尔在这一项目中取得的成功，体现其在全球城市等级中取得了主导地位，尤其在21世纪变得更加明显，这在很大程度上也归因于政治和经济权力的合作。城市联盟达成一致基础上所进行的合作，其目的是为了提升城市的形象和市场潜力，以满足全球范围内对于投资、文化和休闲等方面日益增长的需求。在此语境下，这种成功指的是打造全球城市的目标本身。它并不意味着分异和排斥的规范倾向，这种倾向往往伴随着全球化城市的社会结构各部分形成社会、经济和文化的壁垒，从而与新的跨国网络相对接。随之而来的社会结构转变往往趋向于断裂和分层，社会空间被重新定义，使之具有排他性。城市开始呈现出分裂的状态，本土文化被打上"古城捍卫者"的烙印，而全球化的参与者——投资商、专家、商人，甚至游客——制定了新的标准，决定了城市生活的全新模式。

从重要意义上来说，全球化所带来的后果，也就是全球城市项目的成功，只不过是资本主义深化的预期效果。这样一来，这座城市的资本主义色彩就不那么模糊了，因为它不再像过去那样存在民粹主义的保护空间，例如暗中允许新入住的移民占用公共土地。相关制度框架的建立，以及政客和商人之间联盟的成熟，使得城市具有吸纳金融和投资流的基础，加速了资本主义的发展。通过品牌推广，使其成为理想的消费产品，这座城市成功地向投资者和游客营销出去，从而为城市空间的重新配置提供更多资金流。

我在 1999 年编辑了一本关于伊斯坦布尔的书，里面收录了关于伊斯坦布尔全球化和本土发展的文章。在那个时候，当地对于本土的空间、文化和政治道德观念具有真正意义上的顽强抗争意识，对全球化进程十分抗拒，坚决捍卫现有状态。在人们的习惯和期望中，存在着对全球市场入侵和弱化民族国家民粹主义传统的抵制。当时看来，这场争论仍在继续，不清楚将如何解决。人们对于全球化的接受似乎也是暂时的。在伊斯坦布尔的全球化发展进程中，一种非正式的发展也存在于发展阻力最小的地方，即现有规则并没有真的对它们造成阻碍，但也并不允许他们这么做。这一进程可以称为非正式全球化，因为它在没有相关规则的情况下进行，没有正式全球化所需要的规章、保障以及基础设施。所有（全球化的）需求如今都存在，并且像预期的那样运转。随着政治和文化的调解，伊斯坦布尔的地理和历史优势现在能够发挥应有作用。这一系列项目的结合所推动的营销行为，似乎已经产生了预期的结果，那就是资本主义成功得到深化，并随之产生社会两极分化和空间隔离。

数

据

城市足迹：绘制人和电力

如图所示，在相同尺度（100x100km）的深灰色地图中标识了9个"城市时代"项目的案例城市，并标识了各个城市的行政边界。它们由一种基于"热敏"的GIS技术生成，这种技术可以捕获任何建筑形式的精确位置，并且精确说明城市足迹的真实形状。

这些地图表明一些城市的行政边界与人们的居住和工作在空间上并不重合，而这强调了这一事实：城市生活是动态的，但城市治理却是相对静态的。伴随着城市的扩张，其增长已经超越了行政边界。然而，伊斯坦布尔和上海并非如此，其庞大的行政边界几乎涵盖所有的连续建成区域；伦敦也将大部分的城市建成区控制在其绿带之中。其他的"城市时代"案例城市则溢出了他们的行政边界。墨西哥城、纽约市、圣保罗和孟买是极端的例子，他们的行政边界内包含了仅44%、46%、57%和65%的城市人口。此外，地图也揭示了"土地利用"的变化以适应地理限制和人口密度。孟买和伊斯坦布尔受到了地形和海洋的限制，然而圣保罗、上海和纽约的大都市区已经水平跨越了一个广阔的区域。柏林的市辖区内部已经建成的土地面积为570平方公里，是孟买的两倍大，但后者容纳的人口是柏林的三倍。

孟买
11,710,000人

Chhatrapati Shivaji Terminus

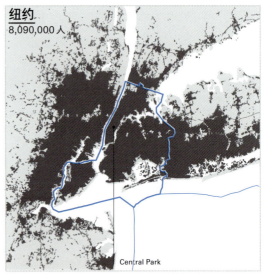

纽约
8,090,000人

Central Park

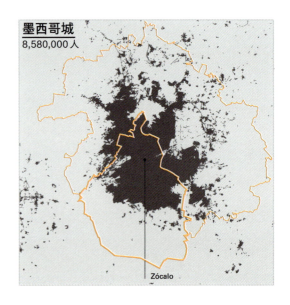

墨西哥城
8,580,000人

Zócalo

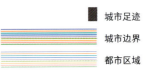

城市足迹
城市边界
都市区域

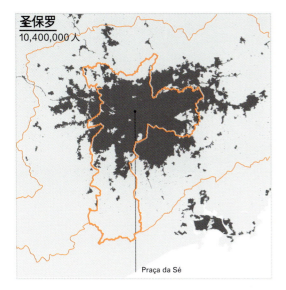

圣保罗
10,400,000人

Praça da Sé

伊斯坦布尔
12,700,000人

Taksim Meydanı

100 km

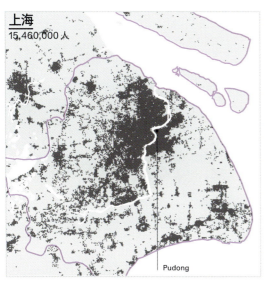

上海
15,460,000人

Pudong

100 km

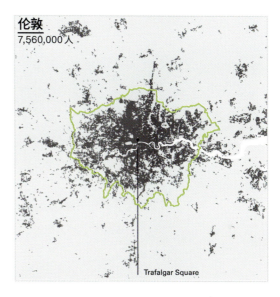

伦敦
7,560,000人

Trafalgar Square

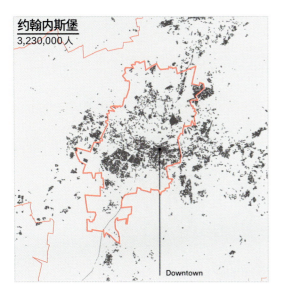

约翰内斯堡
3,230,000人

Downtown

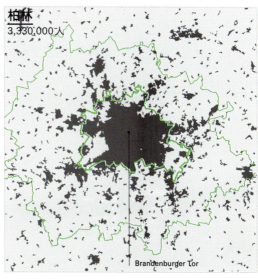

柏林
3,330,000人

Brandenburger Tor

政治的新陈代谢：从区域到地方

城市与其区域腹地有着强大的经济和政治依存性，并通过不同的地方代表制度向选民负责，而这些制度可能保证或者阻碍民主参与。伦敦和纽约人口约800万，前者分为33个行政区，后者分为5个行政区，人口规模从斯塔登（Staten）岛的50万人到布鲁克林的250万人不等。伦敦各行政区的人口在20万至30万人之间，而纽约还有更低的一级地方政府，共有51个区议会，这赋予当地居民相当大的地方权力。就区域层面而言，纽约在更广阔的三州地区（与邻近的新泽西州和长岛州）内运作，而伦敦则没有同等的区域范围。对于超过1000万居民的"城市时代"项目案例城市，孟买有24个行政区，圣保罗有31个，伊斯坦布尔有39个，上海有18个，这反映了非常不同的地方治理和区域问责制度。圣保罗州拥有超过1900万人口的广阔的都市区，包括许多分散的工业区和贫民窟，这构成了该市功能性基础设施的一部分。在另一个极端，上海包括了广阔的农业用地、建成区和大型工业园区。约翰内斯堡和柏林，人口都超过300万，分别被分为7个和12个地方行政区，但都位于强有力的区域治理结构中——豪登（Gauteng）省和勃兰登堡大都市区。墨西哥城是一个非常特殊的例子，因为它的2000万居民中不到一半居住在联邦区，联邦区又被细分为16个区，而其余的人口则生活在相邻的州。

孟买
24个行政区

孟买大都市区
大孟买

纽约市
5个行政区

三州都市区
纽约市

墨西哥城
16个行政区

墨西哥城都市区
墨西哥城联邦区

都市区
城市行政区
———— 行政单位的界限

圣保罗
31个镇

☐ 圣保罗大都市区
■ 圣保罗市

伊斯坦布尔
39个区

■ 伊斯坦布尔省

100 km

上海
18个区

■ 上海市

100 km

伦敦
33个区

■ 大伦敦

约翰内斯堡
7个区

☐ 豪登省
■ 约翰内斯堡市

柏林
12个区

☐ 柏林-勃兰登堡大都市区
■ 柏林

城市治理比较

这些表格概括了孟买，圣保罗和伊斯坦布的政府结构组织，描绘了总体的框架和基本的责任划分，明确了由中央、州以及地方政府执行的关键功能。尽管他们提供了一个有用的比较性的概述，但是并没有给问责制一个比较明确的解释，而仅仅是基础性解释。

■ 国家级
■ 邦级
■ 市级
■ 区级
— 包括监管覆盖权在内的行政权力
--- 一些受限的权力

孟买

图中反映了印度高度集中的政治制度。在孟买，国家政府通过一些有权部门掌握了强大的话语权。马哈拉施特拉邦政府由一位首席部长领导，在辖区内负责管理并提供许多服务，包括道路、住房、教育、医疗保健、环境服务和警务等。市政府由选举产生的、权力有限的市长领导，而且缺乏重要的区一级的代表。真正的执行权在于邦政府，其控制着孟买大都市地区发展管理局（MMRDA），并协调大孟买的发展。

圣保罗

圣保罗市由直接选取产生的市长领导，市长与圣保罗州州长有密切的合作关系。州在设定泛大都会区发展框架中扮演了重要角色，包括综合交通规划、住房、军事和民兵等。市政府则负责当地的交通、住房和公共事业，并控制属地的警察部队。第三个层级是分散的31个行政区，是选民的主要联络点，负责管理地方公共服务，并承担有限的规划和运输责任。

伊斯坦布尔

伊斯坦布尔政府在一个统一的国家框架内运作，联邦政府总部设在安卡拉，负责提供卫生保健、小学教育、警务，以及一些住房和交通基础设施——并由伊斯坦布尔的一位由中央任命的州长协调。伊斯坦布尔大都会（IMM）直选市长与下辖的39个行政区（自治市）选定成员组成的市政委员会（Ilçe）及其各自的市长负责地方一级的工作。市长享有广泛的权力，特别是为城市提供服务的重大预算权。最近成立的伊斯坦布尔发展局负责协调地方、区域和国家机构之间的工作。

孟买

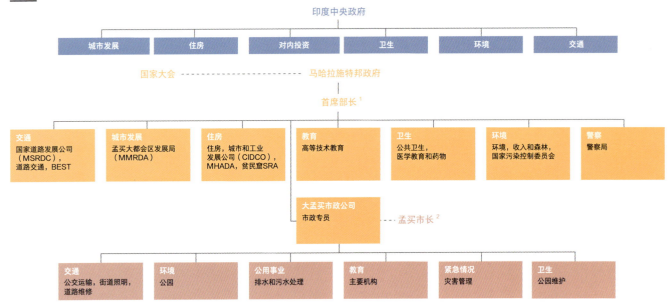

1 由国家议会选举产生。
2 市长由市政府议员选举产生。

圣保罗

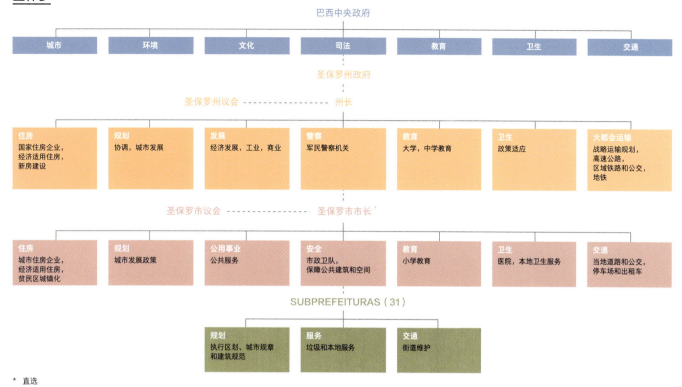

* 直选

伊斯坦布尔

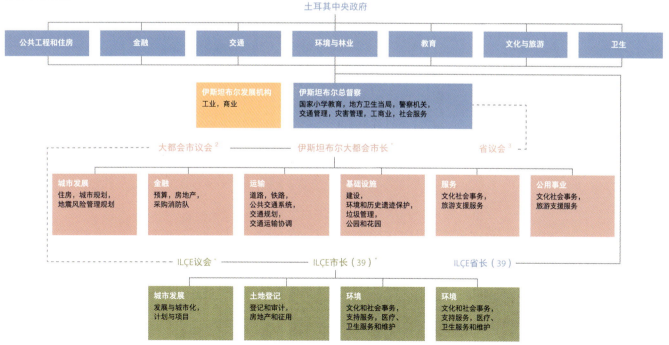

* 直选
1 最近成立,尚未完全实施。
2 由区议会及各区市长选定的成员组成。
3 由中央任命的伊斯坦布尔总督领导,是省特委会理事。

人口年龄分布

城市人口的年龄分布揭示了"城市时代"项目各个案例城市的显著差异,这种差异密切反映了国家和全球的人口发展趋势。尽管纽约、伦敦以及柏林的城市人口比本国农村地区更为年轻,但相比发展中国家的城市,欧洲和北美城市的人口更趋成熟。这些城市的年龄金字塔揭示了"中年扩散",30 至 50 岁的居民占大多数,符合这些较发达经济体出生率下降和预期寿命延长的情况。在城市快速发展的背景下,则呈现了完全不同的情况。孟买、上海、墨西哥城——在某种程度上还有伊斯坦布尔和圣保罗——的年龄金字塔显示了农村到城市的年轻移民占据了主导地位,许多 30 岁以下的居民为劳动力市场和大量的非正规部门提供了广泛的基础。上海的图表描绘了人口老龄化的结构,其反映了中国独生子女政策和来自农村的大量移民的双重影响。在孟买、伊斯坦布尔和约翰内斯堡,50 至 60 岁以上人口的预期寿命显著下降,特别是在男子中,这表明获得医疗保健的机会有限,贫困程度很高,以及糟糕的环境质量。

孟买

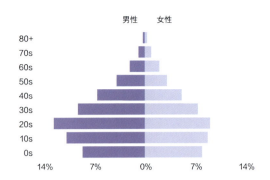

纽约市

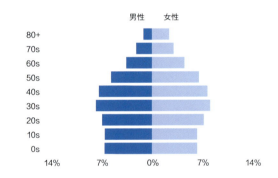

墨西哥城

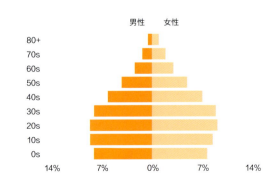

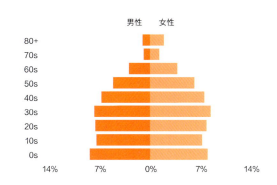

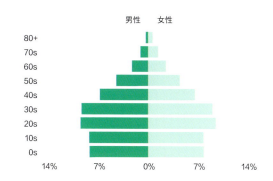

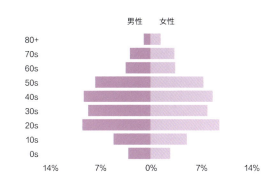

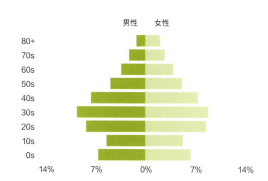

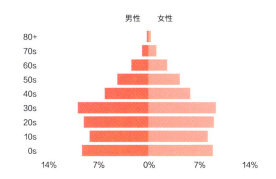

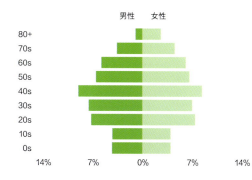

绘制社会秩序

虽然经济理论在一定程度上解释了不同城市中社会群体的分布，但在"城市时代"项目案例城市中，其社会弱势群体的分布模式存在着显著差异。圣保罗和约翰内斯堡表现出弱势群体的极端边缘化，城市边缘地区的失业率较高，同时社会和交通基础设施水平较低。尽管存在一些内城的贫民区，但是，当以识字率作为衡量社会劣势的指标时，总体上孟买也呈现出相同的模式。墨西哥城呈现出更加复杂的格局，受过良好教育的社区与被排斥群体所生活的贫民区比邻而立——出人意料地是柏林也呈现出了相同的格局，其近代历史扭曲了这一典型资产阶级城市的经典社会演变。伦敦和伊斯坦布尔呈现出相反的趋势，大量社会弱势群体集中在相对中心的地区——锁定在内城。上海将这种模式推向了极端，许多城市中心地区仍然居住着中低收入阶层，他们几十年来一直生活在国家补贴住房中，而周边地区则经历着巨大的社会和经济变迁。纽约显示出复杂的社会排斥空间模式，与城市的少数民族密切相关：哈莱姆（Harlem）的非裔美国人，布朗克斯（Bronx）和皇后区的西班牙人、波多黎各人和非裔美国人，以及曼哈顿中部的白人富裕阶层。相反，伦敦在种族多样性和富裕程度之间几乎没有或根本没有相关性，这表明全市范围内更为灵活的社会融合模式。在所有城市中，弱势群体所占比例高的地区服务水平很差，这助长了社会差异的空间化。

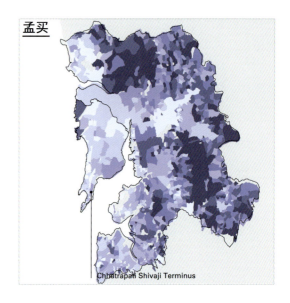

孟买

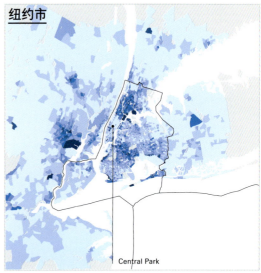

纽约市

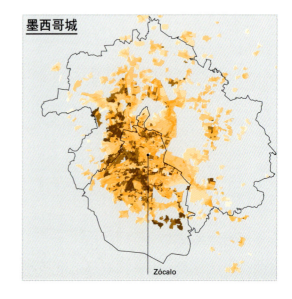

墨西哥城

最优先
平均
最弱势
管理边界

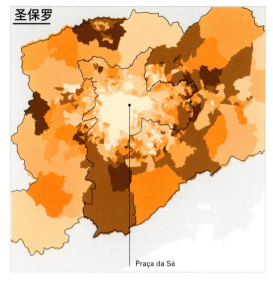
圣保罗 — Praça da Sé

伊斯坦布尔 — Taksim Meydanı

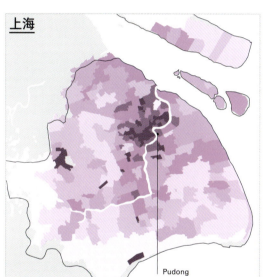
上海 — Pudong

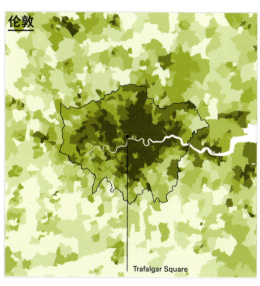
伦敦 — Trafalgar Square

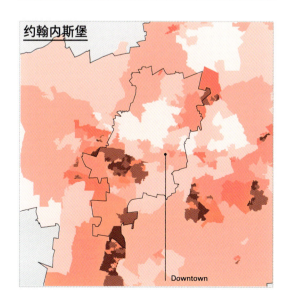
约翰内斯堡 — Downtown

柏林 — Brandenburger Tor

城市工作性质的变化

9个"城市时代"的案例城市正处于从工业向知识经济转变的不同阶段。这里提供的就业数字表明，伦敦和纽约在这次经济转型中取得了最大进展，尽管两个城市都没有完全以金融和商业服务为基础的经济；零售、休闲、社会和个人服务仍然是这两座城市主要的就业来源。其他大多数"城市时代"城市保留了10%到20%的二级部门就业——主要由制造业、工业和建筑业构成。在某些情况下，小的农业部门也仍然存在。伊斯坦布尔的情况与上海的情况非常相似——这两个城市都保留了广泛的制造业基地（约40%）。与其他"城市时代"城市相比，这种差异源于这样的事实，即它们仍然拥有大片的土地，制造业和农业活动仍然占主导地位。在正式就业方面，墨西哥城、孟买、圣保罗和约翰内斯堡都有70%以上的劳动力从事某种程度的服务性活动。但是，这些统计数据并没有显示出发展中国家大多数城市非正规就业的重要性。例如，孟买的非正规城市经济雇用了60%以上的劳动力，这些劳动力通常由居住和工作在贫民窟的低技能农村移民组成。

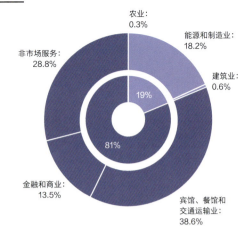

孟买

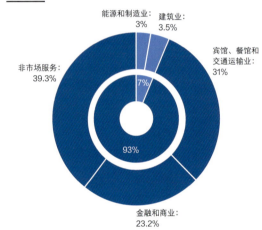

纽约市

墨西哥城

第一产业
第二产业
第三产业

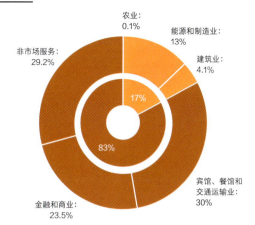
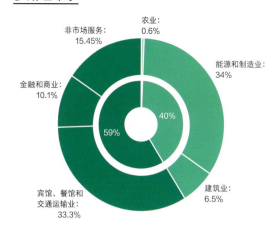
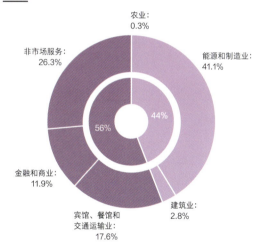
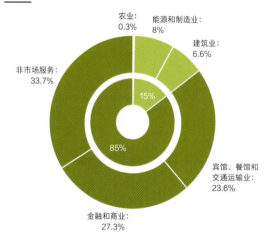
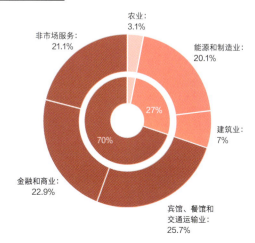
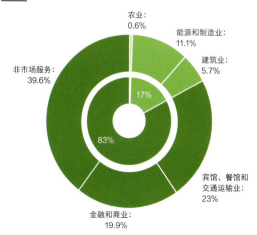

获取城市密度

城市居住密度测量了有多少人生活在城市及其周边区域中。下面的图表显示了"城市时代"案例城市延伸到100X100公里区域内的人口密度分布,柱体高度代表密度的高低。下边的"图形–背景"图直观地呈现出了每个城市密度最高的区域。关于这些区域的更详细信息和密度分布图在对面页中给出。

住宅密度主要受地形约束,并受到公共交通和其他基础设施的影响,但也受到每个城市的文化传统和经济发展的影响。"城市时代"案例城市表现出了不同的密度模式,从孟买、伊斯坦布尔和上海的中心城区高密度发展模式,到柏林、伦敦的低密度发展模式。约翰内斯堡则是几个高密度区域围绕着空心化的市中心,处于一种低密度的蔓延之中。纽约也是类似的分

孟买
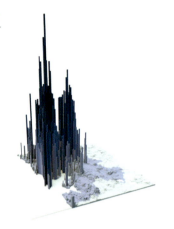

圣保罗

伊斯坦布尔
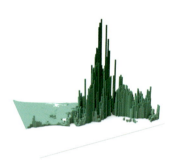

纽约市
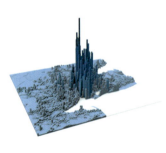

上海

伦敦

墨西哥城

约翰内斯堡

柏林

布模式,人口密度沿着城市河道两侧逐渐上升,在曼哈顿、布朗克斯(Bronx)、布鲁克林和皇后区达到顶点,而其余的地区密度较低。圣保罗是多中心城市,与墨西哥城的总体密度分布模式类似。但令人吃惊的是两个城市的城市形态非常不同——圣保罗的天际线是由高层公寓楼主导,而墨西哥城则是低层建筑为主。这些相似的密度分布证实了高层建筑并不一定比更严格规划的低层建筑产生更高的密度,特别是当单个塔楼被大面积的柏油路面或未使用的空间包围时。

孟买——卡马提普拉

最高密度 121,312 人 /km²
平均密度 25,316 人 /km²
中心密度 45,021 人 /km²

最高密度 /1km²
卡马提普拉

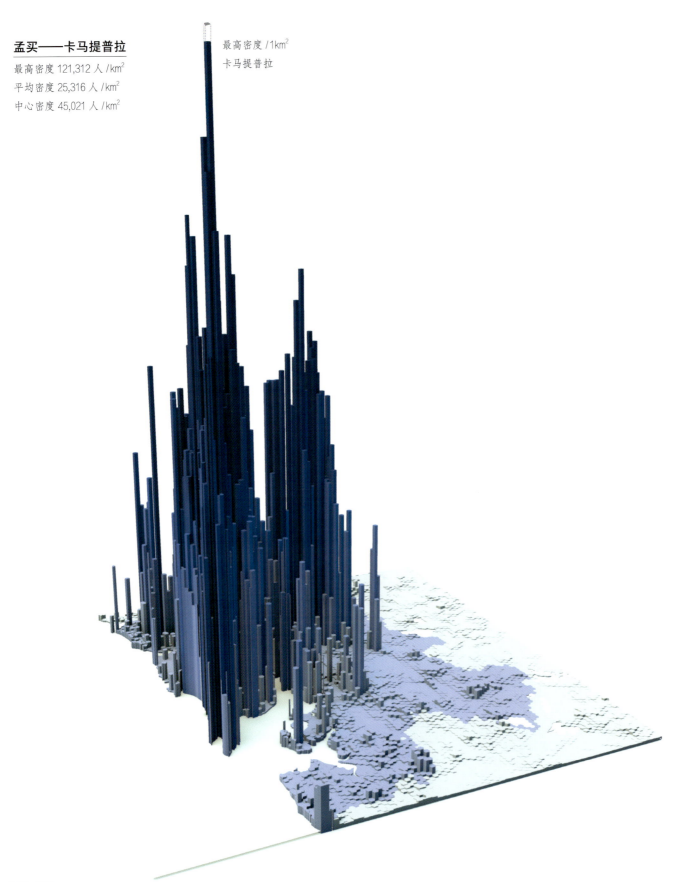

孟买最密集的部分是卡马提普拉（Kamathi-pura），位于岛城的南部，距离西北部最有活力的地区1.5公里。其特点是传统的单层建筑、多层公寓大楼和高层塔楼混合分布在一起。作为孟买最古老、亚洲最大的红灯区，它仍是一个充满活力的居住区，有许多小型商业和手工作坊以及商店沿着拥挤的小巷和主要街道分布，创造出一条不间断的、充满活力的城市界面。城市发展的约束性和不断上升的土地价值使这个地区值得重新开发；许多低层建筑正被高楼大厦所取代，而高楼大厦的占地面积更大，正在改变着该地区城市的细微面貌。

最高密度 /1 km²
卡马提普拉

圣保罗 – 圣塞西莉亚

最高密度 29,704 人 / km²
平均密度 6,832 人 / km²
中心密度 10,376 人 / km²

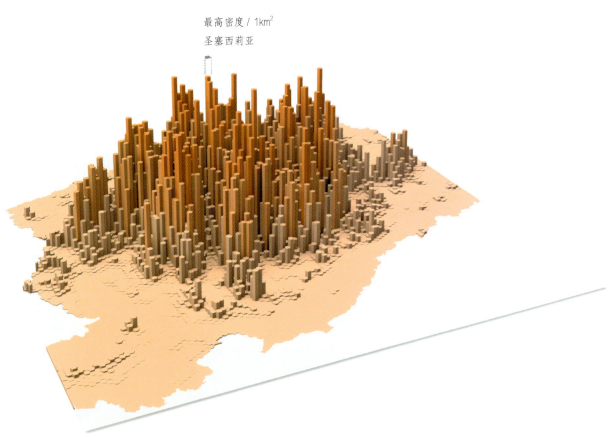

最高密度 / 1km²
圣塞西莉亚

圣塞西莉亚（Santa Cecília）是城市最密集的住宅区，位于圣保罗市中心，距离城市的历史中心——主教座堂广场——西北2.5公里，距离现在的主要商务区——保利斯塔大街——北部2.5公里。8到10层的公寓楼和一些住宅楼（约20层楼高）是主要的建筑形式，构建了一个结构松散的直线城市网格，其特征是没有连续的街道墙。这个地区曾经是咖啡大亨们的宠儿，在20世纪初主导着巴西经济，但是由于20世纪30年代的咖啡生产危机，这个地区衰落了。随着中高收入人群从更昂贵的地区迁移到中南部，这个地区正在经历复兴，新的和更高的公寓楼在密集的城市网格中拔地而起。

最高密度 /1km²
圣塞西莉亚

伊斯坦布尔—贡高伦

最高密度 77,267 人 /km²
平均密度 2,380 人 /km²
中心密度 20,128 人 /km²

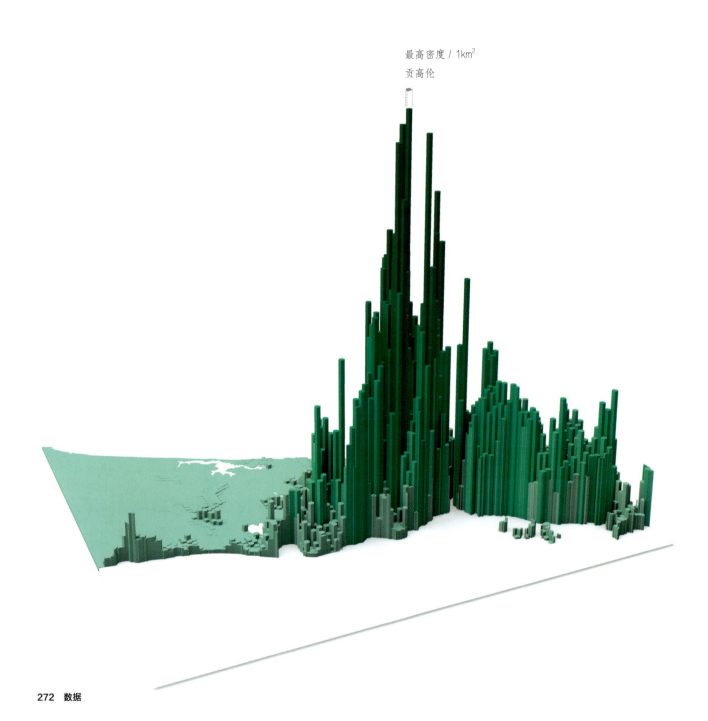

最高密度 / 1km²
贡高伦

位于伊斯坦布尔欧洲一侧,金角湾以西10公里的工薪阶层居住区贡高伦(Güngören),其城市结构紧密,是城市中最密集的居住区。20世纪50年代中期以后,由于来自安纳托利亚的移民,这个小城镇已经变成了近25万人的家园。6层和7层高的公寓楼在主要街道和狭窄的小巷之间形成了一个混合网格,一部分是直线的,一部分是随机的,而后者表明它们源于贫民窟的非正式住宅。作为伊斯坦布尔这样密集、紧凑的城市的典型,这个地区缺少绿色和开放空间。尽管如此,它仍然被大家族占据,而且大部分居民受雇于该地区活跃的商业和制造业经济,大量的小商店和作坊沿着连接城市道路网的繁忙的街道密集分布。

最高密度 /1 km²
贡高伦

纽约市 – 上东区

最高密度 58,530 人 /km²

平均密度 9,272 人 /km²

中心密度 15,353 人 /km²

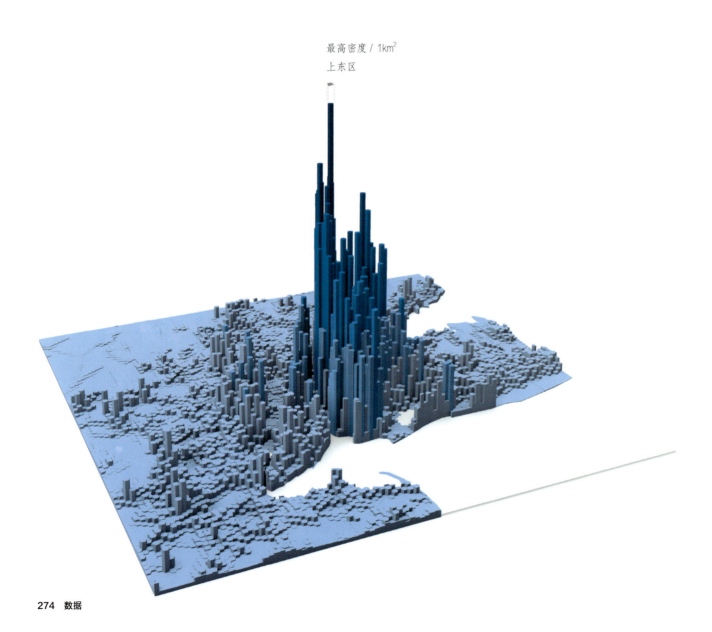

最高密度 / 1km²

上东区

上东区位于中央公园和曼哈顿东河之间，是纽约的5个行政区之一。其位于时代广场东北3公里处，拥有城市中最密集和最昂贵的住房，其中一些最富裕的居民住在中央公园附近，可以俯瞰整个东河。和曼哈顿其他地区一样，该地区由规则的直线街道网格构成，由宽阔的南北大道（从第一大道到第三大道）和较窄的东西向街道（大致从第73街到第85街）界定，连续的街道遍布着商店、酒吧、咖啡厅、餐馆和便利店。非常高的住宅楼——大约40层高——耸立在建于19世纪晚期的传统城镇住宅和建于20世纪中期的8到10层的公寓大楼旁边，创造出类型多样的城市景观，在街道层面上具有清晰的空间凝聚力。

最高密度 /1 km²
上东区

上海－卢湾区

最高密度 74,370 人 /km²

平均密度 3,136 人 /km²

中心密度 23,227 人 /km²

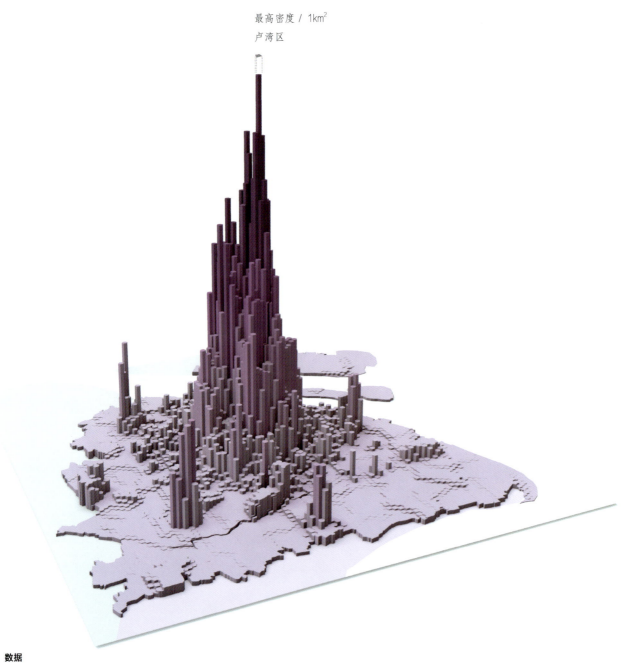

最高密度 / 1km²

卢湾区

卢湾区位于上海市中心，人民广场以南1.5公里，浦东金融区东南3公里，是城市最密集的地方。浦东是全市的新兴商业金融中心，而卢湾区是历史、商业和居住中心，以林荫大道、国际时尚商店和高档餐厅而闻名。其原本是法租界的一部分，是20世纪20年代最负盛名的城区之一，该地区反映了上海城市化的快速发展。它的主要道路界定了线形城市街区的中心地带，这些街区由拥挤的中式低层传统房屋组成，通过非常狭窄的小巷进入。这个地区的边缘则是那些服务于中国不断增长的中产阶层的大型高层住宅区，它们侵占并打破了旧城市结构的细微纹理。

最高密度 /1 km²
卢湾区

伦敦 – 诺丁山

最高密度 17,324 人 /km²

平均密度 4,497 人 /km²

中心密度 8,326 人 /km²

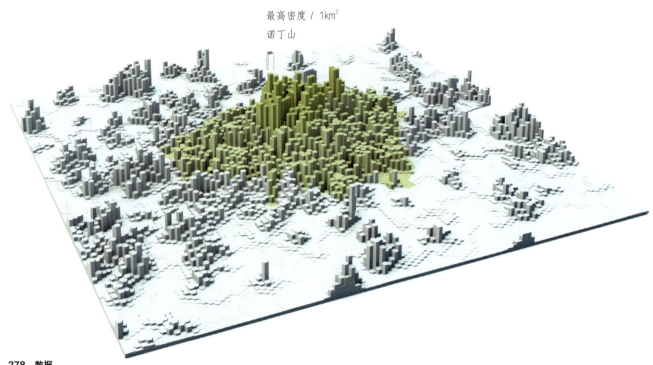

最高密度 / 1km²

诺丁山

大多数伦敦人都会惊讶地发现，诺丁山这个高档、绿色和富裕的社区，是在伦敦这个相对低密度城市中最密集的住宅区。诺丁山位于皮卡迪利广场以西5公里处，距离海德公园仅有一小段路程。该地区的大部分区域是在19世纪早期至19世纪中期发展起来的，作为一个居住区以容纳伦敦的新兴资产阶级，这是当时世界第一大城市近1000万人口向西扩张的关键部分。围绕着私有的公共庭院建设的5至6层城市住宅这一独特类型，已经被证明是一种持久的和令人赞赏的建筑形式，其适应了过去两个世纪以来不断变化的生活方式和社会经济状况。20世纪中期，许多原有的城市住宅被改造成了多租户的公寓，吸引了加勒比移民和学生来到该地区。到20世纪80年代，许多房产又被改造成独门独户的住宅，吸引着专业和富有创造力的阶层，他们重视宽敞的内部空间和绿色的庭院，并且毗邻城市最理想的购物区。

最高密度 /1 km²
诺丁山

墨西哥城 – 莫里诺德圣多明各

最高密度 49,088 人 /km²
平均密度 5,786 人 /km²
中心密度 12,880 人 /km²

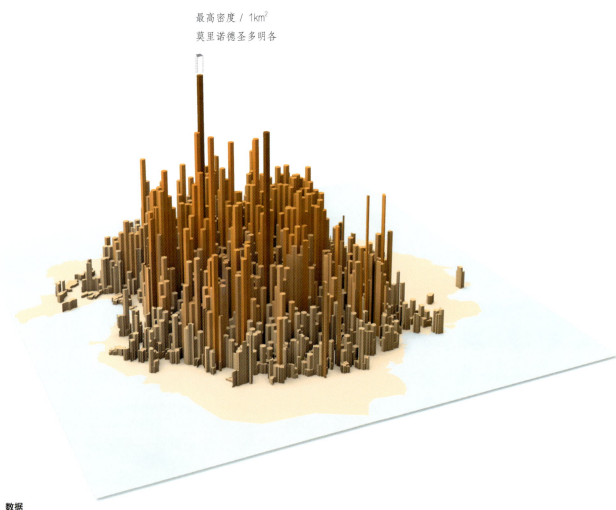

最高密度 / 1km²
莫里诺德圣多明各

莫里诺德圣多明各（Molino de Santo Domingo）位于墨西哥城的西部边缘，距离市中心的扎卡鲁（Zócalo）广场东南10公里。原本是一个没有正式规划的地区，坐落在城市的一座独特的山脚下，住宅建筑分布在一个浅谷中，位于一条连接着城市交通网络的主要道路两侧。这个地区的城市特色是，许多一、二层的建筑物整齐地排列在垂直于山谷斜坡的街道上，这掩盖了其非常高的居住密度，事实上，整个区域缺乏开放空间，许多大的家庭挤在相对受限的生活空间里。一系列公共住宅区和工业区确定了主干道的边缘，而大部分小型住宅被编织在一个紧凑的城市纹理中，这赋予了原本破碎的地区一定程度的视觉凝聚力。得益于城市门户的区位，其充当了墨西哥城与相邻的墨西哥州和米却肯州（Michoacán）之间的商贸交易点。

最高密度 /1km²
莫里诺德圣多明各

约翰内斯堡—伯利亚

最高密度 42,398 人 /km²
平均密度 1,963 人 /km²
中心密度 2,203 人 /km²

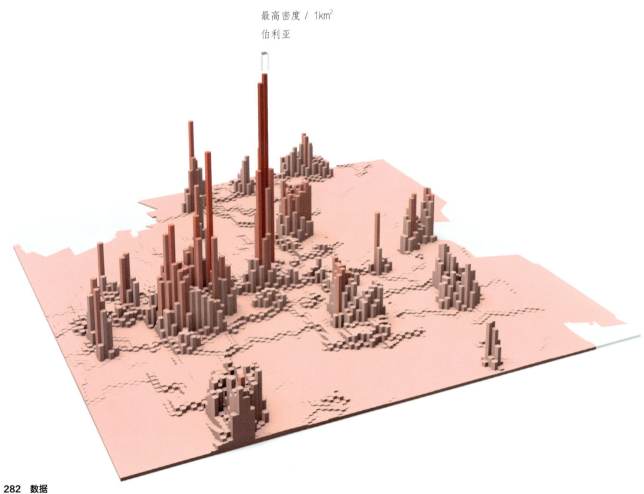

最高密度 / 1km²
伯利亚

伯利亚（Berea）是一个内城区，距离约翰内斯堡市中心东北2公里，靠近希尔布劳（Hillbrow）和其他几个地区，这些地区在南非种族隔离后几十年动荡的历史中经历了剧烈的变化。这个高密度区域主要由20多层高的大型公寓楼所占据，形成了一个支离破碎的城市景观，街道前沿的连续性很小，公共领域的界定不明。在东区和北区有密集的独门独户式住宅群。在20世纪70年代，这里是一个种族隔离的"只有白人"的地区，但很快变成了"灰色地带"，不同种族的人们住在一起，获得了一种国际化和政治进步的感觉。20世纪80年代，由于规划不善、基础设施投资不足和人口增长迅速，造成中产阶级居民大量外流，主要建筑物也遭到破坏。今天大部分居民都是来自乡镇、农村和非洲其他地区的移民，许多人生活在极度贫困之中。

最高密度 /1km^2
伯利亚

柏林—席勒基兹

最高密度 24,186 人 /km²
平均密度 3,737 人 /km²
中心密度 6,683 人 /km²

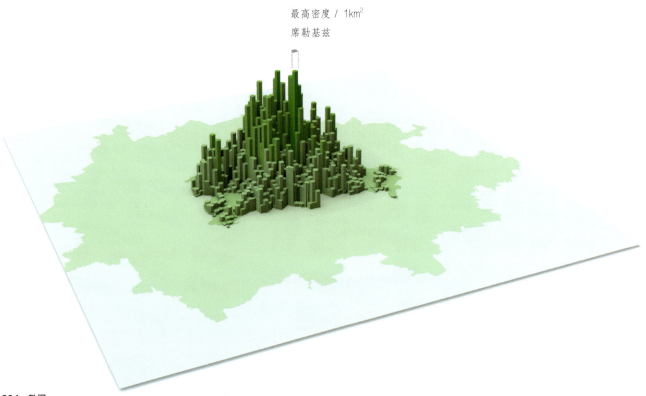

最高密度 / 1km²
席勒基兹

席勒基兹（Schillerkiez）是柏林最密集的居住区，位于亚历山大广场以南 4.5 公里的西柏林较不富裕的地区。它是第二次世界大战后美国占领区的一部分，靠近著名的、低端但放荡不羁的文化人聚居的克鲁兹堡区（Kreuzberg）。尽管城市肌理因柏林的不同建设标准而异，但是它主要由 20 世纪初至 20 世纪中叶建成的 5 层高的围合式街区组成，这种建筑围绕内部庭院的模式为主要道路和街道创造了连续的界面。该地区是柏林移民比例最高的地区之一，是一个非常多样化和社会混合型社区。与大多数典型的柏林社区不同，这个地区缺少大的公园和开放空间，并且紧邻着体量巨大的办公大楼和刚刚停止使用的坦佩尔霍夫（Tempelhof）机场。高档化已经开始从克鲁兹堡蔓延开来，进一步加剧了富裕的北部地区与贫穷的南部地区之间的分化。

最高密度 /1km²
席勒基兹

交通基础设施

交通基础设施是塑造城市形态的重要推动力，使经济职能得以集中，使不断增长的人口能够沿着公共交通路线居住。在公共交通基础设施没有到位的地方，通常以占用大量空间的高速公路为主，这会导致蔓延式发展，由于私家车的使用持续领先于道路建设从而造成交通拥堵。一个多世纪以来，伦敦、纽约和柏林实现了整合的地铁、公交和铁路系统，形成了连接中心区和更广阔的大都会区的密集而便利的交通网络。孟买和伊斯坦布尔尽管受自然地理条件的限制，但拥有了高效而可负担的公共交通，伊斯坦布尔在扩大现有地铁和公共汽车快速运输系统方面进行了大量投资。虽然不受自然约束的影响，但圣保罗和墨西哥城只有一个基本的铁路运输系统，无法满足庞大的就业人口，他们的通勤时间很长。相反，上海在地铁和铁路运输方面投入巨资，但距离其经济发展的全球愿景，还有很长的路要走。约翰内斯堡的公共交通严重不足，并且像其他发展中国家的"城市时代"项目案例城市一样，依赖非正式和无管制的交通工具，如共享式出租车，来连接城市贫民居住的地区。

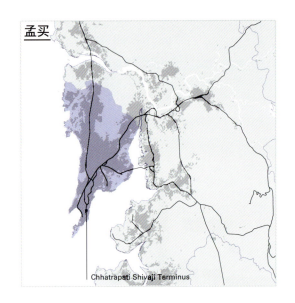

孟买

Chhatrapati Shivaji Terminus

纽约市

Central Park

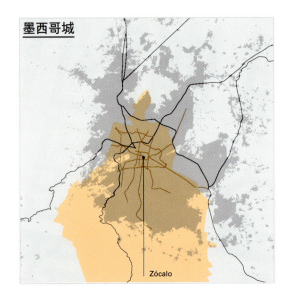

墨西哥城

Zócalo

城市行政区划
城内铁路
区域铁路
地铁/快速公交系统
规划中线路

圣保罗 — Praça da Sé

伊斯坦布尔 — Taksim Meydanı

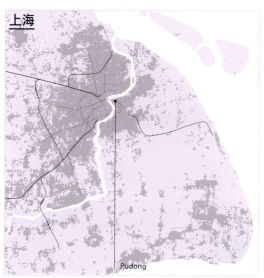
上海 — Pudong

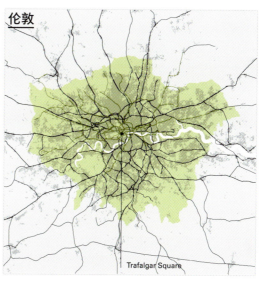
伦敦 — Trafalgar Square

约翰内斯堡 — Downtown

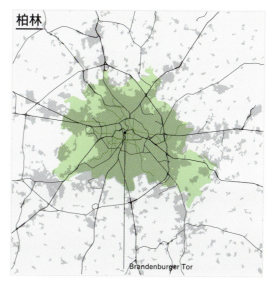
柏林 — Brandenburger Tor

上班

人们如何在城市内旅行——"模式分离"——反映了公共交通基础设施的提供水平,也反映了当地的经济发展、气候和城市形态。在纽约,几乎60%的上班路程都是由公共交通工具完成的。尽管伦敦和柏林达到了40%,但相比其他"城市时代"的案例城市,其公共交通工具所占的比例要高得多。尽管经济状况非常不同,但在约翰内斯堡开车上班的人数几乎与伦敦的一样多,在圣保罗和墨西哥城,近三分之一的通勤者开车上班,而在孟买,这一比例降至1.6%。非机动化旅行在欠发达但人口密集的城市使用率很高:在伊斯坦布尔45%的工作出行是步行,而在孟买和上海,一半以上的出行方式是步行或骑自行车。同样,圣保罗和约翰内斯堡的情况居中,步行的份额明显高于富裕城市。纽约曼哈顿市中心大约40%的居民步行去上班,超过90%的富有的商业工作者使用公共交通工具去伦敦的金融中心。尽管上海的公共交通工具快速增长,但自行车仍然盛行。柏林的自行车使用率很高,但是相对来说,顺畅的公路还是支撑了高水平的汽车使用率——尽管有高质量的公共交通系统。在其他一些城市,即使像墨西哥城那样有良好的地铁系统,非正式交通也常常占主导地位,这反映了通勤模式和基础设施之间的不匹配以及公共交通相对高的成本。

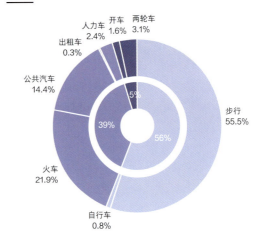

孟买

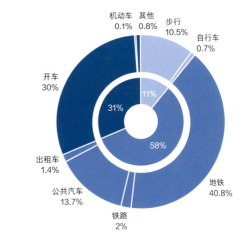

纽约市

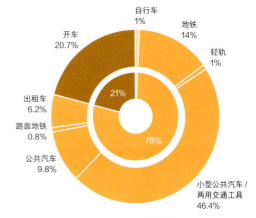

墨西哥城

注:墨西哥城的交通方式中,没有"步行"的数据。以上份额超过了所有其他交通方式。

非机动车 | 公共交通 | 私人机动车

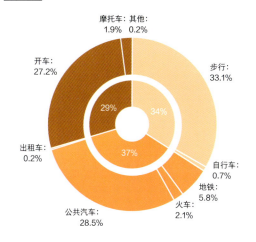
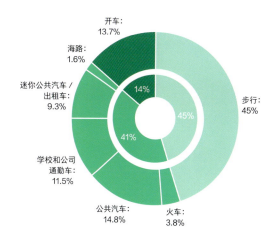
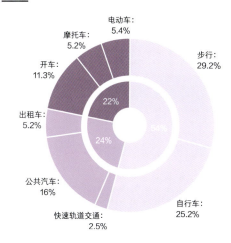
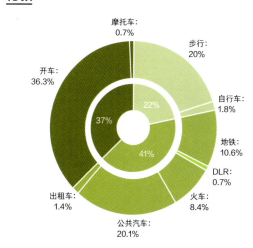
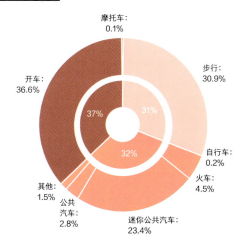
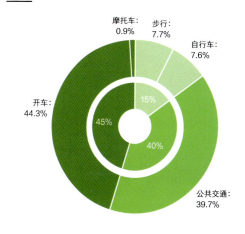

将居住密度与公共交通相联系

较为成熟的"城市时代"项目案例城市——伦敦、柏林和纽约——显示出公共交通投资如何随着时间推移与居住密度的分布模式密切相关。联系最紧密的地区是人口最集中的地方,这证明了一个世纪以来的政策是合理的,这些政策优先考虑以铁路为基础的公共交通,将更广阔的大都市区与集中的就业区联系起来。孟买,也许,提供了最有效的模式,在那里,沿着两条连接城市中心和广阔的准农村地区的铁路,居民密度达到高峰,每天给工作场所带来大量的劳动力。柏林的高度整合的地上和地下铁路服务,以及伦敦和纽约的综合轨道交通系统,都可以发现这些相关性。在墨西哥城、圣保罗和约翰内斯堡,快速的城市发展已经超过了交通基础设施的承载力,导致昂贵的私家车优先于公共交通。尽管如此,上海在地下交通方面投入了大量资金,而伊斯坦布尔已经充分利用其非正式交通和共享汽车系统来补充其碎片化的公共交通系统。约翰内斯堡显示了公共交通可用性与居住密度之间的错位,其汽车拥有量(以每1000名居民拥有汽车数量表示)远低于孟买、上海和伊斯坦布尔,分别为36、73和139辆汽车,这与圣保罗的368、墨西哥城的360、伦敦的345、柏林的319形成鲜明对比。

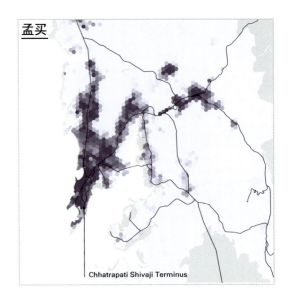

孟买
Chhatrapati Shivaji Terminus

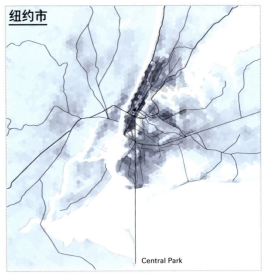

纽约市
Central Park

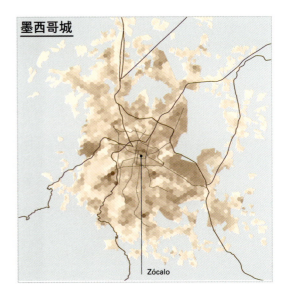

墨西哥城
Zócalo

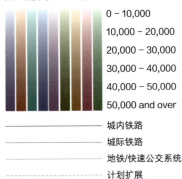

人口密度(人/km²)
- 0 – 10,000
- 10,000 – 20,000
- 20,000 – 30,000
- 30,000 – 40,000
- 40,000 – 50,000
- 50,000 and over

—— 城内铁路
—— 城际铁路
—— 地铁/快速公交系统
---- 计划扩展

圣保罗 / Praça da Sé

伊斯坦布尔 / Taksim Meydanı

上海 / Pudong

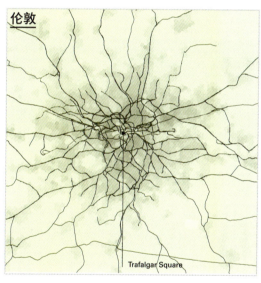
伦敦 / Trafalgar Square

约翰内斯堡 / Downtown

柏林 / Brandenburger Tor

理解这些数字

贾斯汀·麦考克（Justin McGuirk）

城市数据通用术语

GVA
总附加值，衡量城市周边更广泛区域的国内产出。

GINI 系数
衡量收入分配的不平等，0表示完全平等，而1表示完全不平等。

人类发展指数（HDI）
人类发展指数衡量社会和经济发展的综合水平，这一数值越接近1，说明社会和经济发展的综合水平越高。

"城市时代"项目在2005年至2010年之间积累了庞大的数据，而且这些数据清晰明了，本部分尝试来检测应用这些数据。那么这些数据能够用来判断一个城市的健康状况吗？甚至这些数据能够使我们确定一座理想城市的特征吗？将每个数字——不管是人均国内生产总值或每十万居民的谋杀率——作为城市DNA的基因序列。如果调换相关的数据，选择最有利的数字，你也许可以克隆出一个天堂城市：一座不是太拥挤，不是太贫穷，完全绿色、清洁、安全、快乐的城市。或者，如果你喜欢更反常的创造，你可以将所有最负面的特征拼接在一起，产生一个现代的俄摩拉城（Gomorrah，罪恶之都：据《圣经·创世纪》该城因居民罪恶深重被神毁灭。——译者注）。无论哪种方式，你都将创造一个怪物，一种不可能的情况。然而，如果你比较表格中"城市时代"项目案例城市的所有关键数据，你会发现这样一种不可能的情况已经存在。这个城市叫作孟买。

孟买可能不是最完美的城市，但它无疑是一座极端的城市。表格中最高和最低的数据几乎总是属于它。如果你只看一半的数据，你可能真的会认为你拥有一个人造香格里拉。毕竟，孟买是一座典型的绿色城市。到目前为止，这座城市的碳排放率最低，能耗最低，水消耗量最低且产生的废弃物最少。另外，这座城市的汽车保有量最低，步行和骑自行车的比率最高，公共交通最便宜，你拥有了一座理论上地球上最可持续的大城市。

但是，孟买也是世界上人口密度最高的城市，在高峰时期，其人口密度达到每平方公里121312人。尽管已经是9个"城市时代"项目案例城市中人口最多的城市，孟买的人口增长还是最快的，最近已经超越上海，预计从现在到2025年，其每小时的人口增长为44人。更糟的是，孟买也是最贫穷的城市，很长一段时间以来，其人均国内生产总值最低。作为一座人口最多，最贫穷，人口增长最快的"城市时代"项目案例城市，孟买似乎驶入了一场完美风暴。

但是，假如这个城市是一个活的有机体，你需要做的就是调换孟买的两个特征——比如说将孟买的人口密度和人均国内生产总值与纽约调换，那么你将

	 城市现有人口 （基于地理信息系统）	大都市区现有人口	中心城区人口密度 （人/平方公里） （基于地理信息系统）	 2010-2025年预计增长 （人/小时）
孟买	11,710,000	19,280,000 2005	45,021	44 2009
圣保罗	10,400,000	19,220,000 2007	10,376	11 2009
伊斯坦布尔	12,700,000	12,700,000 2008	20,128	12 2009
纽约市	8,090,000	18,820,000 2007	15,353	9 2009
上海	15,460,000	15,460,000 2006	23,227	26 2009
伦敦	7,560,000	7,560,000 2007 - Greater London	8,326	1 2009
墨西哥城	8,580,000	19,240,000 2005	12,880	10 2009
约翰内斯堡	3,230,000	3,890,000 2007 - CoJ Metro Municipality	2,203	3 2009
柏林	3,330,000	4,300,000 2002	6,683	0 2009

得到统计学上看起来完美的城市。但这并不是一场游戏，从孟买的角度来看，一座城市不可能两者兼得。一座城市不可能同时实现孟买的可持续性和纽约的富裕。更重要的是，统计学只能告诉你一个地方的性质。仔细分析孟买的极端数值不会告诉你这个城市看起来是什么样，闻起来是什么样。在 2006 年的威尼斯建筑双年展上，展示了赋予数据有形形式的难度。为了达到戏剧性效果，该展会上的许多城市密度模型被转换成泡沫聚苯乙烯塔，但是一些游客将其误解为实际的高层建筑景观。

这篇文章的目的是调查这些数据，并对其进行探究。我并不是说这些数据都是准确的——尽管不能提取每份政府人口普查的精确数据——但是，我想问：这些数据究竟能告诉我们什么？以下内容能指导我们解读这些数字。

从街道来看，人口密度是什么样的？

对于伦敦来说，在 21 世纪的第一个十年，控制人口密度是其追求的目标。经过几十年的城市飞速发展和郊区化，伦敦的城市中心——甜甜圈上的洞，像 20 世纪 60 年代的每个城市中心一样——突然再次扩大。生活在市中心成为那些能负担得起的人们的愿望，也是城市政策的工具。控制人口密度被认为是实现有效率、有活力、公平的城市的方法之一，在这样的城市里穷人和富人生活在一起。事实上，控制人口密度是一种有效方式。然而，很明显，这是相对的。拥有联排式住宅和维多利亚时代的城郊，以低楼层建筑为主的伦敦是"城市时代"项目案例城市中人口密度最低的。与人口密度超过每平方公里 12 万人的孟买相比，突然间，你拥有了太多美好的东西。那么有一个不可避免的问题，有最优人口密度这样一个数值吗？

为了回答这个问题，你需要看看生活质量，将各种文化因素与人口密度数据比对。尽管很难精确地确定，纽约人可能没有期望拥有伦敦人那样的个人空间，但是当他们在孟买街头散步的时候，他们会避免或减少与他人身体的接触。同样，伦敦可能是"城市时代"项目案例城市中人口密度最低的城市，但伦敦西区是如此拥挤，以至于为了保持人流的移动，有呼声要求引进慢速和快速人行道。

人口密度模型倾向于比第一次更模棱两可。首先，我们应该清楚：我们谈论的是居住人口密度，而不是工作场所的人口密度。同时，如同白蚁丘般的图表表征的是人口分布情况，而不是物理景观。但这些人是什么样的人？飙升的峰值代表一个贫穷社区还是富裕社区？当地居民是生活在高楼大厦还是挤在临时的棚户区？

我们倾向于把极端人口密度与贫困联系在一起，然而纽约人口最密集的地方是纽约上东区，如同一个古老的金钱和特权铸就的堡垒。不可否认，在过去的十年中，开发商一直在兴建塔楼公寓，这些公寓将平庸的规划设计与高档区位以及壮观的景色相结合。但是在这里生活的富人的人口密度比墨西哥城中任何地方的穷人的人口密度都大。如果你能在人口密度为每平方公里 58530 人的曼哈顿维持着富裕的生活，那么高人口密度终究不是一件坏事，即使上东区的各位在周末需要逃到汉普顿。

然而，你可能还是需要将数据增加一倍多，才能达到孟买的峰值密度。正如预期的那样，这样的情况不会发生在经常被误称为亚洲最大贫民窟的达拉维（Dharavi），而是发生在亚洲最大的红灯区卡马提普拉（Kamathipura）。在卡马提普拉的中心地带，破旧的3层建筑挤在一起，密度达到了每平方公里121312人。最初，妓院区是英国统治印度的时候为英国军队建立的，今天卡马提普拉的性工作者在地球上最拥挤的地方交易。作为比较,因电影《贫民窟的百万富翁》而众所周知的达拉维，每平方公里只有82000人。但是即使处在峰值范围以外的人，绝大多数都生活在非常糟糕的环境中。城市中四分之三的住宅是分间出租的宿舍，迈克·戴维斯（Mike Davis）将其形容为"一家六口挤在一个15平方米的单间出租住宅，厕所通常与其他六个家庭共用。"

在"城市时代"项目案例城市中，上海是人口密度与孟买最接近的城市。在浦东对面的卢湾区，人口密度达到每平方公里74370人。但是卢湾区的街景与卡马提普拉的截然不同。卢湾区是一个经过规划的、正式的地区，该地区由高楼大厦和拥有宽阔街道的住宅街区组成。事实上，在过去的十年里，上海已经采取措施来降低人口密度：将人口转移到城市边缘，并增大公寓的最小建筑面积——就像在孟买一样，一家三代人住在一个15平方米的公寓里过着艰难的生活。

低楼层的卡马提普拉与高低楼层混合的卢湾区相比较，可以看出高人口密度与特定的城市形式没有内在联系。这似乎证明了：高楼层生活是实现控制城市人口密度的最有效方式——除非你考虑卡马提普拉居民恶劣的生活条件。关于这一情况的更好的例子是圣保罗和墨西哥城。这两座城市有相似的人口密度（没有孟买和上海那么高），然而，圣保罗是由住宅塔楼组成的，而墨西哥城大部分是杂乱无章的低层楼房。甚至在他们人口最密集的地区，这种模式也是不变的。圣保罗的人口最密集区域不是贫民窟，而是位于中心地段的圣塞西莉亚（Santa Cecília），墨西哥城的人口最密集区域位于城市西部边缘的莫里诺德圣多明各（Molino de Santo Domingo）的贫民区。

这就引发了一个有趣的问题：是临时住房还是规划住房造成了最高的人口密度？如果你看看两个极端，孟买的卡马提普拉（121312人/km^2）和伦敦的诺丁山（17324人/km^2），你可能会有自己的答案。同样地，低矮的非正式住宅密集的莫里诺德圣多明各（49088人/km^2）的人口密度明显高于高楼林立的圣塞西莉亚（29704人/km^2）。然而，拥有以市场为导向的高楼大厦的上海和纽约证明：贫民窟的人口密度比高楼大厦的人口密度高的观点是错误的。甚至约翰内斯堡索韦托（Soweto）镇的人口密度远不及伯利亚（42398人/km^2）的人口密度。伯利亚是一个破败的飞地，主要由公寓楼组成，包括著名的54层高的桥塔（Ponte Tower，1975年建成，是当时南非最高的居住建筑。——译者注）。

然而，有一点很清楚，那就是这些城市人口最密集的地区是近期移民的聚集地。在伊斯坦布尔，人口密度的峰值出现在靠欧洲一侧的贡高伦（Güngören）地区的阿克努涅拉（Akıncılar）。该地区是一个典型的违章建筑区域，自20世纪80年代以来，来到这里的农民工逐渐将他们的平房改建成4层和5层的楼房。大量安纳托利亚移民聚集，导致贡高伦地区紧张的种族和政治局势。2008年7月，两个同时发生的爆炸造成17人死亡，超过150人受伤。伦敦和柏林是表格中的两个异类，它们的人口密度最低，但是它们的人口迁移模式和人口密度分布是相同的。柏林最拥挤的社区是新克尔恩（Neukölln）区的席勒基兹（Schillerkiez），一个有很多土耳其人聚居的地区。伦敦的诺丁山，曾经作为一种特殊的富裕生活的代名词，在过去半个世纪里吸引了一批又一批的西印度移民，这些移民从兔子窝式的居民区（指街道狭窄而密集的城区。——译者注）搬到了相当大的维多利亚时代的住宅楼里。

密度模型告诉我们的关于"城市时代"项目案例城市的最主要信息是它们的人口是如何均匀分布或者以其他方式分布的。例如，约翰内斯堡的人口分布极其不均匀，在伯利亚和希尔布罗（Hillbrow）附近有一个极端的尖峰。圣保罗人口众多，占地面积较大，人口密度相对较低，而且分布均匀。这是一个飞速发展的年轻城市。墨西哥城也相当稳定，没有极端的高峰。孟买、上海和伊斯坦布尔——三个发展最快的城市——的峰值最为明显，这表明移民的到达速度远远快于为他们建设居所的速度。有些城市试图劝导或迁离贫困的居民，使他们远离赖以为生的城市中心。墨西哥城和孟买建造了卫星城来吸引人们前往定居。在新孟买的案例中该战略是失败的，它跨越塞恩河（Thane Creek）而建，反而吸引了富裕的中产阶级。在伊斯坦布尔，偶尔会强制迁离移民，而不是进行诱导。苏鲁库勒（Sulukule）的罗姆人（Roma）就是这种情况，他们世代居住在古城墙内，对于他们来说，古城就是块风水宝地。

进入城市，有或者没有交通系统

这一代建筑师，普遍将人口密度视为与公民美德同等重要，认为高居住密度是良好公共交通的标志，但事实恰恰相反。伦敦和柏林位于最发达的地铁和区域铁路网范围内，但它们是9个城市中人口密度最小的城市。伊斯坦布尔和上海是两个人口最密集的城市，但它们只有很小的公共交通系统，而人口最密集的孟买，没有地铁服务，完全依赖于其铁路网络。

这告诉我们什么？极端的人口密度阻碍了有效的公共交通基础设施？抑或缺乏交通运输设施导致了拥挤的生活条件，迫使人们在同一个城市生活和工作？孟买是极端人口密度的一个很好的例子。56%的路程都靠步行，大多数行人在15分钟内到达工作地点。许多西方城市都希望达到这样的统计数字，但在孟买，人们的生活质量却付出了巨大的代价。例如，超过100万人居住在街道上（根据1995年麦克 戴维斯关于贫民窟的估计），其中许多是街头小贩、人力车夫或市场搬运工，他们被迫留在市中心附近，以方便工作。正如苏克图·梅塔（Suketu Mehta）明确地指出，为了生计，进入城市是大多数孟买人的首选，他们的不适是一种投资。

步行率最高，汽车拥有率最低，平均每1000名居民只有36辆汽车，几乎可以忽略不计。虽然汽车保有量不断上升，但道路网络没有相应地增长，交通拥堵状况十分严重。无论如何，汽车是孟买富人的财富，其中70%是由职业司机驾驶的。在公共交通方面，孟买几乎完全依赖郊区铁路网，铁路网每天需要运送640万名通勤人员。然而，火车严重超载，虽然乘客们日常生活需要依靠火车，但令人震惊的是，每天有13人死于车祸。

伊斯坦布尔是另一个人口密集的城市，公共交通有限，步行率高，占到45%。这是否意味着，居民被限制在距离他们住所100公里宽的城市范围内？这取决于你住在博斯普鲁斯海峡的哪一边。伊斯坦布尔70%的白领生活在亚洲部分，他们每天穿过博斯普鲁斯海峡到达欧洲部分，85%的办公空间建在这里。他们就是那些体验交通堵塞的人。事实上，伊斯坦布尔的汽车保有量相对较低（每1000人有138辆汽车，仅高于孟买和上海），但该市的公路网却无法应付。每天有42万辆车穿越博斯普鲁斯海峡的两座大桥，市政府正在考虑建造第三座大桥，这可能使交通状况更加糟糕。不清楚的是，为什么这座城市的新地铁系统似乎没有得到充分利用，尽管这可能仅仅是由于其相当有限的覆盖范围——伊斯坦布尔多变的地形对于地铁网络来说很尴尬。

显而易见的是，在孟买、伊斯坦布尔和上海这3个人口最密集的城市中，汽车保有量应该最低。同理，在墨西哥城和圣保罗（不计算纽约的大都市区）这2个城市足迹最大的城市中，汽车保有量应该最高。但是，究竟是城市扩张推动了汽车的普及，还是汽车的普及造成城市蔓延？不同的城市有着不同的答案。

圣保罗拥有最高的汽车拥有率（每1000人中有368辆汽车），它拥有420万辆汽车。圣保罗还有地铁和铁路，但这些对城市来说还是不够的。尽管公交车更受欢迎，但公交专用车道也仅能覆盖有限的范围。该市计划到2025年公交系统增加300公里，但一个显而易见的事实是，城市的公共交通系统投资严重不足。墨西哥城的汽车拥有量几乎与圣保罗不相上下，但它也还有一个更有效和更便宜的公共交通系统。很难精确划分墨西哥城的交通，这是因为我们缺乏关于步行的数据，但公共交通似乎被大量使用，特别是考虑到较高的汽车拥有率。这可能是因为有一个严格的反污染法，根据车牌号码限制在一星期内的几天中可以使用汽车。或许司机也已经注意到了道路交通事故死亡数据，其中每10万人中有20人死于交通事故，这在"城市时代"的案例城市中是最高的。

同样有趣的是，尽管伦敦的汽车拥有量低于圣保罗和墨西哥城，但伦敦的汽车出行数据记录却是最高的，占所有出行比例的36%。尽管伦敦为了阻止居民使用汽车而征收拥堵费。也许这与地铁票价有关，伦敦的地铁票价比墨西哥城贵37倍。事实上，这提出了一个问题：票价和公共交通运输量之间有相关性吗？然而，关于这一点我们并没有准确的数据，每个城市只有地铁票价数据，而没有包括公共汽车在内的平均运输成本数据。

在9个城市中，上海是迄今为止最受自行车爱好者欢迎的城市，尽管它过去曾努力有意减少自行车的使用。的确，上海实现了不同交通方式之间的独特平衡——公共交通、步行、骑自行车和驾车——每种交通方式都占了大约四分之一。柏林是唯一一个对自行车持欢迎态度的城市，它占据了8%的旅行量。然而，有了新的自行车租赁系统，以及热爱自行车的市长，我们可以预期伦敦将更加积极地采用两轮运输。

治理与城市足迹

地图显示了夜晚从空中俯瞰"城市时代"项目中9个案例城市的城市足迹，这告诉了我们什么？看一眼就能够粗略地了解这些城市的相对大小和形状。但是，除非你把城市边界和实际城市的足迹进行比较，否则会出现一个更复杂的景象。例如，在墨西哥城，超过半数的人口生活在城市边界之外。在圣保罗，这一比例略高于40%。这不仅是发展中国家城市化的一个症状；甚至在纽约，大都市区超过一半的居民居住在划定的5个行政区边界之外。城市显然有着自己的想法。他们扩大自己的边界，往往跨越不同的行政管辖区。这就提出了一些问题。首先，我们如何组织和整合超出其行政边界的市镇？随着城市的扩张，我们如何治理它们？一个城市可以变得太大而无法运作吗？

当一个城市的一半位于市辖区之外时，对于基本服务的提供，或者说，对于征收税收有着明显的影响。如何以公共利益的名义实现协调决策？如何划分城市、地区或国家政府之间的权力，以反映这些不同选区的相对政治实力？但它也可以成为一个行政纠结问题。例如，在伊斯坦布尔，交通问题是交通部和伊斯坦布尔市政当局的责任。然而，2002年的研究发现，实际上有17个地方和国家当局负责城市交通系统的规划和运行。在过去20年里，圣保罗的人口增长率为20%，当地政府几乎没有控制，反而任由城市边缘非正式定居点的泛滥。交通是一个大问题（表现为城市的车辆拥有率高），但更严重的是缺乏基础设施，不仅不能为城市边界外数以百万计的人提供干净的生活用水，也不能为大都市区边界外的人提供干净的生活用水。

从理论上讲，诸如交通或供水这样的基础设施应该由国家建立的公共部门来管理，而不仅仅是一个法律条文。当然，这是一个高度政治的问题——你如何定义"实际"的城市呢？一种解决方案是将边界一直扩大到区域边界，使直辖市拥有整个大都市地区的管辖权力，这是上海和伊斯坦布尔采取的举措。这个方案旨在更容易作出行政决定，给予市政当局更大的控制权来管理自己的城区和郊区，从而覆盖未来的城市扩张区域。

扩大边界可能会使这些城市变得更加强大，例如，伊斯坦布尔市长可能是继土耳其首相之后最有影响力的政治家。它也可能是一个需要一定的冷酷无情方可实现的举措，记住，上海和伊斯坦布尔是由高度集权而非专制的政治制度控制的。在富裕的北美城市这并不容易，例如，洛杉矶周边地区富有的纳税人努力避免合并，以及随之而来的缴纳市中心的税款。最后，在单一的管辖权中，公民的权力集中是否有效取决于市长，有一种说法，即纽约提供了制衡机制，市长必须与5个自治市长和州长协商，这对民主进程有好处。至于伊斯坦布尔和上海变得更强大的想法，值得指出的是，这两个地方的政策都是由国家政府制定的，而且它们仍然分别处于安卡拉和北京中央政府的监管之下。两位市长都是执政党的成员，因此，必须是团队成员。事实上，上海市市长的实际权力可能低于市委书记。

  无法控制整个人口的城市在治理方面显然会处于不利地位。这就产生了一个问题，例如，圣保罗的城市足迹超出了城市大都市地区的边界，其中涵盖了几个不同的行政机构。孟买的市政当局受到了马哈拉施特拉邦的控制。这个城市也因为被市区——通常是独立的城镇——包围而变得脆弱，这些城镇占了大都市区近700万人口。事实上，作为一个深思熟虑的战略，国家有时试图逐渐削弱孟买的拉动力。随着拥挤等问题日益严重，政府在20世纪70年代就决定跨塞恩河建立一个双子城市新孟买。它是世界上最大的规划城市，其战略性的选址在孟买市政边界以外，以便促进竞争。虽然该城市现在人口超过了200万，但它并没有吸引人们离开孟买。

  一个城市会太大吗？换句话说，会因太大而无法运转吗？看起来是不可能的。东京拥有世界上最大的市政区，也拥有世界上最大的市政府。在20世纪40年代，它的边界不断扩大，以为战争效力。但是各国政府也可以决定限制一个城市的规模，就像英国在伦敦周围建立一条绿带那样（实际上，东京也曾进行过尝试，但很快就放弃了绿带）。伦敦在19世纪就经历了失控的城市化，因此不太可能再次经历类似的情况，但这是一个激进而有效的行动。事实上，伦敦有几个优势：它有一个明确的边界，与城市的实际形状一致；它的城市足迹完全处于中心城市主体大伦敦市政府的支持下，并由地区政府管理33个行政区。

  还有个问题值得一提：与它们的国家相比，"城市时代"案例城市有多强大？我们唯一的衡量手段是经济实力，按每个城市占国内生产总值的百分比来计算。它试图假设这些百分比具有相应的文化力量，但这只是假设。只需看看纽约和孟买，他们对国内生产总值的贡献很低，你就会意识到最前沿的城市与所谓的民族精神，抑或国际形象没有什么关系。在财政方面，相对于它的国家而言，伊斯坦布尔是最强大的城市，推动了22%的经济发展。紧随其后的是墨西哥城，占16%，然后是伦敦。虽然伊斯坦布尔不是首都，但这三个城市是它们国家最重要的大都市。首先，它们占全国人口的比例很高——伊斯坦布尔拥有全国18%的人口。相比之下，纽约仅拥有美国3%左右的人口，其对经济的贡献率也是3%。从经济上看，孟买看起来似乎是经济上最不强大的城市，它落后于纽约，对印度国内生产总值的贡献不到3%。然而，令人震惊的是，它的1200

	20岁以下人口占总人口比例	收入不平等（依据GINI系数测算）	人类发展指数	犯罪率（每十万居民中的杀人犯）
孟买	36.3 2001	.35 2004	.86 2001	3.0 2005
圣保罗	31.0 2010	.61 2005	.88 2000	21.0 2006
伊斯坦布尔	32.1 2009	.43 2003	.90 2000	3.0 2007
纽约市	25.7 2008	.50 2007 - New York-Northern New Jersey-Long Island, NY-NJ-PA (MSA)	.99 2005	6.3 2008
上海	16.0 2005	.45 2001	.89 2008	1.4 2005
伦敦	23.8 2009	.32 1995	.98 2006	2.2 2007
墨西哥城	32.9 2005	.56 2005	.87 2005	13.2 2007
约翰内斯堡	34.6 2010	.75 2005	.75 2003	15.7 2007
柏林	16.5 2008	-	.95 2006	1.2 2007

万人口不到全国人口的 1%，现在的印度是一个拥有超过 10 亿人口的国家，而且大部分还在农村。

公民与城市经济

通过研究城市的劳动力数据，可以描绘出定居在这 9 个城市中的人们的心理地图。不仅如此，如果我们假设存在一个从工业活动到服务业或者知识经济的演化过程，那么这些图表能够清楚地表示出这座城市在经济循环中所处的阶段。因此，20 世纪的一些大城市，例如伦敦和纽约，在其他城市进行工业化的一百多年前就已经进行了工业化，它们在这种变革中走得最远。

纽约具有最发达的经济，93% 的人从事服务业，只有 6% 的人从事第二产业，例如制造业和建筑行业。服务业或者第三产业包括从零售业到金融业所涉及的所有行业，以及房地产业，甚至公共服务业。伦敦紧随纽约之后，经济活动中有 85% 是服务业，15% 为制造业和建筑行业，仅仅比圣保罗少一点。确实，除了纽约以外，这些城市经济中第二产业所占的比例是相当一致的。然而还是存在两个例外：伊斯坦布尔和上海。这两座城市依然是制造业占据主导地位。

制造业城市在 21 世纪意味着什么呢？乍一看，这些城市有一些让人羡慕的特征。第一，经济的多样性使得这些城市在信贷紧缩之后受到突发财政危机的影响较小。第二，从 DNA 图表中可以看出，住在这些城市的人更喜欢走路或骑车去上班，而且这些城市拥有便宜的公共交通、很少的私家车和较低的犯罪率。听起来很好，是不是？除此之外，这些城市也相对贫穷，人均国内生产总值较低，而且拥有较高的人口密度和污染水平；人们对生活的期待比其他城市要低很多，当然要排除孟买和约翰内斯堡。毫无疑问的是，伊斯坦布尔和上海都在抓紧时间将自己改造成国际服务型城市。像底特律这样的制造业大城市已经给我们敲响了警钟，不进行持续的改造，面临的就是死亡。

然而，这些数据值得我们进行更加深入地研究。制造业从业者在伊斯坦布尔（40%）和上海（44%）所占的比例极高，其中一部分原因是这两座城市的工业腹地很大。现在这两座城市都在考虑将其区域边界作为城市的外部界限。如果墨西哥城也做同样的事情，那么它所拥有的 19% 的制造业人口也会增加到伊斯坦布尔的水平。上海也在快速发展服务业（占经济的 56%），但是和发展中国家中的其他城市相比依然差距很大。例如，墨西哥城，世界上通讯工业发展最快的国家之一的首都，第三产业占经济的比重为 80%，孟买的服务业占经济的比重则为 81%，这些数据可以反映出一座城市在全球服务外包行业所占据的最新位置。

尽管伦敦和墨西哥证明了这一点，但是向服务业转移会对萨斯基亚·萨森（Saskia Sassen）所说的"城市性"产生不利的影响。对办公空间的需求——实际上是超出预期需求的投机性建筑——常常导致商业区从市中心撤出。这种情况出现在了伦敦金融区和墨西哥城的圣达菲。这种高收益投资组合式的发展对城市化具有潜在影响，会促进社会隔离，并且通常会导致城市中心的投资流失。

有趣的是，经济发展似乎对城市群体中的青少年有相当大的影响。如果你研究一下年龄金字塔，你会发现欠发达的城市，如孟买、伊斯坦布尔、圣保罗和约翰内斯堡，都具有宽阔的基础，这意味着这些城市拥有较大的年轻群体。这些城市都有很高的出生率，20岁以下的年轻人所占的比重很大（孟买最多，20岁以下的年轻人占比为36%）。在这些城市中，最多的人口分布在20岁左右。相反，伦敦和纽约都是非常年长的城市，最大的人口群体在30岁以上。然而，根据人口静态增长率可知，柏林的人口老龄化最快，大部分人都在40岁以上。

据我们所知，这些城市的模式是显而易见的。通常情况下，年轻的群体意味着贫穷、高人口密度和高速的人口增长。但是有一个城市是反常的，那就是上海，上海拥有和孟买一样的人口密度、和伊斯坦布尔一样的工业经济，但是却具有和柏林一样的人口老龄化程度。人口主要在40岁以上，而且低于10岁的人口所占比例很小。中国为了控制其庞大的人口总数，已经强制实行计划生育政策长达30年之久。

气候变化的不公平之处

我们都知道，世界上最富有的国家产生了大部分的碳排放，造成了全球变暖。但是就一个城市而言，对温室气体应当负的责任就相当复杂。乍一看，人均碳排放的城市年龄图反映的正是我们所期望的信息：国内生产总值最高的国家，例如美国、德国、中国和英国也排放了最多的二氧化碳。相应地，一些发展中国家，例如印度、巴西和土耳其则排放得最少。一个纽约市民排放的二氧化碳量是一个孟买人排放的20倍。

这样就把我们引入了一个悖论。传统的观点认为，城市产生了大部分的碳排放，数据显示为75%。如果真的是这种情况，那么为什么城市中二氧化碳的水平通常比全国的平均水平要低呢？例如，纽约市民产生的二氧化碳量仅仅是普通美国人的三分之一。同样的，伦敦市民和柏林市民排放的二氧化碳仅仅是英国和德国平均水平的一半。其中的原因是很明显的：城市拥有紧凑的生活方式和公共交通，比郊区和农村地区的效率高很多。然而，在如何分配碳排放问题上存在很大的分歧。例如，尽管城市里的人消耗了大多数的电能，但是火力发电站通常不在城市里。

只有上海和墨西哥城的碳排放比全国水平高。上海的碳排放量是中国平均水平的两倍多，这是因为上海是一座巨大的工厂，它处于一个以农业为主要产业的国家中（这种情况也反映出上海的污染水平是9个城市中最高的）。至于墨西哥城，这种解释就没有很大的说服力了。是否是因为私家车的拥有量太大和高成本的城市扩张呢？可能不是，因为保利斯塔诺斯（Paulistanos）拥有更多的私家车，但是碳排放却低很多。

然而，墨西哥城所面临的情况给我们提出了一个问题，即一个有效的公共交通系统能够减少一座城市多少碳排放？伦敦、柏林和纽约都有非常发达的轨

	 日常出行百分比（步行/骑自行车）	铁路系统长度（km）（基于地理信息系统）	2010年地铁票价（美元）2010	汽车拥有率（每1000名居民）
孟买	56.3 2007	477	0.2	35.9 2006
圣保罗	33.8 2007	275	1.6	368.0 2007
伊斯坦布尔	45.0 2008	163	1.0	138.5 2008
纽约市	11.2 2008	579	2.3	209.4 2008
上海	54.4 2006	169	1.5	72.6 2006
伦敦	21.8 2008	1,393	7.1	344.7 2008
墨西哥城	N/A	353	0.2	360.0 2007
约翰内斯堡	31.1 2004	581	-	205.7 2000——豪登省
柏林	15.3 2004	950	3.8	319.0 2008

道交通系统，但是它们的碳排放水平却和发展中国家一样低。可以很清楚地看出，能源的消耗是最大的因素之一。每年的电力消耗和温室气体的排放有明显的关系，纽约和上海位于顶部，孟买和圣保罗则在底部。以上海为例，大部分的电力是工业而不是个人消耗的，而这种情况在纽约是很少见的，纽约市民大多数都使用空调。更高的生活水平需要更多的能源。唯一与此理论相符的就是约翰内斯堡，这座城市人均国内生产总值最低，比孟买还要低，但是碳排放却和伦敦相当。是不是这座城市非常严重的社会分化造成的呢？在这里，富人消耗了大多数能源，而穷人消耗得很少。这和这座城市处在收入不平衡图表的顶部是一致的，其基尼系数为0.75，电力的使用率却接近柏林。但是很难据此得出结论，因为这些数据是不全面的。

然而，一个毫无争议的事实就是，一座城市的碳排放和这座城市对气候变暖的敏感度成反比：碳排放越低，这座城市就越容易受到洪水和干旱等灾害的影响。最明显的例子就是孟买和圣保罗，由于降雨不稳定和对森林的砍伐，这两座城市面临洪水的风险很高。2005年孟买的大洪水夺走了500人的生命，并且使整座城市陷入了瘫痪。更糟糕的是，落后地区由于没有先进的排水系统和应对洪水或滑坡的基础设施，生活在这些地区的人遭受的损失更大。

社会公平问题

将所有"城市时代"项目案例城市的数据整合起来可以看出这9座城市中存在哪些社会公平问题呢？毫无疑问，有很多方法可以来衡量这个问题。其中一个就是人类发展指数（HDI），这其中测试了大量的因素：生活的期待、文化程度、受教育程度和人均国内生产总值。我们应当清楚地看到，人类发展指数和生活质量不是一回事，人类发展指数只是代表发展的指数，是一个可以计量的参数。首先需要指出的是，人类发展指数图中的所有城市，除了柏林之外，其市民的生活水平都比全国平均水平高。这就迫使我们认为城市是人类的摇篮，因为城市里存在大量的机会和社会互动。尽管人类发展指数中考虑了所有的因素，但是最终可以预料到整体的生活质量还要归结于财富的多少。拥有最高人均国内生产总值的城市，例如伦敦、纽约和柏林，也拥有最高的人类发展指数。而最穷的城市，例如孟买则拥有最低的发展指数。在这些城市中，不同的因素发挥着不同的作用。例如，伊斯坦布尔的人类发展指数要低于其国内生产总值，这也使你产生一些猜想，即这是妇女的受教育率和文化程度较低造成的。受教育率同样也是限制约翰内斯堡的原因。然而，还有一些因素是人类发展指数无法进行检验的，但是却发挥着很大的作用，例如圣保罗和约翰内斯堡较高的谋杀率或者孟买较差的空气是由大量的烟民引起的，这些烟民每天至少抽两盒半香烟。

从"城市时代"项目的DNA数据中得到的另外一个信息是收入不平等。这个问题可以使用基尼系数来衡量。通常我们会认为收入极度不平等的城市会具有最低的人类发展指数。这种观点刚开始是正确的，因为对于大多数社会不公平的城市，例如约翰内斯堡和孟买，同样拥有最低的人类发展指数。但是纽约却恰恰相反。纽约拥有世界上最多的亿万富翁，但是社会是分化的（基尼系数为 0.50），人类发展指数在图表上则处于第二高的位置。我们是否可以认为社会不公平对城市是有好处的呢？在一些观点中，一座城市的发展水平取决于贫富差距。这是一个带有自觉挑衅意图的观点，而且毫无疑问的是，孟买作为一座更加重要的城市已经开始拉印度的后腿，但是也为经济繁荣带来了希望。国际大都市通常具有阴阳两面性。相反，最没有潜力的城市则是非常单一的。

有趣的是，在我们居住的城市中，伦敦不仅位于人类发展指数的顶部，而且也处在收入不平等的顶部。有关柏林的数据不全面，否则柏林就会处于发展指数和收入不平等的最顶部。如果你对伦敦的情况表示惊讶，那么你应该知道伦敦市民的生活很艰难，因为什么东西都很贵。较高的租金使得年轻夫妻越来越不相信能够踏上财富的阶梯，有时候生活在首都的优势仅仅是理论上的。但是柏林也是最富有的城市（人均国内生产总值），从而使得大家都很镇定，因为大家都处在同一个环境中。另外一个原因可能是我们采用的基尼系数是 1995 年至今的。毫无疑问，从 1995 年至 2010 年，英国的社会分化越来越严重，整个国家的收入差距在稳步增大，因此我们可以很清楚地看到伦敦的发展也在遵循同样的趋势。

一座城市的品质

既然我们已经对这些数据进行了研究，我们是否离理想的城市越来越近了呢？城市遗传学者是否会将伦敦和孟买的 DNA 结合在一起呢？我们暂且把这座城市叫作伦买，一方面涵盖了伦敦的富有与平等（以基尼系数为基础）、较低的污染水平和高度发达的公共交通网络。另一方面，这座城市的交通可以根据孟买的发展水平进行定价。一个聪明的科学怪人可能还会选择孟买紧凑的城市布局、较多的步行人数、较少的私家车和较低的二氧化碳排放。不考虑柏林的谋杀率和纽约的人口密度，你会拥有一个富有、公平、安全、绿色、高效和紧凑的城市。

当然，还会有人选择创造一个对立的情况。据我们所看到的，这可能整合了约翰内斯堡的社会分化，孟买的人口密度与贫穷，圣保罗的谋杀率、城市格局与私家车数量，上海的污染程度与二氧化碳排放以及伦敦的交通运输价格。这样的城市处在自我毁灭的过程中，但是城市不是实验桌上孤立的培养皿，它们是连续系统的一部分。伦敦的房价影响着孟买富人的决策，国家医疗服务招聘注册政策则影响着约翰内斯堡的护士，并且不断提高的犯罪率会使有能力的人向更加安全的城市转移。在全球城市生态系统中，一座城市的损失可能是另一座城市的收获。

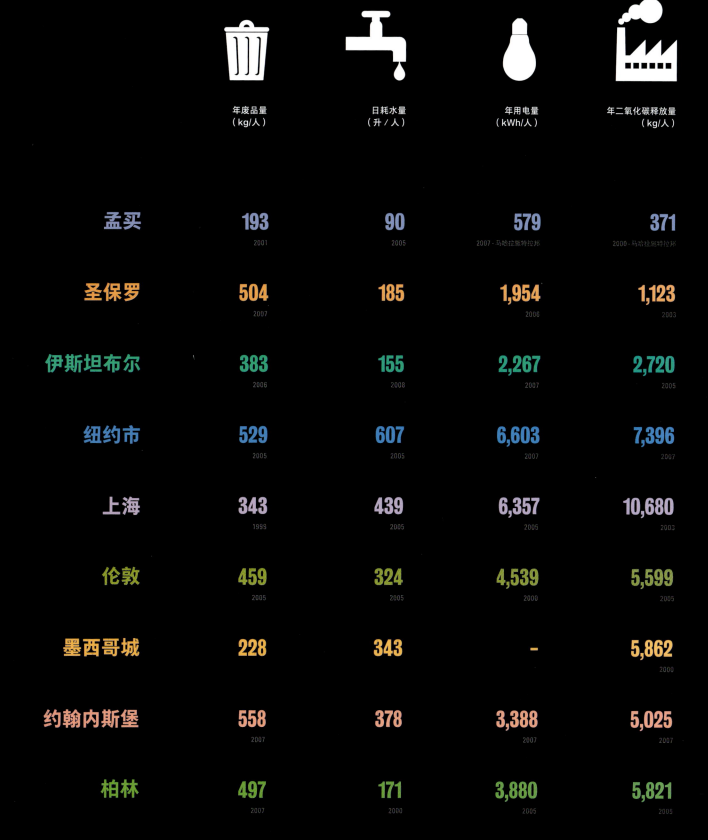

理解人们的
所思所想

托尼·特拉弗斯（Tony Travers）

从 2007 年至 2010 年，每年都会对"城市时代"会议的公共舆论进行调查。国际调研公司 Ipsos MORI 在圣保罗、孟买和伊斯坦布尔进行调查，获取这些城市居民对城市的态度和渴望的信息。本研究以 Ipsos MORI 在伦敦进行的大量民意调查为基础，检验了人们对城市政府及其他事件的看法。本文将 4 座大城市区域的民意调查整合在一起，以此对具有相似生活方式和不同生活方式的居民所具有的想法进行对比。

主要城市地区通常具有相同的利益。与农村和其他非城市地区的居民相比，这些城市的居民更关注交通拥堵、污染、犯罪以及对提升基础设施的需求。由于较小的地理区域中生活着数百万居民，因此他们的生活与小城市或乡村的生活有很大的不同。尽管伦敦、圣保罗、孟买和伊斯坦布尔的发展阶段不同，但是在这些方面都是相似的。

另一方面，每座城市都有自己的特点，或者至少对其居民来说有非常重要的地方。刚开始时进行的民意调查是为了确定什么对一座城市最重要，因此在伊斯坦布尔对交通运输进行了详细的调查，而在孟买则是气候变化。然而，本章将要考虑这些民意调查的结果是否适用于所有的城市，以此来探究不同城市之间的相似性和差异。

人口稳定与"波动"

"城市时代"项目研究已经获得了很多有关人口的数据和其他人口统计学信息。但是 Ipsos MORI 的民意调查使得我们需要考虑的人口概念不仅仅是整体的数据。其中的问题是人们在这 4 座城市中的每一座生活了多长时间，以及人们在现在的地址生活了多长时间。这些问题的答案表明不同城市的人口稳定与"波动"存在很大的差异。

在伦敦，有大约七分之一的人在同一个地方居住少于五年，这表明在很短的时间内存在大量的人口迁移。在圣保罗和伊斯坦布尔，此数据为 7%，在孟买则接近于 0（即使不同的方法可能会显著影响这样的结果）。明确的含义是，相比于许多其他城市，伦敦政府和居民需要准备应对明显更多的流动人口。

在城市居住超过 20 年的人口数字证实了这一发现。在孟买，96% 的人在这个城市已经至少居住了 20 年，而在圣保罗，这一比例为 78%，伊斯坦布尔为 64%，伦敦为 58%。伦敦的数据是惊人的：考虑到移民的速度，似乎很快就可能会有一半的城市人口在那里生活了 20 年。伦敦和伊斯坦布尔的出生在城市的人口比例也相对较低：伊斯坦布尔为 40%，而伦敦只有 30%。以伦敦为例，来自英国和海外的移民（在过去 50 年里都是大量的）中三分之一的人口在当地出生。这些数字的重要性在于它们为人们在城市内外的运动提供了线索。人口的大量进出（特别是如果他们是国际移民）和城市人口的"流失"可能会增加公共服务成本，并可能削弱凝聚力。定居的人口，特别是如果在当地出生，预计将能够分享价值观，并将很容易被当地的政治家和官员所理解。另一方面，如果一个城市有大量的流动人口，居民从一个城市迁移到另一个城市，则可能不太具有凝聚力，市政府也更难以管理。

当然，诸如经济发展阶段、贸易开放和国家历史等特性会影响人们在城市长期居住的程度，以及他们搬迁的可能性。在孟买，随着工业化的发展，这个城市仍在显著增长。人口相对年轻，如同伊斯坦布尔和圣保罗。相比之下，伦敦则是一个增长速度较慢的老城市，虽然它与许多英联邦国家有着国际贸易传统和历史联系。

就这些结果的影响而言，纽约或多伦多类似于伦敦，而上海则可能更类似于孟买或伊斯坦布尔。所有大都市地区的政策制定者必须面对一些问题，如人口迁移、新住房需求和人口流动的成本。这些数字表明，不同城市的经验和差异将是非常大的。

城市的好与坏

Ipsos MORI 调查了人们喜欢和不喜欢的城市生活事项，该调查以一个普遍的问题开始，即满意或不满的水平。当然，人们可以从不同的文化起点来回答这个问题。然而，差异很可能揭示了人们关于不同城市的一些真实的满意或不满意。

图 1 总结了结果。孟买的满意度水平最高，紧随其后的是伦敦，而伊斯坦布尔和圣保罗的不满意水平最高。孟买和伦敦的"满意度"数据与伊斯坦布尔和圣保罗的"不满意度"数据之间的差异十分显著。孟买和伦敦的居民表现出非常高的满意度，超过 70% 的居民"非常"或"相当"满意他们的城市。在孟买，只有 2% 的人感到不满意，因此该城市具有非常低的生活压力和紧张感。即使在伦敦这样一个声名远扬的悲观国家的首都，也只有 13% 的居民感到"非常"或"完全"不满。因此，孟买和伦敦的居民都表现出了非常积极的满意度。

图 1　您对您居住的城市感到满意还是不满意？

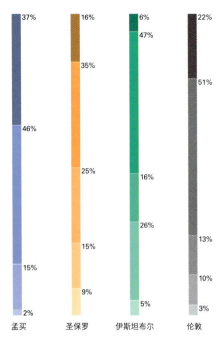

圣保罗和伊斯坦布尔的净"满意度"显著降低，与伦敦和孟买的数字形成鲜明对比。无法确定为什么存在这样的差异。圣保罗和孟买都有数以百万计的人居住在非正式的定居点。几个世纪以来，伊斯坦布尔和伦敦一直作为主要城市而存在。如图 3 所示，人们对犯罪和个人安全的担忧已经削弱了居民的满意度。但毫无疑问，相比于圣保罗和伊斯坦布尔，伦敦人，尤其是孟买人，对他们的城市更加满意。

人们喜欢或不喜欢他们居住的城市会受到许多因素的影响。Ipsos MORI 要求人们列出生活中"最好"和"最坏"的事情，并列出可能影响他们生活的问题清单。在一些研究中，他们提供了机会，让人们尽可能多地选择他们所希望的因素，而在另一些研究中，则限制在两个或三个因素。结果清楚地表明了"喜欢"和"不喜欢"。

在伦敦和圣保罗，人们选择"商店"作为他们最喜欢的事项，尽管在拉丁美洲城市可能是因为其与"就业机会"相关。这样的发现或许不足为奇，因为英国人崇尚消费主义，但也许巴西人更是如此。在孟买或伊斯坦布尔，购物并没有名列"前三强"。事实上，在伊斯坦布尔，"商店"是一个排名较低的"最好事项"因素。在所有 4 个城市中，"就业机会"都名列前三，这强调了每个城市对其国家经济的重要性。伦敦、圣保罗、孟买和伊斯坦布尔是经济活动的主要聚集地，这为来自全国各地和其他国家的人们提供了机会。研究人员问题的答案很明显，人们意识到了这种经济活力。较小的城市或农村地区的居民不大可能将就业视为他们居住的地方的一个主要好处。对于生活在圣保罗、孟买和伊斯坦布尔的居民来说，"学校"作为三大"最佳事物"之一。在孟买，学校排在首位，按照印度的国家标准，该市被视为具有良好的教育体系。"健康"似乎也同样如此，在孟买和伊斯坦布尔，"健康"排名紧随其后。事实上，与伦敦相比，在伊斯坦布尔和孟买，公共教育和医疗保健的水准显然更受推崇。

作为一个老的和较为发达的城市，伦敦的公共服务通常被视为捉襟见肘，普遍比英国的小城镇和农村地区要差，而在快速发展的孟买、伊斯坦布尔和圣保罗，服务业则可能比农村地区得到更好的组织和普及。因此，移民到这些城市的一个驱动因素是良好的公共服务供给。不断增长的经济创造了额外的税收来源，以支持和改善医疗保健和教育服务，反过来，这又使得城市更具生产力和吸引力。当伦敦在 19 世纪末发展成一个大城市时，它能够扩大公共供给，而这些公共供给除了在其他迅速工业化的城市之外是无法得到的。

大城市的高生活成本是一个问题，是对"坏事物"问题的响应，如图 3 所示。无论是"生活成本"还是"住房成本"，都是孟买和伦敦面临的问题，伦敦人将生活成本作为最坏因素之首。只有圣保罗的居民没有将生活成本放在三个选项中。伦敦、伊斯坦布尔和圣保罗无一例外地将"犯罪"和"安全"选为最差的因素。在圣保罗举行的"城市时代"会议之前进行的研究表明，犯罪和人身安全是该

图2 在你所生活的城市中两个或者三个你认为最好的事项是什么?

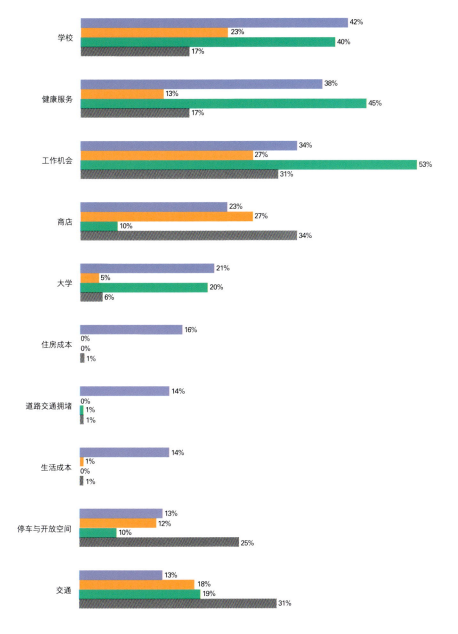

市关注的重大问题。有趣的是,在圣保罗和其他拉丁美洲城市都在关注犯罪问题的时候,保利斯塔诺斯(Paulistanos)居民将"健康服务"选为城市生活最差的事项。

孟买和伊斯坦布尔居民将"交通拥堵"作为排名第一的抱怨事项。显然,所有的大城市都受困于过度使用的道路以及由此带来的污染和安全问题。在伦敦和圣保罗的居民没有选择这一项,对他们来说交通问题没有那么严重。在伦敦,引入拥堵费可能有效地控制了由车辆引发的问题。

图 3 你所生活的城市中两个或者三个你认为最差的事项是什么?

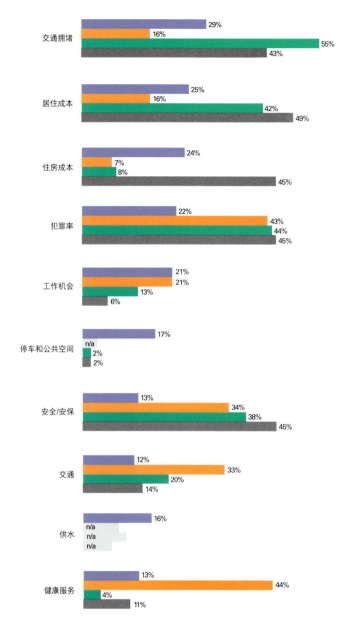

城市形象

自从 20 世纪 80 年代以来,各大城市越来越把自己看作'全球'城市系统的一部分。学术界和专业研究人员已经进行了一个关于大都市地区及其功能的文献梳理。"城市时代"项目本身就是这种对全球或"世界"城市高度关注的产物。在这种背景下,城市的自我形象是城市发展的重要特征。为此,Ipsos MORI 询问了伦敦、孟买和伊斯坦布尔的居民对他们城市的认同程度。纽约在 20 世纪

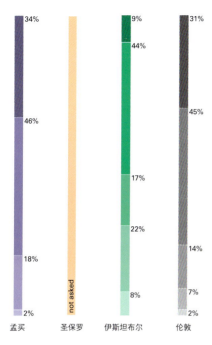

图 4 我的城市是我认同的地方

70 年代提出了"我爱纽约"（I ♥ NY）的口号。在 20 世纪 80 年代，其他城市发起了"更好的格拉斯哥"运动，试图让自己的市民和外来者提高他们对城市的感知能力。这些活动都堪称典范。

在孟买，80% 的居民同意该论点"我的城市是我认同的地方"，只有 2% 的居民不认同这一观点。伦敦有 76% 的居民选择'同意'，只有 9% 的居民选择不同意，67% 以上的居民给出了正面评价。伊斯坦布尔的居民选择"同意"的较少，选择"不同意"的人更多，只有 23 % 以上的居民给予了正面评价。

第一个问题的答案表明，相比于圣保罗和孟买，伊斯坦布尔和伦敦有更大的移民人口（包括国内和国际），所以这也许是不足为奇的，相比于居民更可能在本地出生的城市，伊斯坦布尔的"身份认同"较低。但近年来，伦敦的移民水平（特别是来自其他国家）非常高，这显示出了非常高的公民认同。从海外来到一个新城市的许多新移民很可能在他们选择定居的地方感到强烈的归属感。可能的是（虽然这项研究没有探讨这个问题），伦敦的国际移民要比在该城市中出生的人有更强烈的认同感。

对城市的强烈认同感是该地区认可被管理的一个重要因素。如果居民觉得自己与城市有着紧密的联系，而且为此感到自豪，他们更有可能接受市长和市议会对城市运作方式的改变。从这个意义上来说，对寻求商定发展议程的城市政府而言，城市认同是一个潜在的重要工具。特别是巴塞罗那利用这种共识从根本上改变了自身及其国际身价。

公共安全与犯罪

公共安全和犯罪是所有城市政府必须认真对待的问题。数以百万计的人聚集在一起，其中移民和剥削往往显著相关，这创造了暴力和犯罪的可能性。相比于小城镇和农村，大城市更容易发生犯罪。此外，首都城市和其他大都市面临着恐怖主义的威胁，它们通常是恐怖袭击的首要目标。

在安全问题上，如图 5 所示，这 4 个城市的投票产生了截然不同的结果。人们被问道：你晚上在自己家附近散步有多安全？回答可以选择"非常安全"，或"安全"，或"不安全，"或"非常不安全"。在 4 个城市中，有 3 个城市的大多数人都感到不安全。伊斯坦布尔和圣保罗有 76% 的受访者表示他们感到不安全。相比之下，伦敦有 61% 的人感到安全，只有 33% 的人感到不安全。结果是，相比于其他 3 个城市的居民，伦敦人在夜间感觉安全得多。这些投票结果得到了国际犯罪受害者调查数据的支持，预计伦敦居民明年遭受的入室抢劫的可能性要比圣保罗或伊斯坦布尔的居民小得多。考虑到媒体对大多数大城市的犯罪行为的看法，伦敦调查结果显示，人们已经对极低的犯罪率做出了客观的评估。特别是在圣保罗的投票中，居民认为犯罪和公共安全是需要改善的关键问题。

调查人员又更详细地提出了一个问题，即为什么人们觉得他们的社区受到了威胁。伦敦、圣保罗和伊斯坦布尔的居民将"攻击/抢劫的恐惧"视为十分重要，而"害怕盗窃"则是伦敦和孟买居民的第二个最重要的担心。5个问题出现在这些城市的前三名中："扒手"被伊斯坦布尔人视为一个关键问题，而孟买人认为"性骚扰恐惧"和"种族/宗教攻击恐惧"是非常重要的。在伦敦，"在街上闲逛的青少年"是第三个最引人关注的"不安全"问题，但它在圣保罗和孟买则不受关注，而在伊斯坦布尔则是一个中等程度的关注点。在圣保罗，"缺乏警察在场"被视为一个问题。从这些调查结果可以看出，一些问题在某些城市特别突出，而在其他城市则不明显。"枪支犯罪"在伊斯坦布尔排名第四，这表明该城市公众对"枪支犯罪"的关注增强了，但在其他城市却不存在。近年来，英国对年轻人的恐惧显然是一个越来越大的挑战，而在一些地区，种族间和宗教上的暴力可能是一个问题。话虽如此，毫无疑问，这3个城市以及大多数其他城市居民感到"不安全"的多数原因是共同的。

图7显示了询问的结果，即什么会让居民感到他们的居住社区更安全。在孟买、伊斯坦布尔和圣保罗，"更迅速/更严谨的司法制度"被视为一个关键因素，这意味着人们并没有完全信任法院和其他刑事司法系统。在圣保罗，"更好的街道照明"是提高安全性最受欢迎的方式。图3显示了人们期望提高卫生保健服务的欲望，看来保利斯塔诺斯已经有加强市政措施以推动基本服务标准的强烈愿望。在伊斯坦布尔和伦敦，"更多的巡逻警察"和"更多的安全摄像头"被视为十分重要。

图5 你认为晚上在自己家附近散步安全吗？

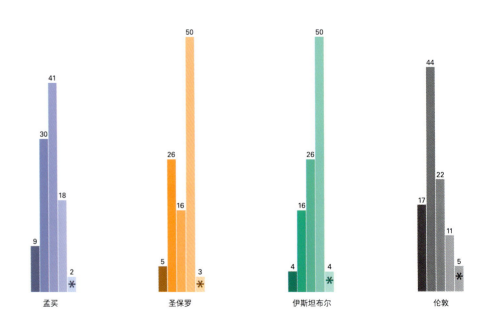

图6 在你生活的地区，什么使你感觉不安全？

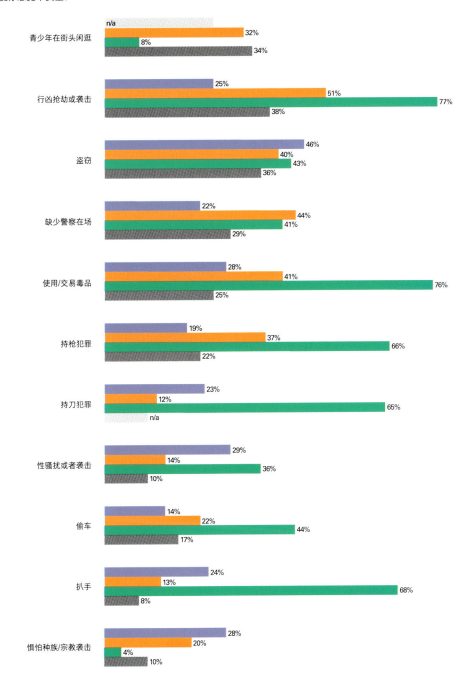

在孟买，"改善就业机会"被认为是增加安全的一种方式，表明人们看到了就业不足和对安全的挑战之间的直接联系。孟买人比其他人更相信交通限制在提高安全方面可以发挥作用，大概是因为城市街道的混乱状况。伦敦人把"留更多的事情给年轻人做"作为提高安全的一个关键途径。显然，伦敦人比其他3个城市的居民更多地将年轻人视为个人安全的主要问题和关键挑战。

4个城市的居民针对改善社会治安和人身安全所提出需要解决的问题显著

图 7　你认为城市中两到三个最能够提高安全的措施是什么?

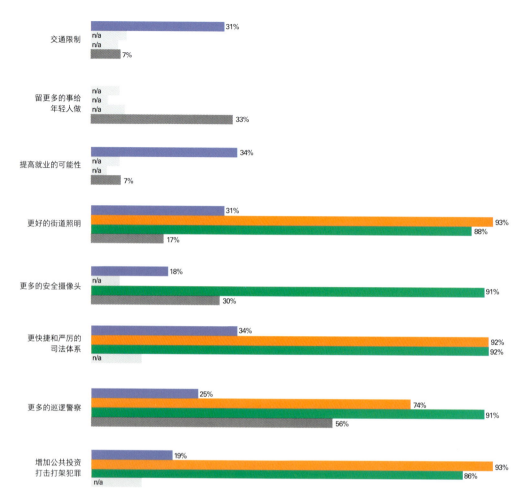

不同。改善司法系统和增加警察被广泛认为是重要的，尽管在某些地方还有其他问题至关重要。因此，在法律和秩序领域，将经验教训和影响从一个城市转移到另一个城市的可能性可能比其他领域要困难一些。每个城市的人们似乎都有特殊的需求和期望，一个城市的居民认为重要的在其他地方居民看来可能不那么重要。"更多的警察"是一个关于个人安全的简单口号，但似乎各个地方的具体要求更为复杂。

环境

"城市时代"项目特别关注环境可持续性和城市生活质量。宜居性是大城市中的一个关键问题，随着人们对更有效地利用自然资源的关注，许多城市领导人被鼓励通过处理影响城市生活的不利因素来改善环境质量。图 8 显示了构成每个城市主要环境问题的因素。

图 8 关于环境质量，你认为哪一个是所在城市的主要问题？

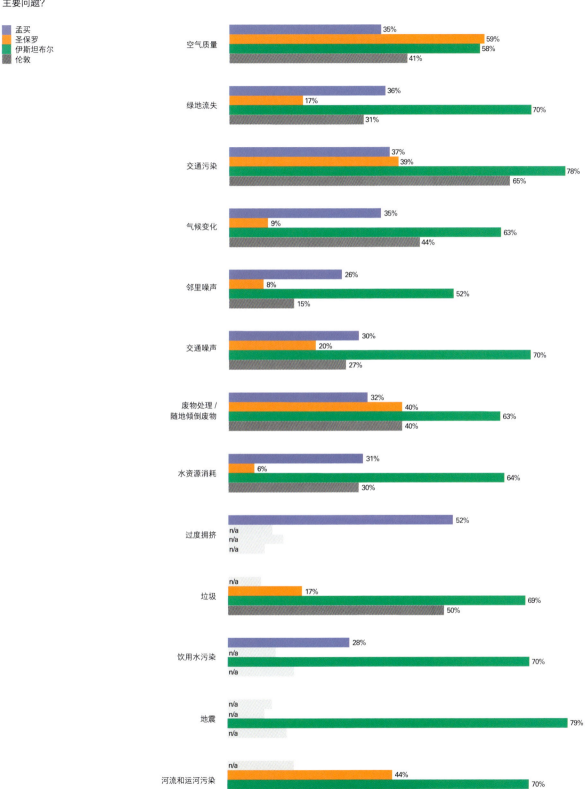

不出所料，"交通污染"和"空气质量"被证明是4个城市最重要的负面环境因素。在孟买和伊斯坦布尔，"饮用水污染"被认为是主要问题，而伦敦居民没有这样的顾虑，这也反映了这两座城市在发展水平上与伦敦的差距。孟买人担心"人满为患"，伊斯坦布尔人则担心"地震"，这反映了这些城市具有其他地方不具备的特殊问题。同样，"倾倒垃圾/乱倒垃圾"的问题在圣保罗排前三名，而其他城市则可能没有这个问题。在伦敦，"气候变化"的问题非常重要。如同犯罪和安全问题，4座城市出现了一些共同问题，而其他相关问题往往只针对某个城市。

城市政府通常由其环境绩效来被评判。最初，这意味着他们保持街道清洁和治理空气污染的能力。最近，大城市的居民开始期望地方决策者为解决环境可持续性问题做出贡献。有可能是因为某些类型环境损害的后果在大城市中特别明显，所以寻求解决办法的压力在那里最大。

交通运输

公共交通可能是城市用来促进经济增长，同时减少空气污染和提高生活质量的最重要的供应形式。伦敦、巴黎和纽约等较老的城市拥有广泛的铁路、地铁和公共汽车网络，这些网络使它们能够产生高水平的产量和生产力，同时相对减少对私家车的依赖。通常，在老的发达城市，75%至85%的中心商业区雇员每天早晨乘坐公共交通工具上班。在大多数情况下，快速发展的大城市正在建设通勤铁路、地铁和/或快速公交系统，以允许交通方式从汽车转向公共交通。

图9显示了人们认为最能提高道路状况或减少交通拥堵的三件事。在圣保罗、孟买和伊斯坦布尔，投资地铁、铁路和公共汽车系统被视为是重要的，而在圣保罗和孟买，人们更支持道路建设。相比之下，在伦敦，人们认为保持现有道路并更好地规划道路施工将改善人们的生活。伦敦很少有人支持建设新道路，这在很大程度上是因为该城市已经得到非常充分的发展，因此没必要为还没安居落户的家庭和企业建设新的高速公路。在20世纪50年代和60年代，早期在伦敦修建主要道路的运动导致了反道路运动，这仍然影响着现在的政策。

在孟买和圣保罗，随着经济的发展，汽车保有量可能会持续增加，因此，更多道路空间的需求似乎是合乎逻辑的。伊斯坦布尔居民愿意追随伦敦，引入道路拥堵收费。

治理

城市政府的质量和效能是"城市时代"项目研究和活动的一个经常性主题。作为伊斯坦布尔、孟买和伦敦的民意调查的一部分，人们被问及他们对每个市长的工作方式有多满意。对于没有选举产生市长的孟买来说，这个问题是关于马哈拉施特拉首席部长的。

图 9 你认为两到三个最有可能改善道路或减少交通的措施是什么？

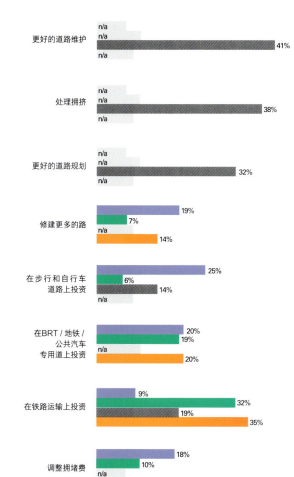

在伊斯坦布尔和伦敦，大约有一半的居民对市长感到满意，特别是在伊斯坦布尔，达到了特别强劲的正平衡。在圣保罗，更多的人不满，而不是满意。在孟买，似乎没有得到首席部长的批准，但民意调查并没有提出反对意见。来自伊斯坦布尔和伦敦的数据表明一个主要城市的公民领袖有可能得到公众支持。尽管值得注意的是，当时的伦敦市长输掉了随后的选举。如图 10 所示，民意调查结果对工作的满意度并不能确保随后的当选。

总结

民意调查现已成为大多数民主国家运作的基本要素。这项针对"城市时代"项目的研究使用了 Ipsos MORI 的调查，以测试 4 座城市的居民对他们居住的地方的感受。基于居民对城市生活的评价，结果表明，在较老的城市、发达城市和更新较快的工业化城市中，城市生活的幸福度是较为合理的。

图10　你是否满意你所选出的代表所做的工作？

孟买：对马哈拉施特拉首席部长的满意程度

非常满意：7%
满意：27%
不知道如何回答：22%
非常不满意：5%
不满意：21%
不满意也不讨厌：19%

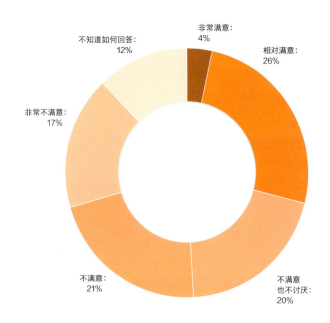

圣保罗：对现任城市政府的满意程度

非常满意：4%
相对满意：26%
不知道如何回答：12%
非常不满意：17%
不满意：21%
不满意也不讨厌：20%

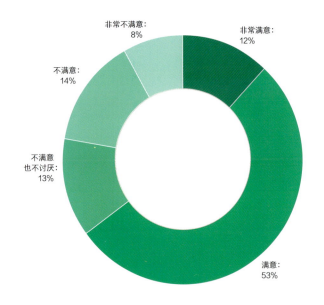

伊斯坦布尔：对伊斯坦布尔市长的满意程度

非常不满意：8%
非常满意：12%
不满意：14%
不满意也不讨厌：13%
满意：53%

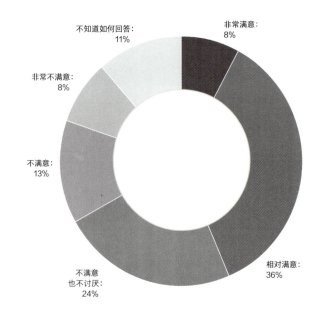

伦敦：对伦敦市长的满意程度

不知道如何回答：11%
非常满意：8%
非常不满意：8%
不满意：13%
不满意也不讨厌：24%
相对满意：36%

这种民意测验对市长和地方政府测试居民是否喜欢他们的社区和城市是很重要的。个人安全是主要大都市地区的关键问题,民意调查表明,圣保罗和伊斯坦布尔存在重大问题。在一些发展中城市,医疗保健和其他公共服务比较欠缺,而"商店"可能是居民喜欢他们居住的地方的一个重要原因。

在这4个城市中,居民并没有强烈的反映生活很差。事实上,随着伦敦、圣保罗、孟买和伊斯坦布尔的人口和经济的增长,他们都发展为相对成功的区域。每一个城市的人均生产总值都高于国家整体的人均国内生产总值。对于城市移民来说,有很强的意愿生活在这些城市中。只要市长和市议会能够确保公共服务足够好,允许800多万人紧密居住在一起,这些城市就有可能获得广泛的正面民意调查评级。但是,如果民意调查显示不满,那么就需要采取相应的公共政策措施。

反
___

思

分界线与边界

理查德·桑内特（Richard Sennett）

贫民窟与贫民区

长期以来，威尼斯（Venice）的贫民区都是当地一处"独特"的风景。它的结构与孟买的贫民窟看上去并无太大区别。

人们心目中的理想城市大多环境整洁，安全系数高。这些城市的公共服务效率较高，经济发展充满活力；多元文化在这里得到汇聚，种族、民族和阶级分化的鸿沟日趋弥合。但现实生活中，我们所生活的城市往往并不是这副模样。造成这种情况的部分原因是城市并不能决定其自身的发展，不当的中央政策、社会痼疾或不受当地政府控制的经济力量都有可能使城市发展不尽如人意。但依照我们对城市的设想，城市发展过程中确实出现了一些问题。

客观地来说，对于在过去一个世纪中城市设计的没落，我与我的同事们都深感担忧。通过研究，我们发现了一个悖论：与近期新生的城市相比，早期的城市结构更加灵活，设计更具有可持续性，环境更有利于城市发展。现在的城市规划者可以使用照明、取暖、结构建构、建筑材料选择等各种技术进行规划，这些技术内容之多，数量之大，对于百年前的城市学者们来说，也是见所未见。虽然工具比以往更多，但我们却未能利用这些资源创造出新的价值。

我认为，建立真正的现代城市的其中一种办法，在于重构城市重要区域的位置分布。传统观念认为一个城市的中心即是其最重要的区域，而现在，我们会更多地关注城市内部的一些边缘。这些边缘中包括边界线和区域，城市被它们分割为不同的种族社区、经济阶层和城市功能区。如何激发出这些区域的活力，正是我们的一个重要课题。

自然边缘

边缘有两种存在形式——边界和分界线。在自然世界中，这两者具有重要区别。在自然生态中，在不同物种同时存在和环境物理状态改变的情况下，有机物的聚集地便被称为边界。而某种特定物种分布区域的边缘则是分界线，与边界相比它更偏向线性概念。举例来说，在湖水与陆地的交界处一般都存在一处活跃区域，微生物在这里发现其他微生物，并以它们为食。我们发现类似的例子还有湖中的生物活动，在不同温度层交界处，生物的活动总是最活跃的。分界线更像是被创立、被保护的一块固定领域，而边界则是一片更充满活力的区域。

在边界处，微生物的交流比其他地方频率更高，这里密集的自然选择现象便不足以为奇了。对于生态学家来说，边界区域充满了时光流逝的动态感。与之形成鲜明对比的是，生物分界线更像是时间长河中静止的一个点，在这里没有那么多的生物交换，它只有因生物的逐渐消失，而非萌芽生长，才能留下印迹。

自然生态中的这种空间分异与细胞结构的差异（即细胞壁与细胞膜之间的区别）有关。细胞壁更像是一个盛装物质的容器，而细胞膜由于同时具有易渗透和有抵抗性的双重特性，能够筛选进出细胞的物质。这样一来，细胞就可以留住自己所需的营养。在细胞层面上，这种差异其实是比较模糊的，一部分原因是细胞内质有时会自动转变功能，因为如果一个细胞的细胞壁完全封闭，这个细胞将会死亡。但细胞壁和细胞膜之间的差异，从学术角度上来说确实对于我们理解有关城市建设的自然启示有着重要作用。

理解细胞膜概念的关键在于它结合了渗透性和抵抗性。在自然界中，无论在细胞还是在生态圈的层次上，"开放"都并不意味着简单的自由流动，自然界的差异也有空间差异、生理差异等多种表现形式。如果个体微生物和活动边界的组成成分难以留存，它们将无法存在。基于此，抵抗性保留了这些成分的价值，而渗透性则通过与外界物质交换为微生物和活动边界汲取营养。因此，无论是膜还是边界，一个细胞的活动边缘只要用抵抗性来避免进出物质溶解为无定形的流体，其与外界的物质交换便成为可能。

边界与分界线之间的自然差异同样适用于人类社会，特别是在城市设计实践中扮演重要作用。在 20 世纪，城市规划以定义和确立城市分界线为目的，在城市中创造了静止疆域，减少了不同社会、经济、宗教和民族群体之间的交流。交通技术的发展、门禁社区的出现以及高楼大厦的相接，都固化和孤立了城市各区域之间的差异。在 20 世纪中，城市规划并未着力于创造或升级城市边界。当学者们试图用其他形式代替固定边界时，他们只能想到清除一切固有边界，打造一个无定形的"开放式"公共空间，而并不知道可以通过将抵抗性与渗透性结合给边界带来活力。

接下来，我们需要重新思考和定义确定城市边缘的形态学因素，而其中最重要的因素正是城市的城墙。

城墙

如果传统城市中的自然边界一直留存下去的话，城墙大概不太可能会出现。直到人们发明了大炮并将其应用于攻城战争中时，人们才想到要修筑城墙以躲避炮火。除此之外，政府通常在城门处收税，来管理进驻城市的商家并规范其商业活动。但罗马艾克斯省（Aix-en-Provence）中现存的大量中世纪城墙遗址上的信息表明，古时候的城墙有可能与上述设想不同。毫无规范的城市发展在城墙两面的图画中得到了充分的体现：居民的房屋散落在城墙两边，靠近城墙处，黑市交易蓬勃发展。社会异端人群为摆脱在城市中心所受到的控制，一股脑地涌向城墙这一城市的边缘并在此生活。这样来说，城墙实际上扮演了城市细胞膜的角色，既有渗透性又有抵抗性。

如今，在现代城市中固态的城墙越来越多地被空地所取代，属性逐渐接近于城市分界线。其中一个典型的例子就是摩托车的行驶。当摩托车在城市中行驶时，驾驶员们通常会横穿好几条交通道，本身就是一种很危险的行为了；不仅如此，原本的摩托车道还会因这种驾驶方式而逐渐被废弃。这些车道就好像看不见的墙，被一些人恶意地援引为贫富或种族隔离的界线。在20世纪中，由于在大多数情况下城市规划都是为创造分界线而非边界服务的，城市边缘的渗透性被大大减弱了。

对于是把城墙修成有固定位置还是有固定形态，以及是修成分界线还是边界，不同的国家有不同的态度。以下三个国家的反应就形成了鲜明的对比。

虽然现在的伊斯坦布尔被坚固的墙壁所包围，但设计师们还是为大部分的城墙保留了其原有的渗透性。这样一来，墙内外就具有了互通性，街区的多功能性得到了有效的促进。伊斯坦布尔的犯罪率相对来说很低，主要也是因为互通性使得人们的行为时刻处于大众的监督之下。虽然其历史背景和地理特征将整个城市分为看上去毫无关联的两部分 – 具有欧洲特征的博斯普鲁斯和具有亚洲特征的剩余部分，但它们都见证了人种和文化的融合，并在交界处互通有无。

与之形成对比的是，圣保罗的城市规划者们却致力于将城市中的边缘固化。这种有计划的固化从"有形的"墙开始；他们认为所谓"发展"即是将城中棚户区建筑的墙壁分开，因为"发展"意味着不同建筑之间的分离和分异，而这两者必然导致建筑的孤立。他们认为门禁社区有助于减少犯罪，但实际上这些死板的围墙根本没带来什么安全的保障，数据显示，圣保罗的抢劫和暴力犯罪率比伊斯坦布尔要高得多。与洛杉矶和北京一样，圣保罗的城市规划试图借助城市交通来控制大城市的内部交流和资源交换。

伦敦则在这两个极端中尽力寻求一种平衡。第二次世界大战后，英国政府在城市各处进行了社会保障性住房建设，在像肯辛顿这样的富人区推进社会融合，而在城市贫民区，特别是在城市东端，政府尽力保护居民产权，不让贫民区沦为资产阶级的批发采购市场。在伦敦，活动边界随处可见。但是第二次世界大战后，高速公路的发展也使部分城市边界固化，一批在泰晤士河东岸新建的住房挡住了其他居民的去路。而社保住建中心的规划使得城市贫民的生活越来越被孤立，与其他伦敦市民距离越来越远。

活化边界的方法现在也有很多，有的比较简单，有的则对技术有一定的要求。人行道化，或加强步行道建设就是其中一种简单的方法。但这种方法可能过于简单理想化了，因为用人行道代替交通道路会让城市空间同质化，人行区域更可能成为单一商业区而非多功能区，无法发挥生产、工作等复杂功能。此前，在斯图加特和波哥大开展的将人行区改建为多功能区的实验中，研究者们就发现为实现这些功能，交通依然要回归，依然是必不可少。另一种更可行的方法则是使用一些复杂的技术，比如机控安全柱和机械活塞。这些安全柱和活塞被

正式与非正式

世界上最鲜明的有无规划的城市建筑分界现象,莫过于图中加拉加斯(Caracas)的案例,这个南美洲城市的图景给予了我们最直观、直接的对于居住分离的描述。

打入地下,在通勤和运输高峰期时就待在地下;而当交通需求较少时,如中午和晚上,它们就会弹出。这仅仅是将死边界转化为活边界的未来应用中的一个例子而已。现在所谓的"智慧城市"设计,从这个角度来看其实都不够智慧。如果城市功能能够得到有效的结合,城市活动将会更统一,更高效,并且会更有秩序。现在的"智慧城市"设计,都多多少少存在着减少城市机遇、阻碍开放和交流的问题。一个灵活的城市边界能够促进城市内部资源的流动和信息的交流,而固化的机制则会阻碍这种交流。我们希望通过技术为智慧城市增添灵活性与创造性,这种愿景正如同我们中世纪祖先希望找到一种能促进城市交流的工具一样,他们用石头城墙实现了自己的目标。虽然未经预判,在时间的考验和沉淀中,这种方法的价值逐渐得到显现。

建筑设计的案例可能能够更进一步地证明灵活边界的重要性。让我们以玻璃墙为例,由于玻璃制品的普及,设计师们几乎能够将玻璃应用于修建所有的办公大楼。当你站在地面时,你能看到大楼里发生的一切,却不能触摸任何东西，闻不到里面的任何味道，也听不见任何声音。由于这些玻璃板都是通过铰接技术连接起来的，因此大楼也只有一个入口。这样的墙更像是死边界，而非灵活边界。高速公路旁的玻璃板和这些墙一样，都是死边界。而由诺曼·福斯特（Norman Foster）设计的伦敦新市政厅中，两边的空间都趋向于固化；相比之下，19世纪的建筑师路易斯·沙利文（Louis Sullivan）用更为原始的平板玻璃，将建筑物更灵活地连接起来。在他这里，平板玻璃发挥了泡沫墙的作用。

视野

要在城市建立活动边界，我们需要改变我们观察事物的习惯，并以批判思维改变我们看待城市的方式。我们对城市各部分的感知正如同我们对自然元素的感知一样，是具体的，而非抽象的。

水在定义分界线和边界方面有着重要作用。20世纪50年代以前，孟买、上海、伊斯坦布尔、伦敦和纽约等城市都依托于水道而存在。水道有助于城市经济发展，并勾勒出城市的形状。当时，水是城市的贸易和循环中介。但是对于城市设计师来说，水和码头、仓库一样，是毫无审美趣味可言的，它们只是贸易城市借助生利的东西而已。

在19世纪初，人们开始欣赏具有功能性的水上场景。正如欧洲杂志中所描述的景象一般，在1802年的伦敦有一处原始印度西部码头（现在的金丝雀码头正是它的一部分）得到了这样的赞誉，"…没有什么可以比码头更美。它的水深恰到好处，它的表面因其封闭而光滑如镜，人们看到它时都能得到心灵的宁静。"照这种观点来看，商业与美学之间的联系十分紧密。但这种观点在城市设计师中饱受争议，1909年美国城市规划专家丹尼尔·博纳姆（Daniel Burnham）曾有言："人们对水的观察更像是一种孤立的行为和一种对虚无的关注；在观察水时，人们同时也在回溯自己走过的路。"这个观点正是博纳姆在为芝加哥湖畔进行空间规划的那一年提出的；从居民感观上来说，城市中的水域是很重要的，但它对于促进社会进步来说并无太大用处。因此，博纳姆将公园、长廊等不常用的公共设施设置在水陆交界处。

这种对水的观点可以让我们更便于理解城市中的所谓惰性边界是如何产生的：正是观景空间与工作空间的不兼容性使得这些边界难以发挥作用。艺术与生产的矛盾不仅仅存在于建筑一个行业之中。19世纪后期，有两种绘画流派较为活跃：印象派画家经常描绘工人们在巴黎郊区的阿让特伊（Argenteuil）野餐或散步的场景；而后印象派画家在描述生产活动时，并不会画出生产者娱乐的场景。为将这个观点投入实践，城市活动得到了整肃，从这一点上来看，这个观点还是有着深远的社会意义。

孟买新开发的水边项目以清理海边小摊位为主要措施，开发商们通过减少来往人数和控制其使用权来提升海滨区域形象。在布宜诺斯艾利斯和伦敦的类似情况中，区域形象的提升都在一定程度上损害了经济和社会效益。这些项目都受博纳姆思想的影响而产生，都以规范和提升区域形象为名行社会隔离之实。

纵观近代的纽约，由于政府对建筑不加干涉，高层住宅拔地而起。最初房屋建造集中向内，朝向如曼哈顿中央公园周围的中心；而今为节约成本，住宅大多建在向水的市镇边缘。纽约繁荣的经济在其开阔的城市视野和人口流动的速度方面可见一斑。在一个相对比较稳定的城市社会中,开阔的视野能够充当城市的边界,保证城市稳定性。

但是有一件事是我们需要注意的,那就是在纽约,不同年龄的人对于这种视野的追求并没有很大的差别。年轻的纽约人在购买公寓时,往往希望能从自己的住处看到他们的城市以外的生活;有钱的年轻人们只要能确定自己的住宅条件相对比较优越,且距离他们看到的另一世界距离较远,就愿意出高价购房。在迪拜这样的新城市中,学者们普遍认为住户希望看到比较开阔的景象,而对伦敦、伊斯坦布尔和圣保罗的研究则表明,精英们对世界上的其他地方很感兴趣,这与迪拜的情况截然不同;他们的品位正如同他们对于过往记忆的感受一样,是年轻而鲜活的。因而,我们发现在圣保罗的精英们聚在一起时就好像一个门禁社区一样。

当城市规划者从社会角度进行考虑时,他们往往想要检验他们观察城市的方式:我们对视觉清晰度的关注太多,在我们设计"景观"时以街道走廊作为景观的框架,以求建造出没有"有碍观瞻"的障碍物的公共空间。这种设计城市的方式未免太过于天真了,虽然它的背后有着资本主义经济的支撑,但当它被付诸实践时却让城市越来越孤立于其他区域之外。对于以上所述的观点,城市规划者们应当反其道而行之。他们不仅要接纳社会融合所带来的混乱,但也要看到这种东西给城市带来的活力。

中心与边缘

在资本主义思想中,隔离和歧视的思想根深蒂固。这种力量可能是忽视具有人道主义精神的城市规划师的意见,而为城市创造一个超大规模的边界。在一些规模较小的城市,他们确实有更多设计和规划城市布局的空间,但是要真正提升城市形象,他们需要的是反省之前对建造边界的认识,构建一个适应城市发展需求的活动边界。

当我们想要探索社区生活时,我们通常会观察社区中心的活动;而当我们想提高社区生活质量时,我们也是从中心开始着手进行提高。反思我自己的规划经验,我明白正是因为城市中的穷人缺乏社区生活,研究当地情况的项目才往往会以此为题来进行研究。以伦敦的移民社区为例,在历史上的伦敦,如果移民在像咖啡馆、餐馆、货币兑换商店,甚至清真寺这样的市中心位置停留一代以上,它们都会逐渐远离这些地方。因此当城市规划师想要加强社会凝聚力时,建立一个城市中心不失为一个好办法。

然而,强调中心也可能会导致设计师对城市边缘的忽视。他们有可能把边缘当作是无生命且不活跃的。这种观点意味着不同种族、不同阶级之间的交流将会减少。当社区中心被特殊化时,以社区为基础的城市规划可能会削弱城市群体之间原本比较复杂的交流,阻碍各群体相互融合。

从社会学角度来说,上述风险还涉及各群体在城市中保持自身独特性的重要问题。同质社区的中心将加强社区特质,但这可能对城市贫困人口来说并不公平。为了融入城市,他们要与和自己相差甚远的群体打交道。纽约的穷人集中区域,或称贫民窟,是各民族、种族混居的社区。虽然穷人和富人并不会真正在生活中有接触,但贫民窟有时会沦为富人消遣放松之地。

"同一性"这个词有着双重的含义：它既可以是一种标签或一个社会分类，还可以指个人与周围环境之间的妥协。精神分析学家埃里克·埃里克森（Erik Erikson）探讨了身份对于后者的意义。在他的著述中，他写道，"每一个人都是其自我与环境之间相互妥协适应的产物，而不仅仅是一个身份的标签。"在不同情况下，我们大多数人都有着多重身份：同性恋者可能同时也是某个领域的工作者或某个教派的教徒，而不能简单地被归类为"同性恋"；在涉及对种族或宗教徒的归类时也是如此。

城市研究者们关注的问题通常是城市中的妥协在何处、以何种形式发生。因此，同质化社区中心的出现可能会阻碍埃里克森的研究，因为该研究中涉及对社区中多种特质的探讨。但在20世纪的城市规划中，为了加强社区规划，我们在很多时候采用了建立同质化社区中心的办法。

让我举一个我专业实践中出现过的失败案例。几年前，我参与了创建一个服务市场的计划，这个市场专门为纽约哈莱姆区（Harlem，西班牙裔社区）提供服务。这个社区位于曼哈顿上东区第九十六大街，是全市最贫穷的社区之一。而从第九十六到第五十九街的一片地段位于这条街的不远处，居住着世界上最富有的一群人，这里的盛况可以与伦敦梅费尔区（Mayfair）或巴黎第七区媲美。在这种情况下，第九十六街本身就是一个分界线或一个边界。为了进行研究，我们以位于20个街区以外的拉马奎他（la marqueta）为研究地点，它正位于哈莱姆区的中心；同时我们把第九十六街作为一个固定边界。但事实证明，这个选择是错的。如果我们找到那条街上的市场并看到那里的景象，我们就会致力于促进那里的商业活动，因为这种活动能够促进鼓励富人和穷人的接触和融合。

聪明的规划者们从我们的错误中吸取了教训。他们在西曼哈顿社区之间的边缘寻找新的社区资源，以求促进不同种族和经济阶层之间的交流。我们对中心的重要性的关注其实是一种孤立的观点，而他们对边缘和边界价值的认识则更具有综合性。

我并没有在夸大城市边界的重要性。在现代社会中，压力使穷人在城市的境遇恶化；在排斥穷人的大势之下，固定城市可能能够抵抗一下这种"发展"，而保护穷人们免受逐出之苦。此外，边界还可以促进激烈活动的发生，例如在生态中的边界处，捕猎行为往往兴盛。所有这一切对规划者来说都意味着要做出一个艰难的选择：是为城市选择安全的孤立状态，还是有风险的交流状态？在考虑这个问题时，我们需要记住，这就像细胞膜同时具有抵抗性和渗透性一样，是一把双刃剑。在文化方面，这意味着社区必须选择他们愿意与不愿意与其他群体交流分享的部分。但是，在我看来，在做出选择之前社区应当首先接受差异，而不是逃避差异。

因此，未来的智慧城市将选择灵活边缘而非固定边缘；将使用技术使城市成为一个更加开放、灵活、非常规的系统。在现实中，灵活边缘城市意味着在规划城市时同时考虑建筑物位置、建筑目的，以及城市中心、边缘的自身价值等多重条件。我们的目标是以客观态度促进不同群体之间的交流与融合，而这也是城市应该对文化发展所起的作用。

没有浮华的生活

亚历杭德罗·赛拉-波罗（Alejandro Zaera-Polo）

中产阶级的消失

当空中交通工具从喷气式飞机转为外表普通的飞机时，人类社会也正经历着从精英时代向大众时代过度的又一次革命。建筑师们如果想用一种新的经济模式来挑战现行的个人主义的话，倒是可以从这个案例中有所收获。

现在我们正处在新自由资本主义和全球化的后遗症中，每个人都在向政治领袖们寻求救赎，但当下的21世纪也可能正是真正进行变革的大好机会。在近几十年间，城市以惊人的速度发展，全球资本主义也不停扩张，世界各地开展的环保卫生项目初具规模（发展中国家尤为明显）。面对这种变化，人们往往会开始思考此前我们所认为的那些城市特质，是否还能适用于今日的城市建造和发展。他们会想，这些发展变化的目的是什么呢？他们到底是为了有效地组织迅速增长的城市人口并促使他们适应新的城市生产方式，从而减少紧张和冲突；还是代表了一种全新式，有自身政治规律的城市模式？尽管他们只看重效率，而并不看重人情，但我们还是要问，这些新兴城市中政治生活将如何运作？他们是根据自身情况有自己的独特运作系统（包括见解、对话、异议、抵抗甚至颠覆），还是彻底将公民意见抛开，独断专行？

尽管过度城市化现象可能会让人们怀疑在新社区实现真正的民主生活的可能性，但同时，这也是一种自由的体现：任何人都能自由进入城市生活，居民们可以从乡村生活和小社区的专制政权中解脱出来；人们可以自由穿越大都市社区并享受相当广泛的社区服务。[1] 城市居民通常比农村居民要富裕些，在这种吸引下大批村民移居城市。从表面上来看，引入并遵循一些城市生活的相关准则可能会有助于增加市民自由。打个比方来说，城市化带来了人口增加，也让他们得以追求世界人民最梦寐以求的东西：那就是城市生活及其相关选择。现在，我们最关注的问题是，对于城市群来说，他们能否借助这种发展变化来创造可持续的民主生活，以及如果可能的话，他们应该如何开展这项工作。

也许上述材料的政治意义正在于此：无论是关注实际而非理论的摆动选民在全球的崛起，还是信息技术的应用和新政治选区的出现，对于当代民主原则来说都是至关重要的变化。

除了城市发展和建筑之外，一些其他产品虽然没有政治意识形态或相关政治名称，但也已成为政治的工具：例如廉价航空公司将头等舱乘客和大批经济舱乘客分开，让他们接受不同的文化影响。而廉价时装和家具被大批卖给新兴

城市人口，给城市的下层中产阶级提供了物质上的自信，而这种自信此前是不存在的。要将城市中的下层阶级清除，也许会付出巨大的生态代价，或者要通过将他们迁移到发展中国家来解决，但这种做法也必将带来一些问题……

虽然假设掌握货物和服务就可以建立民主社区这一想法很危险，但由于身处市场经济这一主导环境之下，我们有必要了解市场的决策机构在城市增长框架中所处的位置。与加强经济和政治独立性相比，了解全球资本主义的发展对政治的影响以及在不受主流思想干扰的情况下以政治权威来实践显得更为重要。[2]

为现代民主社会设定基准的政治语篇主要是以政治现实论为基础，并在20世纪后半叶走向成熟的。这些著述并没有强调政治家们是否在执行社会正义，也没有关注他们所统治的范围是否有政治上的进步。这些意识形态大多将探索平等概念作为一个政治目标：毛泽东实行阶级平等，切格瓦拉专注于地缘政治，贝蒂·弗里丹（Betty Friedan）号召性别平等，马尔科姆·艾克斯（Malcolm X）研究种族问题，丹尼尔·科恩-本迪特（Daniel Cohn-Bendit）则关注不同年龄的平等。

20世纪60年代全球实践的强化使这些意识形态之间看起来毫无关联。可是为什么在有经济和技术这些不涉及政治形态冲突的选择时，政治家们还要选择用地缘政治学来指导实践呢？而又是为什么，在阶级不平等已经决定了不同地区的政治和地理状况不平等时，还要强调阶级平等呢？有人可能会说，在20世纪60年代的经济繁荣到来之后，地缘政治对于改造社会的有效性就渐渐得不到承认了。

1975年世界石油危机虽已过去多年，但其留下的影响不可磨灭。比尔·盖茨创立了微软公司，阿曼西奥·奥特加（Amancio Ortega）创立了世界最大的服装制造商Zara，两年后，史蒂夫·乔布斯（Steve Jobs）创立了苹果电脑公司。十年后，艾伦·格林斯潘（Alan Greenspan）在1987年成为美国联邦储备委员会主席，并实施了廉价贷款政策，引发了前所未有的全球投资与经济增长。其他新型的代理公司，如1995年创立的易捷航空（Easy Jet）和2000年东山再起的孟山都公司（Monsanto）等，其出现都得益于全球法规的巩固和市场的开放。尽管他们的做法本身看不出什么政治的痕迹，但将格林斯潘、哈吉-伊奥安努（Haji-Ioannou，易捷航空总裁）、奥尔特加（Ortega，Zara董事长）、康普拉德（Kamprad，宜家董事长），和盖茨（微软总裁）这些巨鳄联系起来的正是一个没有特定职务的政治联盟。他们的目的是以全球企业家的角色通过优化供应路线来提供价格相对较低的产品或服务。这个全球化的政治环境主要由如下几个部分组成：丰富的资本供应、范围不断扩大、总量不断增长的服务市场和被价格战术逐渐取代的均衡政治思想。虽然社会转变可能会使全球变暖，社会僵化，并在新自由主义经济的影响下带来其他负面影响，但它在许多地区的相关实践都取得了显著的成效。如果我们把现存的一些思想归结于受到新自由资本主义的一些早期（狂热反资本主义）学说的影响的话，那么指导我们日常生活的思想基本上是由一些非意识形态的因素组成的。这些因素出现于20世纪后期，属于资本主义思想中的第二代。

考虑到格林斯潘和其他央行（当地投资者资产充足且信服政府）行长所实行的货币政策对城市经济增长的影响，在工作场所和私人生活中的变化似乎蕴含着一些更大的转变。这些变化因交流、信息技术和国外风潮的影响而起，可能意味着在技术创新的支持下，主观化程度将随生产率提高而提高。

这些前景中的新鲜之处，就在于对生产和政治之间关系的论述。如果一个产品的前景对其来说是一种附加价值，那这些公司、机构将以降低成本为基础来提升业绩。当考虑到与服装和航空旅行最相关的商品与服务时，政治的影响是特别有趣的。如果香奈儿或三宅一生（Issey Miyake）要以改变商品风格的名义将价格适当上调，那么一些低成本品牌就会用最直接的方式使生产成本最小化，从而创造他们的营销优势。在这种运作模式下，风格、价格和价值之间的关系是颠倒的，在生产决策者这里，他们将会去掉商品的标签，放弃商品的剩余价值。这是通过对市场进行为期一周的调查所得出的结论：像Zara和Topshop这样的快消品牌在取代设计师品牌时，他们通过去掉不必要的装饰来形成一种新的风格，这让他们表现得不同于常规，从而受人喜爱（再如风格简洁的易捷航空和无印良品）。在由大卫卡梅伦（David Cameroon）执政的保守党联合政府实行的新地方政策主导下，以"廉价"为中心的政治模式复制了廉价航空公司的战略，并通过其以最低成本向纳税人提供服务的能力来衡量政策是否成功。[3]

在市场经济条件下，我们可能会以意大利哲学家阿甘本（Agamben）提出的"原生"（来自希腊语，zoe）概念来取代"低成本"这一说法。原生是超日常的、是一种虽然无依无靠但仍富有牺牲精神的生命形式，是一种居于非常规政治区域的公民身份。"政治制度不再局限于一定的空间内，也不再决定此空间内的生命形式和法律规则，而是居于其中心处，覆盖附近所有生命形式，各种情况在此都适用。"[4]换句话说，在当时的城市，例外就是规则，而例外状态（当所有的公民规则暂停时）是其最重要的体现。[5]阿甘本提出的概念指的正是市场与政治中的一种反常的专制主义经济。

如果新自由资本主义字面意义上的生命可以简化到消费和市场的概念（及其变化），那么充满经济活动的生活（bios）就能还原为原生（zoe），一切其他都被简化到生命政治的初始阶段，而公民也将变成单纯的生物单位。但是在阿甘本的理论中，当生命摆脱既定状态而进入半神圣的自由状态时，它就获得了新的尊严，这种尊严即为非使用价值，和这生命本身一样不可侵犯。按照一种古代法律术语的说法，基于赤裸生命概念的政治可能既不一定是社会经济的奴役人们的手段，也不是对主体性的极权主义攻击。也许，最重要的是，它展现了一些对城市设计和建筑进行长期改进的方法，或者说一些没有完全定义的项

塔楼群像

在上海，一大批的高层、高密度公寓就像廉价航空一样为人们带来便利。它们扩大了居民的个人生活空间，虽然外表并不算漂亮，但对社会发展有重大作用。

目。对建筑师来说，是站在宏观角度看待城市问题更有益，还是探索与城市或建筑相关的具体技术问题更有益呢？动员大众表达政治意见并解释政治的多重性能够使我们加深对政治相关建筑的理解，不是仅仅将其看作一个意识形态或形象，而是看作具体有效的政治机构，是能够协调多个利益相关者利益的当代工程。作为最基本而明显的技术问题，它使我们能够探索纪律对于权力实施的影响。但实际上它们可能会破坏政权，而非作为政权的执行或代表工具。权力结构通过对权力实施方法的关注，将得到切实的进一步开放，而避免仅停留在理论层面。与其说与政治实践相关的建筑是针对革命而建，不如说它们是国家概念的明确体现。它们作为一种依附于人工环境的政治实践模式，成为人类社会中一种政治表现形式，或者说是一种新的思想，一种开明的唯物主义。[6]

在 Zara 和微软创立仅仅几年前，一群艺术家就发现建筑价值与建筑风格之间的关系可能会出现一些并不明显的变动。1967 年，现任纽约古根海姆博

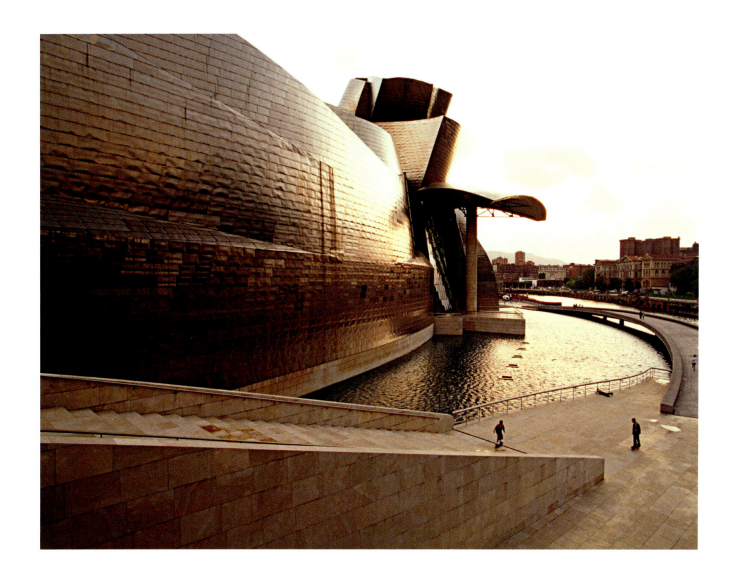

特形建筑

图中这高度形象化的建筑具有独特的风格,它也许正是对常见的毫无特色的建筑的一种无声反对。

物馆馆长、普拉达基金董事、意大利艺术评论家杰曼诺·塞兰特(Germano Celant)提出了"贫穷艺术"(Arte Povera)这一概念。他用它来描述一群尝试使用非传统作画方式的年轻意大利艺术家的艺术,面对第二次世界大战后陷入经济和政治混乱的意大利,这些人将艺术视为能促进意大利经济增长的东西。它的字面意思是"廉价美学",拓展了更广泛的艺术材料和创作手法,突破了固有的传统美学(主要是绘画和雕塑)框架,并对艺术本身的"价值"、艺术市场和所谓艺术世界的新兴政治(一个特定术语)提出了质疑。"贫穷艺术"寻求一种自由的艺术——一种艺术创作,不基于任何理论基础,有利于实现材料和工艺的自由选择。这场运动推动了艺术概念的革新——免于条条框框、权力结构和市场的约束。"贫穷艺术"只是这场革命的初始受益者,仅在几年之后,这种艺术形式就变成有效的商业模式,并作为生产和创作过程中民主意识形态的载体。

正如服装上的装饰品（通常用于女性服装，以引起感性反应）一样，低成本航空公司和类似的初级企业家认为，服务并不是产品的核心，这也为相关建筑问题提出了一个有趣的思路；这是一种平衡经济、价值和品牌风格三者之间关系的新手段。在这个意义上，本真的生活可能没有任何装饰，或选择性地避免所有不必要的东西。虽然这样的模式往往存在着自我毁灭的诱因（因为它可能会瓦解自己的市场），但同时它也有望避免极端、绝对的消费主义。

基于价值、经济和建筑风格三者之间的关系，我们有望在市场驱动型经济体内恢复政治体制。这种三足鼎立的关系，绝对不是简单的事情或稳定的公式，而是一段值得追溯的历史。自现代以来，当经济开始应用于建筑和城市发展，这种关系就已经开始逐步形成。

库哈斯最近关于廉价审美的研究臭名昭著，他在陈述中提到："没有钱，就无法成就细节"，项目的经济投入成为美学艺术的重要支撑，创造出一种不必要的价值。OMA 的里尔（Lille）总体规划探讨了廉价审美的概念，并提出了对其中所有建筑物采用低等级混凝土的建议。唯一的解释是，里尔的命运与巴黎截然不同，更加艰难和坎坷。通过改变材料材质来增强颗粒感，回归野兽派艺术。这种廉价的定性应该依靠降低材料规格来实现，而不是通过设计。在这种情况下，不加修饰的本真生活可能会使我们迸发出更多灵感，创造更多建筑物结构。这是一种新的卢梭方法，如果条件允许的话，社会契约和所谓的公民"权利"应自愿让步（对消费者的质量保证），作为对现状的批评和自然特征的维护。

从 20 世纪 90 年代到 21 世纪初，明星效应由建筑行业转入娱乐行业，逐渐没落。风格和经济之间的弹性关系成为一个有趣的问题，尤其对于新兴的低成本市场。这些廉价模型的空间和时间影响，可能有助于投入建筑实践。当我们关注与这些公司的生产链相关联的地缘政治模式时，会发现它是按如下方式运行的：传统高端精品店是按照高规格设计、独特性、大量营销和分散生产的方式构建的，而 Topshop 和 Zara 等零售商在设计和生产上则反其道而行。在时装界，设计和营销往往由世界大都会中心巴黎、伦敦、纽约或东京等城市来完成，而生产则由新兴经济体执行。过程结束之后，货物再运回大都会中心，以人为抬高的价格出售。

另外，一些新的低成本商业集团将以"纵向整合"的模式运作，这一术语在美国服饰公关战略中占据重要地位，该公司一直在洛杉矶市中心追求新的生产技术，其设计和生产得到了深度整合和共同配置。[7] Zara 的大部分生产都是在其设计和营销总部所在的西班牙拉克鲁尼亚（La Coruna）完成的，而 Topshop 系列则是从小型设计生产单元中购买的。

与以往的重商主义不同，这种集中运作即使需要更高的生产成本作为代价，受设计与生产之间关系的影响，也可以提供零售优势。这些公司之间针对项目采购的不同阶段，以这种方式运作能够实现更加强烈和直接的反馈循环。这种用于最终衡量产品即时有效性的后勤框架（行业中称为"转向"）为营销模式提供了一种类型的指标，其重点在于手段而不是目的，使得产品几乎可以在最大化清算的关系链中流动。商品降价作为一种强大的过剩解决方案，很好地代替了空想主义。

最后，这种模式对采购路线反馈环路的时间影响在于降低服装的设计与生产之间的距离和时间差，使得公司可以迅速地推出新设计，充分利用与生产环节的紧密连接。Zara 和 Topshop 的竞争优势在于设计和生产如此密切相关，每两周可以换新品，缩短时尚和季节更新的速度，将市场转变为一个进化的连续体。同样，这种没有确定目标且主要集中在其手段上的项目，可能是廉价审美的重要发展趋势。

通过改变思维判断和依靠生产，Zara 和 Topshop 的廉价模式能够提供最多样化的产品，并在任何给定的时间将手中信息传递给大众。作为一个运作体系，这些模型有逆向计量经济学的优势，它们促使全球化趋势加剧，导致更新速度加快，劳动力转移，高级和微型生产设施更替，同时使得小型跨国服装公司更加无法抵御风险。这种后现代新自由主义的商业品牌模式迅速突变，因为它们不受品牌历史的限制，也不需要创造意识形态、风格或全面的世界观来证明自己的存在。卡尔·拉格菲尔德（Karl Lagerfeld）接手香奈儿以及汤姆·福特（Tom Ford）接管古驰时的第一个任务便是重塑品牌的历史，将其诠释给新的消费人群。他们并不需要思考如经典的品牌设计是什么和这个品牌如何扩大并与当代市场接轨等问题，因为新的低成本品牌已经摆脱了过去的压力，开启了一段新的历史。他们虽然缺乏知名度，但靠着雄心壮志可以随时随地找到机会证明自己。品牌一致性和稳定性显然不是低成本市场的资产，但品牌责任是。他们可以在未来的建筑领域保有一席之地，因为他们已经累积了一定的品牌经验。

抛开这些低成本的做法，以及重新定位、设计与生产整合，克服时尚周期和风格不一致的趋势，我们可以确定两个基本模型的操作。一是将简洁作为一种新的风格，产生更好的价值。在这种情况下，廉价成为这种新风格的起源：举例来说，易捷这种不起眼的航空公司和无印良品等没品牌标志的商品 [颠覆了内奥米·克莱恩（Naomi Klein）的"No Logo"策略而建立起的品牌] 的出现。在这些模式中，廉价美学实现了飞跃，同时平衡过剩、特殊性、珍贵性、过高价格和排他性也都得到了考虑。不少品牌都接受了这种模式的暗示，其中包括宜家和 AA 美国服饰（American Apparel）这种具有类似政治野心的品牌。他们已经对服装风格进行了严格的统一，尽管易捷航空和无印良品对廉价美学还持观望态度。

我们可以在其他市场看到第二种替代方案，其中使用便宜的装饰品是产品选择的经济驱动力：在这种情况下，廉价是经过复杂采购过程的结果，允许产品在保持价格合理的情况下突出风格。像 Zara、Topshop、Primark，甚至是英国维珍大西洋航空公司这样的品牌，他们的策略就是将廉价与用于享乐的奢侈品结合在一起，产生更高的价值。在这种情况下，品牌的概念跨越了精英主义的门槛，更贴近产品的承受能力，同时不会损害其声誉。这种方法可以用非常精明的策略，既能够降低产品的零售成本，同时保持其（通常是最特殊的）某些品质或服务。

公民身份的不同形式也会产生不同的城市化方式，比如超级城市的法律和秩序（如纽约或伦敦的城市警戒状态）。现代主义城市通常是经济体的延伸，优化设计是法治秩序（基本生活）的一部分，也是城市美学的源泉，而后者正处于上升趋势。在后现代城市的法治秩序已经被一些例外情况（永久性紧急状态和应急状态）所取代的情况下，宪法权利是为了减少无休止地转移。

这里的问题在于，这些模式是否被用来挑战现状，并作为一个强大的转移设备来运作，就像阿甘本说的那样，纯粹的生活被变为一个强大的政治武器。而 Lacaton & Vassal 事务所的建筑隐含着对星系和建筑消耗的批评。我们无法回归到野蛮主义，人们只能想到建筑的廉价美学（无意识形态）可能会回归到一个建筑本身，而不是一个品牌。政治机构往往只是做必要的事情。就 Lacaton & Vassal 事务所的建筑而言，如果这些建筑物坐落在地球上，而且对环境开放，它们就能实现梭罗（Thoreau）对瓦尔登湖（Walden）的经济研究一样的效益，尽管价格便宜，但也能利用自然力产生经济效益。在离梭罗的瓦尔登湖不远，位于剑桥的马萨诸塞州的一个地方，坐落着柯布西耶的建筑中心。人们在设想勒·柯布西耶对于建筑中心的规划时，他们认为这种自然力代表了法国艺术家皮埃尔·怀耶（Pierre Huyghe）在"梦幻时代"（This is Not a Time for Dreaming）(2004)产生的一个荒谬的梦想。[8]

政治经济学可以整齐划分为政治和经济学的概念，无论是在市场完全摆脱政治干预的意义上，还是不考虑经济的情况下实施的政治行动都是不成立的。随着政府干预水平（如英国首相戴维·卡梅伦的简易委员会）不断上升，我们也看到在市场中经济对政治话语的影响越来越大。

探究经济学对公民类型的影响，我们可能在不久的将来为城市找到解决办法，而廉价审美影响可能是一个富有成效的调查领域。在全球新自由主义时代中的民主，往往是遥不可及的、无效的，且会消耗大量的资源。我们生活在一个无限的资本主义需求与地球自然资源极限相冲突的时代，这会使经济加速成为所有过程的引擎：随着全球人口涌入城市，城市土地经济以及能源和碳排放经济，将导致30亿人将在未来40年中进入全球中产阶级，并拥有空调、私家车和空运的合法使用权利；随着信贷被重新连接到实体资产，资金经济将被无限扩大化。

当我们向前迈进时，关键的问题是如何保持真正的民主，无论它的形态是什么，必然会导致房地产等"实际资本"的损失，随着廉价新兴景观在各地的普及，廉价可能实现民主（纯粹生活构建全球平等主义），甚至一劳永逸。政治机构的唯物主义方法可能是一种古老的技巧，是政治的创始行为。但是，作为自由的政治经济机构，纯粹的生活意味着许多人的奢侈基于同一种运营方式，它不是依靠财富和贫穷本身的桥梁进行，而是多个经济体在惠及他人时受益。廉价可能成为这个潜在的桥梁，这个桥梁不是廉价代理商，而是将廉价作为重新调整生产和消费引擎的一种形式。

全球问题的
城市解决方案

尼古拉斯·斯特恩（Nicholas Stern），迪米特里·曾赫利斯（Dimitri Zenghelis），菲利普·罗德（Philipp Rode）

公交系统

公共汽车有组织的交通管理系统对公民的社会吸引力，与高速公路上高度明显的无政府状态形成了鲜明对比。

城市显然在人为气候变化问题上发挥了重要作用，它们是构成任何解决方案的中心部分。没有城市的充分参与，就无法达成应对气候变化的全球合作协议。然而，有证据表明，改善城市排放和可持续性工作的措施，也是使其更繁荣和更有吸引力的措施。一些城市已经开始行动，提出了雄心勃勃的碳减排计划。更多的人加入合作网和伙伴关系，共同应对气候变化。

地球表面的城市面积不到 2%，但这片土地却容纳了世界人口的一半，占世界国内生产总值的 70%。到 2050 年，城市居民的占比预计将超过全球人口的 70%。城市很好地引领了低碳创新的进程，他们对人口和经济活动集中的地区进行了专业化和多样性分析，为想法、技术和流程上的创新提供了一个优越的环境。他们生产和分配资源，为城乡居民提供更好的生计。他们的规模和经济复杂性反映出城市的具体问题，如拥挤、浪费、教育和犯罪等。城市特定的公共干预、高人口密度和紧凑性，也有助于形成经济学规模和协作。

碳排放与收入直接相关。城市人均收入普遍高于周边农村，导致城市主要排放源的人均需求普遍较高。但不是所有的城市都是一样的，由于当地气候条件、能源结构和行业份额以及纯出口排放的程度不同，人均收入相似的城市之间的碳排放量是有巨大差异的。最后一点是当我们忽视与物质消费相关的排放量和其他地区消耗的能源时，大多数城市地区的情况看起来远远好过其实际情况。但碳排放也与沉降模式的差异相关，在更密集、更紧凑的城市中具有降低人均排放量的潜在趋势。因此，即使充分地认识到城市不是自给自足的实体，也应该为超出其边界的碳密集型活动分担责任，一些世界级大都市无论是单位产出还是人均消耗的能源和碳效益似乎都相对较低。巴黎、圣保罗、伦敦、达卡、香港和东京都是世界上能源强度最低的城市（约是得分最高的城市的四分之一），而且不到 50 个城市平均水平的一半。[1]

城市扩张受限且综合城市交通系统较弱的城市在许多情况下都会因为排放量低而受到影响。具有智能基础设施的紧凑且管理完善的城市，比郊区或农村社区更具吸引力。巴黎市中心、罗马、巴塞罗那和伦敦，连同纽约、新加

环境污染与经济增长的联系

尽管发展中国家及其城市的二氧化碳排放量往往较低（上海的排放量在中国显得格外突出），但与各自国家的平均消费模式相比，东京、巴黎和纽约等发达城市的污染水平较低。

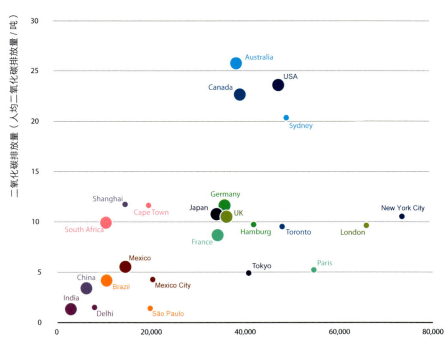

坡和东京，提供了可使用各种设施打造绿色空间的创意成长的城市中心的例子。霍恩温格（Hoornweg）发现，密集的城市只要有良好的公共交通系统服务，往往具有较低的人均排放量。[2] 相对资源效率高主要是由于距离减少和绿色交通运输模式的更大份额而导致运输能源效率更大；建筑物的热和冷却效率更高是由于较紧凑的建筑物类型占用较少的地面与较小的体积比，以及较低的利用率降低了城市基础设施的嵌入式能源需求。但维也纳或马德里等管理良好的紧凑型城市，比亚特兰大和休斯敦等大城市人口密度高，公共交通工具使用率高，人均排放量也相应降低。该论点同样适用于波特兰和温哥华等城市，其空间扩张的范围受到海洋和山脉限制，以及强大的公共政策和当地利益的限制。

由于交通网络较短，公用基础设施较少，在较为密集的城市中，家庭平均每年可以节省运营成本上千美元。[3] 但是，郊区生活仍然很受欢迎，因此较为密集的城市地区需要仔细计划以吸引可创造财富但却有其他选择的个人。如果没有协调的规划，城市将面临"锁定"长期存在的高碳资本基础设施的风险，而这需要大量花费才能扭转。

落实温室气体减排战略可以发挥经济效益。它可以提高效率，并使得城市减少浪费、降低成本。城市提供独特的环境来创新，开发和扩大新的想法和流程。这些促进了知识密集型绿色生产部门专业知识的增长。城市已成为气候变化行为的实验室，这些知识和经验引发了新技术的进一步创新和成本的下降。综合回收网络、沼气收集和热电联产的建立需要取得新技术以及熟练技术工程师和安装专家,而所有这些在紧凑的城市环境中更容易获得。城市化规模经济效益意味着城市可以利用发展"绿色"投资,如综合公共交通、下水道和水系统、拥堵收费、智能电网、智能建筑和分散式能源网络等。[4]城市地区相比农村地区已发明了10倍以上的可再生能源技术专利。[5]

气候政策也在地方层面产生了附带利益,而在有吸引力和成功的城市中投资将产生气候效益。减少颗粒物污染会降低医疗费用,增加城市吸引力,提高城市竞争力;同时减少浪费会建立更有吸引力的环境(例如减少堆填区),通过限制对进口能源和原材料的依赖可以提高能源安全性。[6]这意味着政策必须做好规划,例如,有效减少拥挤和排放需要对公共交通、自行车、电动车和共享车辆等基础设施、城市规划、分区和碳定价等方面实施补充措施。在经济衰退期间,这些规划可以促进创造就业机会并激发社会活动,特别是在"准备就绪"的部门,如建筑能效改造,宽带基础设施和设备制造商。增加植被和绿地的政策不仅可以降低热岛效应,而且可以提高抗洪能力。

波哥大(Bogotá)的 TransMilenio 公交系统主要是出于对低成本、高容量的城市交通设施的迫切需要,以及减少拥堵和提高当地生活质量,而不是旨在减少全球碳排放量。但这个方案不仅减少了排放量,还缩短了出行时间,使高峰时段的拥挤情况降低了40%。[7]首尔的无车日每年都成功地减少约能容纳200万辆车的道路占用,同时减少了3.7%的交通量、9.3%的二氧化碳排放量。总体而言,结合减排、增加体力活动水平和道路安全的绿色交通运输策略对城市的健康效益尤为重要,其带来的健康和安全福利,对很多诸如波哥大、莫罗戈罗(Morogoro)和德里等城市来说,约为综合非机动和公共交通措施成本的5~20倍。[8]

运输贡献了世界与能源相关温室气体排放量的22%左右。到目前为止,交通和运输设计在许多方面都是不经济的,且低效。在英国,公共交通相对于私人交通工具的成本在过去20年中急剧上升,加剧了因拥挤产生的浪费。每年英国道路交通事故造成的损失约为7亿至8亿英镑。[9]发展中国家的成本甚至更高,城市的快速发展无法赶上人口的增长和机动化的发展。在布宜诺斯艾利斯,拥挤的成本估计占当地国内生产总值的3.4%,在墨西哥城为2.6%,达喀尔为3.4%。[10]

时间损失、能源浪费、事故风险高,以及以上因素对生活质量的影响都促使政府采取措施减少交通拥堵。伦敦对交通拥堵收费的政策使得拥堵状况得到减少,与2003年同期相比,2004年2月的拥堵减少了30%[11],同时在实行收费政策的区域内二氧化碳排放量减少了19.5%。[12]墨西哥城和波哥大也引入了牌照限制政策,对减少交通拥堵和提升空气质量都产生了有效影响。[13]与此同时,政府还积极发展公共交通,它们因低价和可靠性替代了私家车对居民的吸引力。近年来,在一些与世界联系更紧密的北部城市,如阿姆斯特丹、哥本哈根、伦敦、纽约等,都增加了对自行车通行的投入,并致力于发展步行交通战略。

曾经的力量

随着电气化和现代化的推进，冷却塔已成为高碳足迹的象征，并加剧气候恶化。

电力和热能对与全球能源相关的 37 个项目都紧密相关。[14] 目前，一些城市已斥巨资以清洁方式发电和发热，其中一个典型的例子就是位于建筑屋顶和外墙，或在专用开放区设置光伏（PV）系统。在弗莱堡（Freiburg），光伏系统覆盖占地约 13000 平方米的城市表面，其中包括主要的火车站和其他一些地点，而旧金山则经营着美国最大的城市太阳能发电系统。[15] 位于城市边界之外的涡轮风力发电机则为城市提供了更多的机会，如"伦敦阵列"海上风力发电系统预计能生产 1000 兆瓦的电力，足够供应 750000 户人家所需的电量。[16]

哥本哈根地区的供暖系统利用电力的废热进行生产，这种生产通常将热能以热水的形式释放到海洋，能够有效地减少排放，每年为当地每户居民减少约 1400 欧元的相关开支。据估计，俄勒冈州的波特兰市近三年来通过对土地利用与交通政策的协调，每年能够节省 20 亿美元。该市适度增加了楼宇密度，改革了铁路运输计划和相关政策，鼓励人们步行和骑自行车出行。在许多欧洲城市，回收的垃圾中有 50% 都是当地的生活垃圾，而哥本哈根只有 3% 的生活垃圾被运往垃圾场。[17] 城市中的建筑物作为主要的温室气体来源，排放气体量占各种

另一片绿荫

由于印度对科技系统投入不足,目前一些印度城市的污染水平已经高到显而易见的地步。这促使印度政府采取新的方法来应对健康与环境的双重挑战。

来源总量的 21%。[18] 欧洲一些国家和美国政府都加强了对建筑标准的监管,要求建筑达到标准,取得环保证明,并为能源相关行业提供税收优惠和贷款,这一系列措施对这些国家的能源需求产生了可观的积极影响。[19]

综合技术将有助于提高复杂城市体系的工作效率。城市为网络技术行业提供了大量的潜在用户,而这一切都建立在其复杂的物理基础设施系统(如道路、铁路)、布线和配电系统的组合之上。改进对资源流动模式的监测和测量将使得已知的基础设施投资决策变得更为明智。[20] 此外,如斯德哥尔摩的拥堵税和新加坡电子道路定价等与智能交通系统相关的举措正用于解决拥堵问题,促进对道路使用的收费或提供关于交通状况的实时信息。阿姆斯特丹目前正在开展智能工作中心建设,使得工作人员能够充分使用当地的办公设施,而不必到总部跑一趟。[21]

因此,从政策角度来看,这不仅与建设道路、公共汽车、铁路等基础设施有关,还与他们的定价和管理、不同住宅位置所适用的规定、汽车使用和城市设计的规定有关。它涉及影响身体进入惯例的工作场所和使用惯例做法的结构网络。许多或大多数这些网络涉及在哪里生活，如何移动，如何交互以及如何通勤等会对他人有重大影响的个人决定。

考虑到与绿色城市和繁荣相关的良性循环的证据越来越多，那么这时问题就出现了，为什么越来越多的城市不对绿色增长作出承诺？首先，能源效率投资并不会立即得到回报，而是需要额外的前期投资做铺垫，之后才能发挥作用，因此流动性限制和资本获取限制可能会将一部分合法投资排除。其次，能源效率和可再生能源投资的增长潜能尚未得到大家的重视和认可，当面对化石燃料和其他稀缺资源价格的不断上涨，和政策环境的衰退等多种条件时，这种情况将会改变。然而，即使过往收益较为明显，也存在一些妨碍资源效率的障碍。

政府经常将对节约能源有利的投资分开几步进行，它们不会由单个人或集团（例如房东、建筑公司、房地产卖方）进行投资。由于节能设备的价格要比替代品高，因此即使投资回收期较短，许多人在初始投资方面仍面临制约（例如低收入居民）。与管理和决策要求相关的成本可以通过汇总节省下的开支来计算和减少，举例来说，锅炉或家用电器等成本的投资回收期长度可以通过对关闭高能耗产品市场的最低效率标准立法来控制。当监控和测量系统薄弱时，投资方就难以通过高效率投资来获取收益；为防止投资减少，系统就会停止使用智能监测向消费者提醒能源使用和浪费情况。在可再生能源产业中的研发通常是长期的和有投机性的，风险很大，知识转化难以获利或申请专利，因此，创新未达到社会最优。最后，由于相关人员缺乏能力和专业知识，城市环境转型的成本有所增加。最近，澳大利亚的能源效率驱动力由于缺乏适当培训的熟练安装工程师而必须缩减，如要克服所有这些障碍，则需要将政策工具进行综合利用，明确具体的公共部门对绿色转型所负的责任。

然而，国家层面的相关议程越来越多地受到由城市引领的有利于可持续发展的民意政策影响，进而得到推动；其中伦敦的拥挤收费，柏林的汽车共享，巴塞罗那、波特兰、万隆、布里斯班、圭尔夫（Guelph）和南京的规划和政策都推动了本国相关标准的制定。而对中央和地方政府机构来说，最有利的做法往往是通过教育民众来促进行为改变。

调查显示，城市人口对可持续发展有着重要作用，城市的快速扩张导致了行为改变引起的回收和采取新技术等一系列措施的应用。因此，公开干预公民举措并明确各方任务对于解决与城市可持续发展相关的市场失灵问题至关重要。为了避免目标与计划不协调，利用最具成本效益的减排机会，各国政府应该合理引导、协调、设计和实施相关政策。有针对性的采购为城市提供了市场形成的机会，激励了低碳产品创新和服务种类的增加，但同时运输和城市设计政策也应具备如下特征：[22]

- 温室气体排放收费。
- 适当的价格限制，更好地利用基础设施，同时利用建立多功能汽车的交通车道等举措鼓励共享运输。

- 寻求提高能源效率的方法，特别是通过运用标准和法规。
- 更加注重公共交通投资，并注意成本和效率。
- 鼓励在当地工作，使人们的出行时间更短，更有效率，使骑自行车更轻松，更安全。
- 规范城市扩张和改善设计，同时更加注重引导人们尽量少使用私人交通工具。
- 使人们更容易自主进行发电并对电网进行供应。
- 热电联产社区的潜力表明，地方能源结构很重要。
- 通过使回收更加便捷来鼓励回收利用。
- 支持新型清洁技术的研究和示范工程。

这些要点都需要公众或集体执行。除去使工作更有效率外，人们还会向社区聚集，并使城市生活更加愉快和安全，在这种情况下产生的成功城市可以带来经济繁荣和生活质量的提高。越来越多的城市正通过提高生活质量来吸引人、思想和技能这些最重要的经济资源。

通过支持性政策，创新型企业可以利用低碳投资增加新的商机，据估计这些投资每年的收益大约有500亿美元，而2008年清洁能源投资总额仅为177亿美元。[23] 各类成功城市将越来越多地专注于环境咨询和碳中介等高端商务服务。

想要进行进一步的实证调查，我们需要建立一个一致的城市数据库，并改进对实践的评估标准和机制。同时，城市在进行长期规划决策时，应考虑加强自身对气候变化的理解，而不是等待完美的信息。城市如何发展是气候问题的一部分，但也可以作为解决方案的一部分。所有的城市，尤其是发展中国家的城市，都有机会指导城市规划，以及防止高碳基础设施扩展和锁定。未来几年的投资和战略决策将决定城市发展的赢家和输家，也将迎来与未来可持续性相关的挑战。

民主与治理

杰拉尔德·E. 弗鲁格（Gerald E. Frug）

政治参与

一些较右的政治文化中心，比如伦敦，期望他们的政治家与选民能够通过共同出行增进了解，因此希望他们使用自行车出行。其他政治文化的观点则认为地位就意味着安全，为了实现这种安全，政治家们需要一定程度的武装保护。

约翰·弗里德曼（John Friedmann）在他的开创性文章"世界城市假说"中指出，全球化使得"更富有的"国际化城市"在网络化的全球经济中像其他城市一样运作，逐渐独立于区域和国家的控制。"[1] 之后也有人提出了类似的观点。[2] 而我对此持相反的观点：国家、州和地区政府应继续保持对国际化城市的控制。每个有较长历史的城市都可以作为这个观点的例子。如1986年，英国的国家政府完全废除了伦敦市政府。而当议会建立新的市政府时，缺席14年的大伦敦管理局虽然只发挥了有限的功能，但对建设很有意义。同样地，当纽约州拒绝纽约市实施拥堵收费时，体现的也是国家对该市控制自己未来的力量的广泛限制。除去对这些城市的关注之外，我还关注了以下三个历史比较悠久的城市：孟买、圣保罗和伊斯坦布尔。这些城市的权力明显受到中央集权制的限制，但每个城市的权力受限方式不一样。控制机制的种类很多，它有助于展示国家和州政府确保全球城市不过分"独立"的各种方法。

在印度、巴西和土耳其，分权并不是一个坏主意。近几十年来，为行使更多的地方权力，印度和巴西修改了国家宪法。土耳其放弃了20世纪80年代以来对其城市进行直接集中管辖的政策，并在2004年大幅提升伊斯坦布尔大都会市政府的统治地位。对这些城市的集中控制不符合当地的民主制度。所有这三个国家都是民主国家，且都有地方组织的市政选举。这些全球城市的国家控制原因更为重要。国家和州政府都有压倒性的政策目标，即将这三个城市转变为全球城市，而不是让市政府进行民主组织，阻碍国家目标的实现。因此，法定权力机关的组织方式是确保避免这种情况发生。

孟买是在国家政策指导下成为全球化城市的例子，但它的组织方式是非常不寻常的。对孟买权力最重要的约束来自它所在的州——马哈拉施特拉邦。这里需要提到一个重要的背景信息，尽管孟买是一个人口超过1200万的世界主要城市，马哈拉施特拉邦却要大得多，人口将近1亿。因此，国家的政策，相当合理地考虑到大多数住在城市以外的人的利益。孟买市政府本身被称为大孟买市政公司。它由一个地方立法机关、一个由立法机关选出的市长和一个市政

住房性质

从伊斯坦布尔到孟买再到圣保罗,一种新型高层混凝土式的当地建筑风格已经形成。这些建筑虽然目的不同,用途各异,但都在城市中形成了互通的区域。

专员组成。其中,关键政策人物是市政专员;他是政府的行政首脑。然而,该市政专员是由邦政府任命的,而不是由孟买居民选举产生的(与当地立法机关不同)。因此,他只是执行国家政策的工具。此外,根据建立城市结构的《市政公司法》,马哈拉施特拉邦政府对城市保留了相当大的权力,包括指导市政公司政策的能力,甚至完全解散公司的能力。这还不是全部:孟买的地区规划由孟买大都市区开发局管理,这是一个国家机构。其他重要职能——特别是住房和贫民窟重建——由其他国家机构管理。相比之下,市长则是象征性的政府首脑。

1992年,印度宪法被第七十四宪法修正案修订。这项修正案首次为市政府创立了宪法地位(同时通过的第七十三宪法修正案也为农村地区的地方政府寻求了同样的目标)。1992年的修正案寻求将权力从各邦下放到地方,其中包括一份地方政府职能的详细清单。在此之前,印度的地方政府是国家的代理人。有人可能认为第七十四宪法修正案将改变我刚才描述的孟买与邦之间的关系。但它没有产生这种效果。关键的宪法条款规定,各邦"可以通过法律赋予"市政当局更多权力。本条款中"可以"一词的含义一直是争论的焦点。但在马哈拉施特拉邦和其他地方,这被解读为允许政府决定不将权力下放给城市。这就是马哈拉施特拉邦所遵循的道路。一个国家的宪法能够以一种不会从根本上改变邦与市之间关系的方式来解释,这并不令人感到意外。在任何存在联邦或其他三级政府体制的地方,都不愿这样做。这种不情愿的情况肯定会在美国发生(美国根本没有联邦宪法保护城市不受州权力的影响)。

圣保罗的组织形式与孟买非常不同。1988年,在军事政权结束后,巴西通过了新的国家宪法。宪法首次建立了一个联邦制共和国,由三级政府——国家、州和市——分别宣布自治。换句话说,与印度(和美国)不同,巴西的州政府无权在其境内建立或控制地方政府。这一宪法赋予的市政权力使圣保罗能够行使地方自治的很多重要内容。即便如此,对城市权力的限制也是非常现实的。其中一个限制来自这样一个事实:圣保罗和孟买一样,人口仅略多于其所在孟买、圣保罗和伊斯坦布尔，围绕这一论点的辩论是一个关键的政治问题。这场辩论发生在哪里以及谁能解决这个问题，都非常重要。没有人认为城市应该能够单独控制自己的命运，必须考虑到州和国家利益。但治理是平衡地方、州和国家利益的机制——是分配决策权的方式。孟买、圣保罗和伊斯坦布尔表明，没有一种方法可以组织一个治理体系。但它们也表明，即使在那些致力于促进权力分散的国家，也可以通过各种方式对城市政策进行集中控制。

城市地震

安东尼·威廉姆斯（Anthony Williams）

城市政治

巴黎郊区的动荡已经臭名昭著，使得其与繁华的市中心隔绝，政客们也不敢前往。在美国，市长车队的视野是政治现实的一个重要方面。

另一个"城市时代"的会议正在结束。与会者们都已在回程的路上，而当地市长早已回到办公室，抓紧时间处理日常政务。当她有空歇一会儿时，她就停下来反思会上吸取的重要教训。在这种反思中，她的脑中出现了一系列的问题：实际需要的是什么？ 她如何执行它们？ 她如何看待政府的领导者这一角色？是作为整体社区的领袖吗？ 她与众多规划人员一同参加"城市时代"会议中反复听到的这个"公共领域"是什么？ 并忘记"最佳实践"。作为这些"最佳实践"的路标，她如何改进到"平均"流程的水平？

她想到她的工作和她的就职宣誓。很明显，她需要管理一个政府机构，她意识到她需要在更高层次上引导公众和个人；包括普通百姓和精英，以及业主和工人。她的管理并不是在所有问题上都能有所体现，但肯定会在许多重要的问题上有所体现。那么问题来了，这些事情都包括什么？ 她又如何看待这个权威？

身份：全球的地方差异

像大多数人一样，市长在开车时思考了很多，当她离开办公室时，这一天并没有什么不同。当她沿着市中心外的一条最新建成的高速公路路过国际机场进入郊区时，她一直在思考"公共领域"的概念。她在一个十字路口下车。她意识到，到处看起来都差不多一样。快速停车服务站、小区购物中心、办公园区等常见建筑点缀着风景。她意识到她正在看的东西就是体现全球化与地方差异的具体例子。全球经济有令人印象深刻的规模、标准化、速度和便利性，却没有办法给市长指出她到底在哪里。怎样才能真正定义这个地方？这个停车场是历史悠久的战场还是宅地？他的全球经济是否与真正使社区变得独特的机构、活动和传统相联系？

当然，公共领域既不是全球性的，也不是地方性的；事实上它既是全球性的，也是地方性的，这让她又回归到严苛的工作流程中。她日常工作的70%到80%有没有被其他类似的城市分享呢？ 如果它是全球性的，而不是真正独有的，她是否利用全球网络和系统来尽量减少对这些活动承诺的资源？而对于

其余的 20% 到 30%，她是否把人们的政治资本和时间放在那些真正能让他们的城市成为居住或投资场所的活动上？

联合：跨越巨大的鸿沟

无论在纽约、芝加哥、孟买，还是约翰内斯堡，这些大都会城市可能最需要的就是时间投入来解决一个城市的分裂问题。我们的同事布鲁斯·卡茨（Bruce Katz），他的重要工作是"区域划分"（1999），而我所在的华盛顿特区是美国最分裂的地区中心之一。这个地区的经济在全球化进程中崛起，作为其领导者，市长艾德里安·芬蒂（Adrian Fenty）试图将公立学校转变为公共领域的关键组成部分，这一举动引发了我们对公共利益及其分配方式的激烈讨论。他下定决心改善学校工作，并辞去了他的职务，他的工作内容主要围绕着种族和阶级路线。虽然这是个悲剧，但对于一个拥有国内最高知识水平公民，但同样文盲率也很高，拥有最富有的居民，但贫困程度也高的城市来说，这令人惊讶吗？

城市必须从宏观和微观两方面考虑如何应对这一流行病。城市的时代性在微观上说明：当地有形的力量、可持续发展的项目，将人们凝聚在一起，共同努力，取得成功。正面的例子赢得了其他公民和利益相关者的尊重。毫无疑问，我们所看到的许多成功的公共工程项目，例如波哥大、哥伦比亚的自行车走廊，不仅推进了公共事业的流动性，更扩大了公共领域的规模：给予曾被忽视的社会群体和阶级以充分的尊重。

此外，还有一个更大的组成部分。虽然许多市长追逐美丽的城市景观，但越来越多地意识到这一愿景不能仅仅通过简单的砖头来实现。在这些成功的项目上，地方领导层花了大量的时间，推行了比致力于繁荣更重要的举措。正如我们在伦敦奥运遗产、华盛顿的阿纳卡斯蒂亚（Anacostia）海滨，以及巴西库里蒂巴市长贾米·勒讷的伟大工作中看到的那样，增强和重视公有制的公共事业可以将物质和社会，理想和现实整合到一起。

信任：责任和透明度

许多资深的评论员会告诉市长，她的工作不仅仅是"收拾烂摊子"。对当今时代的伟大问题必须表明立场，无论是关于人权还是战争与和平。在公共领域发挥领导作用是必要的，虽不足以管理好政府，但仍然十分关键。

当我们考虑到公众的信任时，我们经常关注显而易见的因素：明确的行为标准、成败的后果、利用制度保护公共财物。我们所有的城市都存在公共资产滥用的情况：滥用自由裁量权，大大小小的腐败，以及大量的公共资金用于不合理的计划甚至更糟。但公信力的建立基于以下期望：能够可靠地做好小事情。

以最普通的一天为例。当你早上醒来时闹钟响了吗？是否有电？市长在哪？昨晚街上有噪声和骚动吗？给市长打电话？你看不到日出，是否因为你的树没有被修剪？又怪到了市长头上！因此我的观点是，我们对政府的信任，以及他们能否办好大事的能力，是建立在我们既定的期望之上。我们认为一个团队可以赢得比赛的前提是我们的信念，它可以支撑我们投入游戏，赢得胜利。

信仰：信念的集合

如果我们的市长可以让她的城市了解其自身定位，服务于谁，在什么基础上她可以取得公民的信任。因此，这不仅仅是一个重建美丽城市的梦想。它是一个充满活力、可持续、有弹性的城市建设想法。如果我们给予他们这份信任，这一切就有可能实现。不幸的是，沉浸在经济困境之中追求预期的经济效益，许多城市的领导者可能会受到诱惑，怀疑自己，开始做更多伤害城市利益的举措，而不是伟大的工程。我们看到许多道路环线、昂贵的地下铁路系统和完工的公共工程项目，都曾遭遇集体的怀疑和否认。公平地说，认识到城市中的建筑形式在我们的碳足迹中占有很大份额后，我们才开始有所举措，相反地，解决方案的很大一部分是在诸如面向交通的发展、交通选择的智能定价和绿色发展等倡议中，而不仅是绿色建筑。

此外，也许是最重要的，我们已经看到了完善的城市模式，证明他们可以有弹性并且可持续发展。毕竟，不论国家政府的地位上升或下降，城市作为伟大的文明中心，会不断地向前发展。例如柏林、孟买、上海、伦敦和墨西哥城。的确，在我生活的"城市时代"中，我惊奇地看到城市经受住了一个又一个灾难，从战争、恐怖袭击，到飓风、洪水和流行病。就像贝特戴维斯曾经说的，我们可能会经历一次颠簸的骑行，可能需要系紧我们的安全带，但我们可以坚信，最终我们的城市公共领域不但能够生存下去，而且会占上风。

别样的风景

索菲·博迪－根德罗（Sophie Body-Gendrot）

包容的文化

从本质上讲，城市既需要包容也鼓励包容，无论是对性还是社会：这对那些把开放社会当作威胁的群体而言，可能是致命的打击。

在整个历史中，世界各地的城市都试图在现有秩序的干扰之间找到平衡点，随之而来的是变革和创新时期，随后恢复秩序，这种情况开始转变，转向有机隐喻。目前，城市的混乱秩序揭示了城市的危机能力，为他们面临的挑战提出适当的解决方案。低效、混乱和不可预测性对于他们的复兴可能会有成效，这与起初可能产生的社会损害形成鲜明对比，这些损害可能是由其管理的机构和机构的逻辑或功能性命题造成的。[1]

全球化带来的变化常常是极端的，全球南部城市人口大部分处于动荡环境。他们遭受恐怖袭击、非法贩运的帮派战争、凶杀案率高，甚至还有无人区的存在。这里我主要想说的是，这些城市有什么共同点，他们在不平等、社会紧张和混乱方面的差异如何，特别是在孟买、圣保罗和伊斯坦布尔。我们也会分析他们在处理这些问题时的做法，来吸取其中的教训。

很快，我们就会注意到全球化不可避免地会增加不平等现象，从而导致社会紧张，阻碍城市的经济发展，影响政治和社会福祉？如果是，欠发达国家的全球城市是否会更脆弱？如果外部事件和力量打击他们，或发生内部暴乱，他们会失去多少？

恐惧和不安全感的情况可以看出，孟买、圣保罗和伊斯坦布尔，每个城市面临的混乱情形各不同，答案自然也不同。

全球化、不平等和城市疾病

当我们看待城市的不平等现象时，不应该只关注它的增长，应该注意的是，他们虽然和过去一样显著，但是全球化现象改变了我们对它的看法。因为全球相互依存的程度很大，通过我们的通信网络使得信息不断流动，它们是完全可见的，并产生了一种不公正的感觉。20世纪80年代，这种现象主要针对社会底层人群。20世纪90年代以来，中产阶级也开始感同身受，而高阶层受益于全球化，并能够增加他们的资产比例。今天，沃尔玛的首席执行官的工资是普通员工的900倍。[2]

在地区的一半：圣保罗被其他38个城市所包围。1988年的宪法赋予这些自治市自治权，就像赋予圣保罗自治权一样。因此，尽管城市面临的许多问题在本质上是区域性的，但没有有效的大都市政府机制。事实上，具有讽刺意味的是，由于需要宪法修正案来推翻1988年宪法授予所有自治市的自治权，巴西的地方主义面临着比其他地方更难克服的障碍。

圣保罗权力的另一个限制来自宪法赋予州政府的职能。虽然宪法赋予城市从州权力中独立出来的自治权，但它也赋予了州对在城市生活中起决定性作用的活动的权力。这种州权力的一个引人注目的例子涉及许多人认为圣保罗和巴西其他重要城市面临的主要问题——暴力。1988年的宪法赋予了州而不是城市控制民警和宪兵的权力。这使得城市既没有权力处理威胁其发展的街头和帮派暴力，也没有权力处理警察本身加剧这种暴力的方式。最后，联邦政府对城市政策的权力仍然相当大。联邦政府对圣保罗发起立法的能力和花费资源的能力施加了限制。事实上，联邦法律要求一些地方资源用于特定的功能。宪法还将一些任务（特别是有关城市发展的）完全授予联邦政府，尽管它允许联邦政府可以授权地方政府在这一进程中发挥有限的作用（根据联邦政府颁布的《城市规约》，它已经这么做了）。其他主要城市问题同时分配给联邦、州和市政府；在这些问题上，联邦政府的作用往往是决定性的。这些其他决策者——该区域的其他市政当局、州政府和国家政府——对圣保罗的综合影响使该市受到相当大的国家和区域控制。

伊斯坦布尔也受到国家政府的正式管制。从1923年到20世纪80年代，土耳其的市政当局由国家政府任命的官员直接管理。然而，最近几十年，土耳其和印度、巴西一样，也开始接受权力下放。即使如此，国家各部仍然在伊斯坦布尔提供很多重要的服务，伊斯坦布尔省省长（一名任命的官员）协调了许多联邦职能。此外，城市政府的正式组织本身也是复杂的。自1984年以来，大都市政府和（目前）39个区政府的职责被划分，每个区政府都有自己的市长。

正式和非正式定居点之间、政府和私营组织之间或公私伙伴关系之间，以及城市和独立的公共当局之间也划分了责任。因此，伊斯坦布尔大都市没有权力为该市制定一项全面的城市政策。费尔赞·埃尔基普（Feyzan Erkip）写道："地方政府的正式城市政策是不同模式、不同政策目标和意识形态立场的混合，因为城市问题和优先事项不相容。"[3] 然而，伊斯坦布尔并没有面临制约孟买和圣保罗的问题之一：这座城市与其所在地区的关系。2004年，国家政府将伊斯坦布尔的地理面积扩大了三倍，结果伊斯坦布尔大都市现在拥有了对该省大部分地区的管辖权（伊斯坦布尔的面积是孟买的10倍多，圣保罗的3倍多）。

伊斯坦布尔的国家—地方关系还有一个相当重要的方面。占主导地位的政党已成为国家控制地方议程的主要工具。正义与发展党（通常称为AKP）控制着两个层次的政府，现任总理雷德普·塔伊普·埃尔多安（Recep Tayyip Erdoğan）是前伊斯坦布尔市长。塞马·埃代尔（Sema Erder）将产生的功率动态描述如下：

在获得权力及其政治优势后，AKP中央政府开始拒绝权力下放的呼声，反而进一步强化了他们的集权制倾向。因此，当涉及宏观层面的决策时，可以说中央政府在伊斯坦布尔发挥着强大的影响力。[4]

一个政党同时控制着国家和地方政府，这并不符合所有国家的政策。在一些国家，无论哪个政党执政，中央政府和城市之间的冲突都在继续。然而，在一个政党占主导地位的国家，情况往往不同。党的议程既补充又加强了法律结构赋予国家对城市的正式权力。

之前对孟买、圣保罗和伊斯坦布尔的治理结构进行的调查仅显示其复杂性。但它应该足以表明，在这三个城市中，国家或州政府对城市政策的权力有多大。剩下的最后一个关键问题是：为什么中央集权如此重要？这样做的原因有很多，但我在这里只关注其中一个：全球化对这三个城市的影响。研究全球化的作者从一开始就强调了全球化促进收入两极分化的方式。[5] 这种两极分化在孟买、圣保罗和伊斯坦布尔尤为明显。庞大的非正式住宅区、贫民窟和棚户区是每个城市的主要特色。其他城市居民积累的相当可观的财富也是如此。孟买市中心大部分地区拆除非正规住房的努力、圣保罗的暴力事件、伊斯坦布尔的大规模移民，以及为富人建造的隐蔽住房，都可能引发一场围绕全球化进程的定义和未来的重大政治斗争。

根据政治冲突发生的地点，这场战斗可能会有所不同。如果城市本身掌握了自己的命运，那么现在在这三个城市中所采用的全球化政策可能会受到质疑和修订。这些城市的绝大多数人是穷人。我们应该还记得，这三个国家都是民主国家。城市居民可能会要求城市政策明确地以改善他们自己的生活为目标——他们可能会质疑目前的全球化是否足以完成这一任务。如果是这样，他们可以利用地方选举程序来确保他们选出的官员对他们的要求作出反应。有时这可能行不通；有时，城市政策将由精英控制，尽管民众反对。但有时可能会奏效。相比之下，现在当地对政府政策的反对往往采取街头抗议或由非政府组织来组织活动努力的形式。当地居民似乎认为，抵制政府权力，而不是控制政府权力，是实现他们目标的最佳途径。

当个人陷入困境时，地方立法官员会代表个人进行干预，但这与他们有权逆转当前政策是不一样的。

当重大决策不在城市居民手中时，全球化的政治就会发生变化。控制权掌握在不同选区选出的人手中，而对贫困城市居民的影响是由受许多其他因素影响的人来评估的。其中一些影响来自选民以外的因素：世界银行、企业，以及担心输掉这场国家和州政府领导人正在经历的全球城市的国际竞争。毫无疑问，那些奉行当前全球化政策的人将坚持认为，这样做符合所有人的利益。但

衡量不等式的重要工具是基尼系数。它侧重衡量整个社会的不平等，而不是简单地比较边界条件。纽约的平均值为 50（2007 年），而在全球的南方城市中，约翰内斯堡（75）、圣保罗（61）和墨西哥城（56）表现出的不平等要高于伊斯坦布尔（43）和孟买（35）。[3]

其次，我们所说的全球化是指大众互联通信、金融、知识型组织、行政机构、部队结合在一个电力网络中，构成了一个统一的世界。形成跨国途径，取代国家货币流动，减少对生产过程的人口限制，基于这些事实，全球化的现实会在国内充分体现。[4]

一般而言，在自己的领域，许多具有发言权的精英存在脱节的现象。对于大部分人群，特别是那些被隔离在精英群体之外的年轻人，往往存在失落感，这仍然是世界大部分地区存在的一个普遍现状。地方特设和未经协商的经营方式，制造了紧张的社会局势、斗争和抵制，其性质根据城市的历史、制度和政策而变化。

然而，即便如此，不平等的程度也绝不会导致城市暴力。纽约有很高的不平等，但在安全方面，它无疑是成功的。不平等的存在本身不会导致暴力产生，经济发展水平本身也不会带来暴力。而根据 Weede 的说法，他将 47 个国家的数据汇编成曲线，发现政权和暴力行为的压制水平之间并没有很明确的关系。[5]

现今城市的混乱局面既是一种机会，也可能会导致事件发生。他们经常强调在公共话语中被忽视的问题，比如不公正的情况和人们的情绪。它们构成了全局和局部之间的连接。混乱源自沉默、忽视和疏漏，是一个矛盾的集合体，在污染社会的同时又会消除一部分社会不良现象。[6] 在城市中，全球化被赋予对抗性，但不立即诉诸政治主张。这些被恐怖分子、异议人士和暴徒锁定的全球城市（纽约、巴黎、伦敦、马德里、孟买）也表明：无论是在流动还是财富方面，都存在社会失灵的现象。社会混乱是一种社会表达方式：他们在标志和有争议的领土背景下，对公共空间进行戏剧性的重新诠释。

城市既是物质支撑，也是混乱情形必要的象征性（和战略）利益。传统形式的城市暴力，如民族分歧、仇恨或种姓紧张局势，在新的环境下不断复苏。正如阿帕杜莱（Appadurai）所说："恐惧的程度与全球化力量产生的紧张密切相关。"[7] 这种无序状态没有政治合法性，属于非决策问题。他们中大多数人的共鸣不会超出他们的直接背景，但是这种共鸣会产生于那些刚刚发展的新兴文化。这种情况的分散和差距不允许局部阻力收敛到一个全球性的社会运动。然而，宏观经济的发展、不断上升的不平等情况、秩序与混乱之间可能存在一定相关性。收入分化程度越高，可能会导致越严重的社会分层和不信任程度。

城市是复杂的社会场所，社会秩序更难以断言。对于国际大城市，人们轨迹和地位的多样性不断增添个性化色彩，更不用说阶级、年龄、种族、性别和背景。城市面临的紧迫而复杂的挑战和全球性的风险和威胁，从恐怖主义网络到跨国帮派活动，再到社会分裂，都使城市成为脆弱的"前沿空间"。[8]这并不一定意味着城市的一切都是全球性的：局部的不满和冲突仍然存在。然而，全球动态和条件可以取代、掩盖、擦除激烈的地方冲突，因此必须转变政府治理方案的优先级。

全球城市的不安全新形式

全球范围内引发的城市暴力，在世界各地的城市中日益明显，但它们之间的主要差异是显而易见的。韦恩斯坦（Weinstein）对孟买的调查数据显示出，犯罪活动对城市全球化的改变程度以及城市及其居民采用何种形式的反应。[9]

孟买的有组织犯罪集团长期与印度以外的国家和地区有联系。在金融基础设施的支持下，他们积累了新的资本形式，并于20世纪90年代建立了新的权力来源。从波斯湾延伸到马来西亚，并在伦敦、约翰内斯堡和纽约建立了连接，城市大型犯罪组织的力量不仅来自他们与政党的关系，同时也与全球范围内的敌对宗教社区有所勾结。[10]

地方政府通过一系列转换，贫民窟清拆计划和放松对公共土地的管制来制造出一些有价值的地块，从而使得这些团体进入土地开发领域。20世纪90年代，受到炒作的推动，出现价格上涨的问题。犯罪组织利用暴力、威胁和贿赂，直接或间接地在城市中购买了大量的财产。与此同时，继续生活在孟买贫民窟的650万人（约一半的城市人口），仍然居住在简陋的住房里，受困于日益恶化的健康和治安问题。然而，自20世纪90年代中期以来，当地政府和国际机构试图通过投资主要基础设施，将城市变成干净、高效率的"世界级"城市。

类似的分析将全球化与2007年的恐怖袭击联系起来。"迄今为止的证据表明，攻击的策划者利用长期的、大量的、非集中的低强度常规冲突来实现自己的目的。"[11]恐怖主义袭击是由于共同对立以及穆斯林和印度教的仇恨，以及巴基斯坦与印度之间的地缘政治对抗。但是，正如萨森（Sassen）所说，这个背景也与现代国家权威的分割条件有关。恐怖主义者利用弱势的国家、利用高度可见和象征性的城市遗址来破坏精英与世界的平衡关系。孟买是一个保卫良好的城市，但其关键地方的开放性和复杂的相互关联使其（或任何大城市）容易受到这种攻击。

人们对这些袭击的看法和判断都有所不同：孟买人更关心的可能是每天从火车上摔死的10名乘客，或者犯罪和入室抢劫等问题。当地的精英们，诸如印度教、穆斯林领导人和商人，都对此感到震惊和担心。与其他地方一样，这里的人民自觉行动起来，减轻恐怖袭击对当地的影响，情况的好转使得精英们没有对恐怖组织做出极端的报复行为。这个"最大化的城市"展示了它遏制和抵制暴力的能力。

生活在城市

宗教对城市的建筑和影像都有明显的影响。他们可以组织人们互相帮助，共谋福利，但有时也会加剧社会矛盾。

另一个小插曲出现在圣保罗。圣保罗有拉丁美洲最重要的证券交易所，跨国公司集中连片，再加上美国知识经济的迅速发展，它已成为一个与世界其他部分紧密相连的全球城市。但很少有人关心城市的全球性是否会对它的社会包容性产生任何的影响，对于大多数的城市居民来说，仅仅靠教育和机会的流动来改变一个人的生活前景，可以说是希望渺茫。当地的暴力状况显示，最穷的那一群人的生活受到了极其严重的打击。卡尔代拉（Caldeira）指出，占总人口10%的穷人生活在贫民区（favelas）[12]，而许多富人已经远离了城市中心并选择在外围的封闭式社区居住生活，这就在无形中加强了社会隔离。美国人均收入12,000美元，远远超过孟买的1,800美元。这两个城市的年轻人比例（三分之一的人口）是一样的。但是，圣保罗的谋杀率有别于其他两个城市，仅2006年，每100,000人中有21个人被谋杀（伊斯坦布尔和孟买的每100,000人中有3人）；而在年轻人群体中，比率甚至达到每100,000人中的54.5人。

因此，知识分子想要了解导致这些数字的具体情况，但是排除城市的恐怖袭击。这可以解释为另一种形式的全球化，或一个特定的城市文化可以容忍这样的暴力水平。又或者是组织效率低下，缺乏缓解不平等的政治意愿？

恐惧一直在保利斯塔人（Paulistanos）的思想中发挥重要作用，即便随着时间的流逝，城市吸收了一波又一波的贫困移民和领土不平等，这种局面也不曾被改变。在向民主政府过渡之后，对犯罪的恐惧成为最富裕人士隔绝自己的借口。"恐惧、谈论犯罪、采取阻隔和分离的方式，都会改变公共空间的特征。私有化、封闭、边界治安和隔离装置创造了一个分散的公共空间，其中不平等是一种组织价值。"[13] 在名声不好的地区，其部分由居民共同承担的污名有助于维持城市不平等。"这个过程又反过来增强了污名，影响了该地区的未来发展轨迹。"[14] 为什么恐惧如此广泛：在2008年"城市时代"调查中，超过57%的居民声称他们或其亲友有被抢劫的经历，一半人说他们知道有人是被谋杀的，而且遭受暴力死亡、殴打和强奸的大部分都是中产阶级。如果帮派产生边界争执并对部分地区进行统治，那么贫困地区暴力行为的可预测性甚至更高。

一个主要的犯罪组织，首都第一司令部，在移交囚犯到安全级别最高的监狱后，对薄弱机构施加其权力：银行分行遭到破坏，公共汽车着火，80个监狱机构宣布进入紧急状态。帮派在圣保罗管理公共空间，打破了地方当局的领土平衡，并承诺居民会尽量缓解这一现状。除了当地的犯罪活动外，他们也越来越多地接管"政府"职能：包括"警务"，提供社会服务和福利援助，以及工作和新的权利要素，同时保持权力在他们的受控范围。[15] 这就解释了为什么保利斯塔人的主要要求是建立一个更高效和更严格的司法制度，在街道和公共场所使用更多的安全摄像头，同时街头也可以看见更多的警察。他们也希望未成年人和成年人会以相同的方式受到惩罚。

研究表明，圣保罗已经做了很多工作来提高安全性。因为，作为一个具有竞争力的全球城市，圣保罗因被认为是危险的同义词而蒙受巨大的损失。如何解决公共服务的不平等和分割性质被认为是一个低度优先事项，而对安全的关注和城市当代景观的建设需要同时考虑。

最后的例子来自伊斯坦布尔，一个拥有1300万人口的城市，同样也存在类似问题。其就业机会的增长是移民寻求的实现梦想的磁石。在这里，不平等的分配并不像之前拉丁美洲那样尖锐。为什么恐怖犯罪（预计四分之三的居民在某些阶段会被盗窃）远高于许多其他全球城市？城市的国际化和快速流动的人口，解释了为什么只有20%的城市居民在天黑之后感到安全（与圣保罗的31%相比）。对城市秩序的挑战源于流动人口和没有固定居所的人，不符合社会和空间层级分布。上海的流动人口、约翰内斯堡邻国的移民、巴西东北部的流动人口也出现了类似的现象，圣保罗、罗马以及欧洲各地随处可见。大多数的第一代新来者倾向于适应新的情况，但是他们的后代似乎会遭遇更多的问题。

与少数民族聚居区、贫民窟和乡镇一样，在20世纪90年代，varo这个词用于特指伊斯坦布尔周边贫穷社区的特点，与贫困、封闭和边缘化群体的集中有关，其中许多是库尔德农村人。在普遍观念中，这与混乱、暴力、反抗、犯罪和潜在的风险有关，其中年轻人成为社会主流。不过最近对Bağcılar, Güngören和Esenler的研究揭示了重要的区别。[16] 土耳其人年轻时就进入了正规和非正式的劳动力市场，比法国或英国等发达国家的同龄人更早。家庭和社区保留的社会资本转化为对行为的控制，更重要的是公共再分配制度有限，不允许年轻人发展自主权。但是，即使在伊斯坦布尔，它们似乎并不孤立，也不像其他城市那样被隔离，因为它们采用农村嵌入多个社区的生活方式。那些遇到困难的人，不得不在社区网之外找到自己的方式，成为街头小贩或鞋匠。他们可能受到与贩运和犯罪有关的非法经济机会的诱惑。

近几年来，新的公共政策已经创造了130个青年中心，促进社会工作者与街头青年人的互动，从而试图减轻对街头青年的恐惧。这些年轻人的经验反过来又会影响一般的犯罪人口。地方当局也在这些地区为所有人组织娱乐活动，并分发奖金和提供课外活动。这些离散举措只是一个开始，社会需要提供强有力的支持网络：这将需要更多的决心和资源。对正常社会环境下创业精神的研究，以信任和感受家庭和社区的支持，这就解释了为什么其暴力程度与圣保罗相比仍然很低。

与其他地方一样，对城市居民的调查显示，他们希望政府机构更有效率。一个更高效更严格，且被多数人认可的正义系统是提高安全性的有效途径。还有更多的措施被提出，比如在公共场所安装更多摄像头、限制销售酒精饮料、更好的街道照明和禁止出售枪支。然而，很少有人希望以成年人的方式惩罚未成年人，或建立更多的监狱。

总而言之，一个城市的历史，其机构的性质以及其具体文化都需要考虑其中，用于解释不平等和不同地点遭受的暴力形式。他们也为一个城市漏洞的发掘发挥了作用。

举例来说，孟买是印度的一部分，其特权是为所有居民提供安全保障。但是随着时间的推移成为一个全球性的城市，并获得自主权时，它的机构，包括司法、警察和城市规划缓慢，以满足其异质性居民的期望。种族划分和广泛的剥夺阻碍了更多平等目标的实现和包容社会的形成。

同样，圣保罗经过反抗葡萄牙人的暴力统治和专政，才找到自己的自主权和现代性。这个具体的历史和文化可以解释为什么它的首要问题是缺乏凝聚力和更普遍的公共服务。还有很多工作要做，例如为所有人提供平等的正义，改善警务。

伊斯坦布尔同样也是君主集权，分布于两大洲，由多层组成。作为欧洲和亚洲枢纽的这个世界性城市的当前治理显示出复杂性和分裂性，中央政府仍然在城市的大部分地区发挥其支配作用，从而限制了自己的举措。

不同于发达国家的全球城市，抱怨每一次巨大金融危机后他们都"破产"，南方的城市持续保持年轻、充满活力。如前所述，与其说他们显示的经济不平等程度不比一些发达国家高，不如说是自由和民主的表现。现代不平等的存在是因为民主被排除在真正的权力范围之外。[17]这些城市的任务紧迫。对许多人来说，城市是一个美好未来的承诺，它们是一个渠道，也是一个活动场所。在不可预测的情况下，城市给人们带来令人眼花缭乱的可能性。

从理想到现实

亚历杭德罗·阿拉维那（Alejandro Aravena）

确保最低限度

为棚户区居民提供经济适用住房的问题，短期内可能没有很好的解决方案，但是"元素计划"（Elemental）等项目表明，最低限度的基础设施和土地续租权将对其产生重要影响。

居住在城市的人越来越多，这在原则上是个好消息。城市是创造财富和短期内实现平等的有效手段。

命题一：城市产生集聚效应

知识创新是经济增长的关键因素。面对面的联系对于知识经济至关重要，所以城市集约化程度和所产生的集聚效应使得这种互动更有可能发生。在经济全球化的背景下，知识财富的创造者们在任何地方都可以获得基本同等额度的薪酬。因此，他们可以根据自己所满意的生活质量选择他们的住所。因此，相比于其他城市，那些能够在实体和虚拟的内外部连接之间提供平衡的城市，那些拥有更好的餐厅、博物馆、住房，更便捷的机场，全球排名更高的大学的城市，文化底蕴更加深厚的城市，能够更好地吸引财富创造者。

命题二：城市是机会的汇集地

这是推动人口向城市转移的根本原因。城市提供了更好的就业机会、教育资源、医疗卫生条件、娱乐设施和社会流动空间。先天性的机会集聚优势加以行之有效的公共政策，对解决贫困问题至关重要。城市为社会公平提供了最佳机会。如果有策略地进行规划，创新型城市项目可以作为通向平等的捷径，因为它们可以在不依赖收入再分配的情况下，有效地提高穷人的生活质量。

南半球挑战一：富人受益？

发展中国家并没有过多关注吸引新的知识财富创造者，就如同他们没有在意已有人才流失的威胁一样。但是，一个城市要以金钱吸引精英，需要专注于企业或个人等私人领域；而不是关注难以证明有效甚至有可能错过目标的公共领域。公众规模越大，构建品质城市的挑战性就越高；因此能否推进城市生活质量提升的进程，取决于是否将资金尽可能投入民主和再分配的城市要素中去。

南半球挑战二：规模、速度和稀缺性

为了应对城市化进程，发展中国家必须每周建设一个能容纳 100 万人，且家庭平均收入可达 10,000 美元的城市。即使政府不能接纳这些新的城市居民，人们即便是成为贫民窟居民，也不会停止向城市迁移的脚步。非正式住宅将是这类城市移民将要面临的居住形式。

一种可能性：基本情况 [1]

宁要一半好房子，也不要小房子

一个中产阶级家庭在个人储蓄、抵押贷款以及国家补贴等资金充足的情况下，通常会选择一个约 80 平方米的房子。较贫穷的家庭没有家庭储蓄或抵押贷款资格，只能依赖国家的住房补贴。

若没有足够的资金，政府应当做什么？若每个家庭只有 10,000 美元可用，市场又该如何回应？只能采取减少住房面积和改变住宅位置的方式。传统趋势是建立那些中产阶级能够负担得起的房屋，但是会把它做得更小，并且在城市以外更便宜的地方建造。

所以我们的首要任务就是解决这个问题，而不是把 40 平方米空间当成一个完整的小房子。我们可以问自己，"如果我们将 40 平方米的空间看作是一间优质住房的一半呢？"一旦这个命题成立，关键问题就变成了："我们建造哪一半住房？"我们认为需要用公共财产来覆盖单个家庭本身无法承担的另一半建房成本。我们确定了 5 个设计条件，这些设计条件定义了哪些家庭在初期承担一半的建房成本较为困难。

很明显，这种做法的结果是，我们需要处理多余的住房。如果我们忽略了家庭的自建能力，那么城市建设过程中的严峻挑战就无法解决。

住房投资

买房时，我们预计其价值会随着时间的推移而增长；同样我们认为，社会住房理所应当该有同样的功能。但不幸的是，在目前的情况下，社会住房相比一般的住宅而言，更像一辆汽车，建成之后每天都在贬值。

在智利等产权导向型政策国家中，人们只要开始工作，其家庭就会拥有一套住房。因此住房补贴是国民能从政府获得的最大援助。因此，大家都非常希望公共资产转让给个人后，可以随着时间的推移而产生更高的价值。如此，一个贫困家庭就拥有了获取资本的工具。[2] 如果其住房和其他财产能够增值，一个家庭就可能会向银行贷款，以开始从事小本生意，或接受更好的教育；抑或单纯将其收入用于提高生活水平，以摆脱家庭仅能维持生计的现状。

我们确定了 5 个设计条件，这些设计条件对于住房能否随时间推移而升值至关重要，而且这些设计条件也是不能依靠家庭而实现的。他们是：

1. 位置、位置，还是位置

住房在城市内的区位不仅仅是家庭自身永远无法改变的因素，而且是最能体现房屋价值的因素。城市不是房屋的积累，而是一个机遇构成的网络，良好的地理位置保证了家庭能融入这个网络，也更有利于解决其贫困问题。

一个邻里环境良好的小型住宅远远优于位于较差环境的大住宅；相比在郊区购买廉价土地以建立廉价房屋，当前通行策略是在城市优质地块上投资建立优质住宅的一半。

要获取优越的位置，或者以适量价格来购买昂贵的地块，就要使地块上的人口密度足够高，为此个人必须将其财产直接投资到该地块，避免常见的垂直或水平循环，因为这往往会造成社会混乱和城市恶化。

事实上，我们必须确保每个房子可以扩大到原来的两倍。因此，设计条件将表述为符合需求的密度、低层的建筑、可供增长的空间，以及不会过度拥挤的居住环境。另一种方法是开发像公寓这样密集的居住区，并使住宅能够得以扩展。

2. 定制式自建房

在渐进式住房建设中，质量没有保障的自发性建筑总是存在城市环境恶化的风险；如果城市环境恶化，住宅就会贬值。

为了实现复杂的综合性开发，我们需要保证城市边缘区至少有 50% 的初始居住率。而由于控制城市扩张的难度较大，所以应分成多个小目标并逐条实施。其基本思想是，初始的一半建筑可以设计为可扩展的多孔结构。重要的是，"初始建筑"应战略性地放置在地块边缘，以保证城市边缘带的位置。

以往对社会住房的不满在于，当采用诸如模块化和重复建设等方式降低生产成本时，它无法容纳一个家庭结构、经济水平、品味和情感都具有多样性的居民群体。在渐进式住房建设过程中，单调重复是在避免不确定和不安全的情况下，居民对住宅进行扩建的唯一方法。在此情况下，自动化建设不再被视为城市恶化的威胁，而成为个性化城市空间营造的可行替代方案。另一方面，城市建设的工业化进程不再是贬义的，而是可以通过规律甚至千篇一律的营造而良好利用，成为一个持中的建设概念，甚至成为投资增值的关键要素。

3. 用于住宅扩建的集体空间

沦为贫困需要付出惨痛的代价。多个家庭挤在同一间住宅中，不仅说明了拥有自己的住宅是多么困难的一件事，也揭示了一个生存策略：在脆弱的社会环境中，中等水平的经济联系是关键。许多低收入家庭经济发展的一个关键条件是，该家庭成为一个"大型家庭"的发展空间。

可以说，城市往往是由二元结构组成的：无论在公共空间还是私人空间，都留有街道或自留地。对于社会住房来说，集体空间的存在是非常重要的，在

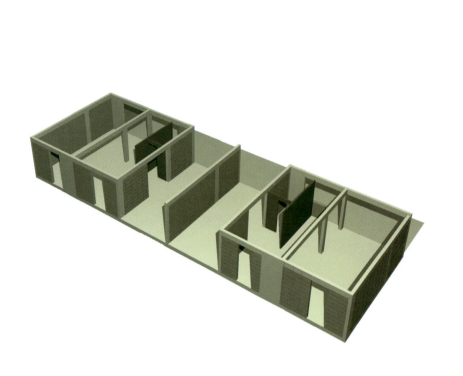
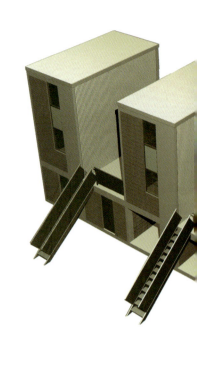

使住房能够负担得起

基础性住房项目以居民在其有一定的能力时,参与大楼设计为基础,并以居民的建筑使用权确定相关法则。在设计的第一阶段,他们首先进行对基础设施和最小空间量的规划。

这个有一定准入限制的公共空间中,一些大家庭可以在此协调经济利益,实现家族团结。目前人们通常认为,一般集体空间大约能同时容纳 20 个家庭。

4. 为了不确定的未来而开展建设

通常建筑物的建造 / 完成率在是 30 / 70 左右,但这项比例在社会住房可能会变为 80 / 20。这不仅意味着其在建设过程中节省下来的空间都是仅供基本使用的,而且意味着其设计从根本上限制了住宅的条件,其建筑方式也决定了城市形象。因此这个骨架结构不仅为建筑的临时性建设提供不受约束的框架支撑,而且将最终决定建筑的外观。

一个成功的先进新型住宅应该以家庭的能力为基础,以一种快速、安全、经济的方式逐渐扩展建筑空间,以满足居民生活需求。实现这一目标的关键就在于避免复杂的结构设计。

5. 中产阶级的基因

当对建筑进行渐进改造时,记住这件事情至关重要:房间的尺寸和建设标准不应该设计为小户型住宅所需,而是满足中产阶级住房的需要。对于浴室、厨房、隔墙和楼梯这些难以进行事后修改的设施来说,这一点尤为重要。

根据我们对一些住户进行的调查得出的结论来看,房屋的大小是他们最看重的问题。但住户们更感兴趣的事情其实是,在房屋扩建之后他们最终能得到多大的居住空间。

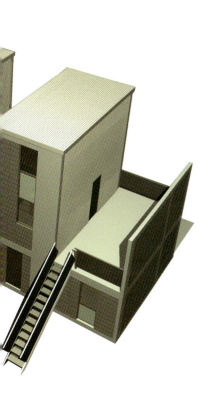

流行的都市生活

进行增量住房建设时,我们必须让住户参与设计过程,其中首先要说明建筑限制和各项约束。让他们提前了解建筑细节对后续的工作是很重要的,因为在下一阶段中,他们将提出希望在建筑中优先完成的部分。顾名思义,在这种建设中,住户的要求并不是都能满足的,所以住户们要懂得取舍。此外,居民参与还要就如何分配任务达成共识。如果住宅是要逐步建成的,那从一开始就要清楚地划分每个人的职责。建造者和住户应该就建造方可以自行决定的部分和公众参与决策的部分达成共识。

从乌托邦到"我托邦"(Youtopia)

作为开放式系统的重要成果之一,增量住房将资源的压缩和集中最大化。而一旦问题被推至核心时,该核心往往是普遍真理,就像世界各地的基本需求是趋同的。只有关注问题本身,人们才有可能得出一致的解决方案。

如果这个核心是以开放系统的形式作为初始形态存在,那么剩余部分将根据所处环境的条件而逐步自我完善。如果初始系统是在综合性设计指导下,通过有效的重复性建设而形成的开放系统,那么之后的系统建设将在人们的参与之下进行调整,最终成为一个实用性强、发展多元、带有参与者印迹的"我托邦"。

城市时代中求生

戴维·萨特思韦特（David Satterthwalte）

急功近利

面对国家紧急情况，很显然空间供应分配这种暂时性解决方案的效用有可能不如经过深思熟虑的长效契约机制。

阅读本文的人，很少会遇到家园被毁的情况，这些人得不到任何赔偿，拆迁之前很少或者没有预先示警，几乎没有机会清点家产和收回建筑材料。但在中低收入国家的低收入城市家庭中，这种驱逐是非常常见的，许多家庭甚至经历了不止一次的强制搬迁。[1] 即使有拆迁安置的相关规定，通常也是将他们安置在偏远郊区的低质量住房（甚至在未开发的土地上），使他们远离就业机会、商业设施、政府服务及其社会联系网络。

低收入家庭的大规模驱逐在非洲和亚洲地区的城市仍然很普遍，在拉丁美洲也是如此。大规模的强制性驱逐可能与政治制度的不民主有关——20世纪70至80年代，拉丁美洲实行军事独裁统治[2]；同一时期，数百万首尔市民遭到强制驱逐[3]；2005年津巴布韦低收入居民遭到驱逐[4]——许多民主国家目前仍然存在这样的情况，包括印度这样世界上最大的民主国家。[5]

阅读本文的人可能很少会住在没有自来水供应的住宅、没有厕所和垃圾回收站的贫民窟，或者不得不常年与地方政府或当地公共设施供应商进行谈判，以解决这些问题。又或者，他们遭受排斥，无法享受到教育和医疗服务，甚至不能参加选民登记，因为他们生活在非正式住宅中，无法提供合法的地址。在民主国家的城市中心区，很大一部分人也会陷入这样的困境。在大多数非洲国家、部分亚洲国家和一些拉丁美洲国家的城市，三分之一到三分之二的居民居住在非正式住宅，这成为一种很常见的现象。由于大多数上下水设施的调查数据都不够详细，所以家庭内拥有完善自来水系统和独立卫浴的城市人口比例难以获得准确数据。但是2000年的估测表明，至少有6.8亿城市居民缺乏这样的水资源供应，8.5亿居民没有此类下水设施。[6] 此后以上数字可能会成亿的增长，因为自2000年以来，各国的低收入和中等收入人口数量已经增长了约5.9亿，但大多数政府和援助机构对改善上下水设施并不重视。

对于数以亿计的城市居民来说，目睹家园被暴风雪或地震淹没已经成为生活常态。[7] 人们在应对这些灾难上已经有相当的经验——例如孟买遭受严重洪水时，其灾后受损程度就比新奥尔良弱得多。但是，每一次自然灾害都要付出人员伤

亡和财产损失的巨大代价，却没有保险可以帮助他们重建家园并恢复生计。[8]

生活在高收入民主国家的最大特权之一就是，我们的日常所需都能得到常规供应，不必与政府机构或公共设施供应商进行谈判，或加入集体组织以获得政治影响力，进而满足个人需求或诉诸法律以获得权利。我们可以享受家居直饮水系统和废水处理系统、24小时的用电和天然气供应；我们的住宅或公寓里都有厕所，粪便通过冲水马桶有效回收，家庭垃圾也定期进行收集清理；对于我们大多数人来说，自来水供应、下水设施、厨用天然气、供暖、电力供应和垃圾回收的费用只是我们收入的很小一部分，即使是最低收入家庭也能享受教育和医疗资源；紧急服务（消防、救护、警察）的供应也能满足所有人的需求。我们还可以与当地政府进行沟通，提出要求或表达不满；我们无需经过谈判就可以轻松实现选民登记；立法和司法保护我们免遭驱逐、歧视、剥削和污染；失业或患病的人能够得到保障，退休居民有养老金供应；我们如果认为自己遭受了不公平待遇，可以向律师、民政专员、消费者团体和安保系统寻求帮助。因为地方政府机构受到民主系统的监督，所有这些都变成可能。

一个多世纪以前，欧洲城市的婴幼儿死亡率与当前低收入国家的城市非正规住区一样高。[9]民主系统的建设，是构建居民服务机构网络并保证其运行的关键，特别是在经济衰退期间。但是，当上述机构只能为20%到70%的城市人口提供服务时，这样的民主又意味着什么？穷人解决这些问题的政治杠杆或手段是什么？官方援助机构和（为贫困国家或地区提供资金的）开发银行的作用是什么？它们是否真的为城市贫困人口优先提供所需服务？如果国家和地方政府不关注城市贫困问题的解决方案，那它们对城市贫困人口应该起到哪些作用，承担哪些责任？

印度国家贫民窟居民联合会（National Slum Dwellers Federation）的创始人兼负责人乔金·阿普瑟姆（Jockin Arputham）的观点值得商榷。随着南非在20世纪90年代早期脱离种族隔离首次成为民主国家，阿普瑟姆就警告住房相关部门，印度即使经过50年的民主历程，一大部分城市人口仍然居住在贫民窟或人行道上。他强调，民主不能自动为城市穷人提供服务。即使非洲国民大会党（African National Congress）执掌政权，但是要解决城市贫民的住房需求，还需要穷人组织起来共同奋斗。[10]

印度有着悠久而丰富的团体组织共同抗议的历史，他们由包括工会和贫民窟居民在内的一系列公民社会组织发起。[11]自1963年印度人民党移民行动（Janata Colony）以来，7万名居民遭受被逐出家园的威胁，阿普瑟姆自己采取了一系列传统措施来保护他所居住的环境，包括动员居民进行大规模抗议、非暴力不合作以及使用法律（武器捍卫自己的权益）。其中还包括与关键政治家进行接触并获得他们的支持，最后他们受到了时任印度总理英迪拉·甘地（Indira Gandhi）的会见。这些措施有助于推迟驱逐行动，但并没有最终阻止（贫民窟清理行动的进行）。[12]

印度全国贫民窟居民联合会、妇女联合组织（Mahila Milan）和 SPARC 发展的伙伴关系是另一种选择。他们意识到，如果政治家和高级公务员将"贫民窟居民"和"露宿居民"视为一种城市问题，那么有利于穷人的解决方案就很难行得通。他们所要做的就是向那些掌握话语权的人展示城市贫民的知识和能力，并向国家提供满足贫民需求的合作伙伴关系。当一群住在非正式住房（贫民窟）的妇女在政治家或公务员的办公室等待解决住房用地或公共厕所问题时，她们很容易以妨碍公务的理由被驳回请求，或者她们的诉求被告知是不合法的，因为她们生活在非正式住房里。但如果这些妇女邀请政治家和公务员亲眼看见高质量的房屋或他们设计和建造的公共厕所，并通过资金数据证明这样的非正式住宅降低了多少单位成本，官方态度就有可能改变。这三个组织也支持所有民间社团尝试自己的举措，并相互学习彼此的计划。他们能够提供非正式住房的详细地图和家庭详细信息，这是规划和安装基础设施和服务所需的重要信息。[13] 贫民窟或棚户区居民的建设性联盟大多以妇女为主的民间社团为基础，已经在至少其他 25 个国家发展起来，而且如今还在更多的国家中成长。[14] 这些联合会还自己组建了名为国际贫民窟棚户区居民联盟（Shack / Slum Dwellers International）的组织，以帮助他们在国际机构中宣传他们的主张，并支持他们之间的交流；他们还发展了自己的国际城市贫困基金会（Urban Poor Fund International）来支持他们的工作。

只有当城市贫民及其组织能够推动和帮助形成对他们负责并与他们合作的地区公共机构网络时，相关工作才有可能在更大范围内取得进展。国家政府、国际机构和私人公司的投资和干预措施，也应该对当地居民的需求作出回应并对其负责。这就要求地方政府能够听取城市贫困群体的意见，并与他们一起工作。具有知识和能力的地方机构应当向所有人提供基本的基础设施和服务，并积极寻求提供这些基础性服务的新途径——借鉴其他国家和城市的经验，地方政府和低收入群体及其组织再次建立伙伴关系，由他们生产成本在可承受范围内的基础设施和服务。例如，在印度的非正式住房中，有数百个社区设计和管理的公共厕所、洗涤设施以及数百个社区警察联盟。[15] 泰国社区组织发展研究所（Community Organizations Development Institute in Thailand）的案例已经支持了数百个与非正式住房相关的民间社团，制定相关计划以获得合法土地所有权并建设基础设施完善的优质住房。[16] 有许多国家联合会成功地就获得建设优质住房的土地进行了谈判——例如马拉维[17]和南非。[18] 以及在纳米比亚（Namibia）地区，纳米比亚联邦成功地获得了建筑面积和基础设施标准的更改权，使官方的合法住房面积更加实惠。[19]

组织良好的城市贫困居民组织的存在，为地方政府提供了一种合作伙伴关系，但不能保证城市朝着有利于穷人的方向发展。在孟买，达拉维（Dharavi）是一个人口约 60 万的高密度非正式城镇，长期以来政府都计划将达拉维的土地出售给开发商，因此当地居民一直受到被驱逐的威胁。[20] 孟买机场贫民窟居住着几十万人，他们也有被驱逐的危险。[21] 这两个地区都有机会通过提高住房质量、改善当地民生、建设基础设施和服务的方式进行升级改造，同时应尽量减少城市建设对居民住房和日常生活的破坏。但这需要政府当局优先选择对居民最有利的措施，而不是把他们视为占用开发商所需土地的贫民窟居民。

在所有发展贫民窟及棚户区居民联盟的国家中，都有另一形式的城市发展潜力，其中城市贫民及其家园和生计被认为是城市建设、国民经济和社会发展的关键部分；公共机构和监管体系逐渐转向为贫民服务，而不是将其定罪。正如阿根廷城市主义者霍华德（Hardoy）几十年前所指出的那样，将城市大多数人口的家园和生计定位为非法的法律是错误的。[22]

一些拉美民主国家的案例也遵循较为传统的路线，城市贫民组织的建设是政治变革的关键部分，体现了军事专政到民主政治的转变。市长往往占据特别重要的地位，因为他们是城市有关机构的负责人，这些机构应当为城市穷人提供住房以及一系列基础设施和服务。在许多国家，"贫民窟"和非正式住房的升级改造计划成为地方政府的常规性工作（往往得到上级政府的支持）。慢慢地，地方民主运行的基本结构得以建立，以为生活在非正式住房中，或曾在此居住的居民提供服务网络体系。虽然还有很多事情要做，但是现在与过去相比，相当一部分低收入城市居民得到地方政府更好的服务。

治理良好的城市，居民的预期寿命在世界上也相对较高。所以中低收入国家的城市也有可能为低收入人群提供良好的生活水平，其中民主体系是其重要组成部分。对于官方援助机构和开发银行来说，这可能是一个不可逾越的体制挑战。他们的设立是为了向各国政府提供资金。许多机构长期以来一直拒绝为城市提供服务，有时甚至声称城市贫困现象很少[23]——即使有些城市人口居住在质量非常差的住宅中，缺乏基础设施和服务，婴幼儿死亡率居高不下，在他们眼中都不足以成为贫困的证据。一些国际机构认识到城市贫困组织和联合会的合法性问题，但他们不知道如何支持这些组织，当然国家和地方政府也不希望国际资金流向城市贫民组织。

虽然官方援助机构和开发银行不直接采取行动，但他们为其他机构提供资金。所以他们的效用只能与他们资助的地方机构一样。如果政府（包括地方政府）对城市贫困人口不承担应尽的责任，那么城市治理体系就会更加的不民主。对于农村和城市贫困人口的需求来说，这些官方机构和开发银行的存在是合法的。然而，他们通常没能与贫民组织进行沟通，几乎没有为穷人提供可供选择的空间，也没有确定为他们提供服务的方式。贫困被忽视的一个方面就是，政府和国际机构提供的服务经常得不到广泛的关注。这些国际机构经常资助与民主相悖的重大项目或投资，因为当地居民几乎没有权力来制约他们。十亿左右的城市贫困居民在援助机构或政府监督机关内没有话语权。在多边机构中，政府可能代贫困居民行使投票权（尽管在最高权力机构中，大多数投票权由高收入国家把持），但是他们的政府很少能够表达他们的主张。即使城市贫民享受到捐助者提供的基础设施或服务，也很难有人询问他们的需求是什么、优先选择是什么，以及获得服务的方式是什么。这些机构需要重新思考自身应当如何与城市贫民组织进行沟通，包括询问他们的需求，与他们进行合作，并对他们负责。当然，这对于这些机构来说是一个非常困难的挑战，因为他们的政治领导人认为机构应当最大限度降低员工成本，而非着力于加强员工与贫民组织的联系。

现在出现了气候变化的问题。因此，低收入群体除了要面临政府、援助机构和开发银行没有能力或不愿意与之配合的情况之外，现在还面临着气候变化的风险和漏洞，例如越来越多的极端气象灾害、海平面上升威胁，以及许多城市中心区的淡水供应限制。但是，城市也存在潜在的优势：正如前面所提到的，具有地方机构网络的善治城市在应对气候变化问题上更有弹性。当受到较为严重的风暴或地震灾害时，善治城市的居民死亡率远远低于管理不善的城市。事实上，对于善治城市来说，绝大多数极端天气事件并不构成灾害，因为不会有人遇害或受重伤——上述地方机构网络减少或消除了风险，或在灾难发生时迅速而有效地作出了反应。

因此，总而言之，政府和国际机构需要更加重视建设和完善对城市贫困群体负责并为其服务的地方机构。这些也是提升适应气候变化的能力核心所在。在全球（和城市内部）气候问题的讨论中，究竟是适应气候的变化，还是减缓气候变化的进程，应取决于城市的适应能力。如果由于政府和国际机构的决策失灵或局限，南半球城市（和农村）大部分人口的适应能力很小或完全无力抵抗，高收入国家和人群减少温室气体排放的任务就会更为迫切。

通勤问题

法比奥·卡西罗（Fabio Casiroll）

交通规划

随着城市的扩张，既有交通系统总是被现代高速交通系统所取代。然而，这种系统不仅昂贵，还可能无法满足城市通勤需求。经过一段时间之后，这些城市就会重新开始发展公共交通服务。

据"城市时代"项目所组织的民意调查显示，当我们分析贫富各阶层城市居民最为关注的关键议题时，"通勤"是其中无法回避的一个问题。交通是城市建设的中心议题，不应被视为外围事务。

以下是一张鸟瞰图，它说明了交通政策如何能够使城市发挥更好的作用。该蓝图综合了大城市和一些特定城市所面临的基本问题，而不是对每个城市都进行了深入的实地考察。这为我们了解城市发展中的交通规划情况提供了一套具体方法，以及更具有广泛性的实用性建议。运用简单有效的工作方法，该蓝图使我们能够了解一天的不同时间里应该乘坐何种交通工具，并解释由此形成的"城市流动足迹"。

圣保罗交通系统具有一系列不同寻常的特征：大都市区占地广阔，人口数量不断提升（目前约1800万），对交通的需求迅速增长，私人汽车拥有量水平相当高，同时公共交通网络虽然得以扩展，但还是不能满足市民需要。

当前圣保罗大都市区的城市扩张具有强烈的戏剧性，不过我们坚信应用比较研究方法能够使我们找出一些具有潜在可行性的解决方案。其中最明显的对比是米兰和伦巴第（Lombardy）。意大利与南美的大都市有很大的相似之处，包括经济地位、领土饱和度、交通拥堵情况，并且第二次世界大战后都遗留了旧铁路网络；特别是旧铁路系统的共享功能意味着它有机会被利用起来，根本原因有以下两点：

首先，火车站可以是城市地区更新的强效"种子"，因为它们能够在运行可持续交通工具的同时快速与其他地区进行交流。将重要城市设施定位在火车站附近，而不是将其分散在城市的其他地方，可以限制人们对汽车的依赖，并确保铁路服务能够在经济允许的情况下得到充分利用。其次，在所有运输方式中，铁路网络对于控制城市扩张是最有效的，因为它支持多中心发展，有助于防止城市的无形扩张。就我们所选择的对比项米兰而言，现有的铁路网络（19世纪晚期到20世纪初期由英国和比利时的成熟企业家修建和管理）最近被纳入经过周密设计的城镇规划政策中，并在实施阶段发挥良好作用，米兰这个富

资源隔离

当孟买的穷人无法负担收费公路时,政府的解决办法是将公路贯穿"第三世界"(贫民社区)。很显然,这并不是一个好办法。

裕地区的生活质量也得以进一步提高。

除了修复铁路网络、废弃立交桥和车站的策略外，我们认为圣保罗分布广泛且组织良好的快速公交系统的潜在影响力也值得我们深入研究。对于这个可以快速实施并以有限成本实现的项目，其效果已经通过初步的估算进行量化，其结果也被证明是非常有趣的。

伊斯坦布尔作为连接两大洲的大都市，其城市发展经历了巨大飞跃。该城市复杂的地理位置和当前交通运输系统无法满足高水平的日常通勤需求。目前大型基础设施项目已经在规划阶段，其中一些项目正在施工过程中，但近期城市面临的最严重问题是人均收入提高所导致的汽车拥有者数量激增。当前伊斯坦布尔人均汽车拥有数量很少，只有0.14，但是交通拥堵仍然是一个严重的问题。我们可以很容易地推断出，一旦汽车拥有量达到更高的水平，会造成什么样的后果。

在这种情况下，通过与其他案例进行比较，我们也能够衡量问题的严重程度，并提出一些干预措施建议，从而在有限时间内使城市交通得以显著改善。

今天，伊斯坦布尔平均每百万居民拥有8公里的公交车专用通道。同时期其他城市中，马德里平均每百万人口拥有公交车道92公里，罗马108公里，巴黎152公里，伦敦176公里。波哥大（Bogotá）作为一个众所周知的案例，正是通过新世纪快速公交系统（TransMilenio）实施公交专用道战略，将公共交通通勤时间减少了三分之一，排放量减少了40%，新世纪快速公交线路的事故发生率下降了90%。

当前伊斯坦布尔每百万居民拥有167个停车换乘点，同期马德里有3700个，米兰有13000个。在此我们建议应该了解这些枢纽地区附近的需求。在马德里，这种做法为城市交通高峰时段减少了约2万辆汽车的通勤量。

在伊斯坦布尔，博斯普鲁斯海峡大桥（Bosporus bridges）目前的通勤能力约为每小时12000辆汽车，合计约14000人。通勤速度过慢导致了跨越博斯普鲁斯海峡的严重延迟，所以我们建议奇数和偶数号牌交替过桥，并在每座桥上预留几条通道，用于快速公交（BRT）。此外我们可以预测，伊斯坦布尔两条快速公交线路每个方向每小时可容纳24000名乘客，恰好是当前道路行驶能力的两倍，而车道仅仅使用了一条而非四条。鉴于伊斯坦布尔几乎不存在循环车道，但众所周知该城市的地理位置很复杂，因此我们建议在有可能的情况下，建立一个循环车道网络（如有可能），并支持电动自行车的购买。在巴黎，自由单车系统（Vélib）拥有17万用户，年均使用次数高达4100万次。

四通八达且有机整合的交通网络可以大大减少对汽车的需求。德国首都柏林是一个真正的多中心城市，通过发达的公共交通系统和精细的自行车道网络，成功地建立了各中心之间的有效联系。几十年来，柏林投入了大量资源，打造了世界上最复杂的公共交通网络之一。如今投资仍在继续，尤

公共汽车是未来发展的必然趋势

拉丁美洲的公交车专用道贯穿整个大洲,以其价格低廉、质量稳定而成为铁路运输的有效替代。这种高效的交通形式对于城市振兴有着很大的促进作用,目前在世界其他地区也开始得到广泛应用。

其是在铁路网络的延伸方面。因此现在柏林约有80%的通勤是在电车、地铁和铁路网上进行的。公共交通的普及使私人车辆的数量能够保持在最低限度:柏林每1000名居民汽车拥有数量为322辆(米兰为728辆,罗马为900辆)。

为了支持多中心城市体系的正常运营,政府需要建立有效的公共交通运输系统。马德里就是一个"多中心"模式的重要案例,这种模式在城市周边地区体现得尤为明显。有趣的是,地铁、新轻轨、电车和快速公交等公共交通同步建设系统的增长并不总是具备扩大交通容量的能力。但尽管如此,马德里仍然是综合型城市建设和交通规划的优秀代表。

汽车利用率很高的城市如今也在顺应环保趋势,并为市民们规划设计更好的城市环境。几十年来,洛杉矶的汽车拥有量一直居高不下,规模巨大的高速公路穿城而过,给人一种有足够空间可以自由通行的错觉。现在,人们都认清了这个现实,就像明白了简单地用电动汽车取代内燃机车除了减少污染之外还能够解决交通拥堵或停车位短缺的问题,其实这是一种误解(平均每个

洛杉矶居民每年大约有 100 小时堵在路上）。如今，加利福尼亚州大都市区也在大举投资兴建公共铁路交通基础设施，包括一条连接旧金山和圣地亚哥的高速铁路，这并非巧合。我们还有很长的路要走，但一个新的时代似乎已经开始。

　　城市拥有无数的移动"磁铁"作为复杂城市生活的自然反映。不幸的是，大型交通网络的空间位置仅由利润决定，甚至更常见的是简单地依靠空间可用性来确定。所有这一切都忽略了乘客的通勤需求。在圣保罗的案例中，仅大学校区和莫桑比体育场（Morumbi Stadium）两个地方，一天之内就会吸引数千人前来，但公共交通工具的限制导致群众难以顺利到达。而巴塞罗那的诺坎普体育场（Nou Camp Stadium）、米兰理工学院（Milan Polytechnic）、伦敦金丝雀码头（Canary Wharf）、纽约曼哈顿下城（Lower Manhattan），这些正面案例都可以乘坐公共交通工具顺利前往。定位公共交通枢纽附近的城市流动"磁铁"至关重要，由此可方便城市所有人享受便捷、民主和公平的交通服务。

城市基础设施的智能定位意味着城市的未来发展，以及生活在城市、使用城市设施的人们的命运都得到了控制。为了避免私人利益侵犯所带来的不可避免的压力，对于那些作出公共事业决策的人来说，勇气和远见至关重要。这些管理人员不可避免地要处理这个困境，在整修现有基础设施问题上，他们需要提出干预措施，或不断完善设施，提高其可行性。这种导向往往会增加道路网络的功能，恢复城市内和城市之间的通讯流通 [这是发生在伊斯坦布尔和博斯普鲁斯海峡第三大桥，孟买与班德拉 - 沃利海路（Bandra-Worli Sea Link）之间的例子]。这些补救措施往往是没什么作用的，历史表明建设重型公路基础设施的首要目的是抵御不可避免的灾难，而不是寻求解决问题的方案。最有趣的例子就是哥伦比亚首都波哥大，富有勇气和远见卓识的市长恩里克·佩纳洛萨（Enrique Peñalosa）放弃修建数十公里的新城市高速公路，而是选择建立新世纪快速公交（TransMilenio），一个非常有效的快速公交系统。数百公里的循环车道的建设和公共空间的更新使得城市迎来了重生，为全体公民甚至最贫穷的人提供了机会，到达曾经的梦想之地。

从摩天大楼的顶部俯瞰伊斯坦布尔，山坡地区到低洼地区之间最快捷的移动路线，很明显是直接的线性连接，而不是曲折的路线，但是这些地方往往极端陡峭和狭窄，导致巴士无法通过。对于伊斯坦布尔的具体情况，旧的交通系统（楼梯和缆车）仍然有效，对连接这个地理位置复杂的城市的各个地区可能至关重要。对于这种情况，巴塞罗那是世界上最有发言权的城市之一，自动扶梯可以帮助人们方便地登上蒙特惠奇山（Montjuïc）；意大利小城佩鲁贾（Perugia）同样也有自动扶梯设施。热那亚（Genoa）、里斯本（Lisbon）、香港和伊斯坦布尔等众多建立在海上和山脉之间的城市也可以使用缆车，这种传统但低能耗的交通方式，能够确保直接的线性连接。我们建议土耳其的城市也认真考虑一下交通系统的改进。

我们发现，在所有我们探索的地区，或多或少都存在一些不太可爱的地方，例如废弃的大都市空间、陈旧的工厂、未使用的火车站，以及被遗弃的地块。恢复这些空间的利用从而恢复市民的尊严，尽可能地通过有效的交通连接将它们整合到当代的城市组织中，这也是城市化管理的目标之一。如果这些项目的建设基础是设施用途和日常服务的可达性，他们可能对机动需求产生显著的积极影响，从而导致私家车甚至公共交通需求的急剧减少。由于大多数旅程都很短暂，因此在平和宜人的城市环境中，影响较小的机动方式（步行和自行车）和微型移动设备（小型电动租赁车辆）将成为主流。

纵观历史，具有扎实科学背景、能提供有效技术方案的运输工程师，已经不再是解决现代城市复杂问题的"关键因素"。研究当今时代城市的实际情况也证实了这一观点，运输规划是城市规划的重要组成部分，而不只是一个技术方案。然而，仅仅提出基础设施的解决方案，无论技术上多么先进，都无助于建设城市的美好未来。如上所述，解决方案都是虚幻的，弊端迟早会被发现。今天，我们需要更复杂的城市整体思维模式，将综合交通网络看作重新解决城市结构和社会失衡问题的机会。

直面
大都市的挑战

布鲁斯·卡茨（Bruce Katz）

为老行业创造新生机

尽管西方城市的工厂和工作机会流向亚洲，但随着制造业的回归，新的工厂也得以建立。纺织企业可以动用外来劳动力运营，但传统工业不能。

美国正处于经济发展的交叉路口。经济大萧条暴露了美国经济在过度消费和金融工程的推动下的失衡危机。国家经济复苏水平依然疲软，仍存在高失业率和就业不足的现象。像中国、印度和巴西这种发展中国家（以及上海、孟买和圣保罗这样的都市引擎），现在正引领全球经济复苏，推动这些地区的城镇化、工业化和中产阶级扩张。其他颠覆性变化也正在进行中，最重要的是向低碳能源（城市）的转型，以及可持续基础设施和产品需求的增长。

这些转变和其他巨大经济变革，强化了美国的对改变经济增长模式的呼声，这受到出口、低碳水平、创新能力和机遇的驱动。美国的愿景是：加强出口，减少资源浪费，在重要的方面进行创新，生产和部署更多的本土发明，并确保工薪阶层家庭充分享受国家繁荣所带来的利益。

对未来经济的展望引发了人们对新兴城市和大都市地区在美国经济生活中所起作用的全新认识。传统上美国的"反城市"表现在政治和文化方面，即开始趋于"地方的力量"。与世界其他地区一样，美国城市和大都市区是国家经济转型的先锋。它们是贸易、商业和移民的枢纽，也是人才、资本和创新的中心。它们拥有有效调动人力、物资、创意和能源的基础设施，以及教育和培养未来劳动力的机构。

一个新的"大都市政策"（Metro Policy）正在慢慢地浮出水面，将下一阶段的宏观经济愿景与经济很有可能得到发展的大都市区域联系起来。"大都市政策"认为，国家经济更新依赖于大都市的繁荣，并借力大都市社区的竞争资产、特性和优势。这与美国传统"城市"政策大相径庭：传统政策的范围较为狭隘，专注于城市和社区，而不是更广泛的大都市区；手段也比较单一，只关注经济适用住房建设，而忽略了更广泛的经济干预；并且忽略了资产导向。

在奥巴马总统的管理下，"大都市政策"的起步虽不成熟，却非常顺利。在国会的帮助下，政府已经推广了一个由三部分构成的"大都市政策"指南，对推动大都市和国家繁荣的资产进行签名投资（包括创新专利、人力资本和基础设施），建立新的制度和机制，以协调的方式来规划这些资金的使用，并采

取重大措施重塑城市和大都市区的发展和治理，为下一阶段的经济发展服务。

鉴于联邦政府的政治两极分化日益加剧，政策创新的主体可能会在未来几年转移到各州和大都市区。在那里，州长、市长、县领导组成的核心小组将会发挥作用，与商业、大学、慈善机构和社区领导人组成的网络密切合作，重组大都市经济。

背景

美国经济正缓慢而坎坷地从大萧条中崛起。剧烈的衰退加剧了长期以来对美国经济的结构性挑战，如超前消费、出口和创新滞后、工资拖付，以及在教育、收入和财富代际转移方面的种族和民族差距日益增大。

美国商界领袖和经济学家广泛认为，美国经济不能简单地"恢复正常"，因为在经济衰退之前过度消费、债务驱动的经济状态本身就是不正常的。2007年，消费支出和住房投资占国内生产总值的75%，而这一数字在1980年经济衰退之前就已经达到67%。与此同时，金融服务收入增加，而美国领先于世界的、一直以来推动和催化国家创新事业发展的创新指标开始下滑。20世纪80年代，标准普尔500强企业（其中包括许多美国最大的公司）的财务收入从10%的增幅扩大到过去十年的45%。但是，美国新专利研发的份额正在下降，其在全球研发支出中的份额也在下降。

2000年美国的贸易逆差为3800亿美元，2007年这一数字翻了一番，达到了7600亿美元。美国的经济已经由出口驱动转变为进口依赖。出口已经变得有些罕见，只有1%的美国公司向国外销售商品或服务。出口中断的形式特别严峻，尤其体现在制造业上；自2000年以来，汽车制造业劳动力已经流失了一半。

上述经济趋势对工人产生了巨大的影响。过去30年，高中毕业生的平均工资几乎保持不变，而大学学历就业者的工资都出现了上涨。这一趋势在21世纪前十年一直得以保持：2000年至2008年间，高薪工人平均每小时收入增长了3%，中等收入工人下降4%，低薪工人下降8%。

大萧条揭示了过度消费和财务操纵的经济局限性。那什么会成功呢？根据奥巴马总统下属的国家经济委员会主任劳伦斯·夏姆斯（Lawrence H. Summers）的说法，美国经济的重建必须加强出口导向，削弱消费导向；加强环境导向，削弱石油能源导向；加强生物和软件工程导向，削弱金融工程导向；努力提高中产阶级水平，避免极少数人收入提高。换句话说，下一阶段经济体必须以出口为导向，实现低碳和创新驱动，从而带来大量机遇。

当专家讨论美国经济结构调整的能力时，有一件事是明确的：新一代经济将由大都市区城市领导。如托马斯·弗里德曼（Thomas Friedman）所说，世界可能是"平坦的"，但现代经济的空间现实是，经济驱动力集中在相对有限的特定地区。

美国真正的经济命脉分布在 100 个大都市区，这些地区即使经过几十年的发展，也只占全国土地总量的 12%，但却拥有超过三分之二的人口，生产总值是其国内总量的 75%。在美国，大都市区将当今经济发展中最重要的资产集中在一起。

在创新方面，这些城市生产了 78% 的国家专利，拥有国家卫生研究院（National Institutes of Health）和国家科学基金会（National Science Foundation）82% 的研究经费，以及 94% 的风险投资基金。

在人力资源上，74% 的居民拥有大学学位，75% 的在职员工具有研究生学历，76% 的人从事知识经济工作。

在基础设施方面，大都市区港口吨位份额占据全国的 72%，货运量达到全美的 79%，客运航空承载量占全国的 92%。凭借这些强大的资源，大都市地区在创新、产品出口以及低碳技术和设计方面的突破也就不足为奇了。可以明确的是：无论是在美国国内还是国外，新一代经济都将在大都市区形成。

奥巴马政府的成就

奥巴马政府在过去两年中一直致力于减轻美国经济衰退的影响，并为生产性和可持续的经济增长制定了议程。奥巴马总统一直在为下一阶段的经济发展拓宽视野。他在 2010 年 1 月发表的国情咨文中，呼吁联邦政府在教育、科研、医疗、基础设施和能源方面采取一系列干预措施。让美国政客惊讶的是，他将指标列为议程的关键部分：要求五年内出口翻一番，十年内中学以上学历的人数增加 500 万。

总统已经明确指出，城市和大都市区都是国家经济转型的载体。在范式层面上，奥巴马政府以一种复杂的方式谈论城市和大都市区，这与只讨论城市而忽略郊区、只关注贫困和犯罪等赤字而忽视其资产的传统思想截然不同。总统的"城市政策"（Urban Policy Statement）表明：为了最大限度地提高 21 世纪经济生产力和就业机会，联邦政策必须顺应新的大都市现状，即强大的城市是地区壮大的基石，而这些地区反过来又对美国的富强至关重要。

为了将宏观经济视野与大都市现状联系起来，奥巴马政府采取了一套由三部分组成的策略：

强化资产投资，以推动下一阶段经济发展：创新，人力资源和基础设施；
构建新的机制和体系，以综合、智能和战略的方式利用这些资产；
改造城市和大都市区，加强创新、人力资源和基础设施之间的联系。
迄今为止，尽管仍有许多工作要做，政策的成果也令人印象深刻。

资产投资

2009 年 2 月，奥巴马总统就职后一个月，国会颁布了 2009 年度行政复苏和再投资法案（Administration's Recovery and Reinvestment Act，简称 ARRA

或恢复法案）。由于需要快速改善经济，这项立法的某些部分主要针对传统的支出方案和遗留的交付系统。但"恢复法案"还推出了一系列具有颠覆性的、影响市场的投资，这些投资长期以来一直被推迟。最重要的是，"恢复法案"将资产投入促进经济繁荣的领域，如创新产业、人力资源和基础设施建设。

在创新方面，"恢复法案"投资数百亿美元用于联邦的科研和开发；在人力资源方面，"恢复法案"直接在教育领域投资了数百亿美元，其中数十亿美元用于奖励各州教育建设和城市学区创新；在基础设施方面，"恢复法案"投资数百亿美元来修复没落的"旧"基础设施，并投资高速铁路、智能电网和医疗保健信息技术等新一代系统。

自2009年年初以来，政府一直以这些初步投资为基础，力求将联邦政策与经济部门的空间集群联系起来。这些集群反映了地方的经济实力。它们是相互关联的公司、专业供应商、服务供应商、相关行业公司和其他相关机构在地理位置上的集中，这些公司相互竞争，但也相互影响和合作。由此经济版图上已经汇集了数十个产业集群，包括波士顿的生物技术产业集群、硅谷的信息技术产业集群、纽约的金融服务产业集群、好莱坞的娱乐产业集群、威奇托（Wichita）的飞机制造产业集群等等。

政府提出了区域创新集群（Regional Innovation Clusters，RICs）范式，利用城市之间不同的竞争优势来促进就业和经济增长。2010年，RICs的方法已经渗透到经济发展管理局（Economic Development Administration）和能源部（Department of Energy），现已在小企业管理局（Small Business Administration）、国家科学基金会（National Science Foundation）和农业部（Department of Agriculture）等不同机构中得以广泛使用。

奥巴马政府特别关注新兴低碳产业集群的发展。2010年8月，能源部（Department of Energy，DOE）宣布在能源部门区域创新集群（Energy Regional Innovation Cluster，E-RIC）竞争中获得优胜的机构，将获得7个合作机构和费城财团提供的高达1.3亿美元的支持，这有助于将建筑节能技术的研究转化为私人投资，同时创造就业机会。

新机构

白宫和内阁等机构认识到，美国大都市区面临的复杂挑战，需要全新的机构和综合的解决方案，以跨越传统政策和官僚之间的鸿沟。奥巴马政府已经建立了一些机构（mechanisms），例如白宫城市事务办公室、白宫能源与气候变化政策办公室（White House Office of Energy and Climate Change Policy）以及白宫汽车制造业社区和工人委员会（White House Council on Automotive Communities and Workers），这些都是推动联邦政府协调活动的专门机构。

以历史标准来衡量，迄今所设想和进行的机构间合作的水平确实令人瞩目。行动的主要焦点一直在新兴低碳市场上。例如随着"恢复法案"的提出，住房和城市发展部（Department of Housing and Urban Development，HUD）、美国能源部（DOE）和环境保护署（Environmental Protection Agency，EPA）已经达成密切合作，以构建一个绿色、节能的住房环境。在更加广泛的大都市区范围内，住房和城市发展部、交通部（DOT）和环境保护署正在围绕宜居和可持续社区建设的新举措进行新一轮合作。

除了新的协调机制外，政府还致力于开创新型机构，使其规模更小、结构更精简、更具创业精神和市场敏感度，从而推动经济复苏和转型。最重要的是，政府提出建立国家基础设施银行（National Infrastructure Bank），根据效益进行市场化投资，而非政治上的考量。联邦政府通过基础设施银行进行投资，将私人资本投入亟待扩建的港口，类似德国和法国的高速客运和货运铁路，以及现代化的传输线，实现各州之间可再生能源的畅通传输。

城市和大都市区的重建

城市和大都市区的扩张和蔓延现象已经让奥巴马政府认识到，大多数美国城市和大都市区的空间利用率并不高，这将会削弱地方的经济竞争力。因此，政府与国会密切合作，将投资用于可以保障生活品质、提高宜居性的地方。与更广泛的经济干预措施一样，"恢复法案"投资数百亿美元，用于改造房屋、将空置和丧失赎回权的房产转化为生产性用途、整治棕地，以及拓展城市交通。

自"恢复法案"实施以来，这些投入不断得到强化。2009年政府提出并由国会批准了一项可持续社区倡议，投资1.5亿美元交由住房和城市发展部管理，以鼓励制定综合区域规划，将住房、运输、就业和土地利用联系起来，创造更加紧凑、交通更加便利的社区环境。该方案向各州和地方机构提出挑战，要求它们改革土地利用模式，并利用最新数据和现有最复杂的分析、模型和制图工具进行最先进的研究。此后，政府提议进一步行动，为交通运输部和环境保护署增加投资。

正在进行中的项目

当然，奥巴马政府的经济政策及其对大都市社区的关注仍在进行中。尽管在奥运会申办上取得了辉煌的成就，但重组国家和大都市经济的重要提议尚未付诸实施。

例如在撰写这篇文章的时候，关于应对全面气候变化立法的行动依然停滞不前（该立法通过碳排放的实际定价，帮助促进清洁能源技术的市场化建设）。国会尚未批准增加对社区学校、高速铁路、货运基础设施、可持续社区、大都市交通和港口基础设施投资的拨款请求。尽管有总统的参与，但短期内建设像国家基础设施银行这样的21世纪全新机构并使其资本化的可能性并不大。

2012年中期选举前，能否实现任何标志性的改革是值得怀疑的。华盛顿的政治环境已经变得极为恶劣，政治两极化严重，党派纷争成为主导。随着

2010 年 11 月的中期选举，共和党人重新获得了众议院的控制权，并在参议院取得了重大的进展，在未来两年里，联邦政府即便不瘫痪，也将变得无足轻重。联邦行动将大幅减少，但是行政部门仍有可能就下一阶段的经济发展出台相应举措。对债务和赤字的担忧将进一步加剧，特别是考虑到全国委员会拟定于 12 月发布财政责任和改革报告。

重返州与大都市

近年来联邦可能陷入僵局，大都市政策的创新使决策权将从联邦政府转移到州和大都市领导人手中。2010 年的 37 场州长竞选中，可以肯定的是，加利福尼亚州、科罗拉多州、佛罗里达州、佐治亚州、密歇根州、明尼苏达州、内华达州、纽约州、宾夕法尼亚州、田纳西州和威斯康星州等主要州郡将更换新任州长。这些州长将加入底特律、丹佛、孟菲斯、明尼阿波利斯、纽约和费城等大都市区的务实市长及其商业和公民联盟的行列。

对于经过慎重选择的、较为明智的各州和大都市区而言，下列政策对于国家和地方创新来说似乎已经趋于成熟。鉴于经济复苏乏力和财政资源有限，明智的州和地方政府可能会重新审视传统的经济发展战略。这些战略严重倾向于消费，只是在单纯地复制"星巴克和体育场"的路子。这些策略将会失去吸引力，明智的社区将在蓬勃发展的国家框架上，利用区域创新集群来开发独特的生产力，发挥大都市区独特的生产优势，包括对土地、劳动力和资本以及营销和推广的针对性干预措施。这可能包括制定和实施大都市区出口方案。

在投资方面，由于教育资金是美国各州和地方政府主要关注的问题，明智的州和大都市区可能会把重点放在加强人力资本投入上。明智的地区会加强学校之间的技术转移和商业化进程，这将有利于大都市群的建设。此外，他们还将投入更多资金以加强社区学校之间的合作，以发挥其吸引劳动力的能力，同时支持集群主导的社区经济转型。

在机构建设方面，有几个州可能不通过联邦政府，而是创建自己的基础设施银行，利用私人融资来促进出口投资（例如在主要航空、铁路和水运枢纽建设综合性设施），加快向低碳经济转型（例如通过绿色基础设施）。密歇根州等传统工业地区甚至可以引进先进制造业实验室。这将为慕尼黑和斯图加特等大都市地区的制造创新提供支持：早期应用性工程研究，对制造过程的逐步实施、出口援助的促进、新产品的多元化信贷，以及制造业的人力培训投资都十分有利。

在场所营造方面，各地区也取得了不同程度的进展。在底特律、克利夫兰等传统工业城市，其中心城市和郊区在过去 50 年中，人口数量和就业率遭受了重大损失，在调整社区规模上具有相当大的动力。这意味着，振兴经济发展工作的重点应放在大学、医疗中心、产业集群和交通枢纽等重点领域。德国的莱比锡城就是一个很好的例子。

受联邦行动和财政现实的启发，明智的州和大都市区将会把交通、住房、土地利用工作和经济发展整合到一起。大都市致力于在低技能工人聚居区和低就业水平地区之间建立更密切的联系。另外，各国将通过转变自身的发展规律和投资来深化这些举措。

低碳经济的转变将引发智能化技术的大规模应用（如电动汽车、拥堵收费、公用事业计量）并部署基础设施以支持经济发展（例如先进的充电站）。为了刺激市场，实现可持续发展的目标，各城市和大都市区将竞相成为绿色产业和新世纪基础设施发展先锋。新加坡、哥本哈根、汉堡和特拉维夫等全球创新性城市正在复制美国的发展路径。

当然，仅凭各州和大都市区的行动，不足以平衡美国的经济。最终，联邦政府在贸易和货币方面的行动对促进出口至关重要。统一的国家低碳战略将对清洁能源和绿色技术市场起到至关重要的作用。联邦投资和改革将推动基础设施的建设。

然而，美国历史表明，如今各州和大都市区的创新可能会成为联邦政策的萌芽。在20世纪20年代，纽约州州长富兰克林·罗斯福（Franklin Roosevelt）尝试对经济进行干预，最终成为历史上的"罗斯福新政"（New Deal）。在20世纪50年代，加利福尼亚州和北卡罗来纳州推进了公立大学的发展，为20世纪六七十年代联邦政府的高科技投资奠定了基础。在20世纪80年代，不同党派的州长尝试推行福利和医疗改革，为未来十年的联邦建设铺平道路。

未来几年，此类自下而上的创新可能会更加常见。如果华盛顿的政治两极化能够得到缓和，并最终被州议会、市政厅及其商业和非营利性团体的实用主义联盟所取代，美国可能会更快地走出经济衰退的阴影。

结论

经济大萧条迫使私人和公共部门的领导人重新审视美国经济的结构，并开始走上重组的道路。随着人们意识到城市和大都市区是经济转型的先锋，奥巴马政府尝试了全新的"大都市政策"。各州和大都市区可能会将这个新的政策框架提升到一个新的水平。创新者将推动国家和州政府参与和支持其大都会引擎的根本性改革。而改革的回报则是为我们的国家和人民带来更具活力和可持续性的经济发展、更多更好的就业机会和更为安全的社会环境。

实地考察：
德意志银行城市时代奖

亚当·卡萨（Adam Kassa）、马科斯·罗萨（Marcos Rosa）、普里亚·尚卡（Priya Shankar）*

* 德意志银行城市时代奖（DBUAA）每年发放10万美元奖金，由阿尔弗雷德·赫尔豪森协会（Alfred Herrhausen Society）管理。有关该奖项的选拔标准、评选过程、入围名单、特别推荐和获奖者的详细说明，请参见：http://www.alfred-herrhausensociety.org/en/38.html。奖项评审团成员和协调员完整名单，请参见第427页。

平凡与伟大

虽然地球上大多数人生活在城市地区，但这些城市中的大多数地区并不像孟买、圣保罗、伊斯坦布尔或墨西哥城中心城区那样充满活力、聚拢财富、发展非凡；他们更多生活在一个普通的地方，很难有恰当的词来形容。那些著名的城市，在经济和政治上都能吸引、促进和维持建筑大师们的辉煌成就。然而我们知道，世界上每年新建的绝大多数城市景观仍然是自主建造的，通常没有政府或企业的投资，也没有建筑师、工程师或规划师的参与，几乎只是社区层面的合作。联合国人居署的统计数据显示，2010年的全球城市人口有三分之一居住在贫民窟（超过8.2亿人口），这也恰好证明了这一趋势。[1] 对于许多居民来说，贫民窟并不是常见的地方，他们也经常被媒体的报道所误导，但是当我们谈论城市问题的解决方案、干预措施和大规模城市变革时，仍然会忽略贫民窟和其他离散城市空间。

人们普遍认为，对于当前的城市问题，如资源分配不平等，公共厕所、绿地等公共服务设施的短缺，对幼儿、新一代移民、弱势妇女和失业青年等城市边缘群体的疏忽，其解决方法都会偏向个人视角，大型项目是最可行并且最鼓舞人心的干预手段。这种理念认为，变革的灵感可以从少数人浮夸却善意的行动中出发，扩散到更为平凡和日常的城市互动、规划和建筑物中去。[2] 但事实并非如此。如果我们将视角延伸到那些微小的本土化城市项目和行动者，并认真考虑其工作的影响，那么我们可能会为那些最为常见的城市实践寻求一些令人惊讶的替代方案。我们寻求普通的、引导我们参与和反思的政策方案，在自己的城市环境中组织、规划和实施独特的地区干预措施。他们在社区协商、合作和参与性规划的多元形式中摸索，以找到有意义的合作伙伴关系。从这些日常空间开始调查和学习，与常规措施相比有何优势呢？

时代城市会议开展之后的两年，一项具有挑战性的跨学科辩论得以开展，这有利于跨城市、大洲和城市不同部门之间的共同学习，德意志银行时代城市

善用公共利益

2007 年孟买 DBUAA 奖的联合得主特里拉特纳·普雷拉纳·曼达尔（Triratna Prerana Mandal）提出，要在城市贫民窟的中心建立新的联盟并改善环境。这些前后对比照片展示了社区公共厕所是如何升级，以提供更好的卫生条件的；同时展示了办公空间、电脑课堂、托儿所和社区厨房的建设。

奖（DBUAA）的创立正是为了表彰和庆祝这种从细微之处展开的辩论。它的发起人将其视为全球城市政策和最佳实践的宏观讨论向具体讨论领域的转移，以及对世界各地的日常城市生活状况的探讨。用他们的话来说，这个奖项旨在"表彰那些改善城市生活质量、让'居民'成为'市民'的联盟"。没有任何一个团体能独自解决今天的城市问题。因而该奖项肯定了居民、企业、非政府组织、高等院校、公共机构等团体之间的共同责任。我们希望通过该奖项，建立基层城市倡议网络。自 2007 年起，该奖项的主办方就从孟买转移至圣保罗、伊斯坦布尔和墨西哥城，在城市化进程不断推进、不平等问题日益加剧的世界中，展示了积极解决社会和空间问题的方法。

下面描述的获奖项目，针对的更多是集体而非个人，更多是 YouTube 而不是好莱坞，也更具影响力和历史渊源。他们认为城市问题是复杂和偶然的，城市问题的解决方案需要协作和负责的干预措施，从普通之处寻求宏观问题的解决方案。事实上，正如詹妮弗·罗宾逊（Jennifer Robinson）所说，坚持将所有城市都看作最普通的城市，这一理念将确保每一座城市都能为城市理论提供经验借鉴。[3]

孟买：公共利益的获取

在孟买发生的最紧迫的空间谈判之一，是围绕城市公共空间和服务在促进民主和公民社会所起的作用上展开。孟买每 1000 人只有 0.03 英亩的公共开放空间。在纽约，这个数字是 5.33，伦敦为 4.84，即使在世界上人口最多的城市东京也有 0.68。[4] 在孟买人口最密集的地区，超过 10 万人挤在 1 平方公里的土地上。[5] 因此意料之中的是，孟买所提交的 DBUAA 申报项目中，最具竞争力的项目都聚焦于如何用更少的成本来尽可能完善城市公共空间。作为联合获奖项目之一，孟买滨水中心项目（Mumbai waterfront Centre，MWC）专注于恢复城市西部海岸的海滨。另一项倡议是由特里拉特纳·普雷拉纳·曼达尔（Triratna Prerana Mandal）提出的，即保护和维修公共厕所设施，利用它们发展社区中心，以作为公共利益共享的一部分。城市设计研究院有幸投入遗产保护研究工作中，以影响城市政策发展。

MWC 项目是由城市中心区西北部居民区班德拉（Bandra）所发起的，旨在恢复海滨区域。这一孟买独具特色的滨海景观被滥用为垃圾场，未经处理的生活污水倾倒其中，海滩被私人和企业侵占，远远达不到居民可享受的公共空间要求。与同样雄心勃勃的曼哈顿海滨绿道项目相比，该项目的工程量要大得多，但获得资源的渠道远远不够，还会面临直接的政治压力。[6] 虽然会受到人们的忽视，但 MWC 项目可能会成为声势浩大的商业投资，也可能是一种更有潜力的微型商业投资，以构建孟买大多数居民都能够享受的普通公共空间。MWC 项目成功的关键是众多社区组织、居民协会、地区委员会，以及当地议员和国家部门之间强大的合作伙伴关系和创造性联盟。该项目已经帮助改善和

激发水域活力

孟买滨水项目将一段无人问津的废弃海滩改造成了一条休憩步道,使得每年都有数百万孟买人在这座拥挤的城市中寻求喘息之机。

改造了孟买西部7公里的海岸线。目前该项目正在解决达达－普拉巴德维海滩（Dadar-Prabhadevi）沿线4公里的侵蚀问题。在公共部门和由居民主导并监管的小型私人维护机构的赞助下，MWC项目证明了一个普遍假设，即为城市干预措施提供资金的唯一途径是利用私人土地销售和慈善开发商的利润，这个假设是错误的。而班德拉海滨的成功改造证明了MWC项目的有效性，而该项目真正的成功之处，是将海滨当作一个真正的公共空间来开发和保护。

从孟买海岸滨水区到卫生间这样的私人空间，我们的下一个项目将在公共服务的政治框架下运作。全球有26亿人无法享受较为完善的卫生设施。[7]在发达地区，超过99%的人口享有这项权利，而在印度这个数字只有31%。[8]哈维·莫洛奇（Harvey Molotch）的最新研究指出，卫生间是帮助人们了解社会运作模式的工具，即社会价值观是什么，如何将不同阶层的人分隔开来。[9]帕洛米塔·沃赫拉（Paromita Vohra）的电影《第二人生》（Q2P）以孟买为背景，突出了洗手间的性别和阶级关系——"当你出门看到谁要排队上厕所的时候，你就知道谁与国家的发展利害攸关。"[10]从1991年成立到1999年，特里拉特纳·普雷拉纳·曼达尔组织（Triratna Prerana Mandal initiative，TPM）一直负责清理和维护社区公共卫生间的环境。如果莫洛奇让我们见识到了基于卫生间这样基本公共服务分配的社会不平等，那么TPM则在第一个十年计划中明确了我们对尊重和尊严的根本承诺，城市贫困地区资源和服务的重新分配，以及对清洁工人持续的社会污名的强烈控诉。

银星板球俱乐部（Silver Star Cricket Club）决定将社会服务和环境保护项目列入一系列体育和文化活动之时，TPM组织应运而生。从早期社区参与公共卫生间建设的成功，到2002年它已经成为一个经过注册的社区组织（Community-Based Organisation，CBO）。2001—2003年，大孟买市政总公司（the Municipal Corporation of Greater Mumbai，MCGM）资助了16个TPM组织重建地方公共卫生间。现在，TPM组织不仅致力于公共卫生间的维护，而且在楼宇中设立办事处并开展活动，如计算机课程班和托儿中心。近年来，TPM组织启动了一项雨水收集计划，并从40家机构和3500名当地贫民窟居民那里收集、分类和回收废物，提供城市服务，以及通过"无利润-无损失"的模式创造就业机会。他们还为50多名妇女组成的自助小组提供支持，该组织每天给营养不足的孩子们提供超过2000顿餐食。TPM之所以奏效，是因为它的目标是平衡城市贫困地区获得核心服务的机会，从公共卫生间这类基础设施开始，到食品、教育和废品回收等工作。通过在城市地区共享公共产品这一政治手段，TPM组织利用多领域的合作伙伴关系和资金，来开展相关活动。

孟买偏南部的城市设计研究院（Urban Design Research Institute，UDRI）一直致力于保护历史悠久的堡垒地区免于城市发展重压。该地区建于18世纪，以英国东印度公司（British East India Company）的圣乔治堡（Fort St George）命名，现坐落在孟买金融区中心，面临着巨大的发展压力。UDRI迅速制定了一项保护该堡垒的倡议，测绘、拍摄以及编目了该堡垒的全部建筑，并制定了一项管理计划。通过对该地区的宣传，UDRI 与政府当局和当地居民建立了强有力的关系，这一举措加强了人们对城市历史文化遗产的认识，并与当地政府达成协议，促进空间和建筑修复。

圣保罗：保护产权与就业

2002 年，联合国教科文组织社会变革管理城市项目的代表说，在大多数发展中国家，"非正式"城市空间的比例，即没有得到专业人士关注的城市空间，大约占城市面积的 70%。这些地区的居民受到各种形式的种族隔离影响，但最主要还是经济和政治方面的障碍，包括没有享受到城市服务，没有体面的住房，没有应得的城市居民优先权。[11] 当前存在一些声音，呼吁圣保罗大学（Universidade de Sao Paulo）的城市从业人员积极主动地推动城市变革，该声明也为入围该奖项的大多数项目设定了背景。许多提交给圣保罗 DBUAA 的倡议都是在缺乏专业人士关注的"被遗忘"空间中进行的，旨在通过合作社的工作改善住房、获得就业机会，进而改善城市居民的生活条件。

此次获得 DBUAA 奖的项目"从梭伦街住房到联合大厦"（Do Cortiço da Rua Solón ao Edificio União），联合居民、学生、建筑师和工程师，确定并实施基于需求的建筑再开发。其他三个项目因其建立新的地域关系而脱颖而出，并获得了特别的认可。"生态城市"组织（BioUrban）通过绿化、公共艺术项目和社区中心建设，在贫瘠的毛罗贫民窟（Mauro）开展空间营造活动。阿卡亚研究所（ACAIA）是维拉·利奥波迪贫民窟（Vila Leopoldina）内的居民培训机构，旨在提高当地青年的职业技能和工作能力。潘塔纳尔社区（Pantanal）的新希望回收合作社（Cooperativa de Reciclagem Nova Esperança）历史性地提供了城市垃圾回收管理服务，从而为贫困地区提供收入来源。

2007 年，当时南美最大的贫民窟普雷斯特·玛雅（Prestes Maia）地区的 468 户居民被强行驱逐，成为世界各地的头条新闻。[12] 2002 年，"圣保罗市中心无家可归运动"（Movimento de sem-Teto do Centro）发起了普雷斯特，致力于清理市中心废弃办公楼和贫民窟住宅（cortiço）用以安置居民。过去 20 年，政府的支持主要集中在城市和城市周边的贫民区，而不是市区内的贫民窟住宅[13]，后者很容易受到私人资本和市中心土地价值不断上涨的冲击。[14] 尽管针对贫民窟的工作正在导致"住房产权和改造升级合法化"，但令人不安的趋势是，像普雷斯特·玛雅地区这样的贫民区，弱势群体正面临被驱逐的风险。[15] 然而，在圣保罗大都市区，60 多万套住房仍然空置。[16] 关于未缴税款、土地价值增长和 2001 年《城市条例》（City Statute）在联邦级别得以执行等复杂情况，关于如何更好地提供有保障的土地使用权和优质的社会住房仍无定论。[17]

"从梭伦街住房到联合大厦"项目是此次争议的核心。像该时期许多其他建筑物一样，梭伦街 934 号是一个未经加工的混凝土框架多层结构半成品，位于

城市更新迫在眉睫

在圣保罗，"从梭伦街住房到联合大厦"项目采用了联合参与的方式，当地居民、大学等学术研究机构等不同利益相关者均有参与。这样的改造使原本拥挤、简陋的塔楼摇身一变，成为市中心一处设施齐备的公寓，居民们在此能够寻找到更多就业机会，享受到更多社会服务。

靠近圣保罗市中心区的邦雷蒂鲁（Bom Retiro）地区。20世纪70年代，由于开发商离世且没有留下继承人，该建筑物一直没有完工，在随后的80年代被一些家庭占用居住。与许多其他"遭到入侵的建筑"一样，早期居民建立了不稳定的水电供应系统，电线暴露在外，供水不可靠，废品和垃圾处理也非常低级。73个家庭挤进大楼里，使用了所有可用的空间，包括不完整的电梯井，居住环境十分拥挤。

2002年，圣保罗建筑学院（São Paulo's Faculty of Architecture，FAU）的教职人员和学生发起了一个名为"复兴贫民窟"（Cortiço Vivo）的合作项目，旨在探讨如何进行住房重建，使之更加适应当前居民需求。随着这一项目的独特性逐渐得到认识，市房管部门SEHAB开始介入。同时，邻近的伊塔乌银行（Itau Bank）提起诉讼，试图禁止该项目，称它对社区居民构成人身威胁。这一法律行动引发了居民对获得合法居住权，并将建筑进行整体改造，使之符合安全标准的强烈诉求。加斯佩加西亚人权中心（Gaspar Garcia Centre for Human Rights）近期援引了圣保罗"战略总体规划"（São Paulo's Strategic Master Plan）第240条，以寻求获得终身居住权的途径：该条规定，若超过五年不存在所有权争议，居民即可获得该住房的所有权。学生和居民联合起来，对这些建筑进行颠覆性的改造。[18]

该行动导致了三个显而易见的结果。第一，学生和居民之间采取了集体行动，清理周边环境，安装集体电网，有效地减少了电费支出并降低了火灾风险。第二，42户居住5年以上的家庭获得住房所有权，其余30户同意迁往外地居住，从而缓解了居住环境拥挤的情况。第三，他们用结构加固、油漆、安全门对建筑的立面和窗户进行了改进，并将其命名为"联合大厦"（Edifício União）。如今梭伦街的贫民窟已经不复存在，取而代之的是全新的联合大厦。

受到这些机构的启发，对建筑外观和公共区域的改造成了全新的热潮，促使许多居民对自己的公寓进行整改。大家绘制房间内的墙壁，安装新的厨房和浴室，对集中改进和维护住房环境乐此不疲。阴暗的走廊和楼梯间环境也得到改善，同时电力消耗也得以减少。

联合大厦的故事是鼓舞人心的，但这是个例外。圣保罗和拉丁美洲其他城市的绝大多数贫民窟，对于产权问题都存在历史争议，这使得任何获得土地使用权的举措都会成为一场斗争。城市贫困居民住房的性质也意味着廉租房业主常常利用这些弱势群体的弱点而满足自身利益。[19]由于绝大多数居民生活条件压抑，租户很少长期居住在一个地方。[20]结构性不平等通过是否有产权的差别，渗入每天的日常生活，成为造成居民收入、健康和其他生活质量差异巨大的原因。例如，收入水平处于圣保罗全市较低的四分之一人口中，贫民窟居民占14%，而非贫民窟居民只占4.6%；而收入较高的四分之一人口中，这一数字分别是2.9%和18%。[21]圣保罗60%以上的失业人员是城市贫民，而在一些贫困地区，暴力事件的发生率是城市平均水平的2.5倍以上。[22]因此，目前联合大厦项目中将社区凝聚力建设和所有权状态调整相结合的举措仍属个例,不能放松对圣保罗大都市区长期存在住房安全问题这一情况的紧迫关注。

不过,这也教会我们很多事情。首先,上述基础设施的改善依靠的是高等教育机构、准执业建筑师、住房部、人权组织和联合大厦居民之间的创新合作伙伴关系。其次,该项目的一个关键因素是场所营造的重要作用,它有助于建立居民的归属感和自豪感。通过集体和负责任的行动所带来的契机,巩固多样化的垂直社区,印证了亨利·列斐伏尔(Henri Lefebvre)的城市权利思想。正如大卫·哈维所说:"城市赋予人们的权利远不止于获得城市资源的'个人自由':这一权利的本质是通过改变城市来改变自己(的生活)"。[23]

在城市的另一端,类似的情况也正在发生:"生态城市"组织通过一系列美学措施改善了毛洛(Mauro)贫民区的生活空间品质,该地区曾在2002年遭受军事袭击。[24] 这一项目由年轻的社会学家杰弗·安德森(Jeff Anderson)牵头,培训当地合作伙伴激活社区的微观空间,将其思想和理念注入被遗忘或被忽视的场所:包括清理住宅门前的空间,种植花草代替混凝土路沿石,以鲜艳颜色和特殊材料装点建筑物立面和外部基础设施使其更加人性化,发动当地儿童创作公共艺术作品,并在这些经过再创造的城市空间举办画展等集体活动。奥地利艺术家兼建筑师弗里登斯里奇·汉德瓦瑟(Friedensreich Hundertwasser)在1958年反理性主义宣言中提出"拥有窗户的权利"[25]的观点,受其空间营造思想的影响,"生态城市"组织通过集体、互信和一致的行动,努力营造空间的归属感和共享感。

虽然空间营造有助于提高信心、培养自我价值、提升社区凝聚力,但物质上的不平等仍然存在,并且集中在空间问题上。阿卡亚研究所(ACAIA)位于维拉·利奥波迪那(Vila Leopoldina)附近,是一个艺术和手工艺工作室,致力于在快速变革的工业区提供丰富的培训设施。该社区拥有本市的食品批发市场,从而提供了大量就业岗位,自2006年以来已容纳近1000个家庭进入非正式住房居住,并在市场工作。阿卡亚研究所能够与各种居民协会合作,制定空间更新的战略计划,以帮助解决新生人口和流动人口的住房问题。除了建立新的污水处理系统,在密集的贫民窟街道铺设柏油路,研究所还主动营造了一个新的公共空间,配备了游戏设备和当地儿童普遍使用的"艺术小屋"。阿卡亚研究所针对圣保罗贫民窟生活中社会和空间复杂性的交汇点展开工作,体现了对不平等加剧与特定时间点为特定社区工作的微观干预措施之间关系的多方面思考。

新希望回收合作社项目(Cooperativa de Reciclagem Nova Esperança)是圣保罗住房署(CDHU)和当地居民在潘塔纳尔(Pantanal)社区城市化综合规划下建立的创新合作伙伴关系。当前有超过30000人生活在圣保罗东部边界蒂特河(River Tietê)洪泛平原——过去30年,这里有许多垃圾填埋场。该项目设计了一个全新的垃圾收集系统,既为合作社带来了收入,又减少了以前堆积在当地街道、公共空间和供水设施上的垃圾存量。此外，该项目旨在通过恢复蒂特河的一段河道，为社区创造一个开放的空间。很多合作社成员也用回收材料创造艺术作品，并在 2007 年被委托为圣保罗纳塔尔多国家大教堂（Natal do Conjunto Nacional）制作圣诞装饰品，这是每年圣保罗最令人期待的盛会之一。[26] 由于该项目的接连成功，合作社规模不断扩大以及圣保罗住房署支持力度的不断提高，合作社于 2009 年 8 月与欧文斯伊利诺斯公司（Owens-Illinois Inc.）谈判达成一项协议。欧文斯伊利诺斯公司是《财富》杂志（Fortune）500 强企业，全球一半的玻璃容器由该公司生产。欧文斯伊利诺斯提供协商款式的食物篮子，以换取一定数量的玻璃器皿回收品。如果换算成美元等价物，这笔交易使他们的平均收益增加了五倍多，从 0.15 至 0.22 雷亚尔 / 公斤至 1.17 雷亚尔 / 公斤不等。[27] 这对合作社来说是个好消息，但也打破了城市地区废物处理服务的传统思维，成为弱势群体创造自身价值并得到认可的挑战。

伊斯坦布尔：被遗忘的城市

城市一直是一个矛盾的地方。萨斯基亚·萨森（Saskia Sassen）提醒我们："一方面，城市对企业实力的关注度过高，是公司经济不断增值的关键因素之一；另一方面，城市对弱势群体的关注度过低，是其贬值的关键所在。"[28] 因此对弱势社会的政治要求，主要有两方面的工作。首先是迫切需要重新分配社会、政治和经济资源，保证城市范围内所有参与者更平等地使用权力。第二个是承认和重视那些被排斥在外的社会成员，用萨森的话说即为"在一个中心导向的体系中，重新评估被驱逐经济组成部分的价值"。[29] 伊斯坦布尔是最大的城市之一，很大程度上由移民组成。正如本章所说，许多移民来自土耳其的其他地区、安纳托利亚（Anatolia）或黑海沿岸。但是，在这样一个多元文化的国家，他们都将自己独特的生活习惯带入博斯普鲁斯海峡，这些分歧既构成了伊斯坦布尔的多样性，又将他们排除在城市之外。

伊斯坦布尔入围 DBUAA 的许多项目都解决了该市最脆弱社区面临的一些关键问题——新移民、留守妇女、贫困儿童、残疾人和无家可归青年。妇女工作支持基金会（Kadın Emeğini Değerlendirme Vakfı）、希望儿童基金会（Umut Çocukları Derneği）和青年之家（Bakırköy Gençlik Evi）这三个项目被特别提及，因为它们既为弱势群体提供服务，也展示了性别与空间之间的关系。该奖项的获奖者"和平之音"项目（Barış İçin Müzik）通过音乐节目专门援助被剥夺经济权利的儿童。所有入围的项目都试图通过自身努力和实践，以在社区中心进行空间营造的方式，为被"驱逐"出城市社会和经济生活的人们创造价值。

在伊斯坦布尔卡吉桑河（Kağıthane）沿岸的努尔提普（Nurtepe）社区，妇女工作支持基金会为孩子们提供儿童保育和教育设施，旨在提高当地妇女的能力。作为一个具有社会混合性和分散性的社区，努尔提普一直接纳新移民进入居住，其中许多人无法获得城市资源和服务。首先在"迈出妇女环境、文化与企业合作的第一步"理念的号召下，该中心提供领导力、创业精神和反家庭暴力的课程，为不同背景的女性提供机会网络，帮助他们摆脱边缘化状态，充分建立参与城市生活的信心。同时，他们提供合作托儿服务，让母亲在参与这些活动时可以将孩子带到中心。移民到城市的妇女经历了艰难的过渡期，失去了传统网络的支持，常常没有机会在城市经济环境中找到工作。而该项目试图通过整合的力量，激发移民妇女的可能性和自豪感，从而克服这个问题，同时生产小型工艺品来资助中心的其他项目。随之而来的讨论为围绕家庭暴力、种族主义和失业问题等艰巨议题创造开放性契机。合作社中的妇女制定了一年的学习计划，出去自己学习东西，然后把这些知识传授给社区其他人。

通往机场的高速公路看似平淡无奇，却能为堕落或经受挫折的年轻人提供支持。18 岁之后，被边缘化或无家可归的年轻人都不再有资格获得国家支持；政策缺口使得被剥夺公民权的年轻人面临经济上的困境。希望儿童基金会及青年之家是一个全市范围内的项目，它们为涉及家庭暴力、犯罪、吸毒成瘾，以及无家可归的年轻人提供了避风港。与妇女工作支持基金会相类似，这个项目的核心要素也是空间支持。基金会为弱势群体提供整洁安全的短期住宿，他们在这里接受健康和社会咨询，并接受职业培训，以帮助他们重新融入社会。许多社会参与项目都开展培训、学习和就业支持，但空间不平等引发的争议，以及随之而来的物质和心理压力等问题仍得不到解决。在希望儿童基金会中，空间安全与获得卫生教育等关键服务机会的结合得以加强。

伊斯坦布尔的 DBUAA 获奖项目位于城市最弱势的社区之一，伊迪内卡（Edirnekapı）的中心，以音乐作为社会和空间变化的催化剂。从表面上看，"和平之音"音乐学校仅为 7 至 14 岁的当地小学生提供免费的音乐教育。然而实际上，这个项目的背后是一个复杂的社会基础设施，它不仅充当职业培训学校和社区中心，还提供儿童膳食和课后托儿服务。它正在进一步发展成为一个自给自足的空间，为决定继续接受音乐教育的学生提供就业机会，让他们担任助教或成为新成立的"和平之音基金会"成员。该项目在社会和空间上具有深远的影响，特别是随着新建筑的落成，基金会将会正式落户以运行该项目，并将一个新的小型音乐厅作为社区据点开展工作。

"和平之音"项目最早在几所社区学校的地下室展开，并迅速赢得了参与者的兴趣和信任。学生学习演奏手风琴、长笛、鼓、小提琴、大提琴和钢琴等多种乐器。虽然这个项目看似是建筑师穆罕默德·塞利姆·巴基（Mehmet Selim Baki）一个人的心血结晶，他至今仍是整个项目的赞助商，但他也率先意识到，若没有强有力的合作，这个项目就不可能成功。他的合作者包括参与该项目的学校、学生和家属，还有在项目最初把他们介绍给乌鲁巴托哈桑小学（Ulubatlı Hasan Primary School）的希望儿童基金会。这个项目始于一个简单的想法，但具有广泛的社会影响，刺激和利用伊斯坦布尔真正的城市能力，造福于贫穷儿

社区的转折点

"和平之音"音乐学校（Barışİçin Müzik）位于伊斯坦布尔内城最贫穷的社区之一，为低收入家庭的孩子们提供音乐训练、餐饮和课后看护。这栋刚刚落成的建筑为想要留在社区生活并继续学业的青少年提供音乐训练，并组织他们参加表演。

童。随着250多名学生的入学,"和平之音"项目变得长期可持续,并致力于为毕业生创造工作岗位。"和平之音"的青年合唱团也启发了志同道合的家长和社区成员创办成人合唱团。在这里,音乐就像媒介,通过这种媒介,丰富的城市社会能力建设资源被获得和传递给这些弱势群体和被遗忘群体。

墨西哥城:生活的复杂性

与世界其他许多城市地区一样,墨西哥城也面临着复杂的城市不平等问题。内斯特·加西亚·坎克里尼(NéstorGarcíaCanclini)将墨西哥城定义为"城市大陆",意指其人口大致相当于中美洲的人口数量,而且其社会、政治和经济多样性也非常复杂。[30] 事实上,坎克里尼甚至认为,在同一时间,城市中有多个城市在运行。他认为,"如今占主导地位的,是墨西哥城不同城市之间的冲突交集。"[31]

墨西哥城三个入围 DBUAA 的项目反映了所有大都市的自然复杂性,而具体到当地空间层面时,这些复杂性则成为最好的变革机会。获奖项目米拉夫勒社区理事会(Asamblea Comunitaria de Miravalle)是墨西哥城郊区边缘社区的一个联盟组织,它使各个社区组织和有需要的公民建立起联系。另外特别提到的两个案例,一是康塞乔阿格雷斯塔文化中心(Casa de Cultura Consejo Agrarista,CODECO),它从30个相互倾轧的帮派组织之中挣脱出来,成立了社区康复及再培训中心;二是"恢复生活空间"项目(Recuperando Espacios para la Vida),该项目致力于改善圣达菲(Santa Fe)的空间状况,当地历史街区的衰落与墨西哥最引人注目的精英城市重建进程密切相关。这三个项目的多样性表明,在任何时间、任何城市,都存在着多种多样的城市问题。

墨西哥城东南边缘的米拉夫勒殖民区(colonia Miravalle)是一个低收入的社区,由瓦哈卡州(Oaxaca)、普埃布拉州(Puebla)和墨西哥州(State of Mexico)的新移民组成。移民们通过城市周边的社区进入城市,而米拉夫勒正是位于塞拉利昂圣卡塔琳娜山脉(Sierra de Santa Catarina)的陡坡上。米拉夫勒殖民区的人口数刚超过10000,年龄普遍在12~25岁,其中只有2.3%的人口接受过高等教育或职业培训。[32] 米拉夫勒社区理事会致力于将多个社区项目进行整合,并将其与有需要的人联系起来。

因此,理事会实行了一套全面的文化、健康、环境、教育和就业方案。他们开展了一个基础广泛的项目,包括每周收集并回收两吨 PET 塑料,从而为30名年轻人创造就业机会。在社区蔬菜园里,他们种了一些食物供廉价食堂使用,为300名社区成员提供营养均衡的饮食。他们还开展了各种各样的体育和文化活动,如举办艺术讲习班、舞蹈音乐课、建设滑板场,制定旨在弥合技术差距的教育计划。社区内有一个图书馆,里面有25台电脑,每周7天开放,还有课后讲习班帮助孩子做作业。目前还正在制定以下计划:建立雨水收集系统;扩大社区农场;增设100个垃圾桶以扩大邻里塑料废物的收集网络;成立数字化实验室,培训青少年使用互联网和数码拍照、摄影和录音;并为当地乐队购买乐器,充分挖掘他们的音乐才华。他们的第一个成就就是将旧的垃圾场改造成一个新的公共空间,包括绿地和社区圆形剧场。

由于米拉夫勒社区理事会在多个领域开展工作,形成了一个规模庞大的社区组织,因此他们能够利用与市政府和州政府等机构的合作资金和技术支持,并与当地的建筑学校和人权组织展开合作。该社区委员会并不像新设立的组织,而更像一个网络中心,这意味着更多的活动整合、更多组织之间的协作,以及更多的资源共享,这些都能为米拉夫勒的居民提供更多的服务、培训和支持。

而在与米拉夫勒社区理事会相同的自治地区,伊滋塔帕拉帕(Iztapalapa)的CODECO文化中心在毒品战争四起、社区帮派林立的背景下工作。2010年12月,墨西哥总理费利佩·卡尔德恩(Felipe Calderón)宣布,自从政府于2007年在危险地区部署国家部队以来,已有3万多人因毒品犯罪遇害。[33] 同期沦陷区伊拉克的登记居民死亡人数仅为42000人。[34] 正是墨西哥毒品团伙和军事警察部队持续不断的暴力行为,和有罪不罚的现象导致了这般严重的后果。在此背景下,CODECO文化中心在30个帮派达成停火协议后建立。该组织致力于提供造型艺术培训,包括绘画、涂鸦、喷绘和丝印,作为参与帮派活动的另一种选择。他们也非常清楚参与和分享在邻里空间发展中的重要性。由于组织者是当地居民,CODECO致力于开展需求导向的城市化建设。帮派斗争的休止和文化中心的建设对整个社区的恢复作出了重大贡献。

在城市的另一边,破败的社区紧邻着圣达菲的新中央商务区。自20世纪70年代初期以来,该地区已经计划建设商业区,而在1982年,伊比利亚美洲大学(Universidad Iberoamericana)在这里先行建成。随着1994年金融危机的爆发,圣达菲的规划直到2004年才重新开始萌芽。过去六年的建设狂潮导致圣达菲现在囊括了14%的城市办公空间。由于土地价值的增加、高速公路系统日趋复杂和发展压力的增大,项目附近的许多小型贫困社区几乎没有什么改善。"恢复生活空间"项目由伊比利亚美洲大学支持,它致力于通过大型机构和公众之间独特而持久的合作伙伴关系来减少贫困。他们利用了圣达菲许多大型跨国公司的财政捐款,帮助恢复当地居民长期废弃的公共空间。在大学住房部门的帮助下,居民们通过与大学的合作关系从国家住房研究所(INVI)获得财政贷款,并共同设计改善他们的住房。在就业和培训部门的支持下,景观设计维护、城市规划等大学实习岗位和培训机会大量增加。建筑专业的大学生也参加了社区的彩色设计活动,然后通过社区绘画课程实施帮助。通过参与式研究、培训和在城市空间中开展工作,"恢复生活空间"项目创造了有意义且与当地相关的公共空间。反过来,这些举措又营造了社区归属感,鼓励创造富有成效的项目,并促进当地社区成员的领导力。

整合的复杂性

评委会对米拉夫勒社区理事会在该市最贫困的非正式居民区之一开展的多项活动印象深刻。除了在社区中心创造一个墨西哥城罕见的、有遮盖物的公共空间外，该项目还包括建设社区厨房、图书馆和电脑课堂，以及一个为社区创收的回收中心。

变革的基础

　　近几年来，德意志银行城市时代奖的主办城市由孟买转移到圣保罗、伊斯坦布尔，再到墨西哥城，目的是激发对城市项目和方案的讨论，这些项目所在城市正处于社会和空间斗争的交叉点。本文只探讨了获奖项目和一些特别提及的项目的情况，但在世界其他地方也有成百上千的类似举措正在发生。迄今为止，已有486个项目申请了该奖项，而这也仅仅是全球相关活动和组织，以及公民身份变革的一小部分。这些项目都渗透着当地的历史、社会矛盾和社区工作，主要以合作社的形式与多个合作伙伴、志愿者和利益相关方合作。但最重要的是，他们提醒我们，最伟大的变革者往往就在生活之中，他们正是城市中的普通人。

面对无尽之城的未来:伊斯坦布尔不断扩张的郊区

注释

生活在城市时代 / 里基·伯德特　菲利普·罗德

1 根据经济合作与发展组织（OECD）的估算，到 2030 年，全球每年基础设施的投资需求约占全球 GDP 的 2.5%，其中很大一部分将投资于城市。OECD, Infrastructure to 2030: Telecom, Land Transport, Water and Electricity (Paris, 2006).

2 L. Kamal-Chaoui and A. Robert, Competitive cities and climate change, OECD Regional Development Working Papers 2009/2, (OECD, Public Governance and Territorial Development Directorate, 2009); UN Population Division, World urbanisation prospects: The 2009 revision (New York, 2010).

3 M. Ravallion, S. Chen and P. Sangraula, New evidence on the urbanization of global poverty, *Population and Development Review*, Vol. 33, No. 4, 2007, pp. 667-701.

4 E. Glaeser, Cities, agglomeration and spatial equilibrium, (Oxford, 2008) and P. Krugman, Increasing returns and economic geography, *Journal of Political Economy*, Vol. 99, No. 3, 1991, pp. 483-99.

5 UN-Habitat State of the World's Cities Report 2008/09: Harmonious Cities (London, 2008); D. Satterthwaite, *The Transition to a Predominantly Urban World and its Underpinnings*, IIED Working Paper (London, 2007, available at http://www.iied.org/pubs/pdfs/10550IIED.pdf); World Bank, World Development Report 2009: *Reshaping Economic Geography* (Washington, DC, 2009).

6 A. Schlomo, S. Sheppard and D. L. Civco, *The Dynamics of Global Urban Expansion*, Transport and Urban Development Department, (Washington, DC, 2005), available at http://www.williams.edu/Economics/UrbanGrowth/WorkingPapers_files/WorldBankReportSept2005.doc).

7 P. Newman and J. R. Kenworthy, *Cities and automobile dependence: a sourcebook* (Aldershot, 1989); R. Burgess, The compact city debate: A global perspective, in M. Jenks and R. Burgess, eds, *Compact cities: Sustainable urban forms for developing countries* (London, 2000); A. Bertaud, *The spatial organization of cities: Deliberate outcome or unforeseen consequence?*, Working Paper 2004-01. (Berkeley, CA, 2004); M. Jenks, E. Burton and K. Williams, eds, *The compact city: a sustainable urban form?* (London and New York, 1996).

8 R. Burdett and D. Sudjic, eds, *The Endless City* (London, 2007 [hardback], 2010 [paperback]).

9 参见 S. Mehta, The Bird of Gold, p. 106.

10 "巨型城市"的概念借鉴了 S. Mehta 的著作《巨型城市：孟买的得与失》（*Maximum City: Bombay Lost and Found*）(London, 2004).

11 A. Berube, A. Friedhoff, C. Nadeau, P. Rode, A. Paccoud, J. Kandt, R. Puentes and R. Schemm-Gregory, *Global Metro Monitor: The path to economic recovery* (Washington, D.C. and London, 2010).

12 *Istanbul: City of Intersections*, Urban Age conference newspaper (London, 2007).

13 参见 http://www.urban-age.net/ and quarterly e-bulletins http://www.urban-age.net/ publications/ebulletins/subscription.

14 D. Sudjic, The City too Big to Fail, p. 206.

城市经济 / 萨斯基亚·萨森

1 本文讨论问题的数据和参考书目，参见 S. Sassen, *Cities in a World Economy*, fourth edition (Thousand Oaks, CA, 2011), and S. Sassen, *Cities and the New Wars* (London, 2011).

2 有关当今经济领域，所有知识部门进行的最详尽的调查之一，参见 J. Bryson and P. Daniels, eds, *The Handbook of Service Industries in the Global Economy* (Boston, 2007).

3 参见 J. Fitzgerald, Cities on the Front Line, *The American Prospect*, 13 April 2007, available online at http://www.prospect.org/cs/articles?article=cities_on_the_front_lines.

4 无论是在文献中还是在人居署的实践中，"贫民窟"一词的使用都需要同传统的、完全消极的理解加以区别。"贫民窟"一词的复兴源于世界上一些主要贫民窟的领导者。贫民窟一词在这里是一个认知性的词汇。它不是观察者的范畴，而是贫民窟里的行动者的范畴。大多数贫民窟很可能因为贫困和健康问题而不堪重负，尽管从结构上讲它是一个政治问题。我在《城市与新战争》（*Cities and the New Wars*）中论述了相关问题 (London, 2011).

5 在这一方面，纽约和格拉茨年代（Gratz's chapter）的制造业与顶尖的城市设计是分不开的。例如，制造业典风格家具的复制品，在现代艺术博物馆（Museum of Modern Art）出售，参见 R. B. Gratz, *The Battle for Gotham: New York in the shadow of Robert Moses and Jane Jacobs* (New York, 2010). 再比如，时装品牌 "AA 美国服饰"（American Apparel）将部分产品的生产制造安置于洛杉矶，取得了巨大的成功，尽管最终遭遇了挫折。

6 D. Swinney, 'Chicago Green Manufacturing Network. Illinois Future: The global leader in manufacturing the products of the future', (Chicago, 2009), available at www.clcr.org; see also www.chicagomanufacturing.org.

人民的故事 / 达利尔·德·蒙特

本文图像资料参见 R. Prasad et al, *A Study on Migration, Health & Employment in Mumbai Urban Agglomeration* (Mumbai, 2006), p. 11.

城市的动与静 / 拉胡尔·迈赫罗特拉

本文基于文章《城市动静博弈》（*Negotiating the Static and Kinetic Cities*），发表于 A. Huyssen, ed., *Urban Imaginaries* (Durham, NC, 2007).

1 参见 A. King, *Colonial Urban Development: Culture, Social Power and Environment* (London 1976).

2 这种前所未有的人口结构转变，不仅改变了印度城市的社会构成，而且延续了令人难以理解的城市文化、社会和经济强烈二元对立现象。这种新的人口构成主要是来自农村的移民，他们成了城市贫民，他们带来新的技能、社会价值和文化态度，这些不仅决定了他们在城市环境中的生存方式，而且也正在改变城市本身的结构。城市贫民人口的存在，使另一个重要的分界更加突出：有些人能够真正进入城市并使用配套基础设施，而有些人无法真正融入城市，因此缺乏基本的生活服务设施。

3 参见 also P. Shetty, *Stories of Entrepreneurship* (New Delhi, 2006).

4 参见 P. Chatterjee, Are Indians becoming bourgeois at last?, in *Body. City. Siting contemporary culture in India* (Berlin, 2003).

5 独立工业园区（distinct manufacturing zones）和空间分异的观念存在已经转移到服务业和制造业上。它们发生在城市中的碎片化区域，通过城市提供的高效交通系统相互连接。

6 参见 R. Sundaram, Recycling Modernity: Pirate electronic cultures in India, in *Sarai Reader: The Cities of Everyday Life* (New Delhi, 2001).

7 Chatterjee, op. cit.

8 婚礼是说明富人如何共同参与到这座动态城市建设中的一个案例。由于缺乏正式的、有搭建的婚礼空间作为文化出口，公共开放空间被暂时改造为精致婚礼的场所。通常情况下，非常复杂的婚礼会场，从搭建到拆除仅需 12 小时。城市体系的边际又一次短暂地得以扩展。

9 当被当地称为甘内萨瓦（Ganeshotsava）的仪式是 19 世纪后期由洛克马尼亚仪式（Lokmanya Tilak）演化而来的，是反抗英国殖民政权的象征。Tilak 一词源自带有崇拜性质的家族私人性习语，被引为集体性、公共性的、展现城市自信心的仪式。

10 参见 R. Hoskote, "Scenes from a festival", in *The Hindu Folio, The Hindu* (Chennai, 14 January 2001).

11 参见 R. Mehrotra, "Bazaar City: A Metaphor for South Asian Urbanism", in A. Fitz, ed., *Kapital & Karma* (Vienna, 2002).

12 1995 年，孟买颁布《保护法》（*Conservation Legislation*），这是印度第一部相关的法律。在过去的 10 年里，关于历史遗产保留和保护的辩论变得非常明确，尤其是在孟买被提及得更多。一些非政府组织积极行动起来，为历史建筑保护进行游说。不幸的是，大多数关于保护措施的争论都集中于英国的实践，因为大多数印度建筑师都在英国的大学接受的遗产保护培训。他们倾向以英国中心的视角保护殖民时期的建筑，这往往与当代印度的城市现实完全脱节。他们选取的衡量标准是英国和欧洲的标准，这些标准往往会将保护局限于精英阶层的范畴（银行、政府机构等），这导致人们对其他性的质疑。

13 文化重要性的概念首先出现在《布拉宪章》（Burra Charter）中，这是《国际遗址古迹保护修复宪章》（*International Charter for the Conservation and Restoration of Monuments and Sites*, ICOMOS, 即《威尼斯宪章》）为界定和指导建筑保护工作所作的许多决议之一。《布拉宪章》于 1979 年在南澳大利亚布拉颁布，它将文化意义定义为过去、现在和未来几代人的美学、历史、科学或社会价值。

14 这些观点首次提出于 2000 年 7 月于澳大利亚阿德莱德大学建筑与中东研究中心（Center for Architecture and Middle Eastern Studies, University of Adelaide, Australia）举行的 "文化意义：建构还是规范" 研讨会。非常感谢彼得·斯克里弗（Peter Scriver）教授发表这些观点。

15 本文所提及的用以论述这些观点的工作和项目案例，参见 R. Mehrotra, "Planning for Conservation Looking at Bombay's Historic Fort Area, Future Anterior", *Journal of Historic Preservation, History, Theory and Criticism*, Vol.1, No. 2, 2004.

16 参见 V. Venkataraman and S. Mirto, "Network/Design", in *Domus*, No. 887 (Milan, 2005).

17 参见 R. Khosla, *The Loneliness of a Long Distant Future Dilemmas of Contemporary Architecture* (New Delhi, 2002).

18 随着规模性制造业从孟买迁出，熟练产业工人别无选择，只能自谋生路。小型制造业中心与代理商建立合作网络已成为一种新兴模式。该模式通过将非正式地区建设为生产中心的方式，构建了一个强大的布局网络。

19 在上海之前，直到 20 世纪 90 年代末，新加坡都被认为是一个成功城市的典范。政治家们提出，为什么孟买不能像新加坡一样？孟买的卫生条件、清洁程度和运转效率都是在热带地区设定的，孟买市民可以很容易地想象那里可以变成什么样子。

20 参见 A. Appadurai, "Deep democracy: urban governmentality and the horizon of politics", in *Environment and Urbanization*, Vol. 13, No. 2, 2001.

21 印度著名建筑师查尔斯·科雷亚（Charles Correa）将孟买描述为一个"巨型的、可怕的城市"。在这个表述中，乌托邦是城市的文化和经济现实，而反乌托邦则是物质上的境况。

超越极限 / 吉塔姆·蒂瓦里

1 Registrar General of India, 'Census of India 2001', published by Government of India. 'National Urban Transport Policy' (New Delhi, 2006).

2 'Traffic and Transport Policies and Strategies in Urban Areas in India', final report prepared for the Ministry of Urban Affairs and Employment (New Delhi, 1998).

3 Ministry of Transport and Power, Government of National Capital Territory of Delhi, (Delhi, 2006).

4 G. Tiwari and M. Advani, 'Demand for Metro Systems in Indian Cities', TRIPP working paper (Delhi, 2006).

5 E. Sreedharan, 'Mobility in major cities', *Good Governance of India*, Vol. 1, No. 4.

6 Ministry of Urban Development, 'National Urban Transport Policy' (New Delhi, 2006).

填补政治空白 / 杰罗恩·克林克

1 参见 E. Maricato, *Metrópole na periferia do capitalismo: ilegalidade, desigualdade e violência* (São Paulo, 1996).

2 L. C. Q. Ribeiro, ed., *Metrópoles: entre a coesão e a fragmentação, a cooperação e o conflito* (São Paulo, 2004).

3 E. Rojas, J. R. Cuadrado-Roura and J. M. F. Güell, *Governing the Metropolis: principles and cases* (Washington DC, 2008).

4 G. Thuillier, 'Gated communities in the metropolitan area of Buenos Aires, Argentina: A challenge for town planning', *Housing Studies*, Vol. 20, No. 2, 2005, pp. 255–71.

5 T. Araújo, *Ensaios sobre o desenvolvimento brasileiro. Heranças e urgências* (Rio de Janeiro, 2000).

6 提及于 J. L. Fiori, 'O federalismo diante do desafio da globalização', in R. de B. A. Afonso and P. L. B. Silva, eds, *A Federação em perspectiva. Ensaios selecionados* (São Paulo, 1995).

7 L. Guimarães Neto, Questão regional no Brasil: reflexões sobre os processos recentes, *Cadernos de estudos sociais*, No. 6, 1990, pp. 131–61.

8 参见 C. C. Diniz, 'Desenvolvimento poligonal no Brasil: Nem desconcentração nem contínua polarização', *Revista Nova Economia*, No. 3, 1993, pp. 35–61.

9 参见 J. Rabinovitch and J. Leitman, 'Urban planning in Curitiba', *Scientific American*, No. 274, 1996, pp. 46–54; 以及 T. Campbell, *Learning Cities: Knowledge, capacity and competitiveness*, Habitat International, No. 33, 2009, pp. 195–201.

10 也就是说，汽车拥有量从 2000 年的每千人 448 辆增加到 2009 年的每千人 800 辆。参见 http://ippucnet.ippuc.org.br/Bancodedados/Curitibaemdados/Curitiba_em_dados_Pesquisa.asp.

大都市区文化 / 加雷斯 · 琼斯

1 G. Simmel, 'The Metropolis and Mental Life' (1905), in K. Wolff, ed., *The Sociology of GeorgSimmel* (Glencoe, IL, 1950).
2 C. Monsiváis, *Mexican Postcards* (London, 1997).

碎片世界 / 特里萨 · 卡尔代拉

1 1920 年的数据参见 N. G. Bonduki, Habitação popular: contribuição para estudo da evolução urbana de São Paulo, in L. do Prado Valladares, ed., *Habitação em Questão* (Rio de Janeiro, 1983) pp. 135-68. 1960 年至 2000 年的数据，参见巴西地理统计局人口普查。
2 参见 T. P. R. Caldeira, *City of Walls: Crime, Segregation, and Citizenship in São Paulo* (Berkeley, CA, 2000), Chapter 6. J. Holston, *Insurgent Citizenship Disjunctions of Democracy and Modernity in Brazil* (Princeton, NJ, 2008), Chapter 6.
3 C. Saraiva and E. Marques. A dinâmica social das favelas da região metropolitana de São Paulo, in E. Marques and H. Torres, eds, *São Paulo: Segregação, Pobreza e Desigualdades Sociais* (São Paulo, 2004), pp. 143-68.
4 数据来源于 Pro-Aim / SMS-SP, 巴西地理统计局（IBGE），和芬达 · 希德（Fundação Seade）。由圣保罗大学暴力研究中心（Núcleo de Estudos da Violência）进行地区分类制表。参见 http://nevusp.org/downloads/bancodedados/homicidios/distritossp/taxahomicidios- distritos-2000-2007.htm.
5 参见 Caldeira, op. cit。上述关于犯罪恐惧和生产分异的争论在本书中详细阐述。

边缘生活 / 费尔南多 · 德 · 梅洛 · 弗朗哥

感谢索菲娅 · 达 · 席尔瓦 · 特莱斯（Sophia da Silva Telles）对本文的认真审阅。
1 1893 年圣保罗市人口数量为 130755；而到 2000 年，市区的人口已跃升至 10406166 人，而大城市圈的人口则为 17821326 人。参见 N. Reis, *São Paulo: Vila, Cidade, Metrópole* (São Paulo, 2004) p. 253.
2 发表于《Emplasa》。Available at http:// www.emplasa.sp.gov.br/portalemplasa/ infometropolitana/rmsp/imagens_gif/tabela_pib. gif [24 October 2010].
3 发表于《Emplasa》。Available at http:// www.emplasa.sp.gov.br/portalemplasa/ infometro-politana/metropoles/tabelas_ metropoles/tabela11.htm [24 October 2010].
4 葡萄牙和西班牙于 1494 年签订一项条约，其目的是以从北到南的任意直线划分已发现的和将被发现的领土，这显然有利于西班牙王国。
5 S. R. Perillo, 'Novos Caminhos da Migração no Estado de São Paulo', in *São Paulo em Perspectiva*, Vol. 10, No. 2, 1996, p. 74. Available at: http://www.seade.gov.br/produtos/spp/ v10n02/v10n02_10.pdf. [24 October 2010].
6 芬达 · 希德（Fundação Seade）。参见 http://www.seade.gov.br/produtos/imp/index.php?page=tabela [24 October 2010].
7 同上。
8 家庭补助金计划（Bolsa Familia）是政府最近推出的一个项目，每月向家庭提供津贴，条件是他们的孩子必须上学并接种疫苗。
9 摘自巴西亿万富翁何塞 · 艾萨克 · 佩雷斯（Jose Isaac Peres）的演讲。佩雷斯通过在巴西开发购物中心发家致富。摘自 Multiplan vai investir R$1,3 bilhão em novos shoppings e estuda aquisições [Multiplan to invest R$1.3 billion in new shopping malls and study acquisitions], in *OESP*, 7 July 2010, p. 10.
10 C 类是指收入在 1,115-4,807 雷亚尔的家庭。
11 目前，全国人口的 81.23% 是城市人口。在圣保罗，这一数值相当于大都市圈的 90.52%。在 1995 年至 2000 年，涌入圣保罗的移民只占人口的 5.1%，其中只有一部分来自农村。参见 IBGE, 2000 Census and S. R. Perillo, Novos Caminhos da Migração no Estado de São Paulo, in *São Paulo em Perspectiva*, Vol.10, No. 2, 1996, p. 74. Available at: http://www.seade.gov.br/ produtos/spp/v10n02/v10n02_10.pdf [24 October 2010].
12 参见 A. Souza and B. Lamounier, *A Classe média brasileira: ambições, valores e projetos de sociedade* (Rio de Janeiro, 2010).
13 参见 C. Nobre et al., Vulnerabilidade das Megacidades Brasileiras às Mudanças Climáticas: Região Metropolitanta de São Paulo, Executive summary, 2010. Available at www. inpe.br/noticias/arquivos/pdf/megacidades.pdf.

搭建历史之桥 / 伊尔汗 · 特克利

1 İ. Tekeli, An Exploratory Approach to Urban Historiography Through a New Paradigm: The Case of Turkey, in H. Sarkıs and N. Turan, eds, *A Turkish Triangle: Ankara, Istanbul and Izmir at The Gates of Europe* (Cambridge, MA, 2009).
2 K. H. Karpat, *Osmanlı Nüfusu* (1830 1914) (Istanbul, 2003).
3 关于这个问题，参见 *From the Imperial Capital to the Republican Modern City: Henri Prost s Planning of İstanbul (1936 1951)* (Istanbul, 2010).
4 关于这个专题的更详细分析，参见 *Turkey National Report and Plan of Action* (Istanbul, 1996).
5 参见 M. Güvenç and E. Yücesoy, 'Urban Spaces in and Around Istanbul', in *Istanbul City of Intersections* (London, 2009).
6 参见 J. Friedmann, 'The World City Hypothesis', in *Development and Change*, Vol.17, 1986, pp. 69 84. 以及 J. Friedmann, 'Where We Stand: A Decade of World City Research', in P. Knox and P. Taylor, eds, *World Cities in a World System* (Cambridge, MA, 1995).
7 参见 Toplu Konut İdaresi, IULA-EMME, *Geleceğin İstanbul'u* (Istanbul, 1993).
8 TÜBA Yerleşme Bilimleri Öngörü Çalışma Grubu, *Yerleşme Bilimleri/ ÇalışmalarıİÇin Öngörüler* (Ankara, 2006).

枢纽城市 / 理查德 · 桑内特

1 召开于纽约、上海、伦敦、墨西哥城、约翰内斯堡和柏林的前六届城市时代会议的详细记录，请查阅 R. Burdett and D. Sudjic, eds, *The Endless City* (London, 2007).

这是伊斯坦布尔（而不是全球化）/ 哈希姆 · 萨尔基斯

1 肥皂剧名为《银牌》（土耳其语 Gümüş），实际上它在土耳其并没有收到很好的观众反响。
2 参见 'The Turkish Soap Opera "Noor" More Real than Life', by A. Hackensberger in *Qantara.de*, available at: http://www.qantara.de/webcom/show_article.php/_c-478/_nr-801/i.html.
3 参考案例 'Noor-mania shows no signs of abating' in The *Kuwaiti Times*, 26 August 2008, available at: http://www.kuwaittimes.net/read_ news.php?newsid=MTE0MTI3NTUwMg==.
4 这是维基百科上参与撰写这首歌曲词条的匿名作者观察到的。参见 http://en.wikipedia.org/wiki/Istanbul_(Not_ Constantinople).
5 有关地理与世界主义之间关系的分析，参见 D. Harvey,*Cosmopolitanism and the Geographies of Freedom* (New York, 2009).
6 N. Brenner 和 R. Keil 在他们为《全球城市读本》写的前言里举例说明了这个问题，参见 introduction to *The Global Cities Reader* (London and New York, 2006), pp. 12-13.
7 有关伊斯坦布尔全球化视野对其城市政治和政策影响的评估，参见 S.T. Rosenthal, *The Politics of Dependency: Urban Reform in Istanbul* (Westport, CT, 1980). 以及 A. Mango, 'Istanbul Lives', in *The Turks Today* (Woodstock and New York, 2004), pp. 189-206.
8 参考案例 Abulafia, *The Mediterranean in History* (Los Angeles, CA, 2003).
9 对 16 世纪和 17 世纪政府治理的分析来自 R. M. Unger, *Plasticity into Power: Comparative-Historical Studies on the Institutional Conditions of Economic and Military Success* (Cambridge and New York, 1987).
10 参考案例 D. R. Khoury, *State And Provincial Society In The Ottoman Empire: Mosul, 1540 1834* (Cambridge, 1997), and H. Watenpaugh, *The Image of an Ottoman City, Imperial Architecture and Urban Experience in Aleppo in the16th and 17th Centuries*, (Leiden and Boston, 2004).
11 有关 19 世纪模式的批判性评价，见于 J. Hanssen, T. Philipp and S. Weber, eds, *The Empire in the City, Arab Provincial Capitals in the Late Ottoman Empire* (Beirut, 2002), pp. 1-25.
12 同上，参见 T. Philipp, *Acre: The Rise and Fall of an Palestinian City, 1730-1831* (New York, 2002). 有关在 16 世纪晚期和 20 世纪早期奥斯曼帝国为现代化做出的努力，参见 J. Hansen, *Fin de Siécle Beirut: The Making of an Ottoman Provincial Capital* (Oxford, 2005). 同样可以参考 S. Tamari, 'Riffraff', in P. Misselwitz and T. Rieniets, eds, *City of Collision, Jerusalem and the Principles of Conflict Urbanism* (Basel/Boston/ Berlin, 2006), pp. 305-12.
13 有关这一时期的详细资料，参见 D. Fromkin, *A Peace to End All Peace: The Fall of the Ottoman Empire and the Creation of the Modern Middle East*, (New York, 1989).
14 G. E. Fuller, *The New Turkish Republic, Turkey as a Pivotal State in the Muslim World*, (Washington DC, 2008), pp. 19 23. See also R. Khalidi et al., eds, *The Origins of Arab Nationalism* (New York, 1991).
15 这一倡议在 2009 年土耳其阿拉伯经济论坛（Turkish Arab Economic Forum）期间被叙利亚总理和土耳其总理积极采纳。
16 参见 H. Kaptan and Z. Merey Enlil, 'Istanbul: Global Aspirations and Socio-Spatial Restructuring in an Era of New Internationalism' in *A Turkish Triangle: Ankara, Istanbul and Izmir at the Gates of Europe* (Cambridge, MA, 2009), p. 27.
17 M. E. Yapp, *The Near East Since the First World War, A History to 1995* (London and New York, 1996), p. 147. 一项联合国人口调查。
18 M. S. Abdu et al., 'Jeddah Urban Growth and Development Process: The Underlying Factors', *Scientific Journal of King Faisal University*, Vol. 3, No. 1, March 2002, pp. 111-36.
19 H. Kaptan and Z. Merey Enlil, op. cit.
20 http://whc.unesco.org/en/list.
21 T. Mitchell, *Rule of Experts, Egypt, Techno-Politics, Modernity* (Berkeley/Los Angeles/ London, 2002), p. 287.
22 Fuller, op. cit., p. 84.
23 The 3rd Turkish Arab Economic Forum, 12 13 June 2008, conference brochure, p. 4.
24 关于这个模型的形成，参见 N. Turan, 'The Dubai Effect Archipelago', in A. Kanna, ed., *The Superlative City: Dubai and the Urban Condition in the Early Twenty-First Century* (Cambridge, MA, 2009).
25 Mitchell, op. cit., pp. 272-5.
26 Fuller, op. cit., p. 125.
27 参见 F. Braudel, *The Mediterranean and the Mediterranean World in the Age of Philip II* (New York, 1973).
28 本人在撰写此文的过程中，几位同事的反馈令我受益匪浅，他们是西贝尔 · 博佐（Sibel Bozdoğan）、谢林 · 哈马斯（Shirine Hamadeh）、谷卢 · 尼基奥卢（Gülru Necipoglu）、纳塞尔 · 拉巴特（Nasser Rabbat）和内兰 · 图兰（Neyran Turan）。伊斯坦布尔城市时代会议的与会者的回应，尤其是艾厄 · 昂库（Ayşe Öncü）的观点，对本文的修改和发表有很大的帮助。仅以此文献给维萨姆 · 伊兹丁（Wissam Ezzeddine），是他让我看到了伊斯坦布尔。

变革的暴力 / 阿苏 · 阿克索伊

1 Ç. Keyder, 'Globalization and Social Exclusion in Istanbul', *International Journal of Urban and Regional Research*, Vol. 29, No. 1, 2005, p. 130.
2 A. Alp and O. Şentürk, 'İstanbul ' da 1 Milyon ev yıkılacak ', *Ekonomist*, 11 November 2007.
3 E. Boztepe, 'Topbaş: İstanbul ' un trafik sorununu çözmek için 15 milyar dolar lazım ', *Radikal*, 2 January 2007.
4 A. Aksoy, and K. Robins, 'Istanbul between Civilization and Discontent', *New Perspectives on Turkey*, No. 10, Spring 1994.
5 S. Menkes, 'A futuristic mall is new Turkish playground', *International Herald Tribune*, 4 December 2006.
6 IMP, 'İstanbul Çevre Düzeni Planı: Özet Raporu', Istanbul, July 2006.
7 E. Boztepe, op. cit.
8 F. Özkan, 'Vatandaş Omuz Vermezse Kentsel Dönüşüme 500 Yıl da Yetmez' [If Citizens do not lend support, even 500 years will not be enough for urban regeneration], *Radikal*, 10 January 2008.
9 G. Uras, '"İstanbul" un Marka Değerini Düşürüyoruz' [We are reducing Istanbul s brand value], *Milliyet*, 26 December 2007.
10 O. Esen, 'The tightrope walk of the middle class in a fractured Istanbul', in *Writings from the 9th International Istanbul Biennial* (Istanbul, 2005).
11 D. Behar and T. İslam, eds, *Istanbul'da 'Soylulaştırma'* ('Gentrification' in Istanbul) (İstanbul, 2006). See also O. Işık, and M. Pınarcıoğlu, *Nöbetleşe Yoksulluk* (Poverty in Turn) (Istanbul, 2001); H. Kurtuluş, ed., *Istanbul'da Kentsel Ayrışma* (Urban Polarization in Istanbul) (Istanbul, 2005); *Art, City and Politics in an Expanding World: Writings from the 9th International Istanbul Biennale* (Istanbul, 2005).
12 'The Worrying Tayyip Erdoğan', *The Economist*, 27 November 2008.
13 N. Smith, 'Which new urbanism? The revanchist '90s', *Perspecta*, Vol. 30, 1999, pp. 98–105.

混凝土的轮廓 / 厄梅尔 · 卡尼帕克

1 参见 http://www.worldvaluessurvey.org/ [6 August 2010] 以及 http://www.bilgicagi.com/Yazilar/2027-hosgorusuzluk_ve_guvensizlik_toplumsal_karakterimizde_var.aspx [6 August 2010].

没有浮华的生活 / 亚历杭德罗 · 赛拉 – 波罗

本文首次发表于《Log》杂志第 18 期
1 其他经济背景下商品化和政治文化之间的关系，特别是美国第二次世界大战后的情况，已经被广泛分析过。参见 W. Leach, *Land of Desire: Merchants, Power, and the Rise of a New American Culture* (New York, 1994).
2 L. Cohen,*A Consumers Republic: The Politics of Mass Consumption in Postwar America* (New York, 2003).
3 R. Booth, 'Tory controlled borough of Barnet adopts budget airline model', *The Guardian*, 27 August 2009.
4 G. Agamben, *Homo Sacer: Sovereign Power and Bare Life*, trans. Daniel Heller-Roazen (Palo Alto, CA, 1998), p. 44.
5 阿甘本（Agamben）在他的著作《例外状态》（*The State of Exception*）中质疑了卡尔 · 施密特（Carl Schmitt）对国家暂停个人权利的神秘集权主义合法化，认为这是主权中隐含的权力过度。参见 G. Agamben, *State of Exception*, trans. Kevin Attell (Chicago, 2005).
6 彼得 · 斯劳特迪克（Peter Sloterdijk）用"明晰化"这个词来替代革命和解放的过程。历史的明晰化在我们所接触的领域和对象中变得越来越容易理解。法国大革命中左右两派的分类，每一派都有其独特的分类和定位路径，而没有次序差别，其本身也不再具有等级性，而是错综复杂的。当我们谈论碳足迹、放松管制、转基因食品、拥堵税和公共交通等策略时，这些问题都会引发各种不同的政治格局，而超越了左和右的界限。左派和右派的分歧仍然存在，但被多元化的态度冲淡了。参见 P. Sloterdijk, *ESFERAS III. Espumas. Esferología plural* (Madrid, 2006). 明晰化（Explicitation）是由斯洛特迪克（Sloterdijk）的"explikation"一词派生而来的。作为一个新词，相对于仅仅描述"解释"的"explication"一词，"Explicitation"在英语中对这一概念诠释得最好。
7 作为洛杉矶经济的福音，"AA 美国服饰"公司最近却被要求解雇相当一部分员工，因为该公司雇佣了大量的非法移民。在这种情况下，对大量高收入城市劳动力的依赖，是一种被称为"垂直一体化"的新模式，尽管这并不会损害公司的声誉，甚至反而会适得其反地赢得更高的声誉。
8 2004 年出版的《这不是做梦的时候》（*This is Not a Time for Dreaming*），是受哈佛大学委托，以纪念卡彭特中心（Carpenter Center）成立 40 周年的著作。在 Huyghe 的版本中，有一只鸟飞过，落下一粒种子，然后卡彭特中心被藤蔓吞没，几乎完全消失了。

全球问题的城市解决方案 / 尼古拉斯 · 斯特恩、迪米特里 · 曾赫利斯、菲利普 · 罗德

1 World Bank, *Cities and Climate Change: An Urgent Agenda* (Washington DC, 2010).
2 D. Hoornweg, L. Sugar, & C. L. Trejos Gómez, 'Cities and Greenhouse Gas Emissions: Moving Forward', *Environment & Urbanization* (forthcoming at date of print).
3 T. Litman, 'Understanding Smart Growth Savings. What We Know About Public Infrastructure and Service Cost Savings, And How They are Misrepresented by Critics', (Victoria, BC, 2009), available from http://www. vtpi.org/documents/smart.php.
4 塞德利（Sedegly）和埃尔姆斯利（Elmslie）提出的证据表明，在人口密集的城市，集聚经济的影响远远大于拥堵效应。参见 N. Sedegly and B. Elmslie, 'The Geographic Concentration of Knowledge: Scale, Agglomeration, and Congestion in Innovation across U.S. States', *International Regional Science Review*, Vol. 27, No. 2, pp. 111 37.
5 L. Kamal-Chaoui and A. Robert, eds, 'Competitive Cities and Climate Change', *OECD Regional Development Working Papers*, No. 2 (Paris, 2009), pp.16. D. Strumsky, J. Lobo and L. Fleming, *Metropolitan Patenting, Inventor Agglomeration and Social Networks: A Tale of Two Effects*, (Los Alamos, NM, 2004).
6 为经合组织（OECD）进行的两项独立研究概述了城市气候行动的众多共同利益。参见 S. Hallegatte, F. Henriet and J. Corfee-Morlot, *The Economics of Climate Change Impacts and Policy Benefits at City Scale: A Conceptual Framework* (Paris, 2008). 以及 J. Bollen, B. Guay, S. Jamet and J. Corfee-Morlot, *Co-benefits of Climate Change Mitigation Policies: Literature Review and New Results* (Paris, 2009).
7 R. Montezuma, 'The Transformation of Bogotá, Colombia, 1995-2000: Investing in Citizenship and Urban Mobility', *Global Urban Development magazine*, Vol. 1, No. 1, 2005, p. 6.
8 参见 C. Dora, 'Health Effects', *Seminar*, No. 579, 2007, pp. 26 30. And C. Dora, 'Health burden of urban transport: The technical challenge', *Sādhanā*, Vol. 32, No. 4, 2007, pp. 285 92.
9 参见 'The Eddington Transport Study: The case for action: Sir Rod Eddington 's advice to Govern-

ment' (December 2006), Executive Summary, p. 5, UK Department for Transport, www.dft.gov.uk/162259/187604/206711/ executivesummary.
10 World Bank, *Cities on the Move: A World Bank Urban Transport Strategy Review* (Washington DC, 2002). 也可以参见 http://siteresources.worldbank.org/ INTURBANTRANSPORT/Resources/cities_on_the_move.pdf.
11 Transport for London, *Congestion Charging Central London Impacts Monitoring: Second Annual Report* (London, April 2004), available online athttp://www.tfl.gov.uk/assets/downloads/ Impacts-monitoring-report-2.pdf.
12 S. Beevers and D. Carslaw, 'The impact of congestion charging on vehicle emissions in London', *Atmospheric Environment*, No. 39, 2005, pp. 1 5. Also available on http:// www.thepep.org/ ClearingHouse/docfiles/ congestion%20charge%20london.pdf.
13 A. Mahendra, 'Vehicle Restrictions in Four Latin American Cities: Is Congestion Pricing Possible?', *Transport Reviews*, Vol. 28, No. 1, 2008, pp. 105-33.
14 World Resource Institute, 'World Greenhouse Gas Emissions for 2005' (Washington DC, 2009).
15 *San Francisco Solar Power System* (2004 2010), C40 Cities Climate Leadership Group, 2010. Available online: http://www.c40cities.org/ bestpractices/buildings/sanfrancisco_eco.jsp).
16 其他与能源相关的城市绿色战略，包括在多伦多和阿姆斯特丹实施的湖水空调和海水供暖措施。智能电网和智能电表将在城市能源市场发挥越来越关键的作用，通过向终端消费者提供更多信息，可以显著降低能源需求。
17 C40 Cities Climate Leadership Group, 'Best Practices Copenhagen', 2010. Available online at http://www.c40cities.org/bestpractices/waste/.
18 World Resource Institute, 'World Greenhouse Gas Emissions for 2005'. Available online at http://pdf.wri.org/world_greenhouse_gas_emissions_2005_chart.pdf.
19 C40 Cities Climate Leadership Group, 'Best Practices Buildings', http://www.c40cities.org/ bestpractices/buildings/.
20 参见 D. Hoornweg et al, 'City Indicators: Now to Nanjing' (Washington DC, 2007).
21 Connected Urban Development, 2010, available on http://www. connectedurbandevelopment.org/ blog/?cat=12.
22 参见 N. Stern, *A Blueprint for a Safer Planet* (London, 2009).
23 参见 http://www.nextgenpe.com/news/globalgreen-investments [4 January 2011].

民主与治理 / 杰拉尔德 · E · 弗鲁格

1 J. Friedmann, 'The World City Hypothesis', in P. Knox and P. Taylor, *World Cities in a World System* (Cambridge, 1995), p. 317.
2 参见案例 A. Appadurai, 'Deep Democracy: Urban Governmentality and the Horizon of Politics', *Public Culture*, Vol. 14, No. 21, 2002, p. 24.
3 F. Erkip, 'Global Transformations Versus Local Dynamics in Istanbul: Planning in a Fragmented Metropolis', *Cities*, Vol. 17, No. 5, 2000, p. 317.
4 S. Erder, 'Local Governance in Istanbul', in *Istanbul: City of Intersections* (London, 2009), p. 46.
5 参见 Friedmann, op. cit. and S. Sassen, *The Global City*, second edition (New York, 2001).

别样的风景 / 苏菲 · 博迪 – 根德罗

1 参见 S. Body-Gendrot, 'A plea for urban disorder', *British Journal of Sociology*, Vol. 60, No. 1, 2009, p. 72.
2 参见 P. Wilkinson and K. Pickett, *The Spirit Level* (London, 2010), p. 250.
3 参见基尼数据 301 页表格。
4 参见 A. Bertho, *Le temps des émeutes* (Paris, 2009), pp. 58-9.
5 参见 E. Weede, 'Some new evidence on correlates of political violence: income inequality regime repressiveness, and economic development', *European Sociological Review*, Vol. 3, No. 2, September 1987, pp. 97-108.
6 参见 S. Sassen, 'When the City Itself Becomes a Technology of War', in *Theory, Culture & Society*, Vol. 27, No. 5, 2010, pp. 1-18.
7 参见 A. Appadurai, *Fear of Small Numbers* (Durham, 2007), p. 124.
8 参见 Sassen, op. cit.
9 参见 L. Weinstein, 'Mumbai s Development Mafias: Globalization, Organized Crime and Land Development', in *International Journal of Urban and Regional Research*, Vol. 32, No. 1, March 2008, pp. 22-39.
10 参见 Weinstein, op. cit., p. 29.
11 参见 Sassen, op.cit.
12 参见 T. Caldeira, this volume, pp. 168–175.
13 R.J. Sampson, 'Disparity and Diversity in the contemporary city: social disorder (re) isited', *British Journal of Sociology*, Vol. 60, No. 1, 2009,pp.1–31.
14 参见 T. Caldeira, this volume, pp. 168–175.
15 参见 Sassen, op. cit.
16 参见 M. Poyraz, 'La jeunesse des varos d'Istanbul et des quartiers dits sensibles en banlieue parisienne', Sociétés et jeunesses en difficulté (available online) http//:sejed.revues. org/index 6651.htlm [8 November 2010].
17 参见 Wilkinson and Pickett, op. cit., p. 264.

从理想到现实 / 亚历杭德罗 · 阿拉维纳

1 我们将把重点放在 Elemental 开发的住房项目上。要了解更多其他城市项目关于基础设施、公共空间或交通等领域的信息，请访问 www.elementalchile.cl.
2 正如赫尔南多 · 德索托（Hernando de Soto）在《资本的奥秘》(*The Mystery of Capital*) (New York, 2000) 中所说。

城市时代中求生 / 戴维 · 萨特思韦特

1 有关这方面报告，请见住房权利和拆迁中心网站 http://www.cohre.org/GFEP; 以及 G. Bhan, 'This is no longer the city I once knew; Evictions, the urban poor and the right to the city in Millennial Delhi', in *Environment and Urbanization*, Vol. 21, No. 1, 2009, pp. 127-42.
2 A. Portes, 'Housing policy, urban poverty and the state: the favelas of Rio de Janeiro', *Latin American Research Review*, No. 14, Summer 1979, pp. 3 24; J. E. Hardoy and D. Satterthwaite *Squatter Citizen: Life in the Urban Third World* (London, 1989).
3 ACHR/Asian Coalition for Housing Rights, 'Evictions in Seoul, South Korea', *Environment and Urbanization*, Vol. 1, No. 1, 1989, pp. 89-94.
4 A. K. Tibaijuka, *Report of the Fact-Finding Mission to Zimbabwe to Assess the Scope and Impact of Operation Murambatsvina* (New York, 2009).
5 Bhan, op. cit.
6 UN-Habitat, *Water and Sanitation in the Worlds Cities; Local Action for Global Goals*, (London, 2003).
7 I. Douglas et al., 'Unjust waters: climate change, flooding and the urban poor in Africa', *Environment and Urbanization*, Vol. 20, No. 1, 2008, pp. 187 206; H. Jabeen, A. Allen and C. Johnson, 'Built-in resilience: learning from grassroots coping strategies to climate variability', *Environment and Urbanization*, Vol. 22, No. 2, 2010.
8 参见 references in note 7; also C. Stephens, R. Patnaik and S. Lewin, *This is My Beautiful Home: Risk Perceptions towards Flooding and Environment in Low Income Urban Communities: A Case Study in Indore, India* (London, 1996).
9 P. Bairoch, *Cities and Economic Development: From the Dawn of History to the Present* (London, 1988).
10 T. Baumann, J. Bolnick and D. Mitlin, 'The age of cities and organizations of the urban poor: the work of the South African Homeless People 's Federation', in D. Mitlin and D. Satterthwaite, eds, *Empowering Squatter Citizen; Local Government, Civil Society and Urban Poverty Reduction* (London, 2004), pp. 193-215.
11 E. Mageli, 'Housing mobilization in Calcutta: empowerment for the masses or awareness for the few?', *Environment and Urbanization* Vol. 16, No. 1, 2004, pp. 129 38; A. Pal, 'Scope for bottomup planning in Kolkata: rhetoric vs reality', *Environment and Urbanization*, Vol. 18, No. 2, 2006, pp. 501-22.
12 Arputham, op cit.
13 S. Patel, C. d'Cruz and S. Burra, 'Beyond evictions in a global city; people-managed resettlement in Mumbai', *Environment and Urbanization*, Vol. 14, No. 1, 2002, pp. 159-72.
14 D. Mitlin, 'With and beyond the state; coproduction as a route to political influence, power and transformation for grassroots organizations', *Environment and Urbanization*, Vol. 20, No. 2, 2008, pp. 339 60; see also the website of Shack/Slum Dwellers International - http://www.sdinet.org/.
15 S. Burra, S. Patel and T. Kerr, 'Communitydesigned, built and managed toilet blocks in Indian cities', *Environment and Urbanization*, Vol. 15, No. 2, 2003, pp. 11 32; A. Roy, J. Arputhan, A. Javed, 'Community police stations in Mumbai s slums', *Environment and Urbanization*, Vol. 16, No. 2, 2004, pp. 135-38.
16 S. Boonyabancha, 'Baan Mankong; going to scale with "slum" and squatter upgrading in Thailand', *Environment and Urbanization*, Vol. 17, No. 1, 2005, pp. 21-46.
17 Mtafu A. Zeleza Manta, 'Mchenga urban poor housing fund in Malawi', *Environment and Urbanization*, Vol. 19, No. 2, 2007, pp. 337-59.
18 B. Bradlow, J. Bolnick and C. Shearing, 'Housing, institutions, money: The failures and promise of human settlements policy and practice in South Africa', *Environment and Urbanization*, Vol. 23, No. 1, 2011.
19 D. Mitlin and A. Muller, 'Windhoek, Namibia: towards progressive urban land policies in Southern Africa', *International Development Planning Review*, Vol. 26, No. 2, 2004, pp. 167-86.
20 S. Patel and J. Arputham, 'An offer of partnership or a promise of conflict in Dharavi, Mumbai?', *Environment and Urbanization*, Vol. 19, No. 2, 2007, pp. 501-8.
21 S. Patel and J. Arputham, 'Recent developments in plans for Dharavi and for the airport slums in Mumbai', *Environment and Urbanization*, Vol. 22, No. 2, 2010.
22 Hardoy and Satterthwaite, op. cit.
23 在许多低收入和中等收入国家，城市贫困水平被大大低估，因为这些城市在确定贫困线时很少或根本没有考虑低收入群体为住房、水、卫生、保健、教育、交通和其他非温饱需求所支付的费用。如果贫困线定得太低，城市贫困人口虽然看起来很少，但是，很大一部分城市人口居住在质量很差的住房里，缺乏基础设施和公共服务，营养健康状况低下。

实地考察：德意志银行城市时代奖 / 亚当 · 卡萨、马科斯 · 罗萨、普里亚 · 尚卡

1 UN-Habitat, State of the World s Cities 2010/2011: Bridging the Urban Divide (city, 2010), p. 32.
2 詹姆斯 · 霍尔斯顿（James Holston）关于城市公民动乱的框架非常具有效用，通过这种框架，我们可以关注被忽视的东西，进而帮助我们反思自己对城市实践指导原则的假设。在这里，该框架没有聚焦于动乱者本身在道德上的错对，而是描述了一种过程，一种破坏现有稳定状态，使社会变得脆弱，使人们对惯常的连贯状态陌生化的反政治运行机制。从这个角度看，当前情况宛如一个泥沼，漏洞百出，千疮百孔，充满缺口、矛盾和误解。这些都存在于一个理所当然的假设之下，这些假设与当前情况具有明显一致性。参见 James Holston, 2008, *Insurgent Citizenship: Disjunctions of Democracy and Modernity in Brazil*, (Princeton: Princeton UP), p. 34.
3 Jennifer Robinson, *Ordinary Cities: Between modernity and development*, (Routledge: Milton Park, 2006), p.64
4 参见 .K. Das, Waterfront Expo International Conference and Exhibition, 2005, Riga, p. 3 accessed: www.pkdas.com/pdfs/Riga- WaterfrontExpo.pdf
5 参见本书的数据部分，提供了全密度数据的详细信息，pp. 252-321.
6 有关曼哈顿海滨绿道项目的信息，参见 http://www.nyc.gov/html/dcp/html/transportation/ td_projectbicycle.shtml.
7 World Health Organization and UNICEF, 2010, *Progress on Sanitation and Drinking-Water: 2010 Update*, WHO/UNICEF Joint Monitoring Programme for Water Supply and Sanitation, p. 6.
8 同上，p. 43。
9 H. Molotch and L. Noren, *Toilet: Public Restrooms and the Politics of Sharing* (New York, 2010), p. 8.
10 S. Gupta, 'Flush hour: The pot comes out of the closet', *Indian Express*, 18 August 2009, p.7. Available on-line at www.parodevi.com/pdfs/ reviews_for_q2p.pdf [15 December 2010].
11 以上是作者的翻译，原文为：'En la mayoría de las regiones en desarrollo del mundo, la proporción del espacio urbano "informal", es decir, sin atención profesional, alcanza ya casi el 70%. Estos habitantes de la ciudad, objetos de diferentes formas de segregación, principalmente la económica y política, sin servicios y ni viviendas dignas, no son los clientes de los profesionales de la ciudad, pero podrían llegar a serlo. Los diseños arquitectónicos y la gestión urbana, tal como se practican actualmente, están lejos de ofrecer soluciones viables a los problemas básicos de nuestras ciudades'. G Solinis, Keynote at UNESCO, Professionals in the City conference, São Paulo, Brazil, 26 9 June 2002. Available on-line at http://www.unesco.org/most/ cityprofs2002_informe.htm [[16 December 2010].
12 参见 http://www.amnesty.org.uk/actions_ details.asp?ActionID=251; http://www.guardian. co.uk/world/2006/jan/23/brazil.uknews1; http:// www.independent.co.uk/news/world/americas/ the-two-faces-of-sao-paulo-439849.html; http:// news.bbc.co.uk/1/hi/world/americas/6563359.stm.
13 犹太人区（cortiço）有着悠久的历史，可以追溯到 19 世纪的最后几十年，当时快速的移民使巴西人口和劳动力结构变得多样化。1890 年，阿鲁伊西奥 · 阿泽维多 (Aluisio Azevedo) 在《贫民窟》(O Cortico, The Slum) 一书中，为后来描绘 20 世纪波士顿、芝加哥和纽约城市状况的作品做以铺垫。这本书建构了一个关于 19 世纪里约热内卢贫民窟新移民的故事，包括对他们的生活条件、居民分异，以及阶级和种族的刻画。其中隐含的地区是 cortico。
14 参见 United Nations Human Settlements Programme, 2003, *The Challenge of Slums: Global Report on Human Settlements 2003*, pp. 226-7.
15 同上。
16 参见 UN-Habitat and Fundacao Sistema Estadual de Analise de Dados (SEADE), 'São Paulo: A Tale of Two Cities' in *Cities & Citizens Series: Bridging the Urban Divide*, 2010, pp. 112-7.
17 同上。
18 有关项目的完整概述，请参见项目负责人 Maria Ruth Amaral de Sampaio 教授的评论 FAU-USP: http:// www.usp.br/prc/revista/pp1.html.
19 参见 UN-Habitat and Fundacao Sistema Estadual de Analise de Dados (SEADE), op. cit., p. 76.
20 同上。pp. 112-7.
21 同上。p. 36.
22 同上。pp. 52 and 70.
23 D. Harvey, 'The Right to the City', *New Left Review*, Vol. 53, September October 2008, p. 1.
24 'PM apreende armas e drogas em favela da zona sul de SP', *Folha de São Paulo*, 2 August 2002, http://www1.folha.uol.com.br/folha/ cotidiano/ult95u56138.shtml.
25 佛登斯列 · 汉德瓦萨（Friedensreich Hundertwasser，1928-2000 年）认为，任何租用房屋的人都应该能够探出窗户，并且在力所能及的范围内对建筑表面进行油漆，以在更大的空间结构中表现出创造性和记忆感。1972 年提出"植树义务"，即要求城市居民应将植树作为一种责任。参见 Catalogue Raisonné Friedensreich Hundertwasser (Cologne, 2003).
26 参见 http://www.itu.com.br/conteudo/detalhe.asp?cod_conteudo=11500.
27 See press release http://www.revistasustentabilidade.com.br/noticias/copy2_of_cdhu-owens-illinois-e-cooperativa-decatadores-lancam-projeto-de-coleta-de-vidro.
28 S. Sassen, 'Analytic Borderlands: Race,Gender and Representation in the New City', in A. D. King, ed., *Re-Presenting the City: Ethnicity, Capital and Culture in the 21st-Century Metropolis* (New York, 1996), p. 196.
29 同上，p. 184.
30 N. G. Canclini, 'Makeshift Globalization', in R.Burdett and D. Sudjic, *The Endless City* (London, 2008), p. 188.
31 同上，p. 191.
32 参见 http://comunidadmiravalle.blogspot. com/p/quienes-somos.html.
33 参见 http://www.bbc.co.uk/news/world-latinamerica-12012425.
34 参见 http://www.iraqbodycount.org/.

资料来源

照片

12: Tuca Vieira
16: Tuca Vieira
20: Tuca Vieira
45: AFP / Getty Images
46: Image courtesy of Elemental S.A.
47: Images courtesy of Zaha Hadid Architects
48: Image courtesy of Rahul Mehrotra Architects
49: Image courtesy of Herzog & de Meuron
50: Images courtesy of Emre Arolat Architects
52: Richard Baker / In Pictures / Corbis
53: Image courtesy of OMA
54: Cristiano Mascaro
57: Reuters / Lucy Nicholson
60: Rainier Ehrhardt / ZUMA Press / Corbis
61: Chirodeep Chaudhuri
70–71: Jehangir Sorabjee
72–73: Chirodeep Chaudhuri
74–75: Rajesh Vora
76–77: Jehangir Sorabjee
78–79: Amit Chakravarty / TimeOut Mumbai
80–81: Chirodeep Chaudhuri
82–83: Rajesh Vora
84–85: Rajesh Vora
91: Rajesh Vora
95: Poulomi Basu
99: Philipp Rode
100: Philipp Rode
101: Philipp Rode
103: Chirodeep Chaudhuri
109: Chirodeep Chaudhuri
112: Philipp Rode
113: Rajesh Vora
117: Rajesh Vora
123: Poulomi Basu
125: Reuters / Punit Paranjpe
126: Chirodeep Chaudhuri
130–131: Armin Linke (courtesy of gallery Klosterfelde, Berlin)
132–133: Tuca Vieira
134–135: Tuca Vieira
136–137: Tuca Vieira
138–139: Sebastiao Moreira / epa / Corbis
140–141: Tuca Vieira
142–143: Francesco Jodice
144–145: Carlos Cazalis
151: Tuca Vieira
152: Armin Linke (courtesy of gallery Klosterfelde, Berlin)
157: Tuca Vieira
163: Tuca Vieira
164: Dante Busquets
167: Tuca Vieira
169: Nelson Kon
172–173: Tuca Vieira
177: Gal Oppido and Hugo Curti
183: Tuca Vieira
190–191: Paolo Roselli
192–193: Ömer Çavuşoğlu
194–195: Orhan Durgut
194–195: Ali Taptık
198–199: Cemal Emden
200–201: Izzet Keribar
202–203: Ali Taptık
204–205: Serhat Keskin
211: Paolo Roselli
214: Ali Taptık
215: Ömer Çavuşoğlu
219: Ali Taptık
220: Ali Taptık
223: Ali Taptık
225: Cemal Emden
228: Serhat Keskin
229: Serhat Keskin
233: Ali Taptık
241: Ali Taptık
242: Ali Taptık
247: Ali Taptık
325 (top): Sarah Quill / Alamy
325 (bottom): Philipp Rode
328: Sarah Ichioka
333 (top): Adrian Dennis / AFP / Getty Images
333 (bottom): Bloomberg / Getty images
336: Sze Tsung Leong
337: Atlantide Phototravel / Corbis
343 (top): Eitan Abramovich / AFP / Getty Images
343 (bottom): Imaginechina / Corbis
346: Viviane Moos / Corbis
347: Reuters / Will Burgess
351 (top): Facundo Arrizabalaga / Epa / Corbis
351 (bottom): Umit Bektas / Reuters / Corbis
352 (left): Poulomi Basu
352 (centre): Tuca Vieira
352 (right): Cemal Emden
357 (top): Reuters / Pascal Rossignol
357 (bottom): Brooks Kraft / Corbis
361 (top): Kenji Nakamura / Latin Content / Getty Images
361 (bottom): Bloomberg / Getty Images
364: Rajesh Vora
369 (top): Jon Hrusa / epa / Corbis
369 (bottom): Image courtesy of Elemental S.A.
372-373: Image courtesy of Elemental S.A.
375 (top): Bagus Indahono / epa / Corbis
375 (bottom): Reuters/Tim Chong
381 (top): Abraham Nowtz / National Geographic / Getty Images
381 (bottom): Carlos Cazalis / Corbis
382: Chirodeep Chaudhuri
384-385: Ali Taptık
389 (top): James Leynse / Corbis
389 (bottom): Lara Solt / Dallas Morning News / Corbis
397–410: All images courtesy of Deutsche Bank Urban Age Award Projects, Alfred Herrhausen Society (see exceptions below)
402 (bottom): Kristine Stiphany
407: All images courtesy of Barış İçin Müzik
410: (middle): Oscar Pérez Jiménez
412–413: Ali Taptık

资料、地图和信息图表

Unless stated otherwise, all maps and graphics have been produced by Urban Age at the London School of Economics and Political Science.

11: Living Within Our Means – the data have been compiled by LSE Cities.

26–27: Where People Concentrate – Gridded Population of the World version 3 (GPWv3), Population Grids: Center for International Earth Science Information Network (CIESIN), Columbia University; Centro Internacional de Agricultura Tropical (CIAT), 2005, Palisades, NY, Socioeconomic Data and Applications Center (SEDAC), Columbia University, http://sedac.ciesin.columbia.edu/gpw/.

28–29: Our Human Footprint – Last of the Wild Data Version 2, 2005 (LWP-2): Global Human Footprint data set (HF); Wildlife Conservation (WCS) and Center for International Earth Science Information Network (CIESIN), http://sedac.ciesin.columbia.edu/wildareas/downloads.jsp.

30–31: Connecting by Air – ICAO World Air Traffic Flow Chart Series; International Civil Aviation Organization. Air Navigation GIS Planning Portal, http://192.206.28.84/eganp/, http://192.206.28.84/Website/ANP%20AERONAUTICAL%20INFORMATION.htm.

32–33: Connecting by Sea – National Center for Ecological Analysis and Synthesis, http://www.nceas.ucsb.edu/globalmarine/impacts; Alliance of the Ports of Canada, the Caribbean, Latin America and the United States, http://aapa.files.cms-plus.com/Statistics/WORLD%20PORT%20RANKINGS%2020081.pdf.

34–35: Where Cities Are Growing – 2009 Revision of World Urbanization Prospects, United Nations, 2009, http://esa.un.org/unpd/wup/.

36–37: How Fast Cities Are Changing – 2009 Revision of World Urbanization Prospects, United Nations, 2009, http://esa.un.org/unpd/wup/.

38–39: Where Urban Economies Are Going – the data have been compiled by the LSE Cities where Urban Age is located for the Global Metro Monitor research project.

40–41: The Human Potential of Cities – various United Nations Development Programme Human Development Reports sources with local sources compiled by Urban Age.

42–43: Hotspots of Risk – Global Distribution of Highest Risk Disaster Hotspots by Hazard Type: Mortality Risks, Center for Hazards and Risk Research, The Earth Institute at Columbia University http://www.ldeo.columbia.edu/chrr/pdf/hotspots/maps/mortality.pdf.

96: Flattening The Curve – R. Prasad et al, *A Study on Migration, Health & Employment in Mumbai Urban Agglomeration*, IIPS, 2006, p.11.

118–119: Urban DNA and Envisioning a New City – designed by Urban Age with data supplied by the author, Charles Correa.

254–255: Urban Footprint: Mapping People and Power – generated by Urban Age via heat-sensitive GIS technology based on recent satellite views of the areas. All maps are drawn to the same scale where the square boxes represent an area of 100 km width by 100 km length.

256–257: Political Metabolism: From the Regional to the Local – drawn by Urban Age on GIS-based maps. All maps are drawn to the same scale where the square boxes represent an area of 100 km width by 100 km length.

258–259: The Human Potential of Cities – Diagrams are representatively created by the research compiled by Urban Age.

260–261: Signs of Ageing – Mumbai: Census of India 2001, http://www.censusindia.gov.in/Census_Data_2001/Census_Data_Online/Social_and_cultural/Age_Groups.aspx; São Paulo: Prefeitura do São Paulo, 2010, http://sempla.prefeitura.sp.gov.br/infocidade/htmls/7_projecao_populacional__por_faixa_etaria__2010_536.html; Istanbul: State Institute of Statistics, Turkey, 2009, http://report.tuik.gov.tr/reports/rwservlet?adnksdb2=&report=turkiye_il_yasgr.RDF&p_il1=34&p_kod=2&p_yil=2009&desformat=html&ENVID=adnksdb2Env; New York City: American Community Survey 3-Year Estimates 2006-2008, http://factfinder.census.gov/; Shanghai: Shanghai Population Survey 2005, http://chinadataonline.org/member/census2005/default.asp?KeyTitle=&StartYear=2005&EndYear=2005&KeyType=0&Source=1&Region=All&page=2; London: 2009 ONS Population Estimates, http://www.statistics.gov.uk/downloads/theme_population/mid-09-uk-eng-wales-scot-northern-ireland-24-06-10.zip; Mexico City: INEGI 2005, http://www.inegi.org.mx/sistemas/TabuladosBasicos/LeerArchivo.aspx?ct=2604&c=10398&s=est&f=1; Johannesburg: Statistics of South Africa 2010, http://www.statssa.gov.za/publications/P0302/P03022010.pdf; Berlin: Federal Statistical Office Germany, 2008: https://www-genesis.destatis.de/genesis/online?operation=sprachwechsel&option=en.

262–263: Mapping Social Order – generated through data from various local sources compiled by Urban Age displaying information with the following indicators: Mumbai: Illiteracy Rate; São Paulo: Unemployment Rate; Istanbul: Unemployment Rate; New York City: Unemployment Rate; Shanghai: Unemployed persons per population at working age; London: Unemployment Rate; Mexico City: Education Levels; Johannesburg: Unemployment Rate; Berlin: Unemployment Rate.

264–265: The changing nature of urban work – Mumbai: Population and Employment Profile of Mumbai Metropolitan Region, Mumbai Metropolitan Region Development Agency, 2003, http://www.mmrdamumbai.org/docs/Population%20and%20Employment%20profile%20of%20MMR.pdf; São Paulo: Pesquisas, Cadastral Centro De Empresas, Tabela 1735, Sistema IGBE de Recuperação Automática (SIDRA), http://www.sidra.ibge.gov.br/bda/tabela/listabl.asp?z=p&o=1&i=P&c=1734; Istanbul: Eurostat, http://epp.eurostat.ec.europa.eu/portal/page/portal/statistics/search_database; New York City: Quarterly Census of Employment and Wages (QCEW), http://www.labor.ny.gov/stats/ins.asp; Shanghai: China Statistical Yearbook, 2009, http://www.stats.gov.cn/tjsj/ndsj/2009/html/E0410e.xls; London: Eurostat, http://epp.eurostat.ec.europa.eu/portal/page/portal/statistics/search_database; Mexico City: INEGI, 2004, http://www.inegi.gob.mx/est/contenidos/espanol/proyectos/censos/ce2004/pdfs/CT_DF.pdf; Johannesburg: Statssa Interactive, Labour Force Survey 2007, Average Values of March and September 2007, http://interactive.statssa.gov.za:8282/webview/; Berlin: Eurostat, http://epp.eurostat.ec.europa.eu/portal/page/portal/statistics/search_database. Please note the percentages in the inner circle of each chart have been rounded up to the nearest whole number.

266–285: Capturing Urban Density and Density Peak points – all density graphics have been prepared by Urban Age with the data retrieved from local census statistics.

286–287: Infrastructure of Mobility – all maps are drawn with data gathered from local data sources regarding transport networks. Most of the transport network lines are originated from GIS-based drawings supplied by official sources. Where this is not the case, they have been drawn to represent the real network lines in the most accurate way possible. All maps are drawn to the same scale.

288–289: Travelling to Work – Mumbai: Data received by Urban Age from the Jurisdiction of Municipal Corporation of Greater Mumbai, 2007; São Paulo: Companhia do Metropolitano de São Paulo, http://www.metro.sp.gov.br/empresa/pesquisas/od_2007/teod.asp?act=dw&cnpj=LSE&arq=viagens_atracao_modo.xls; Istanbul: Information has been provided by Mr. Muzaffer Hacimustafaoglu, Head of the Transport Department of Istanbul Metropolitan Municipality, at an interview held on 15 October 2008; New York City: U.S. Census Bureau, 2008 American Community Survey, American Factfinder, http://factfinder.census.gov/servlet/DTGeoSearchByListServlet?ds_name=ACS_2007_1YR_G00_&_lang=en&_ts=260173996650; Shanghai: Information retrieved from a presentation by Professor Xiaohong Chen at the School of Transportation Engineering, Tongji University, 2006; London: Transport For London: Travel in London, Report 2, http://www.tfl.gov.uk/assets/downloads/corporate/Travel_in_London_Report_2.pdf; Mexico City: Secretaria de Communicaciones y Transportes, http://www.setravi.df.gob.mx/wb/stv/programa_integral_de_transportes_y_vialidad; City of Johannesburg, Intergrated Transport Plan 2003/2008, http://www.joburg-archive.co.za/2007/pdfs/transport/vol1/statusquo5.pdf; Berlin, Urban Audit, http://www.urbanaudit.org/index.aspx.

290–291: Connecting Density to Public Transport – data on all of the maps are a combination of the data used for Capturing Urban Density and Density Peak points (pp. 266–285) and Infrastructure of Mobility (pp. 286–287).

293: Current population in the city - figures correspond to population figures that fall within the areas covered for the respective cities' maps displayed in Urban Footprint: Mapping People and Power (pp. 254–255).

293: Current population in the metropolitan region – Mumbai: MCGM – Greater Mumbai City Development Plan (2005 to 2025), chapter 2, Table 5, http://www.mcgm.gov.in/irj/portalapps/com.mcgm.ahome_keyprojects/docs/2-1%20Demography.pdf; São Paulo: IBGE 2007 Population Count, http://www.ibge.gov.br/home/estatistica/populacao/contagem2007/defaulttab.shtm; Istanbul: State Institute of Statistics, Turkey; New York City: U.S. Census Bureau, 2007 American Community Survey, American Factfinder, http://factfinder.census.gov/servlet/DTGeoSearchByListServlet?ds_name=ACS_2007_1YR_G00_&_lang=en&_ts=260173996650, Shanghai: http://www.stats.gov.cn/tjsj/ndsj/2007/indexeh.htm; London: http://www.london.gov.uk/gla/publications/factsandfigures/DMAG-Update-14.pdf; Mexico City: Gobierno de Mexico, CONAPO, http://www.conapo.gob.mx/index.php?option=com_content&view=article&id=133&Itemid=212, Johannesburg: Statistics South Africa, Community Survey, 2007, http://www.statsonline.gov.za/publications/statsdownload.asp?ppn=P0301.1&SCH=4117; Berlin: http://www.stadtentwicklung.berlin.de/archiv/metropolis2005/de/berlin/.

293: Central area density (people per km²) – All figures are derived from calculations done with the data used for the density information (pp. 266–285) and census data (p. 293) for all cities.

293: Projected growth 2010–2025 (people per hour) – 2009 Revision of World Urbanization Prospects, United Nations, 2009, http://esa.un.org/unpd/wup/.

296: City as a percentage of national population – all figures are derived from calculations done with the data on population census statistics of all cities and their respective countries.

296: GDP per capita (US$) – Mumbai: http://mu.ac.in/arts/social_science/economics/pdf/vibhuti/wp18.pdf; São Paulo: http://www.ibge.gov.br/home/estatistica/economia/pibmunicipios/2006/tab01.pdf; Istanbul: http://tuikapp.tuik.gov.tr/ulusalgostergeler/menuAction.do; New York City: http://www.comptroller.nyc.gov/cnote/economic-indicators/122208/12-22-08_gcp.pdf; Shanghai: http://www.stats-sh.gov.cn/2003shtj/tjnj/nje06.htm?d1=2006tjnje/E0401.htm; London: http://www.statistics.gov.uk/statbase/tsdtables1.asp?vlnk=ragv; Mexico City: http://dgcnesyp.inegi.gob.mx/cgi-win/bdieintsi.exe/NIVM150002000700100005#ARBOL; Johannesburg: http://www.joburg-archive.co.za/2007/pdfs/joburg_overview2.pdf; Berlin: https://www-genesis.destatis.de/genesis/online/logon?language=en.

296: City as a percentage of national GDP: the figures are derived from calculations done with the data on GDP of the cities and their respective countries where the data were collected from sources that are the same for the city and the country in some instances but different in others. Therefore the full account of the information on the data sources for the countries' GDPs for their respective cities are as follows: Mumbai: http://mospi.nic.in/6_gsdp_cur_9394ser.htm; São Paulo: http://www.ibge.gov.br/home/estatistica/economia/pibmunicipios/2006/tab01.pdf; Istanbul: http://www.tuik.gov.tr/PrelstatistikTablo.do?istab_id=533; New York City: http://www.bea.gov/national/xls/gdplev.xls; Shanghai: http://chinadataonline.org/member/macroy/macroytshow.asp?code=A0101; London: http://www.statistics.gov.uk/statbase/tsdtables1.asp?vlnk=ragv; Mexico City: http://dgcnesyp.inegi.gob.mx/cgi-win/bdieintsi.exe/NIVM150002000700100005#ARBOL; Johannesburg: http://www.joburg-archive.co.za/2007/pdfs/joburg_overview2.pdf; Berlin: https://www-genesis.destatis.de/genesis/online/logon?language=en.

296: Average annual growth in GVA 1993 – 2010: the figures have been generated by the research made by the LSE Cities as indicated for Where Urban Economies Are Going map (pp. 38–39).

301: Percentage of the population under 20 – please see Signs of Ageing (pp. 260–261).

301: Income inequality (measured by the GINI Index) – Mumbai: http://www.wider.unu.edu/publications/working-papers/research-papers/2004/en_GB/rp2004-053/; São Paulo: http://www.earthscan.co.uk/Portals/0/Files/SotWC%20Data%20Tables/3.%20Gini%20in%20capital%202.pdf, OECD Territorial review Istanbul, Turkey, p. 99; New York City: U.S. Census Bureau, 2007 American Community Survey, American Factfinder, http://factfinder.census.gov/servlet/DTGeoSearchByListServlet?ds_name=ACS_2007_1YR_G00_&_lang=en&_ts=260173996650; Shanghai: http://www.uic.edu/depts/soci/xmchen/Chen-NewShanghai.pdf; London: http://www3.interscience.wiley.com/cgi-bin/fulltext/118502820/PDFSTART; Mexico City: http://www.earthscan.co.uk/Portals/0/Files/SotWC%20Data%20Tables/3.%20Gini%20in%20capital%202.pdf; Johannesburg: http://www.earthscan.co.uk/Portals/0/Files/SotWC%20Data%20Tables/3.%20Gini%20in%20capital%202.pdf.

301: Human Development Index – please see The Human Potential of Cities (pp. 40–41).

301: Murder rate (homicides per 100,000 inhabitants) – Mumbai: http://www.mumbaipolice.org/statistics.htm; São Paulo: http://www9.prefeitura.sp.gov.br/sempla/md/index.php?pageNum_sql=1&totalRows_sql=63&texto=table; Istanbul: State Institute of Statistics, Turkey, http://tuikapp.tuik.gov.tr/Bolgesel/menuAction.do; New York City: http://nyc.gov/html/nypd/downloads/pdf/crime_statistics/cscity.pdf; Shanghai: http://www.stats-sh.gov.cn/2003shtj/tjnj/nje06.htm?d1=2006tjnje/E2405.htm; London: http://maps.met.police.uk/datatables/2006-07.xls; Mexico City: http://www.inegi.org.mx/est/contenidos/espanol/rutinas/ept.asp?t=mvio31&s=est&c=7040&e=09; Johannesburg: http://www.saps.gov.za/statistics/reports/crimestats/2007/_pdf/province/gauteng/johannesburg/johannesburg_area_total.pdf; Berlin: http://www.statistik-berlin-brandenburg.de/produkte/jahrbuch/jb2008/BE_Jahrbuch_2008.pdf.

304: Percentage of daily trips on foot or by cycle – please see Travelling to Work (pp. 288–289).

304: Rail network system length (km) – please see Infrastructure of Mobility (pp. 286–287).

304: Metro ticket price in 2010 (US$) – Mumbai: http://www.mumbaimetro1.com/HTML/faqs.html#q5; São Paulo: http://www.metro.sp.gov.br/informacao/tarifas/exclusivo/teexclusivo.shtml; Istanbul: http://www.istanbul-ulasim.com.tr/default.asp?page=yolcuhizmetleri&category=ucrettarifeleri; New York City: http://www.mta.info/metrocard/mcgtreng.htm; Shanghai: http://www.urbanrail.net/as/shan/shanghai.htm; London: http://www.tfl.gov.uk/tickets/14416.aspx; Mexico City: http://www.metro.df.gob.mx/red/index.html#c; Berlin: http://www.bvg.de/index.php/de/3786/name/Tarifuebersicht.html

304: Car ownership rate (per 1,000 inhabitants) – Mumbai: http://unpan1.un.org/intradoc/groups/public/documents/apcity/unpan030171.pdf; São Paulo: http://www.denatran.gov.br/download/frota/Frota2007.zip; Istanbul: http://tuikrapor.tuik.gov.tr/reports/rwservlet?ulastirmadb2=&report=tablo22.RDF&p_yil1=2009&p_ar1=1&p_ay1=12&p_tur=2&p_duz1=TR1&desformat=pdf&ENVID=ulastirmadb2Env; New York City: http://nydmv.state.ny.us/Statistics/regin08.htm; Shanghai: http://www.stats-sh.gov.cn/2003shtj/tjnj/nje07.htm?d1=2007tjnje/e1409.htm; London: http://www.dft.gov.uk/excel/173025/221412/221552/228038/458107/datatables2008.xls; Mexico City: http://www.inegi.org.mx/est/contenidos/espanol/proyectos/continuas/economicas/bd/transporte/vehiculos.asp?s=est&c=13158#; Johannesburg: http://www.transport.gov.za/library/docs/stats/2001/table2.3a.pdf; Berlin: http://www.statistik-berlin-brandenburg.de/produkte/jahrbuch/jb2008/BE_Jahrbuch_2008.pdf

307: Annual waste production (kg per capita) – Mumbai: S. Rathi, optimization model for integrated municipal solid waste management in Mumbai India, in *Environment and Development Economics*, 2007, Volume 12, Issue 01, pp. 105–121; São Paulo: http://sempla.prefeitura.sp.gov.br/infocidade/tabelas/11_coleta_de_lixo_segundo_origem_1980_557.xls; Istanbul: TUIK 2006; New York City: http://www.nyc.gov/html/planyc2030/downloads/pdf/emissions_inventory.pdf; Shanghai: http://www.iges.or.jp/en/ue/activity/mega-city/article/pdf/far46.pdf; London: http://www.citylimitslondon.com/downloads/Complete%20report.pdf; Mexico City: http://www.clintonfoundation.org/what-we-do/clinton-climate-initiative/i/mexico-city-waste-management; Johannesburg: http://www.joburg-archive.co.za/2007/pdfs/sector_plans/environment.pdf; Berlin: http://www.wu-wien.ac.at/itnp/downloads/kongress2007/05berlin-en.pdf

307: Daily water consumption (litres per capita) - Mumbai: http://www.thehindubusinessline.com/2005/04/02/stories/2005040201460900.htm; São Paulo: http://www.sabesp.com/br/CalandraWeb/CalandraRedirect/?temp=4&proj=sabesp&pub=T&db=&docid=1E088E6DDF9CEF7F8325734E00545EE2; Istanbul: Data received from ISKI over an email exchange, 2009; New York City: http://www.nyc.gov/html/dep/html/drinking_water/droughthist.shtml; Shanghai: http://www.stats-sh.gov.cn/2003shtj/tjnj/nje06.htm?d1=2006tjnje/E1109.htm; London: http://www.city-data.com/world-cities/Mexico-City-Environment.html; Mexico City: http://www.city-data.com/world-cities/Mexico-City-Environment.html; Berlin: http://www.bvsde.paho.org/bvsacd/cd63/measures.pdf

307: Annual electricity use (kWh per capita) - Mumbai: http://unpan1.un.org/intradoc/groups/public/documents/apcity/unpan030171.pdf; São Paulo: http://www.seade.gov.br/index.php; Istanbul: TUIK 2007; New York City: http://www.nyc.gov/html/planyc2030/downloads/pdf/progress_2008_energy.pdf; Shanghai: http://www.stats-sh.gov.cn/2003shtj/tjnj/nje06.htm?d1=2006tjnje/E1109.htm; London: http://www.citylimitslondon.com/downloads/Complete%20report.pdf; Johannesburg: http://www.joburg-archive.co.za/2009/pdfs/report_evironment/enviro_climatology.pdf; Berlin: http://www.statistik-berlin-brandenburg.de/Publikationen/Stat_Berichte/2008/SB_E4-4_j05_BE.pdf

307: Annual CO_2 emissions (kg per capita) – Mumbai: http://papers.ssrn.com/sol3/papers.cfm?abstract_id=999353; São Paulo: http://ww2.prefeitura.sp.gov.br/arquivos/secretarias/meio_ambiente/Sintesedoinventario.pdf; Istanbul: Data received from ISKI over an email exchange, 2009; New York City: http://www.nyc.gov/html/planyc2030/downloads/pdf/inventory_nyc_ghg_emissions_2008_-_feb09update_web.pdf; Shanghai: http://www.gcp-urcm.org/files/A20080204/Workshop/Li.pdf; London: http://www.citylimitslondon.com/downloads/Complete%20report.pdf; Mexico City: http://www.hewlett.org/AboutUs/News/Foundation+Newsletter/A+Breath+of+Fresh+Air+Mexico+City.htm; Johannesburg: http://www.joburg-archive.co.za/2009/pdfs/report_evironment/enviro_climatology.pdf; Berlin: http://www.statistik-berlin-brandenburg.de/Publikationen/Stat_Berichte/2008/SB_E4-4_j05_BE.pdf

310–320: All graphs are products of the Urban Age City Surveys research project. Data on Mumbai, São Paulo and Istanbul are part of the research done by Urban Age and Ipsos KMG. Data on London are part of the 2007 Greater London Authority Survey.

344: Relating Pollution To Affluence – Urban Age.

作者简介

阿苏·阿克索伊（Asu Aksoy），负责在圣特拉利斯坦布尔（SantralIstanbul）的国际项目开发，这是伊斯坦布尔比尔吉大学（Istanbul Bilgi University）的一个新的国际艺术和文化项目；伦敦金史密斯学院（Goldsmiths College，London）访问学者。其研究领域为移民、全球化和技术变革背景下的城市与文化转型。

亚历杭德罗·阿拉维纳（Alejandro Aravena），营利性企业 ELEMENTAL S.A 董事。该公司的主要业务为基础设施、交通、公共空间和住房开发等。他于1994年创立了亚历杭德罗·阿拉维纳建筑设计事务所（Alejandro Aravena Architects），2000年至2005年在哈佛大学设计研究生院（Harvard University Graduate School of Design）担任客座教授，并受任为英国皇家建筑师协会（RIBA）国际研究员。

苏菲·博迪－根德罗（Sophie Body-Gendrot），巴黎索邦第四大学（Université-Sorbonne-Paris IV）城市研究中心主任，法国国家科学研究中心（CNRS）研究员。除城市暴力与安全的跨国比较研究外，其研究重点包括国家公共政策的作用、社会效率、建筑环境、公民参与和包容性城市。

里基·伯德特（Ricky Burdett），伦敦政治经济学院（LSE）城市研究教授，伦敦政治经济学院城市推广计划与"城市时代"项目主任。曾担任2012年伦敦奥运会建筑和城市规划首席顾问、伦敦市长办公室建筑顾问、奥林匹克公园遗产公司（Olympic Park Legacy Company）顾问、2006年威尼斯建筑双年展总监、泰特现代美术馆（Tate Modern）全球城市策展人、2015年米兰世博会总体规划团队成员。

特里萨·卡尔代拉（Teresa Caldeira），加利福尼亚大学伯克利分校城市和区域规划教授。研究领域为社会歧视、空间隔离和城市变化等。

法比奥·卡西罗（Fabio Casiroll），米兰理工大学 DPA 专业客座教授。城市和交通规划咨询公司 Systematica 联合创始人，著有《Khrónopolis》《可及城市》（Accessible City）、《可行城市》（Feasible City）（Viareggio，2008）。

查尔斯·科雷亚（Charles Correa），孟买查尔斯·科雷亚协会负责人和创始人。他的作品涉猎广泛，包括萨巴马蒂道场（Sabarmati Ashram）的圣雄甘地（Mahatma Gandhi）纪念碑、印度中央邦（Madhya Pradesh）的邦议会，以及德里、孟买、艾哈迈达巴德和班加罗尔的住宅项目和城镇规划。他是新孟买（一个拥有200万人口的印度新城市）的首席建筑师。1985年，印度总理拉吉夫·甘地（Rajiv Gandhi）任命他为全国城市化委员会主席。

达利尔·德·蒙特（Darryl D'Monte），印度时报前常驻编辑，印度环境记者论坛（Forum of Environmental Journalists of India，FEJI）主席，负责撰写环境与发展专栏。

费尔南多·德·梅洛·弗朗哥（Fernando de Mello Franco），圣保罗 São Judas Tadeu University 教授。1990年，他与人共同创立了 MMBB 建筑事务所。担任哈佛大学设计研究生院的景观设计评论家。2006年在威尼斯建筑双年展上与人合作举办了"圣保罗：网络与场所"（São Paulo: networks and places），以及"集体：来自圣保罗的当代建筑"（Coletivo: Contemporary Architecture from São Paulo）巡回展览。

杰拉尔德·弗鲁格（Gerald Frug），哈佛大学法学院路易斯·布兰代斯（Louis D. Brandeis）法学教授。担任华盛顿特区平等就业机会委员会（Equal Employment Opportunity Commission）主席特别助理，并在纽约市担任卫生服务行政官（Health Services Administrator）。曾在宾夕法尼亚大学法学院任教。

加雷斯·琼斯（Gareth Jones），伦敦政治经济学院高级讲师，剑桥大学出版社《拉丁美洲研究杂志》联合编辑。

亚当·卡萨（Adam Kaasa），伦敦政治经济学院城市推广计划博士生，着力于建筑和城市化思想的传播。担任伦敦政治经济学院城市推广计划公关经理，负责协调 NYLON 研讨会（NYLON Seminar，一个伦敦和纽约之间及其周边大学的跨大西洋知识分子研讨小组）。

厄梅尔·卡尼帕克（Ömer Kanıpak），麻省理工学院建筑专业硕士毕业后，成立阿克特里亚（Arkitera）建筑中心，并一直负责该中心的国际关系和教育项目。

布鲁斯·卡茨（Bruce Katz），布鲁金斯学会（Brookings Institution）副会长、布鲁金斯都市政策项目（Brookings Metropolitan Policy Program）创会理事。曾获得亨氏公共政策奖（Heinz Award in Public Policy），以奖励他对美国城市和大都市建设所做的贡献。曾担任美国住房和城市发展部前部长亨利·西斯内罗斯（Henry G. Cisneros）的幕僚长。

恰拉尔·凯德尔（Çağlar Keyder），伊斯坦布尔本土研究者，致力于历史、城市和发展研究。曾发表《伊斯坦布尔：全球和本土》（Istanbul: between the Global and the Local）（Lanham, MD，1999）一文，现于伊斯坦布尔的博斯普鲁斯大学（Boğaziçi University）和位于宾厄姆顿（Binghamton）的纽约州立大学（State University of New York）任教。

杰罗恩·克林克（Jeroen Klink），圣安德烈（Santo André）ABC 地区联邦大学（the Federal University of the ABC Region）科学、技术和社会研究所所长，曾任圣安德烈（Santo André）地方经济发展局（Local Economic Development）局长。

劳尔·贾斯特·洛雷斯（Raul Juste Lores），《圣保罗页报》（Folha de São Paulo）商业和经济版编辑，曾担任《Veja》杂志编辑和驻布宜诺斯艾利斯通讯记者，并担任文化电视台（Cultura TV）主播和编辑。

何塞·德·索萨·马丁斯（José de Souza Martins），社会学家，圣保罗大学名誉教授。出版过许多关于保利斯塔（Paulista）郊区及周边地区农业、移民、社会运动和日常生活的著作。

贾斯汀·麦考克（Justin McGuirk）曾为《卫报》撰写关于设计文化的文章。曾任国际建筑与设计杂志《Icon》的编辑，并定期为国家级报刊和广播媒体就设计领域的问题发表评论。

拉胡尔·迈赫罗特拉（Rahul Mehrotra），建筑师，哈佛大学设计研究生院城市规划与设计系教授兼系主任。他是建筑事务所拉胡尔·迈赫罗特拉公司（Rahul Mehrotra Associates）的创始人，主要从事孟买的建筑业务，他也撰写了大量关于孟买的文章。

苏克图·梅赫塔（Suketu Mehta），纽约大学新闻系副教授，著有《巨型城市：孟买的得与失》（Maximum City: Bombay Lost and Found）（New York，2004），并凭借该书入围2005年普利策奖最终竞选。

沃尔夫冈·诺瓦克（Wolfgang Nowak），德意志银行国际论坛阿尔弗雷德·赫尔豪森学会（Alfred Herrhausen Society）常务董事。曾在德国州政府和联邦政府、法国国家科学研究中心（Frances Centre Nationale de la Recherche Scientifique）和联合国教科文组织担任多个高级职位。曾于1999年至2002年担任德国联邦总理府政治分析和规划总理事。

菲利普·罗德（Philipp Rode），伦敦政治经济学院城市推广计划与城市时代项目执行董事，伦敦政治经济学院城市项目奥韦·阿普鲁（Ove Arup）讲席研究员，共同开设"城市建设：城市形态的政治"课程。作为研究员和顾问，他参与管理的跨学科项目包括城市治理、交通、城市规划和城市设计等。

马科斯·罗萨（Marcos Rosa），巴西建筑师和城市规划师，目前在苏黎世联邦理工学院（ETH Zürich）建筑与城市规划研究所从事教学和研究，并担任《微观规划》（Microplanning）的编辑。曾参与2011年"城市创意实践"（Urban Creative Practices）项目，曾任德意志银行圣保罗城市时代奖（Deutsche Bank Urban Age Award São Paulo）评审员。

哈希姆·萨尔基斯（Hashim Sarkis），哈佛大学设计研究生院阿卡汗（Aga Khan）讲席教授，也是一名建筑师。他曾出版多部著作，包括《1958前后：康斯坦丁诺斯·多克夏迪斯的照片和规划中的黎巴嫩》（Circa 1958: Lebanon in the Pictures and Plans of Constantinos Doxiadis）（Beirut，2003），以及与埃里克·芒福德（Eric Mumford）合著的《约瑟夫·刘易斯·塞尔特：城市设计的建筑师》（Josep Lluís Sert: The Architect of Urban Design）（New Haven，CT，2008）。

萨斯基亚·萨森（Saskia Sassen），哥伦比亚大学社会学林德（Lynd）讲席教授、全球思维委员会（Committee on Global Thought）联席主席、城市时代项目顾问。近期出版的著作有《领土、权威、权利：从中世纪到全球共同体》（Territory, Authority, Rights: From Medieval to Global Assemblages）（Princeton, NJ, 2008）。

戴维·萨特思韦特（David Satterthwaite），国际环境与发展研究所高级研究员，国际期刊《环境与城市化》（Environment and Urbanization）编辑。

理查德·桑内特（Richard Sennett），纽约大学人文学科教授、伦敦政治经济学院社会学名誉教授，城市时代咨询委员会（Urban Age Advisory Board）联合主席，撰写过许多关于城市、劳动力和文化的文章。现任美国艺术与科学学院（American Academy of Arts and Science）、英国皇家文学学会（Royal Society of Literature）、英国皇家艺术学会（Royal Society of Literature）和"欧洲学术界"（Academia Europea）的研究员。

普里亚·尚卡（Priya Shankar），"政策网络"（Policy Network）高级项目经理和研究员。她曾参与"前瞻"（Foresight）项目，并曾与阿尔弗雷德·赫尔豪森学会和伦敦政治经济学院合作，获得德意志银行城市时代奖(Deutsche Bank Urban Age Award)。由于与非政府组织和印度出版机构合作，她的研究兴趣点为国际事务、治理和发展的问题。

K·C·西瓦拉马克莱斯娜（K. C. Sivaramakrishnan），印度新德里政策研究中心名誉客座教授，撰写过大量关于印度城市化和城市治理的文章。

尼古拉斯·斯特恩（Nicholas Stern），伦敦政治经济学院格兰瑟姆气候变化与环境研究所（Grantham Research Institute on Climate Change and the Environment）董事会主席，伦敦政治经济学院亚洲研究中心（LSE Asia Research Centre）IG Patel主席兼主任，以对气候变化经济学的见解而闻名于世。

迪耶·萨迪奇（Deyan Sudjic），伦敦设计博物馆馆长，城市时代项目咨询委员会联合主席，《无尽的城市》（The Endless City）联合编辑（London, 2008）。他曾策划"设计城市"展览，该展览于2008年在伊斯坦布尔现代酒店（Istanbul Modern）开幕。曾担任《观察家报》（The Observer）设计和建筑版评论员，出版过关于设计、建筑和城市的书籍。

伊尔汗·特克利（İlhan Tekeli），安卡拉中东技术大学（Middle East Technical University）城市与区域规划教授、土耳其科学院（Turkish Academy of Sciences）成员。作为土耳其历史基金会（History Foundation of Turkey）创会主席，以及召开于伊斯坦布尔的第二届联合国人类住区会议（人居二）（HABITAT II United Nations Conference on Human Settlements）土耳其国家委员会（National Committee of Turkey）主席，他在城市与区域规划、规划理论、宏观地理、人口流动、土耳其地方政府和经济史等方面均有著作。

吉塔姆·蒂瓦里（Geetam Tiwari），1990年起担任新德里印度理工学院（Indian Institute of Technology）交通研究和伤害预防项目（Transportation Research and Injury Prevention Programme, TRIPP）交通规划方面主席和副教授。发表交通规划与安全研究论文60余篇，主编著作4部。

托尼·特拉弗斯（Tony Travers），伦敦政治经济学院下属研究中心"LSE London"主任。曾任英国下议院教育与技能特别委员会（House of Commons Select Committee on Education and Skills）开支顾问、国王基金会（King's Fund）高级助理，以及英国艺术委员会（Arts Council of England）旅游分部成员。于1992年至1997年担任审计署（Audit Commission）成员，并为议会其他特别委员会工作。

安东尼·威廉姆斯（Anthony Williams），普里姆公共房产信托公司（Primum Public Realty Trust）首席执行官。1999年1月至2006年12月担任过两届哥伦比亚特区（District of Columbia）第四任市长。在任期内，于2004年12月被选为总部设在华盛顿特区的全国城市联盟（National League of Cities）主席。1997年被官方杂志提名为年度政府官员。2007年担任奥普斯奖（Opus Prize）评委之一。

亚历杭德罗·赛拉-波罗（Alejandro Zaera-Polo），1992年与法西德·穆萨维（Farshid Moussavi）共同创立外国建筑事务所（Foreign Office Architects, FOA），该事务所致力于探索当代城市环境、生活方式和建设技术，在建筑和城市设计领域具有国际水平。现任荷兰贝拉罕建筑研究所（Berlage Institute）研究员，并在全球多所建筑院校授课。

迪米特里·曾赫利斯（Dimitri Zenghelis），伦敦政治经济学院格兰瑟姆气候变化研究所（Grantham Research Institute on Climate Change）高级访问研究员、思科气候变化项目（Cisco Climate Change Practice）首席经济学家、英国皇家国际事务研究所（Chatham House）环境与发展能源项目（Energy for the Environment and Development Programme）副研究员。

城市时代会议参会人员
2007-2009 年

Alex Abiko, Professor, Construction Engineering, Universidade de São Paulo
Milene Abla Scala, Architect Coordinator, Tecnico, Aflalo & Gasperini Arquitetos, São Paulo
Marina Acayaba, Architect, FAU, Universidade de São Paulo
Josef Ackermann, Chairman of the Group Executive Committee, Deutsche Bank and Chairman of the Board of Trustees, Alfred Herrhausen Society
Arvind Adarkar, Joint Director of Architecture, Academy of Architecture Rachana Sansad, Mumbai
Neera Adarkar, Architect and Urban Researcher, Adarkar Associates, Mumbai
Dalberto Adulis, Executive Director, ABDL, Associação Brasileira para o Desenvolvimento de Lideranças, São Paulo
Uma Adusumilli, Chief of the Planning Division, Mumbai Metropolitan Regional Development Authority, Mumbai
Girish Vice Agarwaal, Managing Director, DNA, Diligent Media Corporation, Mumbai
Roberto Agosta, Director, Facultad de Ingeniería, Departamento de Transporte, Universidad de Buenos Aires
Sabrina Agostini Harris, Research Student, FAU, Universidade de São Paulo
Ali Ağaoğlu, Columnist, Vatan, Istanbul
Duygu Ağar, Member of Executive Board, TMMOB Şehir Plancıları Odası, Istanbul Şubesi
Meltem Ahıska, Professor, Sosyoloji Bölümü, Fen-Edebiyat Fakültesi, Boğaziçi Üniversitesi, Istanbul
Bahriye Ak, Urban Planner, Istanbul Metropoliten Planlama ve Kentsel Tasarım Merkezi
Behiç Ak, Architect and Cartoonist, Cumhuriyet Gazetesi, Istanbul
Öznur Akalın, Member of Executive Board, TMMOB Şehir Plancıları Odası, Istanbul Şubesi
Şule Akalp, Urban Planner, Kentsel Strateji, Istanbul
Asaf Savaş Akat, Columnist, Vatan, Istanbul
Şengül Akçar, Director and Founder, Foundation for the Support of Women's Work, Istanbul
Müge Akgün, Culture Editor, Referans Gazetesi, Istanbul
Ulaş Akın, Urban Planner, Researcher, Istanbul Metropoliten Planlama ve Kentsel Tasarım Merkezi
İpek Akpınar, Assistant Professor of Architectural Design, Mimarlık Fakültesi, Istanbul Teknik Üniversitesi
Asu Aksoy, Associate Professor, Cultural Management MA Programme, Santralistanbul, Istanbul Bilgi Üniversitesi
Suay Aksoy, Director, Cultural Heritage and Museums, Istanbul 2010 European Capital of Culture Agency
Ersin Akyüz, Chief Country Officer, CEO, Deutsche Bank Turkey, Istanbul
Tamar Al Hajjeh, Minister of Local Administration, Damascus
Felipe Aldunate-Montes, Editorial Director, America Economia, Santiago de Chile
Leon Alexander, President, Toronto Com. Materiais e Administraçao, São Paulo
Giorgos Alexandrou, Giorgos Alexandrou, Architect, University of Patras
Thiago Allis, Professor, Campus Sorocaba, Universidade Federal de São Carlos
Nüket Algan, Coordinator, Deutsche Bank Turkey, Istanbul

Rashid Ali, Lecturer, Institute of Architecture, University of Nottingham
Orlando Almeida Filho, Secretary of Housing and Urban Development, Prefeitura de São Paulo
Zeren Alpagut, Urban Planner, Istanbul Metropoliten Planlama ve Kentsel Tasarım Merkezi
Burak Altınışık, Instructor of Architecture, Mimarlık ve Tasarım Fakültesi, Bahçeşehir Üniversitesi, Istanbul
Andy Altman, Chief Executive, Olympic Park Legacy Company, London
Evrim Altuğ, Editor, Sabah Gazetesi, Istanbul
Ana Alvarez, Citámbulos, Mexico City
Bernardo G. Alvim, Researcher, CEPESP, FGV, São Paulo
Tata Amaral, Filmmaker and Co-founder, Coração da Selva, São Paulo
Shriya Anand, Centre for Development Finance, Institute for Financial Management and Research, Chennai
Jeff Anderson, BioUrban, São Paulo
Maira Andre, Student, FAU, Universidade de São Paulo
Tomas Antonio Moreira, Professor, Gestão Urbana, Pontifícia Universidade Católica do Paraná
Denise Antonucci, Professor, FAU, Instituto Presbiteriano Mackenzie
Helena Aparecida A. Silva, Professor, Departamento de Projeto, FAU, Universidade de São Paulo
Maria Apostolidi, Researcher, Accounting and Finance, London School of Economics and Political Science
Metin Ar, President & Chief Executive, Garanti Yatırım, Istanbul
Ricardo Araujo, General Coordinator, Secretaria de Saneamento e Energia, Governo do Estado de São Paulo
Luiz Ricardo Araujo Florence, Espaco de Cultura Cohab Raposo Tavares, São Paulo
Alejandro Aravena, Executive Director, Elemental S.A., Santiago de Chile
Erbay Arıkboğa, Professor of Political Science, Sosyal Bilimler Meslek Yüksekokulu, Marmara Üniversitesi, Istanbul
Sophie Arie, Foreign Editor, Monocle, London
José Armenio De Brito Cruz, Partner Director, Piratininga Arquitetos Associados Ltda, São Paulo
Vivianne Armitage, Executive Director, Fundacion Sidoc, Acopi Yumbo
Salvador Arriola, Consul, Consulado Geral do Mexico, São Paulo
Osman Arolat, Columnist, Dünya Gazetesi, Istanbul
Jockin Arputham, Director, National Slum Dwellers Federation, Mumbai
Cemil Arslan, Head of Financial Services Department, Istanbul Büyükşehir Belediyesi
Pınar Arslan, Assistant Editor, DEPO Yayıncılık, Istanbul
Sinan Arslaner, CEO, cfs Danışmanlık, Istanbul
Kerem Arslanlı, Researcher, Çevre ve Şehircilik Uygulama Araştırma Merkezi, Istanbul Teknik Üniversitesi
Kate Ascher, Development Director, Vornado Realty Trust, New York
Bruno Assami, Director, Assuntos Institucionais, Instituto Tomie Ohtake
Valdir Assef Jr., Advisor, Secretaria de Seguranca Publica, Prefeitura Municipal de São Paulo

Ahmet Atıl Aşıcı, Professor of Industrial Engineering and Economy, Istanbul Teknik Üniversitesi
İdris Atabay, Director of Urban Transformation, Istanbul Büyükşehir Belediyesi
Serpil Atalay, Economist Specialist, Türkiye Cumhuriyeti Merkez Bankası, Ankara
Ulus Atayurt, Journalist, Istanbul Dergisi
Celso Athayde, Founder, Central Única de Favelas, Rio de Janeiro
MariaTeresa Augusti, President, Instituto Florestan Fernandes, São Paulo
Jose Auriemo Neto, President, JHSF Investor Relations, São Paulo
Adam Austerfield, Director of Projects, ELSE, London School of Economics and Political Science
Gökhan Avcıoğlu, Founding Partner, GAD Mimarlık, Istanbul / New York
George Avelino, Coordinator, CEPESP, FGV, São Paulo
Sergio Avelleda, President Director, CPTM Governo de São Paulo
Maira Avila, Researcher, University of British Columbia, Vancouver
Ceren Aydın, Head of Relations with Professional Organisations and Regional Development Unit, TÜSİAD, Istanbul
Semra Aydınlı, Professor of Architecture, Mimarlık Fakültesi, Istanbul Teknik Üniversitesi
Pushan Ayub, Professor, Tata Institute of Fundamental Research (TIFR), Mumbai
Vanessa Azavedo, Research Officer, Youth for Unity and Voluntary Action (YUVA) Research Project, Mumbai
Shabana Azmi, Actress and Member, National Integration Council and National AIDS Commission, Mumbai
Gruia Badescu, Researcher, Cities Programme, London School of Economics
Lee Baca, Sheriff, Los Angeles County
Mehmet Selim Baki, Founder, Barış için Müzik, Istanbul
Burçin Bakkaloğlu, Project Manager, Ipsos KMG, Istanbul
Ashok Bal, Deputy Chairman, Ministry of Shipping, Mumbai PortTrust, Mumbai
Mauna Baldini Soares, Researcher, CEPESP, FGV, São Paulo
Bruno Silva Balthazar, Architect and Urban Planner, FAU, Universidade de São Paulo
Nelson Baltrusis, Social Development and Territorial Planning, Universidade Catolica de Salvador
Alapan Bandyopadhyay, Municipal Commissioner, Kolkata Municipal Corporation, Kolkata
Ian Banerjee, Assistant Professor, Vienna Technical University
Bia Bansen, Founder, Comunicacao Bansen and Associados, São Paulo
Fernanda Barbara, Partner Architect, UNA Arquitetos, São Paulo
İlke Barka, Co-Founder, GB Mimarlik Muhendislik, Istanbul
Monica Barroso Keel, 2009 Kleinhans Fellow, Rainforest Alliance, New York
Jessica Barthel, Project Manager, Alfred Herrhausen Society
Kaustabh Basu, Principal Consultant, PricewaterhouseCoopers Pvt. Ltd., Kolkata
Ezgi Başaran, Columnist, Hürriyet, Istanbul
Cüheyda Başık, Marketing and Sales Coordinator,

Arkitera Mimarlık Merkezi, Istanbul
Adem Baştürk, General Secretary, Istanbul Büyükşehir Belediyesi
Leandro Batista de Oliveira, President, Capital Social, São Paulo
Ratan Batliboi, Architect, Ratan J. Batliboi Architects, Mumbai
Emin Batmazoğlu, Assistant to Mayor, Esenyurt Belediyesi, Istanbul
Bilgehan Baykal, Researcher, Marmara Üniversitesi, Istanbul
Ayşegül Baykan, Senior Visiting Fellow, Cities Programme, London School of Economics and Political Science
Mete Başar Baypınar, Research Assistant on Architecture, Mimarlık Fakültesi, Istanbul Teknik Üniversitesi
Sevince Bayrak, Partner, SO Mimarlık, Istanbul
Erdoğan Bayraktar, Executive Director, Toplu Konut İdaresi Başkanlığı, Ankara
İbrahim Baz, Coordinator, Istanbul Metropoliten Planlama ve Kentsel Tasarım Merkezi
Nefise Bazoğlu, Former Chief in Kenya for Monitoring and Evaluation, UN-Habitat, Istanbul
Jo Beall, Professor of Development Studies, Development Studies Institute (DESTIN), London School of Economics and Political Science
Rengin Beceren Öztürk, Lecturer in Architecture, Mimarlık Fakültesi, Uludağ Üniversitesi, Bursa
Daniel Becker, Director, Programa Brasil, Instituto Synergos, Rio de Janeiro
Regina Beda, Independent consultant, São Paulo
Murat Belge, Professor of Comparative Literature, Bilgi Üniversitesi, Istanbul
Gustavo Belic Cherubine, Educator, Energia Solar, ONG Sociedade do Sol, São Paulo
Huser Benedikt, Urban Planner, Zurich
Gila Benmayor, Columnist, Hürriyet, Istanbul
Bruna Benvenga, Architect, Development, McDonald's Brazil, São Paulo
Özlem Berber, Professor of Social Science, Sosyal Bilimler Enstitüsü, Istanbul Teknik Üniversitesi
Christian Berkes, Editor, Arch+, Berlin
Claudio Bernardes, Vice-President, SECOVI-SP, São Paulo
Wolfram Bernhardt, Zeppelin University, Friedrichshafen
Enrique Betancourt, Deputy General Director, Urban Development, Secretaria de Desarrollo Social, Gobierno Federal de Mexico
Carlos Andres Betancur C., Project Director, Oficinas de Proyectos Urbanos (OPUS), Medellín, Colombia
Rodrigo Bethlem, Secretary-Elect of Public Order, Rio de Janeiro
Joost Beunderman, Architect, 00:/, London
Gustavo Beuttenmuller, Expert on Urban Development, Secretaria Municipal do Verde e do Meio Ambiente, Prefeitura de São Paulo
Francisco Bezerra Baião, Deutsche Bank Urban Age Award Winner 2008, São Paulo
Luis Renato Bezerra Pequeno, Professor, FAU, Universidade Federal do Ceara
Ram B. Bhagat, Professor, International Institute for Population Sciences, Mumbai
Shirin Bharucha, Managing Trustee, Urban Design Research Institute (UDRI), Mumbai
Bikash Ranjan Bhattacharya, Mayor, Kolkata Municipal Corporation, Kolkata
Amita Bhide, Associate Professor, Department of Urban and Rural Development, Tata Institute of Social Sciences (TISS), Mumbai
Manas Ranjan Bhunia, Leader, West Bengal

Congress Legislature Party, Kolkata
Özcan Biçer, Planner, İlke Planlama, Istanbul
José Bicudo, President, Presidencia, Cia. City de Desenvolvimento
Ciro Biderman, Professor, Centro de Estudos em Política e Economia do Setor Público, FGV
İhsan Bilgin, Director, Mimari Tasarım Programı and Dean, Fen-Edebiyat Fakültesi, Bilgi Üniversitesi, Istanbul
Özgür Bingöl, Co-Founder, GB Mimarlik Muhendislik, Istanbul
Rodin Bingöl, Founder and Director, engelleri kaldir renovatio, Istanbul
Anna Birkefeld, Designer, Editorial Staff, Arch+ Berlin
Mario Biselli, Principal, Biselli & Katchborian Arquitetos Associados, São Paulo
Peter Bishop, London Development Agency Group Director of Design, Development and Environment and Deputy Chief Executive
Renato Boareto, Director, Departamento de Mobilidade Humana, Governo Federal do Brasil
Klaus Bode, Founding Partner, BDSP Partnership, London
Sophie Body-Gendrot, Director, Centre for Urban Studies, Université-Sorbonne-Paris IV, Paris
Rajaram Bojji, Director, Atri Knowledge Embedded Infrastructure Lab Pvt. Ltd., Hyderabad
Fabiano Bolcato Rangel, Partner Consultant, Txai Cidadania e Desenvolvimento Social, São Paulo
Elvis Bonassa, Director, Kairos Desenvolvimento Social, São Paulo
Cintia Bonder, Project Officer, UNESCO, Porto Alegre
Agatha Bonizzoni, Espaço Eventos, São Paulo
Ana Bonomi, Student, Fundacao Getulio Vargas, São Paulo
Ana Maria Bonomi Barufi, Student, Faculdade de Economia, Administracao e Contabilidade, Universidade de São Paulo
Katherine Boo, Staff Writer, The New Yorker, Washington D.C.
Jose Borelli Neto, Assistant Professor, FAU, Universidade de São Paulo
Ranjan K. Bose, Senior Fellow, The Energy and Resources Institute, New Delhi
Recep Bozlağan, Secretary General, Union of Municipalities of the Marmara Region, Istanbul
Fadime Boztaş, Specialist, Urban Projects Coordination, Istanbul 2010 European Capital of Culture Agency
Elisa Bracher, Founder, Instituto Acaia, São Paulo
Milton Braga, Architect, MMBB Arquitetos, São Paulo
Rodrigo Brancatelli, Journalist, Caderno Metrópole, O Estado de S. Paulo, São Paulo
Juarez Rubens Brandão Lopes, Sociologist and Advisor, Empresa Paulista de Planejamento Metropolitano SA (EMPLASA), São Paulo
Julia Bravo Caldeira, Architect, Todescan Siciliano Arquitetura
Lindsay Bremner, Professor, Department of Architecture, Tyler School of Art, Temple University, Philadelphia, Pennsylvania
Luís Eduardo Brettas, Urban Projects Manager, Diretoria de Projetos Meio Ambiente e Paisagem Urbana, Empresa Municipal de Urbanização, São Paulo
Alfredo Brillembourg, Principal, Urban Think Tank, Caracas
Richard Brown, Urban Policy Consultant, London
George Brugmans, Director, Internationale Architectuur Biennale Rotterdam
Miguel Bucalem, Head of Advisory, Secretaria de Planejamento, Prefeitura de São Paulo
Funda Budak, Advisor, United Cities and Local Governments, Middle East and West Asia Section, Istanbul
Maria Lidia Bueno Fernandes, Professor, Escola Cidade Jardim, São Paulo
Sibel Bulay, Director, EMBARQ, Istanbul
Lucy Bullivant, Architectural Curator, Critic and Author, London
Özlem Bulut, Director, Exco Member, Marketing Quantitative, Ipsos KMG, Istanbul
Amanda Burden, Director, Department of City Planning, New York City
Mika Burdett, Designer, London
Ricky Burdett, Director, Urban Age & LSE Cities, London School of Economics and Political Science
Zara Burdett, Graduate, New York University
Sundar Burra, Advisor, Society for the Promotion of Area Resource Centres (SPARC), Mumbai
Gürcan Büyüksalih, Assistant Professor of Urban Planning, Istanbul Metropoliten Planlama ve Kentsel Tasarım Merkezi
Bruno Caetano Raimundo, Secretary, Secretaria de Comunicacao, Governo do Estado de São Paulo
Alexandre Cafcalas, Architect, Cafcalas Arquitetos
Andrea Calabi, Professor, Faculdade de Economia e Administracao, Universidade de São Paulo
Luis Otavio Calagian, Consultant, CEPESP, FGV, São Paulo
Jorge Caldeira, Director, Editora Mameluco, São Paulo
Marina Caldeira, Diretora, Editora Mameluco, São Paulo
Teresa Caldeira, Professor of City and Regional Planning, College of Environmental Design, University of California, Berkeley
Anna G. H. Callejas, Student, FAU, Universidade de São Paulo
Ana Cristina C. Camargo, Psychological Coordinator, Instituto Acaia, São Paulo
Sergio Raul Cammarano Gonzalez, Technical Director, Companhia de Desenvolvimento Habitacional e Urbano do Estado de São Paulo
Beatriz Campos, Associate Director, Space Syntax, London
Orion Campos, Student, FAU, Universidade Estadual Paulista, Bauru
Mauricio Camps, Government of Mexico City
Aynur Can, Assistant Professor of Urban Aesthetics, Kamu Yönetimi Ana Bilim Dalı Yerel Yönetimler Programı, Marmara Üniversitesi, Istanbul
Ayfer Bartu Candan, Professor of Sociology, Sosyoloji Bölümü, Fen-Edebiyat Fakültesi, Boğaziçi Üniversitesi, Istanbul
Canan Candan, Researcher, Sanat ve Sosyal Bilimler Fakültesi, Sabancı Üniversitesi, Istanbul
Aline Cannataro Figueiredo, Student, FAU, Universidade de São Paulo
Ege Cansen, Columnist, Hürriyet, Istanbul
Ariadna Cantis, Architecture Urbanism Curator, Madrid
Ana Maria Cardachevski, Assistant to Director, SESC, São Paulo
Luiz Carlos Salem Bouabci, Integracao de Redes, Ashoka - Empreendedores Sociais, São Paulo
Rosely Carmona, International Relations Manager, Fundação Memorial da América Latina, São Paulo
Adriano Carneiro De Mendonça, Architect And Professor, FAU, Pontificia Universidade Católica de Rio de Janeiro
Fabio Casiroli, Chairman, Systematica; Professor of Transport Planning, Faculty of Civil Architecture, Polytechnic of Milan, Milan
Luis Castaneda Lossio, Metropolitan Mayor of Lima
Eduardo Castanho, Intern, Supervisão Técnica de Planejamento da Subprefeitura do Butantã, Prefeitura de São Paulo
José Castillo, Principal, Arquitectura 911sc, Mexico City
Lorenzo Castro, Architect, Lorenzo Castro Arquitectos, Bogota
Cristina Catunda, Director of Projects, Consultoria Ambiental, COPAM, São Paulo
Rodrigo Cavalcante, Post Graduation Student, Departamento de Tecnologia, FAU, Universidade de São Paulo
Jose Cazarin, Principal, AXPE Negocios Imobiliarios, S
Hüseyin Cengiz, Head of City and Regional Planning, Yıldız Teknik Üniversitesi, Istanbul
Frederico Celentano, Director, Microdv, São Paulo
Gunit Chadha, Managing Director and Chief Executive Officer, Deutsche Bank India, Mumbai
Neeta Chalke, Advisor, Special Projects and Public Relations, Slum Rehabilitation Society, Mumbai
Christopher Champalle, Bangalore
Min-Cheng Chang, Student, Southern California Institute of Architecture (SCI-Arc), Los Angeles
Margarita Charriere, President, Comision de Urbanismo y Medio Ambiente, Universidad de Buenos Aires
Tathagata Chatterji, Director, Centre for Information and Research on Urban Settlements, New Delhi
Xiangming Chen, Dean and Director, Center for Urban and Global Studies, Trinity College, Hartford, Connecticut
Susan Chivaratanond, Southern California Institute of Architecture (SCI-Arc), Los Angeles
Kees Christiaanse, Chair of Architecture and Urban Design, Institute of Urban Design, The Swiss Federal Institute of Technology, ETH Zurich
Shiuan-Wen Chu, Researcher, International Architecture Biennale Rotterdam, Rotterdam
Fernando Chucre, Federal Deputy, Camara dos Deputados Governo Federal do Brasil
Ana Maria Ciccacio, Editor, Publicacoes, Viva o Centro, São Paulo
Juliana Cipolletta, Researcher, Departamento de História de Estética do Projeto, Universidade de São Paulo
Joan Clos i Matheu, Executive Director, United Nations Human Settlements Programme (UN-HABITAT), Nairobi
Henry Cobb, Founding Partner, Pei Cobb Freed & Partners Architects LLP, New York
Gustavo Coelho, Professor, Geografia, Pontificia Universidade Catolica de São Paulo
Michael Cohen, Director of the International Affairs Program, New School University
Wagner Colombini Martins, President, Diretoria, Logit Engenharia Consultiva Ltda, São Paulo
Joanna Conceicao, Student, LABAUT, FAU, Universidade de São Paulo
Frederick Cooper, Dean, Facultad de Arquitectura y Urbanismo, Pontificia Universidad Católica del Perú
Hafeez Contractor, Architect, Hafeez Contractor Architects, Mumbai
Charles Correa, Founding Partner, Charles Correa Associates, Mumbai
Renato Correa Baena, Secretary, Secretaria Municipal da Pessoa com Deficiencia e Mobilidade Reduzida, Prefeitura de São Paulo
Norberto Correa da Silva Moura, Professor, FAU, Universidade de São Paulo
Luiz Antonio Cortez Ferreira, Coordinator of International Relations, Secretaria de Estado dos Transportes Metropolitanos, Governo de São Paulo
Fernanda Costa, Director Advisor, Cobansa Cia Hipotecaria, São Paulo
Roberto Costa de Oliveira, President, ViSão Mundial ONG, Recife
Diogo R. Coutinho, Professor, Faculdade de Direito, Universidade de São Paulo
Pierre Alain Croset, Professor, Facolta' di Architettura, Politecnico di Torino, Turin
James Crowe, Parish Priest, Sociedade Santos Mártires, São Paulo
Maria Augusta Cunha, Student, FAU, Universidade de São Paulo
Camila Curi, Student, FAU, Universidade Federal Fluminense
Otavio Cury, Producer, Outros Filmes, São Paulo
Eliana Maria Custodio, Coordinator, Politicas Publicas, GELEDES Instituto da Mulher Negra, São Paulo
Renato Cymbalista, Architect and Urban Planner, Instituto Polis, São Paulo
Hüseyin Çağlayan, Fashion Designer, London
Arzu Çahantimur, Professor of Architecture, Mimarlık Fakültesi, Uludağ Üniversitesi, Bursa
Hasan Çalışlar, Partner, Erginoğlu & Çalışlar Mimarlık, Istanbul
Vural Çakır, CEO, Ipsos KMG, Istanbul
Mehmet Emin Çakırkaya, Partner, Tekeli-Sisa Mimarlık, Istanbul
Perihan Çakıroğlu, Columnist, Bugün Gazetesi, Istanbul
Ayşe Çavdar, Journalist, Post Express Dergisi, Istanbul
Ali Çavuşoğlu, Chairman of ÇBS Holding, Istanbul
Ömer Çavuşoğlu, Researcher, Urban Age and LSE Cities, London School of Economics and Political Science
Sonat Çavuşoğlu, Industrial Engineer, Istanbul
Buğra Çelik, Project Partner, Engelleri kaldir renovatio, Istanbul
Devrim Çimen, Co-Founder, 8Artı Mimarlık, Istanbul
Candan Çınar, Professor of Architecture, Yıldız Teknik Üniversitesi, Istanbul
Alişan Çırakoğlu, Partner, Çırakoğlu Mimarlık, Istanbul
Nuri Çolakoğlu, Member of the Executive Board, Doğan Yayın Holding, Istanbul
Francisco Da Costa, Director, Departamento de Planejamento e Avaliação da Política, Transportes do Ministério, São Paulo
Gerson Da Cunha, Columnist, Activist and Trustee, Action for Good Governance and Networking in India, Mumbai
Eugenio Da Motta Singer, Executive Director, Instituto Pharos, Santana do Parnaiba, SP
Maria Da Piedade Morais, Instituto de Pesquisa Economica Aplicada, State of São Paulo
Wagner Luciano da Silva, Project Advisor, Programacao Acao Familia, Fundacao Tide Setubal
Ariadne Daher Dos Santos, Architect, Jaime Lerner Arquitetos Associados and Professor of Urban Planning and Landscape Design, Universidade Tuiuti do Paraná, Curitiba
Caroline Dahl, Southern California Institute of Architecture (SCI-Arc), Los Angeles
Juliana Dalbello, Student, FAU, Universidade Presbiteriana Mackenzie, São Paulo
Özlem Dalga, Columnist, Habertürk, Istanbul
Ali İhsan Dalgıç, Senior Advisor, United Cities and Local Governments, Middle East and West Asia Section, Istanbul
Didem Danış, Lecturer, Sociology, University of Galatasaray
Joao Paulo Daolio, Engineer, Obra Arquitetos, São Paulo
Murat Daoudov, Director, EU & International Relations Centre, Union of Municipalities of the Marmara Region, Istanbul
Bratati Bal Das, Journalist and Voice Artist, Pragati Association, Mumbai
P. K. Das, Architect, PK Das and Associates, Mumbai
Howard Davies, Director, London School of Economics and Political Science
Aparecida De Abreu N. Simoes, Bio Urban
Maria Cecilia de Almeida Barbosa das Eiras, Coordinator, Policidadania, São Paulo
Jose De Filippi Junior, Mayor of Diadema
Dirce Bertan De Freitas, Specialist in Transportation Planning, Companhia do Metropolitano de São Paulo
Walter De Mattos Filho, President, Lance and Candidacy for Olympics 2016, Rio de Janeiro
Cynthia de Lima Krahenbuhl, Assitant, Secretaria de Assuntos Jurídicos, Prefeitura do Município de Taboão da Serra, São Paulo
Fernanda de Macedo Haddad, Professor, Departamento de Urbanismo, Universidade Paulista (UNIP)
Luciana M. V. De Mattos, Student, CEPESP, FGV, São Paulo
Paulo De Mello Bastos, President, Arquiteto Paulo Bastos e Associados Ltda, São Paulo
Fernando De Mello Franco, Partner, MMBB Arquitetos, São Paulo
Raimundo de Oliveira Bitencourt, Buildings Technical, Projetos, Risco Zero Assessoria em Arquitetura Ltda, São Paulo
Gesner de Oliveira Filho, Diretor, Companhia de Saneamento Básico do Estado de São Paulo
Juan Diego De Oliveira Teixeira, Student, FAU, Universidade Federal do Rio de Janeiro
Gilberto de Palma, Institutional Director, Defesa do Eleitor e da Democracia, Instituto Agora, São Paulo
Ana Luiza L. C. De Paula, Programme Assistant, Logistics and Communication, Urban Age, São Paulo
Evelyn De Rothschild, Chairman, N.M. Rothschild & Sons Limited, London
Maria Ruth Amaral de Sampaio, Professor, Faculdade de Arquitetura e Urbanismo, Universidade de São Paulo
Pedro De Sales, Architect, Secretaria Municipal de Planejamento, Prefeitura de São Paulo
Filipe Lage de Souza , Economist, Banco Nacional do Desenvolvimento Economico e Social, São Paulo
Jose Eduardo N. De Souza Alves, Architect, Frentes Arquitetura, São Paulo
Pedro Ivo De Souza Batista, Advisory Council, Nucleo de Brasilia, Associação Alternativa Terrazul
Pedro Luis De Souza Lopes, Criminal Analyst, Comando de Policiamento da Capital, Policia Militar do Estado de São Paulo
José De Souza Martins, Emeritus Professor, Letras Ciencias Humanas, Universidade de São Paulo
Jacobine De Zwaan, Policy Advisor, Fire Department, Municipality of Amsterdam
Eduardo Della Manna, Director of Urban Legislation, SECOVI, São Paulo
Ahmet Misbah Demircan, Mayor, Beyoğlu Belediyesi, Istanbul
Erhan Demirdizen, Head, TMMOB Şehir Plancıları Odası, Istanbul Şubesi
Jayant Deo, Member, World Energy Council, Pune
Milind Deora, Member of Parliament, India National Parliament, Mumbai
Kemal Derviş, Vice-President and Director of Global Economy and Development Program, The Brookings Institution, Washington DC and Senior Advisor, Sabancı University, Istanbul
Pelin Derviş, Curator, Garanti Galeri, Istanbul
Vilasrao Deshmukh, Chief Minister, Government of Maharashtra, Mumbai
Del DeSouza, Deputy Director, Slum Rehabilitation Society, Mumbai
Alejandra Maria Devecchi, Architect and Coordenador, Coordenadoria de Planejamento Ambiental, Prefeitura de São Paulo
Eloisa Dezen Kempter, Architect, Departamento de Coordenacao de Projeto, Universidade Estadual De Campinas
Sergio Dias, Secretary-Elect of Urbanism, Rio de Janeiro
Oscar Edmundo Diaz, Senior Program Director, Institute for Transportation and Development Policy in Colombia, Bogota
Rodrigo Diaz, Director of America Economia Intelligence
Anna Dietzsch, Architect, Architecture and Urban Design, DBB Brasil, São Paulo
Sheila Dikshit, Chief Minister, Government of National Capital Territory of Delhi, New Delhi
Gilberto Dimenstein, Member of the Editorial Council, Jornal Folha de São Paulo
Kadir Dikbaş, Columnist, Zaman, Istanbul
Sandra Dini Kliukas, Espaço Eventos, São Paulo
Flavia Diniz, International Affairs Assistant, Assuntos Internacionais, Prefeitura Municipal de Diadema

Deniz Dizici, Landscape Architect, Technische Universität Munich
Darryl D'Monte, Chairperson, Forum of Environmental Journalists of India (FEJI), Mumbai
Helena Do Amaral Fogaca, Programme Assistant, Logistics and Communication, Urban Age, São Paulo
Maureen Donaghy, Researcher, Department of Political Science, University of Colorado, United States of America
Lucimara Flavio dos Reis, Student, Geografia Humana, Universidade de São Paulo
Monica dos Santos Dolce Uzum, Researcher, LABAUT, FAU, Universidade de São Paulo
Maria T. D. Dos Santos, Technical Advicer, Departamento de Habitacao e Desenvolvimento Urbano, Prefeitura de São Paulo
Mariam Dossal, Professor, Department of History, University of Mumbai, Mumbai
Neslihan Dostoğlu, Head of Architecture Department, Uludağ Üniversitesi, Bursa
Ladislau Dowbor, Professor, Economia, Pontificia Universidade Catolica de São Paulo
Alby Duarte Rocha, Project Coordinator, Observatório Regional Base de Indicadores de Sustentabilidade, Curitiba
Alan Duben, Professor of Communications, Fen-Edebiyat Fakültesi, Bilgi Üniversitesi, Istanbul
Frank Duffy, Founder, DEGW, London
Boğaçhan Dündaralp, Head, DDRLP Mimarlık, Istanbul
Liz Dunn, Principal, Dunn & Hobbes LLC, Seattle
Vikram Dev Dutt, Secretary, New Delhi Municipal Council, New Delhi
Divya Dwivedi, Chief Representative in Delhi, London Development Agency (LDA) and Mayor's Office, New Delhi
Sharada Dwivedi, Author and Member, Executive Committee, Urban Design and Research Institute (UDRI), Mumbai
Matias Echanove, Researcher, University of Tokyo, Tokyo
Alejandro Echeverri, Architect and Director of Special Projects, Municipal Company of Urban Development, Medellín, Colombia
Mahfi Eğilmez, Columnist, Radikal, Istanbul
Luisa Tania Elesbao Rodrigues, Professor, Universidade Federal do Rio Grande do Sul, Porto Alegre
Carolina Elias, Anthropologist, Universidade de São Paulo
Ian A. Elliott, Urban Planner, Istanbul Metropoliten Planlama ve Kentsel Tasarım Merkezi
Cemal Emden, Freelance Photographer, Istanbul
Hüseyin Emiroğlu, Columnist, Star Gazetesi, Istanbul
Sadun Emrealp, Deputy Secretary General, United Cities and Local Governments, Middle East and West Asia Section, Istanbul
Annegret Heine Engelke, Triad Berlin Project mbH
Lutz Engelke, Managing Partner, Triad Berlin Projektgesellschaft GmbH
Zeynep Merey Enlil, Professor of City and Regional Planning, Şehir ve Bölge Planlama Bölümü, Mimarlık Fakültesi, Yıldız Teknik Üniversitesi, Istanbul
Ali Eray, Co-Founder, Potansiyel Araştırmalar Birimi, Istanbul
Şaban Erden, Deputy Secretary General of Projects, Istanbul Büyükşehir Belediyesi
Elif Ergu, Columnist, Vatan, Istanbul
Emre Erkal, Partner, Erkal Mimarlık, Istanbul
İdil Erkol, Fellow, Mimari Tasarım Programı, Bilgi Üniversitesi, Istanbul
Selamettin Ermiş, Director of Foreign Relations, Istanbul Büyükşehir Belediyesi
Melih Ersoy, Professor of City and Regional Planning, Mimarlık Fakültesi, Orta Doğu Teknik Üniversitesi, Ankara
Nuri Ersoy, Professor, Sociology Department, Boğaziçi Üniversitesi, Istanbul
Hülya Ertaş, Managing Editor, XXI Mimarlık, Tasarım, Mekan Dergisi, Istanbul
Duygu Erten, Vice-Director, Çevre Dostu Yeşil Binalar Derneği, Istanbul
Güven Erten, Urban Planner, World Architecture Community, Istanbul
Sertaç Erten, Co-Founder, 8Artı Mimarlık, Istanbul
Semih Eryıldız, Professor of Architecture and Urbanism, Istanbul Aydın Üniversitesi
Refik Erzan, Professor of Economics, Boğaziçi Üniversitesi, Istanbul
Orhan Esen, Historian and City-Guide, Istanbul
Fikret Evci, Head of Architecture Faculty, Beykent Üniversitesi, Istanbul
Burak Evren, Junior Client Consultant, Industry & Services, Marketing Quantitative, Ipsos KMG, Istanbul
Ahmet Eyüce, Dean of Architecture Faculty, Bahçeşehir Üniversitesi, Istanbul
Özen Eyüce, Associate Professor of Architecture, Mimarlik Fakultesi, Bahcesehir Universitesi, Istanbul
Sylvia Facciolla, Director, Alfaiataria de Negocios, São Paulo
Luciana Farias, Executive Producer, Projetos Culturais, Brazimage, São Paulo
Thomaz Favaro, Assistant Editor, Editoria Internacional, Revista Veja
Bruno Feder, Assistant to the Advisor for International Affairs, State of São Paulo
Lucas Fehr, Lecturer PPI, Projeto Urbano, Universidade Mackenzie, São Paulo
Anne-Katrin Fenk, Institute for Landscape Architecture and Environmental Planning, Department of Landscape Architecture and Open Space Planning, Technische Universität Berlin, Berlin
Jurandir Fernandes, President – Director, Presidência, EMPLASA, São Paulo
Naresh Fernandes, Editor, Time Out Mumbai, Mumbai
Vladimir Fernandes Maciel, Professor, Economia, Universidade Presbiteriana Mackenzie
Levi Ferrari, President, Instituto de Pesquisas e Projetos Sociais e Tecnologicos, São Paulo
Marcelo Carvalho Ferraz, Architect, Brasil Arquitetura, São Paulo
Candan Fetvacı, Chief Executive Officer, Aydın Doğan Vakfı, Istanbul
Marco Figueiredo, Local Development Coordinator, Coordenaçao de Cidadania, Ato Cidado, São Paulo
Alpay Filiztekin, Professor of Economics, Sanat ve Sosyal Bilimler Fakültesi, Sabancı Üniversitesi, Istanbul
Ebru Firidin Özgür, Assistant Professor of Urban Design, Mimar Sinan Güzel Sanatlar Üniversitesi, Istanbul
Christoph Fischer, Architect, Höhler+Partner, Hamburg
Simon Flemington, Chief Executive Officer, ELSE, London School of Economics and Political Science
Carlos Flores, Arkinka Magazine, Lima
Heidrun Foerster, Deputy Chairperson of the Supervisory Board, Deutsche Bank AG, Berlin
Sabrina Fontenele, Architect, FAU, Universidade de São Paulo
Lynn Forester De Rothschild, CEO, E.L Rothschild Ltd
Marcello Fragano Baird, Advisor, Secretaria de Relacoes Internacionais, Prefeitura de São Paulo
Elisabete França, Director, Social Housing Department, Municipality of São Paulo
Sonia Francine Gaspar Marmo, Deputy Mayor of Lapa, São Paulo
Luiza Franco, Agent, Companhia de Concessoes Rodoviarias, São Paulo
Fraya Frehse, Professor, Sociology, Universidade de São Paulo
Anja Fritzsch, Project Manager, Alfred Herrhausen Society, Deutsche Bank, Berlin
Gerald Frug, Louis D. Brandeis Professor of Law, Harvard University, Cambridge, Massachusetts
Ligia Gabbi, Public Attorney, SMSP, Prefeitura Municipal de São Paulo
Marcos Gadelho, Deputy Mayor, Secretaria de Coordenacao das Subprefeituras, Prefeitura Municipal de São Paulo
Ratnakar Gaikwad, Metropolitan Commissioner, Mumbai Metropolitan Regional Development Authority, Mumbai
Cesar Galha Bergstrom Lourenco, Director, Departamento de Urbanismo, Bergstrom Architecture, São Paulo
Simon Gammell, First Secretary, Cultural Affairs, British Council, West India, Mumbai
Nandita Gandhi, Co-Director, Akshara, Mumbai
Christien Garcia, Researcher, London
Maria Ines Garcia Lippe, Civil Engineer, Parametro Engenharia, Valinhos, São Paulo
Marina C. M. Garcia, Student, FAU, Universidade de São Paulo
Helena Maria Gasparian, Advisor for International Affairs, State of São Paulo
Adam Gebrian, Architect, Prague
Esin Gedik, Columnist, Akşam Gazetesi, Istanbul
Haluk Gerçek, Professor of Transport Engineering, İnşaat Fakültesi, Istanbul Teknik Üniversitesi
Jens Gerhardt, University of Leipzig
Kavita Ghatge, Vice President, Corporate Communications, Siemens AG, Mumbai
Debjani Ghosh, Senior Research Officer, National Institute of Urban Affairs (NIUA), New Delhi
Marcelo Giacaglia, Professor, Departamento de Tecnologia, FAU, Universidade de São Paulo
Ivan Paulo Giannini, Superintendent of Social Comunication, SESC-SP
Raquel Giassetti, Coordinator of Special Urban Projects Nucleus, Camargo Correa
Beate Ginzel, University Leipzig
Paulo Glette, Designer, PHG DESIGN, São Paulo
Debi Goenka, Executive Trustee, Conservation Action Trust, Mumbai
Stela Goldenstein, Deputy Chief of Staff, São Paulo Municipality
Flavio Goldman, Co-Secretary, Departamento de Relacoes Internacionais, Municipality of São Paulo
Sandra Gomes, Researcher, Centro de Estudos da Metropole, CEMCebrap, São Paulo
Viviane Gomes, Journalist, Publicacoes, Rits Rede de Informacoes do Terceiro Setor
Manoel Victor Gomes Figueiredo, Professor, Centro de Ciencias Sociais e Aplicadas, Universidade Presbiteriana Mackenzie, São Paulo
Alexandre Gomide, Researcher, Institute of Applied Economic Research, State of São Paulo
Joana Gonçalves, Professor of Architecture, Faculdade de Arquitetura e Urbanismo, Universidade de São Paulo
R. Gopalakrishnan, Joint Secretary, Prime Minister's Office, Government of India, New Delhi
Heloise Gornall-Thode, Capital Markets Officer, Americas, Asia, Pacific Capital Markets, European Investment Bank, Luxembourg City
Janina Gosseye, Professor, Department of Architecture and Urbanism, Catholic University of Leuven, Leuven
Beatriz Goulart, Arquiteta, Prefeitura Municipal De Nova Iguaçu, Secretaria de Governo, São Paulo
Jaya Goyal, Assistant Professor, Tata Institute of Social Sciences (TISS), Mumbai
Derya Göçer, Researcher, Contemporary Turkish Studies, London School of Economics and Political Science
Hüseyin Göçer, Chairman of Board, Karınca Uluslararası Taşımacılık, Istanbul
Pınar Gökbayrak, Co-Founder, Potansiyel Araştırmalar Birimi, Istanbul
Deniz Gökçe, Columnist, Akşam Gazetesi, Istanbul
Faruk Göksu, Founding Partner, Kentsel Strateji, Istanbul
Oral Göktaş, Co-Founder, SO Mimarlık, Istanbul
Ali Nihat Gökyiğit, Main Donor, Nezahat Gökyiğit Botanik Bahçesi Projesi (Otoyola İnat Doğal Hayat), Istanbul
Seda Gören Bölük, Advisor to Mayor, Esenyurt Belediyesi, Istanbul
Claudia Götz, Executive Director, Urban Land Institute, Frankfurt
Korel Göymen, Professor of Political Science, Sanat ve Sosyal Bilimler Fakültesi, and Member of Executive Committee, Istanbul Policy Centre, Sabancı Üniversitesi, Istanbul
Heather Grabbe, Director, Open Society Institute, Brussels
Beatriz Graeff, Advisor, Secretaria da Seguranca Publica, Municipality of São Paulo
Nuno Grancho, Architect
Marina Grinover, Architect and Urbanist, Instituto Acaia, São Paulo
Fernando Groisman, Senior Researcher, Economia, Universidad Nacional de General Sarmiento, Argentina
Marcia Grossbaum, Architect and Urbanist, Jorge Wilheim Consultores Associados, São Paulo
Vanessa Grossman, Researcher, Sorbone 1, FAU, Universidade de São Paulo
Ernst Gruber, Editor, Arch+, Berlin
Stefan Gruber, Assistant Professor in Geography, Landscape and Cities and Deputy Head, Institute for Art and Architecture, Academy of Fine Arts, Vienna
Armand Gruentuch, Partner, Grüntuch Ernst Architects, Berlin
Almut Gruentuch-Ernst, Partner, Grüntuch Ernst Architects, Berlin
Jürg Grunder, Berner Fachhochschule, Bern
Igor Guatelli, Cora Garrido Boxe, São Paulo
Maria M. P. Guerra, Student, FAU, Universidade de São Paulo
Leandro Guimaraes, Professor, Geografia, Colegio Medianeira
Vaidya Gullapali, Chayes International Public Service Fellow, Harvard Law School, Harvard University, Cambridge, Massachusetts
Kapil Gupta, Design Principal, Kapil Gupta & Chris Lee Associates, Mumbai
Alejandro Gutierrez, Associate Director, Urban Design, ARUP, London
Margarita Gutman, Professor, Facultad de Arquitectura, Diseno, y Urbanismo, Universidad de Buenos Aires
Cyrus Guzder, Chairman and Managing Director, AFL Group, Mumbai
Eylem Gülcemal, Urban Planner, Kentsel Strateji, Istanbul
Hakan Güldağ, Columnist, Dünya Gazetesi, Istanbul
Korhan Gümüş, Architect, and Founding Director, Human Settlements Assocation, Turkey and Director, Urban and Architectural Projects, Istanbul 2010 European Capital of Culture Agency
Adil Güner, Director, Nezahat Gökyiğit Botanik Bahçesi Projesi (Otoyola İnat Doğal Hayat), Istanbul
Selva Gürdoğan, Founding Partner, Superpool, Istanbul
Ayşegül Gürerk, Programme Director, Ortak İdealler Derneği, Istanbul
Ersen Gürsel, Partner, EPA Mimarlık, Istanbul
Melkan Gürsel Tabanlıoğlu, Partner, Tabanlıoğlu Mimarlık, Istanbul
Bülent Güven, Officer at Foreign Relations Department, Turkiye Cumhuriyeti Merkez Bankasi
Halil Güven, Rector, Bilgi Universitesi, Istanbul
Murat Güvenç, Professor of Urban Planning, Mimari Tasarım Programı, Bilgi Üniversitesi, Istanbul
Orhan Hacıhasanoğlu, Dean of Architecture Faculty, Istanbul Teknik Universitesi
Tülin Hadi, Partner, TECE Architecture, Istanbul
Jonas Hagen, Director, Programa Brasil, Institute for Transportation and Development Policy, São Paulo
Holger Hagge, Global Sourcing & Corporate Real Estate & Services, Deutsche Bank AG, Frankfurt am Main
Suzi Hall, Fellow, Cities Programme, London School of Economics and Political Science
Alexander Hamedinger, Assistant Professor, ISRA Centre of Sociology, Vienna Technical University
Ayşe Hasol Erktin, Founding Partner, Has Architecture, Istanbul
Nuray Hatırnaz, Deputy Director of Foreign Relations, Istanbul Büyükşehir Belediyesi
Gary Hattem, President, Deutsche Bank Americas Foundation, New York
Brandon Haw, Senior Partner, Foster + Partners, United Kingdom
Rainer Hehl, Sub-Curator, International Architecture Biennale Rotterdam
Annegret Heine Engelke, Managing Partner of Creation and Communication, Triad Berlin Projektgesellschaft GmbH
Alexandre Hepner, Researcher, Laboratorio da Paisagem, Projeto Quapa, FAU, Universidade de São Paulo
Tereza Herling, Adviser, Superintendencia de Habitacao Popular, Secretaria Municipal de Habitacao
Kristina Herresthal, Editorial Office, Arch+, Berlin
Mariana Hessel, Architect, B.E.A. Arquitetura, São Paulo
Niranjan Hiranandani, Chairman, Hiranandani Developers, Mumbai
Nikolaus Hirsch, Architect, Frankfurt
Thelma Hisayasu, Student, Faculdade de Arquitetura e Urbanismo, Universidade de São Paulo
Fabienne Hoelzel, Curator Assistant, Internationale Architectuur Biënnale Rotterdam
Sulamita Holanda de Sousa, Instituto de Desenvolvimento Sustentável e Energias Renováveis
Christina Holona, Architect, ETH Studio Basel, Basel
Clarissa Homsi, Lawyer, Aliança De Controle Do Tabagismo, São Paulo
Femke Hoogkamer, Architect, São Paulo
Carol Howe, Project Director, SWITCH Programme, UNESCO-IHE
Gary Hustwit, Documentary Filmmaker, New York City
Dan Hutchins, Southern California Institute of Architecture (SCI-Arc), Los Angeles
Donald Hyslop, Head of Regeneration and Community Partnerships, Tate Galleries, Tate Modern, London
Ayako Iba, Event Coordinator, Urban Age, London School of Economics and Political Science
Edgardo Alberto Ibanez, Chief Advisor, Legislatura de la Ciudad Autonoma de Buenos Aires
Sarah Ichioka, Director, The Architecture Foundation, London
Pedro Ilg Pestana, Student, FAU, Universidade Federal do Rio de Janeiro
Ivo Imparato, Senior Urban Specialist, Sustainable Development Department, World Bank, Washington D.C.
Jeffry Inaba, Director of Post Graduate Studies, Southern California Institute of Architecture, (SCI-Arc), Los Angeles
Deniz İkiz, Researcher on Historic Preservation, Mimarlık Fakültesi, Istanbul Teknik Universitesi
Cem İlhan, Partner, TECE Architecture, Istanbul
Özge İmrek, Urban Planner, Istanbul Metropoliten Planlama ve Kentsel Tasarım Merkezi
Evren İnal, Member of Executive Board, TMMOB Şehir Plancıları Odası, Istanbul Şubesi
Ayça İnce, Research Coordinator on Cultural Policy, Bilgi Üniversitesi, Istanbul
Aslı Kıyak İngin, Director, İnsan Yerleşimleri Derneği Başkanı, Istanbul
Gülçin İpek, Director of Publishing, Yapı Endüstri Merkezi, Istanbul
Tolga İslam, Research Associate on Architecture, Mimarlık Fakultesi, Yıldız Teknik Üniversitesi, Istanbul
Olaf Jacobs, Chief Executive, Hoferichter & Jacobs GmbH

Ajit Kumar Jain, Principal Secretary, Water Supply and Sanitation Department, Government of Maharashtra, Mumbai
Trupti Jain, Executive Director, City Managers' Association Gujarat, India
Suraj P. Jakhanwal, Director General, School of Urban Management, Amity University, New Delhi
K. R. S. Jamwal, Vice President, Strategy, Tata Sons Ltd., Mumbai
Flavio Janches, Architect and Urban Designer, Faculty of Architecture and Urbanism, Universidad de Buenos Aires
Paulo Jannuzzi, Professor, Instituto Brasileiro de Geografia e Estatistica, São Paulo
Marcio Jeha Chede, Director, Chéde Construções e Empreendimentos Ltda, São Paulo
Xu Jiexia, Student, Southern California Institute of Architecture (SCI-Arc), Los Angeles
Gregory John, Rede Cultural Beija-flor, São Paulo
Joseph Edmund Johnson, Bureau Chief of India, Financial Times, New Delhi
Gareth Jones, Senior Lecturer, Geography and Environment Department, London School of Economics and Political Science
Eduardo Jorge, Secretary of Environment, Municipality of São Paulo
George Jose, Executive Member, Collective Research InitiativesTrust (CRIT), Mumbai
Johny Joseph, Chief Secretary, Government of Maharashtra, Mumbai
Pankaj Joshi, Executive Director, Urban Design Research Institute, Mumbai
Marlova Jovchelovitch Noleto, General Programme and Social and Human Sciences Coordinator, UNESCO, Brasilia
Tessa Jowell, Minister for the Olympics and London, Department for Culture, Media and Sport, Government of the United Kingdom, London
Carla Juca Amrein, Masters Student, FEA, Universidade de São Paulo
David Judson, Columnist, Referans and Hürriyet Daily News, Istanbul
Adam Kaasa, Communications and Outreach Manager, Urban Age and LSE Cities, London School of Economics and Political Science
Rod Kaasa, Doctor, Edmonton
Terry Kaasa, Chaplain, Royal Alexandra Hospital, Edmonton
Betül Kabahasanoğlu, Columnist, Posta, Istanbul
Şelale Kadak, Columnist, Sabah, Istanbul
Hasan Bülent Kahraman, Associate Professor of Social Science, Sanat ve Sosyal Bilimler Fakültesi, Sabancı Üniversitesi; and Columnist, Sabah Gazetesi, Istanbul
Tayfun Kahraman, Secretary, TMMOB Şehir Plancıları Odası, Istanbul Şubesi
Hüseyin Kahvecioğlu, Professor of Architecture, Mimarlık Fakültesi, IstanbulTeknik Üniversitesi
Vijay G. Kalantri, Chairman and Managing Director, Dighi Port Ltd., Mumbai
Jamsheed Kanga, Kala Ghoda Association, Mumbai
Ömer Kanıpak, Founding Partner, Arkitera Mimarlık Merkezi, Istanbul
Ayşegül Kapısız, Architect, Kreatif Mimarlık, Istanbul
Gabriela Kappeler, Student, FAU, Pontificia Universidade Catolica do Parana
Hüseyin Kaptan, Partner, Atelye 70 Planlama ve Tasarım Grubu and Former 1st Director, Istanbul Metropoliten Planlama ve KentselTasarım Merkezi
Mariana Kara Jose, Urbanist, Alianca de Cidades, São Paulo
Özkan Karababa, Architect, ArchBox, Istanbul
Haydar Karabey, Partner, Limited Mimarlık, Istanbul
Ahmet Karacahisarlı, Executive Director of Finance, Çelik Halat veTel Sanayi A.Ş., Istanbul
Enise Burcu Karaçizmeli, Assistant Editor, XXI Mimarlık,Tasarım, Mekan Dergisi, Istanbul
Nuray Karakurt, Architect and Guest Editor, Arch+ Berlin
Aykut Karaman, Head of Urban and Regional Planning Department, Mimarlık Fakültesi, Mimar
Necmi Karaman, Southern California Institute of Architecture (SCI-Arc), Los Angeles
Sinan Güzel Sanatlar Üniversitesi, Istanbul
Necmi Karaman, Architect, Istanbul Ulaşım A.Ş.
Nuri Karamollaoğlu, Assistant Researcher, Visual Arts Programme, Sanat ve Sosyal Bilimler Fakültesi, Sabancı Üniversitesi, Istanbul
Funda Karatay Evren, Urban Planner, Istanbul Metropoliten Planlama ve KentselTasarım Merkezi
Işıl Karter, Member for Istanbul Provincial Council, Esenyurt Belediyesi, Istanbul
Uğur Kasımoğlu, Urban Planner on Renewal and Regeneration, IstanbulYenileme Alanları Kültür veTabiat Varlıklarını Koruma Bölge Kurulu
Bruce Katz, Vice President & Director, Metropolitan Policy Program, Brookings Institution, Washington DC
Ruth Kattumuri, Head, LSE-India, London School of Economics and Political Science
Stephen Kausch, Architect, DFZ-Architekten, Hamburg
Kemal Kaya, Private Secretary to Mayor, Pendik Belediyesi, Istanbul
Christian Keim, Researcher, EIFER, Karlsruhe
Çağlar Keyder, Professor, Atatürk Institute for ModernTurkish History, Sosyoloji Departmanı, Boğaziçi Üniversitesi, Istanbul; Department of Sociology, Binghamton Unviversity, State University of NewYork, Binghamton
Fuat Keyman, Professor of International Relations, İktisadi ve İdari Bilimler Fakültesi, Koç Üniversitesi, Istanbul
Babu Khan, Director, Confederation of Indian Industry (CII), New Delhi
Ajay Khanna, Deputy Director General, Confederation of Indian Industry (CII), Mumbai
Uttam Khobragade, General Manager and Chief Executive Officer, Brihan Mumbai Electric Supply andTransport Undertakings (BEST), Mumbai
Heng Chye Kiang, Dean, School of Design and Environment, National University of Singapore, Singapore
Caroline Kihato, Researcher, Graduate School of Humanities, University of South Africa, Johannesburg
Ceren Kılıç, Architect, Potansiyel Araştırmalar Birimi, Istanbul
He Nem Kim Seo, Student, FAU, Universidade de São Paulo
Elif Kısar Koramaz, Urban Planner, Istanbul Metropoliten Planlama ve KentselTasarım Merkezi
Kay Kitazawa, Research Officer, Urban Age, London School of Economics and Political Science
Cengiz Kirli, Professor, Sociology Department, Boğaziçi Üniversitesi, Istanbul
Rosa Grena Kliass, Landscaping Architect, Rosa Kliass - Arquitetura e Paisagismo, São Paulo
Carolin Kleist, Editor, Arch+, Berlin
Mariane Klettenhofer, Researcher,Departamento deTecnologia, FAU, Universidade de São Paulo
Jeroen Klink, Director, Centro de Engenharia, Modelagem e Ciências Sociais Aplicadas, Universidade Federal do ABC
Danielle Klintowitz, Architect and Urban Planner, Politica Urbana, Instituto Via Pública, São Paulo
Hubert Klumpner, Principal, UrbanThinkTank, Caracas
Mahmut Kocameşe, Head of Real-Estate Development, Istanbul Büyükşehir Belediyesi
Anne Kockelkorn, Editor, Arch+, Berlin
Levent Koç, Programme Manager, İyiYönetişim Programı,TESEV, Istanbul
Dirce Koga, Reasercher, Universidade Cruzeiro do Sul, São Paulo
David Kohn, Founder, David Kohn Architects, London
Şulan Kolatan, Principal, KOL/MAC LLC Architecture + Design, NewYork
Biray Kolluoğlu, Assistant Professor of Sociology, Boğaziçi Üniversitesi, Istanbul
Jorge Andre Königsberger, Co-Director, Königsberger Vannucchi Arquitetos Associados Ltda., São Paulo
Güzin Konuk, Professor of Architecture, Mimarlık Fakültesi, Mimar Sinan Güzel Sanatlar Üniversitesi, Istanbul
Tansel Korkmaz, Assistant Professor, İletişim Fakültesi, Bilgi Üniversitesi, Istanbul
Vasıf Kortun, Director, Platform Garanti Güncel Sanat Merkezi, Istanbul
Nilüfer Kozikoğlu, Principal,TUSPA Architectural Design Studio, Istanbul
Sait Ali Köknar, Researcher on Architecture, Mimarlık Fakültesi, IstanbulTeknik Üniversitesi
Tavit Köletavitoğlu, Vice-Chair, Urban Land Institute, Istanbul
Somanahalli Mallaiah Krishna, Governor, State of Maharashtra
Lakshminarasimhan Krishnan, Chief Executive Officer, Infrastructure Leasing and Financial Services Ltd., Chennai
S. S. Kshatriya, Principal Secretary, Housing Department, Government of Maharashtra, Mumbai
Zeynep Kuban, Assistant Professor of Architecture, Mimarlık Fakültesi, IstanbulTeknik Üniversitesi
Nikolaus Kuhnert, Editor, Arch+, Berlin
Manish Kumar, Managing Director, Dreams Consultant Pvt.
Rakesh Kumar, Deputy Director, National Environmental Engineering Research Institute Zonal Laboratories (NEERI), Mumbai
Venkatesh Kumar, Associate Professor, Department of Civics and Politics, University of Mumbai, Mumbai
Ercan Kumcu, Columnist, Habertürk, Istanbul
Matiko Kume Vidal, President Director, Instituto de Reciclagem do Adolescente - Reciclar
Amitabh, Kundu, Professor of Economics, Centre for the Study of Regional Development, Jawaharlal Nehru University, New Delhi
Ali Kural, Partner, Kural Mimarlık, Istanbul
Nerkis Kural, Partner, Kural Mimarlık, Istanbul
Hatice Kurtuluş, Professor of Urban Sociology, Fen ve Edebiyat Fakültesi, Muğla Üniversitesi
Pieter Kuster, Architect
Monica Yukie Kuwahara, Professor, Economia do Centro de Ciencias Sociais e Aplicadas, Universidade Presbiteriana Mackenzie
Tuna Kuyucu, Researcher, Department of Sociology, University of Washington, Washington, D.C.
Lisette Lagnado, Professor of Visual Arts, Universidade de São Paulo
Rajan Lakule, Principal, J. J. School of Architecture, Mumbai
Abha Narain Lambah, Principal, Abha Narain Lambah Associates, Mumbai
Thais Lapp, Architect, Construtora Ferreira de Souza, São Paulo
Dieter Läpple, Professor, Hamburg University of Technology, Hamburg
Simone Laubach, Manager, BDA Bayern Architects, Munich
Andrew Lauck, MSc Student, Urbanisation and Development and Programme Assistant, Urban Age, London School of Economics and Political Science
Reynaldo Ledgard, Architect, FAU, Pontificia Universidad Católica del Perú
Franklin Lee, Visiting Instructor, Architectural Association, London
Kyung Mi Lee, Architect, Superintendência de Planejamento Habitacional, Cia Desenvolvimento Habitacional e Urbano do Estado de São Paulo
Goetz Lehmann, Producer, Timespot, Germany
Andre Leirner, Researcher, CAPG, FGV, São Paulo
Carlos Leite, Professor of Architecture, Mackenzie Presbyterian University, São Paulo
Suzana Leite Nogueira Karagiannidis, Director, Planejamento Urbano, Lenog Arquitetura
Christina Lenart, Editor, Arch+, Berlin
Arno Loebbecke, Architect, Arch+ Berlin
Ana Leonardo Nassar de Oliveira, Coordinator of Social Networks, Museu da Pessoa
Jaime Lerner, President, Instituto Jaime Lerner
Marina Lessa, Student, FAU, Universidade de São Paulo
Adriana Lessa de Oliveira, Researcher and Consultant, LABAUT, FAU, Universidade de São Paulo
Joaquim Levy, Secretary of Finance, State of Rio de Janeiro
Ramiro Levy, Student, FAU, Universidade de São Paulo
Mariana Levy Piza Fontes, General Coordinator of Studies and Research, Ministry of Justice, Federal Government of Brazil
Igor Vinicius Lima Valentim, Researcher, Ciencias Sociais, UniversidadeTecnica de Lisboa
Maria C. L. D' Ottaviano, Professor, Centro de Estudos Urbanos, Universidade São Francisco, Itatiba
Eduardo Lopes, Architect, BAU arquitetura, São Paulo
Eduardo Lopes, Cooperativa de Reciclagem Nova Esperanca, São Paulo
Marcos Lopes, Assistant Reseacher, CEPESP, Fundacao Getulio Vargas, São Paulo
Melina Lopez Calvo, Technical Assistant, Ministerio de Desarrollo Urbano Gobierno, Buenos Aires
Xin Lu, Architect, Ibo-Concepts, Shanghai
Martin Luce, Fellow, Faculty of Architecture, Technische Universität Munich
Pedro Luis, Divisão Operacional, Centro de Policiamento da Capital
Yun Luo, Department of Graduate Studies, China Foreign Affairs University, Beijing
Bruna Luz, Tecnologia da Arquitetura, FAU, Universidade de São Paulo
Ana Claudia Maeda, Espaço Eventos, São Paulo
Jose Guilherme Magnani, Coordinator, Nucleo de Antropologia Urbana (NAU), São Paulo
Adalberto Maluf, São Paulo City Coordinator, Climate Change Initiative, Clinton Foundation
Mariana Malufe, Architect, Architectural Association School of Architecture
Fred Manson, Former Director of Regeneration & Environment, London Borough of Southwark and Associate Director of Heatherwick Studio
Alessandra Marchand, Research Associate, Urban Age, London School of Economics and Political Science
Monica Marcondes, Researcher, Departamento deTecnologia da Arquitetura LABAUT, FAU, Universidade de São Paulo
Stefan Mahrdt, Chief Country Officer, Sri Lanka, Deutsche Bank AG, Colombo
Rohit Manchanda, Chief Representative in Mumbai, London Development Agency (LDA) and Mayor's Office, Mumbai
Erminia Maricato, Professor, Laboratório de Habitação e Assentamentos Humanos (LABHAB), FAU, Universidade de São Paulo
Eduardo Marques, Director, Centro de Estudos da Metrópole, São Paulo
Patricia Marra Sepe, Specialist in Urban Development, Secretaria Municipal Do Verde e Meio Ambiente, Prefeitura de São Paulo
Luca Martinazzoli, Freelance Journalist, Milan
Deise Josiane Martins, International Advisor, São Paulo State Government, São Paulo
Paulo Adolfo Martins, Student, FAU, Universidade de São Paulo
Eliana Martins de Mello, Planning and Development Analyst, Gerencia de Desenvolvimento, Empresa Metropolitana de Transportes Urbanos
Marta Martinz Magalhães, Advisor, Instituto Pereira Passos, Prefeitura do Rio de Janeiro, Rio de Janeiro
Ronaldo Marzagao, State Secretary, Public Security, State of São Paulo
Douglas Mattos Siqueira, Director, Instituto Navega São Paulo
Thomas Matussek, Ambassador of Germany to India, Ständige Vertretung der Bundesrepublik Deutschland bei den Vereinten Nationen
Maria Carolina Mauro, Associate, Triptyque, São Paulo
Semra Cerit Mazlum, Assistant Professor of International Relations, Siyaset Bilimi ve Uluslararası İlişkiler Bölümü, Marmara Üniversitesi, Istanbul
Shelagh McCartney, Doctoral Candidate, Urban Planning and Design, Harvard University
Justin McGuirk, Editor of ICON Magazine, London
Rocky McKnight, Head of Corporate Relations, London School of Economics and Political Science
Rahul Mehrotra, Principal, Rahul Mehrotra Associates, Mumbai
Mukesh Mehta, Chairman, MM Project Consultants Pvt. Ltd., Mumbai
Suketu Mehta, Author, Maximum City and Associate Professor, School of Journalism, New York University
José Renato Melhem, Arquiteto, Secretaria Municipal de Coordenação das Subprefeituras, Prefeitura de São Paulo
Danielly Melo Ordanini, Research Colaborator, Programa para Uso Eficiente de Energia na USP, Universidade de São Paulo
Güngör Mengi, Columnist, Vatan, Istanbul
Muhsin Mengütürk, Member of Board of Directors, Doğuş Holding, Istanbul
Javier Mendiondo, Researcher Professor, Facultad de Arquitectura, Universidad Catolica de Santa Fe
Cristina Mendonca, Director, Clinton Climate Initiative, Fundacao Clinto, Rio de Janeiro
Rualdo Menegat, Professor, Institute of Geosciences, Federal University of Rio Grande do Sul
Emine Merdim Yilmaz, Publications Coordinator, Arkitera Mimarlık Merkezi, Istanbul
Angela Merkel, Chancellor, Government of Germany, Berlin
Markus Merkel, Security
Regina Meyer, Coordinator of LUME, FAU, Universidade de São Paulo
Tanja Meyle, Meylenstein, Berlin
Anna Miana, PhD Student, Tecnologia da Arquitetura, FAU, Universidade de São Paulo
Cristiano Miglioranza Mercado, Sociologist, Mogi Mirim
Raphael Milion, Student, FAU, Universidade de São Paulo
Luis Minoru Shibata, Managing Director, Assuntos Publicos, Ipsos, São Paulo
Paula Miraglia, Executive Director, United Nations Latin American Institute for the Prevention of Crime and theTreatment of Offenders, São Paulo
Ashish Mishra, Manager, Emerging Markets, London Development Agency, London
Philipp Misselwitz, Sub-Curator, Internationale Architectuur Biennale Rotterdam
Nisha Mistry, Researcher, Cities Programme, London School of Economics and Political Science
Yasuyuki Miwa, Senior Researcher, The Mori Memorial Foundation, Tokyo
Denis Mizne, Executive Director, Instituto Sou da Paz, São Paulo
Pankaj Modi, Senior Vice President, Urban Planning, NMSEZ Ltd., Mumbai
Renu Modi, Centre for African Studies, Mumbai
Tarique Mohammad, Program Officer, Koshish Field Action Project on Homelessness and Destitution, Tata Institute of Social Sciences (TISS), Mumbai
Dinesh Mohan, Professor and Coordinator, Transportation Research and Injury Prevention Programme, Indian Institute ofTechnology (IIT) Delhi, New Delhi

Rakesh Mohan, Deputy Governor, Reserve Bank of India, Mumbai
Sudha Mohan, Associate Professor, Department of Civics and Politics, University of Mumbai, Mumbai
P. K. Mohanty, Joint Secretary, Ministry of Housing and Urban Poverty Alleviation, New Delhi
Helena Monteiro, Campus Party
Antonio M.V. Monteiro, Coordinator, Instituto Nacional de Pesquisas Espaciais, São Jose dos Campos
Leonardo Monteiro, Researcher, Departamento deTecnologia, FAU, Universidade de São Paulo
Talita Montiel D'Oliveira Castro, Analyst of Projects, FundacaoTelefonica, São Paulo
Marcos Moraes, Coordinator, Artes Plasticas, FAAP - Fundacao Armando Alvares Penteado
Marta Moreira, Architect, MMBB Arquitetos, São Paulo
Polise Moreira De Marchi, Professor, Design, Senac São Paulo
Monica Moreno, Architect and Urban Planner, Departamento deTecnologia, FAU, Universidade de São Paulo
Marcelo Morgado, Environmental Advisor, SABESP, Governo do Estado de São Paulo
Tan Morgül, Editor-in-Chief, Istanbul Dergisi
Rosemeire Mori, Deutsche Bank Urban Age Award Winner 2008, São Paulo
Elizaveta Mosina, Urbanist, Editorial Staff, Arch+, Berlin
Arthur Motta Parkinson, Founder, Parkinson Desenvolvimento Imobiliario
Renata Moura Santoniero, Student, FAU, Universidade Presbiteriana Mackenzie, São Paulo
Fernanda Mourão Lopes, Student, FAU, Universidade Presbiteriana Mackenzie, São Paulo
Dipti Mukherji, Reader, Department of Geography, University of Mumbai, Mumbai
Roberta C. K. Mülfarth, Professor, FAU, Universidade de São Paulo
Mauro Munhoz, Director, Mauro Munhoz Arquitetos, São Paulo
Cristiane Muniz, Partner Architect, UNA Arquitetos, São Paulo
Nasser Munjee, Chairman, Development Credit Bank, India
Talat Munshi, Associate Fellow,The Energy and Resources Institute, New Delhi
Yu Muraoka, Researcher, International Project Research Center, Mitsubishi Research Institute, Tokyo
Burcu Mutman, Environmental Engineer, Bureau Veritas, Istanbul
Demet Mutman, UA 2009 Istanbul Award Co-ordinator, Deutsche Bank, Alfred Herrhausen Society
Alessandro Muzi, Architect, Companhia de Projeto, São Paulo
Cynthia Myntti, Anthropologist and Scholar, Paris, Cairo
Vanessa Nadalin, PhD Student, FEA, Universidade de São Paulo
Kazuo Nakano, Senior architect, Nucleo de urbanismo, Instituto Polis
Paul Nakazawa, Lecturer, Department of Architecture, Harvard University, Boston
Marly Namur, Professor, Departamento de Projeto, FAU, Universidade de São Paulo
Priscila Napoli, Manager, Desenvolvimento Institucional, Save Brasil
Gabriel Nascimento Pinto, Student, Direito Internacional, Universidade de São Paulo
Regina Nascimento, Rio Grande do Norte Comunicacao Dirigida
Thiago Natal Duarte, Engineer, Obra Arquitetos, São Paulo
Mario Navarro, CEO, Paz Brasil, Barueri, São Paulo
Nayanika Nayak, Architect,The Design Platform, Mumbai
Narinder Nayar, Chairman and Director, Governing Board, Bombay First, Mumbai
Virginia Nehmi, Researcher,Departamento de Tecnologia, FAU, Universidade de São Paulo
Anja Nelle, Architect, Projetos Sociais, Fundacao de Desenvolvimento Habitacional de Fortaleza
Marcelo Nery, Project Adviser, Instituto São Paulo Contra a Violencia
Helio Neves, Cabinet Chief, Secretaria do Verde e do Meio Ambiente, Prefeitura de São Paulo
Marketa Newcova, Architect, Istanbul Ulaşım A.Ş.
Anh-linh Ngo, Editor, Arch+ Berlin
Manju Nichani, Principal, Kishinchand Chellaram College, Mumbai
Ignacio Niño Perez, General Coordinator of Strategy and International Action, Madrid Global
Ligia Nobre, Independent Researcher, São Paulo
Regina Nogueira, Assistant, Coordenadoria de Relações Institucionais, Secretaria dos Transportes Metropolitanos, Governo do Estado de São Paulo
Bruno Nogueira de França Santos, Student, FAU, Universidade de São Paulo
Enrique Norten, Architect, TEN Arquitectos, Mexico City and NewYork City
Wolfgang Nowak, Managing Director, Alfred Herrhausen Society, Berlin
Felipe Nunes, Architect, Rio de Janeiro
Kerem Okumuş, Regional Vice-director forTurkey and the Black Sea,The Regional Environmental Center for Central and Eastern Europe, Istanbul
Meliha Okur, Columnist, Sabah, Istanbul
Luci Oliveira, Manager, Assuntos Publicos, Ipsos, São Paulo
Roberto Oliveira, Coordinator of Communication and Projects
Sinan Omacan, Partner, Atölye Mimarlık, Istanbul
Yusuf Omar, Consul, Consulado Geral da Africa do Sul, São Paulo
Mehmet Onaner, Former Public Officer on International Commerce andTreasury, Istanbul
Barış Onay, Deputy Director,Yapı Endüstri Merkezi, Istanbul
Nicole Opel, Architect, Editorial Staff, Arch+ Berlin
Suna Birsen Otay, Partner,Trafo Mimarlik, Istanbul
Henk Ovink, Director, National Spatial Planning, Strategy and Design, Ministerie van VROM, The Hague
Pınar Öğünç, Columnist, Radikal, Istanbul
Ayse Öncü, Professor of Sociology, Sanat ve Sosyal Bilimler Fakültesi, Sabancı Üniversitesi, Istanbul
Meriç Öner, Editor, Garanti Galeri, Istanbul
Jose Orenstein de Almeida, Intern, Secretaria de Relacoes Internacionais, Prefeitura de São Paulo
Edsom Ortega, Coordinator of Public Security, Secretary of Governance, Municipality of São Paulo
Catherine Otondo, Architect and Urbanist, Instituto Acaia, São Paulo
Seçil Özalp, Urban Planner, Istanbul Metropoliten Planlama ve KentselTasarım Merkezi
Nazan Özbaydar, Member of Executive Board, TMMOB Şehir Plancıları Odası, Istanbul Şubesi
Ahmet Özgüner, Partnter, Paralel 41 Mimarlık, Istanbul
Ali Ercan Özgür, Programme Manager, İyi Yönetişim Programı,TESEV, Istanbul
Funda Özkan, Columnist, Radikal, Istanbul
Miray Özkan, Urban Planner, Kentsel Strateji, Istanbul
Begüm Özkaynak, Professor of Environmental and Ecological Economics, İktisadi ve İdari Bilimler Fakültesi, Boğaziçi Üniversitesi, Istanbul
Umut Özkırımlı, Professor of International Relations, Bilgi Üniversitesi, Istanbul
Orhan Öztürk, Civil Engineer, Istanbul
Ayşe Özyetgin, Researcher, Mimarlik Fakultesi, IstanbulTeknik Universitesi
Mariana Paál Fernandes, Project Assistant, Associação Brasileira para o Desenvolvimento de Liderancas, São Paulo
Antoine Paccoud, Researcher, Urban Age and LSE Cities, London School of Economics and Political Science
Vanessa Padia,Technical Coordinator, Projeto Heliópolis, Superintendência de Habitação Popular, Prefeitura do Município de São Paulo
Vaijayanti Padiyar, Regional Head, Infrastructure Leasing and Financial Services, Urban Infrastructure Managers Ltd., Mumbai
Eduardo Paes, Mayor-Elect of Rio de Janeiro
Ben Page, Chief Executive, Ipsos MORI UK and Ireland, London
Ricardo Pagliuso Regatieri, Analyst for Social and Urban Development, Companhia de Desenvolvimento Habitacional e Urbano, Estado de São Paulo
Balçiçek Pamir, Columnist, Habertürk, Istanbul
Şevket Pamuk, Chair, ContemporaryTurkish Studies, London School of Economics and Political Science
Sneha Palnitkar, Director and Professor, All India Institute of Local Self-Government, Mumbai
Sudhir Panse, Adjunct Professor, University Institute of ChemicalTechnology, Mumbai
S. Parasuraman, Director,Tata Institute of Social Sciences (TISS), Mumbai
Anuradha Parikh, Founder, Matrix Architecture, Mumbai
P. S. Pasricha, Director General of Police, Maharashtra State Police, Mumbai
Kevin Parker, Global Head of Asset Management, Deutsche Bank, Berlin
Meltem Parlak, Urban Planner, Kentsel Strateji, Istanbul
Bernardo Parnes, Chief Country Officer, Deutsche Bank, São Paulo
Barbara Pasik, City Planning Adjunct Secretary, Ministerio de Desarrollo Urbano Gobierno, Buenos Aires
Claudia Pasquero, Partner, ecoLogicStudio, London
P. S. Pasricha, Director-General, Maharashtra State Police, Mumbai
Clara Passaro, Student, Departamento de Tecnologia, Faculdade de Arquitetura e Urbanismo, Universidade de São Paulo
Suzana Pasternak, Professor, FAU, Universidade de São Paulo
Anand Patel, Architect, HCP Design and Project Management Pvt. Ltd., Ahmedabad
Bimal Patel, Director, HCP Design and Project Management Pvt. Ltd., Ahmedabad
Jabbar Patel, Shastriya Nagar Housing Society, Mumbai
Sheela Patel, Founder, Society for the Promotion of Area Resource Centres (SPARC), Mumbai
Shirish Patel, Chairman Emeritus, SPA Consultants Pvt. Ltd., Mumbai
Anita Patil Deshmukh, Executive Director, Partners for Urban Knowledge Action and Research, Mumbai
Jayant Patil, Minister of Finance, Maharashtra State, Mumbai
Anirudh Paul, Director, Kamala Raheja Vidyanidhi Institute for Architecture, Mumbai
Aline Pek Di Salvo, Universidade Presbiteriana Mackenzie, São Paulo
Enrique Peñalosa, Mayor of Bogotá (1998 – 2000)
Jose Marcos Pereira de Araujo,Technical advisor, Secretaria Municipal de Planejamento, Prefeitura de São Paulo
Glauco Peres, Pesquisador, CEPESP, FGV, São Paulo
Jenny Perez, Architect and Urbanist, Arquitetura e Urbanismo e Gestão Ambiental, FiamFaam e FMU, São Paulo
Reinaldo Paul Pérez Machado, Professor, Faculdade de Filosofia, Letras, Ciencias Sociais e Historia, Universidade de São Paulo
Jorge Pessoa De Carvalho, Architect and Urbanist, Instituto Acaia, São Paulo
Abhay Pethe, Vibhooti Chair in Urban Economics, Department of Economics, University of Mumbai, Mumbai
Stefan Pfefferle, Southern California Institute of Architecture (SCI-Arc), Los Angeles
Jairaj M. Phatak, Municipal Commissioner, Brihan Mumbai Municipal Corporation, Mumbai
Vidyadhar K. Phatak, Consultant, Urban Planning and Management, V. K. Phatak, Mumbai
Juliana Pimentel Nogueira, Student, FAU, Universidade Presbiteriana Mackenzie
Eduardo Pimentel Pizarro, Student, Departamento deTecnolgia da Arquitetura, FAU, Universidade de São Paulo
Minar Pimple, Deputy Director, Asia, United Nations Millennium Campaign, Bangkok
Juliana Pinheiro Gonçalves, Student, FAU, Universidade de São Paulo
Andre Luiz Pinto, Manager, Unidade de Gerenciamento de Projetos, SMC Consultoria, Rio de Janeiro
Ciro Pirondi, Director, Escola da Cidade, São Paulo
Caio Piza, Professor, Centro de Ciencias Sociais e Aplicadas, Universidade Presbiteriana Mackenzie
Daniela Platsch, Key Account Manager, Austrian Trade Commission, London
Gunter W. Pollack, Gerente Relações Internacionais, Fundação de Rotarianos de São Paulo
Jose Luis Portella, Secretary ofTransport, State of São Paulo
Ricardo Porto de Almeida, Editor,Telejornalismo, Fundacao Casper Libero, São Paulo
Chandrashekhar Prabhu, Editor, Indian Institute of Architects and Economic Digest, Mumbai
Tiyok Prasetyoadi, Managing Director, Associate Architect and Urban Designer, Planning & Development Workshop, Indonesia
Arun Prasad Raja, PhD Student, University of Leipzig, Leipzig
Pamela Puchalski, Projects Coordinator 2007-2009, Urban Age, London School of Economics and Political Science
Neera Punj, Convenor, CitiSpace: Citizens Forum for the Protection of Public Spaces, Mumbai
Silvia Pupareli, Project Adviser, Administración de Infraestructuras Ferroviarias,Ministerio de Planificación e Infraestructura, Buenos Aires
Ana Silvia Puppim, Project Coordinator, Centro de Direitos Humanos e Educacao Popular Defesa da Vida, São Paulo
Shoba Purushothaman, Founder and Chief Executive Officer,The NewsMarket, NewYork
Isabelle Putseys, Southern California Institute of Architecture (SCI-Arc), Los Angeles
Joaquim Racy, Professor, Economia, Pontificia Universidade Catolica de São Paulo
Parimal Rai, Chairman, New Delhi Municipal Council, New Delhi
Champaka Rajagopal, Urban Designer, Bangalore
B. Rajaram, Director, Atri Knowledge Embedded Infrastructure Lab Pvt. Ltd., Hyderabad
R. A. Rajeev, Additional Municipal Commissioner, Municipal Corporation of Greater Mumbai, Mumbai
R. V. Rama Rao, Chief Project Coordinator and Member, NationalTechnical Advisory Group, Jawaharlal Nehru National Urban Renewal Mission, Ministry of Housing and Urban Poverty Alleviation, Government of India, Visakhapatnam
Ramesh Ramanathan, Co-Founder, Janaagraha Centre for Citizenship and Democracy, Bangalore
Radhika Ramasubban, Member, National Technical Advisory Group, and Director, Centre for Social andTechnological Change, Mumbai
Bruce Ramer, Chairperson, Gang,Tyre, Ramer & Brown Inc., Beverly Hills
Frederico Roman Ramos, Research Associate, Urban Age, London School of Economics and Political Science
Jose Ovidio Ramos, Professor, Departamento deTecnologia - LABAUT, FAU, Universidade de São Paulo
SueliTerezinha Ramos Schiffer, Professor, FAU, Universidade de São Paulo
Sean Randolph, President and Chief Executive Officer, Bay Area Economic Forum, San Francisco
Manjula Rao, Head of Programmes, British Council Division, British Deputy High Commission, Mumbai
Anand Rao, Professor, Centre forTechnology Alternatives for Rural Areas (CTARA), Indian Institute ofTechnology (IIT) Bombay, Mumbai
Anupam Rastogi, Principal, Infrastructure Development Financial Corporation, Mumbai
Cordula Rau, Journalist, Walverwandtschaften, Munich
Shubha Raul, Mayor, Brihan Mumbai Municipal Corporation, Mumbai
Martin Raven, Consul, Consulado Geral da Gra-Bretanha, São Paulo
K.T. Ravindran, Head, Department of Urban Design, School of Planning and Architecture, New Delhi
Barun Kumar Ray, Secretary, Kolkata Metropolitan Development Authority, Kolkata
Tomás Rebollo, Architect, FAU, Universidade de São Paulo
Elias Redstone, Senior Curator,The Architecture Foundation, London
Thais Reis Cardoso, Student, Escritório Público De Arquitetura, Universidade Federal do Rio de Janeiro
Camila Renault, Supervisor, Incorporacao, Camargo Correa Desenvolvimento Imobiliario, São Paulo
Joao Rett Lemos, Student Researcher, Laboratorio da Paisagem Projeto QUAPA, FAU, Universidade de São Paulo
Amelia Reynaldo, Universidade Catolica de Pernambuco
Hennie Reynders, Head of Department of Interior Architecture and Designed Objects, School of the Art Institute of Chicago
E. F. N. Ribeiro, Principal, Ribeiro Associates, New Delhi
Manoel Ribeiro, Urban Planner and UNESCO consultant, Rio de Janeiro
Bernd Rieger, CEO, Rieger Reurbanização, São Paulo
Tim Rieniets, Researcher and Chair for Architecture and Urban Design,The Swiss Federal Institute ofTechnology, ETH Zurich
Gabriela Rimoldi Cunha, Student, FAU, Universidade de São Paulo
Daniela Risafi de Pontes, Student, Ludwig-Maximilians-Universität München
Melina Risso, Director, Desenvolvimento Institucional, Instituto Sou da Paz, São Paulo
Luiz Guilherme Rivera De Castro, Coordinating Professor of Urbanism, FAU, Universidade Presbiteriana Mackenzie
Guido Robazza, Researcher, Urban Age, London School of Economics and Political Science
Christoph Rode, Account Manager,T-Systems Enterprise Services GmbH, Stuttgart
Philipp Rode, Executive Director, Urban Age & LSE Cities, London School of Economics and Political Science
Pravin Rodrigues, Associate Professor, Communication Arts, Ashland University, Ashland, Ohio
Guida Rodrigues, Espaço Eventos, São Paulo
Thais Rodrigues Corral, President, Associação Brasileira para o Desenvolvimento de Liderancas ABDL, Rio de Janeiro
Daniela Rodrigues Damaceno, Coordinator, Movimento dosTrabalhadores SemTeto, São Paulo
Alessandra Rodrigues Prata Shimomura, Researcher,Tecnologia, LABAUT, FAU, Universidade de São Paulo
Klemens Roel, Vice President, Deutsche Bank AG, São Paulo
Richard Rogers, Chairman, Rogers Stirk Harbour + Partners, London
Eduardo Rojas, Principal Urban Development Specialist, Inter-American Development Bank BID
Valentina Rojas Loa Salazar, Author, Citambulos Mexico City

Raquel Rolnik, Architect and Professor, Pontifícia Universidade Católica de Campinas
Maria Tereza Romero Leal, Co-founder, Coordenacao Artistica e Executiva, COOPA-ROCA, Rio de Janeiro
Patricia Romero Lankao, Deputy Director, Institute for the Study of Society and Environment, National Centre for Atmospheric Research, Boulder
Alex M. Rosa, Architect, Cia. Publica Municipal Pró-Habitação, Embu
Carlos Rosa, Coordinator, Coletivo Dulcineia Catadora, São Paulo
Elisabet Rosa, Profesora Titular, Geografia Humana, Universitat de Barcelona
Lucia G. L. Rosa, Coordinator, Coletivo Dulcineia Catadora
Marcos Rosa, Project Manager, Deutsche Bank Urban Age Award São Paulo, Alfred Herrhausen Society, Berlin
Eli Rosenbaum, Harvard Law School, Harvard University, Cambridge, Massachusetts
Tomas Rosenfeld, Student, Relacoes Internacionais,Faculdade de Economia e Administracao (FEA), Universidade de São Paulo
Renato Roseno De Oliveira, Advisor, Associação Nacional dos Centros de Defesa da Criança e do Adolescente, Fortaleza
Dunu Roy, Director, Hazard Centre, New Delhi
Katia Beatris Rovaron Moreira, PhD Student, Tecnologia da Construcao, FAU, Universidade de São Paulo
Nancy Rubens, Artist, New York
Rick Rubens, Professor of Psychology, Department of Counseling & Clinical Psychology, Columbia University, New York
Mariana Rudge, Manager, Cia. Desenvolvimento Habitacional e Urbano, Superintendencia de Planejamento, Estado de São Paulo
Beatriz Rufino, Student, Faculdade de Arquitetura e Urbanismo, Universidade de São Paulo
Lizzie Rusbridger, Administrator, Urban Age, London School of Economics and Political Science
Filomena Russo, Partner, Foster + Partners, London
Suzan Sabancı Dinçer, Member of the Board and Managing Director, Akbank, Istanbul
Janette Sadik-Khan, Commissioner, Department of Transportation, New York City
Prabhat Sahai, Chief Mechanical Engineer, Mumbai Railway Vikas Corporation Ltd., Mumbai
Bittu Sahgal, Editor, Sanctuary, Mumbai
Sare Sahil, Head of Architecture Department, Mimarlık Fakültesi, Uludağ Üniversitesi, Bursa
Carina Saito, Architect, Desenvolvimento de Mercado, Associação Brasileira de Cimento Portland
Güven Sak, Director, Türkiye Ekonomi Politikaları Araştırma Merkezi, Ankara
Patricia Sakata, Research Assistant, Architecture School, Harvard University, Cambridge
Dilgün Saklar, Partner, Tekeli-Sisa Mimarlık, Istanbul
Rachel Salamander, Publicist and Writer, Munich
Violeta Saldanha Kubrusly, Technical Ccoordinator, Superintendência de Habitação Popular, Prefeitura Municipal de São Paulo
Yıldız Salman, Assistant Professor in Architecture, Mimarlık Fakültesi, Istanbul Teknik Üniversitesi
Rubens Salles, President, Instituto Artesocial, São Paulo
Alexis Sanal, Partner, Sanal Mimarlık, Istanbul
Murat Sanal, Partner, Sanal Mimarlık, Istanbul
Manuel Sanches, Associate Professor, Ciência Política, Universidade Federal do Rio de Janeiro
Patricia Mara Sanches, Architect and Urban Planner, Desenho Urbano Sustentavel Luz, FAU, Universidade de São Paulo
Renata Sandoli, Researcher, Departamento de Tecnolodia - LABAUT, FAU, Universidade de São Paulo
Elton Santa Fe, Secretary, Secretaria de Habitacao, Prefeitura Municiapal de São Paulo
Vladimir Santana, PhD Student, Escola Brasileira de Administração Pública e de Empresas, FGV, São Paulo
Paulo Santiago, Director and Founder, Novo Olhar
Paula Santoro, Urban Planner, Programa Mananciais, Instituto Socioambiental
Danilo Santos De Miranda, Director, The Social Service of Commerce, São Paulo
Sanjeev Sanyal, Chief Economist and Senior Investment Advisor, Deutsche Bank Singapore
Arup Sarbadhikari, Trustee, Bandra Bandstand Residence Association, Mumbai
Nandini Sardesai, Professor, Department of Sociology, St. Xavier's College, Mumbai
Hashim Sarkis, Aga Khan Professor of Landscape Architecture and Urbanism, Graduate School of Design, Harvard University, Cambridge, Massachusetts
Saskia Sassen, Helen and Robert Lynd Professor of Sociology, Columbia University, New York City
Stephan Sattler, Journalist, Focus Magazine, Munich
Anne Save de Beaurecueil, Adjunct Assistant Professor, Architectural Association, London
Ana Paula Sayao, Espaço Eventos, São Paulo
Haluk Sayar, CEO, Ecofys, Istanbul
Muriel Schenkel, MA Student, Public Management and Governance, Zeppelin University, Wiesbaden
Tatiane Schilaro, Coordinator Architect, Apoio Tecnico, Associação Viva o Centro, São Paulo
Inge Schmidt-Barthel, Heilpraktiker, Warstein
Rolf Schmidt-Holz, Sony BMG Music Entertainment
Folke Schuppert, Professor for Governance, Wissenschaftszentrum Berlin für Sozialforschung
Giorgio Romano Schutte, Coordinator, Alianca de Cidades, São Paulo
Luciana Schwandner Ferreira, Researcher, FAU, Universidade de São Paulo
Martin Schwegmann, Architect, Urban Passion, Berlin
Renata Semin, Director, Piratininga Arquitetos Associados, São Paulo
Richard Sennett, University Professor of the Humanities, New York University, New York City; Emeritus Professor of Sociology, London School of Economics
Josef-Fidelis Senn, Vice President of Human Resources, Volkswagen do Brasil, São Paulo
Arıl Seren, Chairman, Istanbul Menkul Kıymetler Borsası
Utku Serkan Zengin, Urban Planner, Istanbul Metropoliten Planlama ve Kentsel Tasarım Merkezi
Alejandra Serna, Student, Escola da Cidade, São Paulo
Eva Serra, Architect and Senior Planner, Barcelona Regional
José Serra, Governor of the State of São Paulo (2007 – 2010)
Sibel Sezer Eralp, Regional Director for Turkey and the Black Sea, The Regional Environmental Center for Central and Eastern Europe, Ankara
Eunice Helena Sguizzardi Abascal, Professor, FAU, Universidade Presbiteriana Mackenzie, São Paulo
Rupa Shah, Vice Chancellor, SNDT Women's University, Mumbai
Bashar Shakra, Assistant Project Manager, Syrian-German Technical Cooperation GTZ, Damascus
Priya Shankar, Policy Researcher, Policy Network, London
Deepak Kumar Sharma
Suresh Sharma, Director, Centre for the Study of Developing Societies, New Delhi
Utpal Sharma, Dean, School of Planning, Centre for Environmental Planning and Technology (CEPT) University, Ahmedabad
Vikas Sharma, General Manager, Traffic and Transportation Planning, LEA Associates, Mumbai
Prasad Shetty, Executive Member, Collective Research Initiatives Trust (CRIT), Mumbai
Simone Shoji, Researcher, FAU, Universidade de São Paulo
Kapil Sibal, Minister of State, Science and Technology and Minister of Earth Sciences, Indian National Congress, New Delhi
Rosimeire Silva, Researcher, Centro de Estudos Sociais, Universidade de Coimbra
Rafael Silva Brandao, Researcher, Departamento de Tecnologia, FAU, Universidade de São Paulo
Denise Helena Silva Duarte, Professor, Departamento de Tecnologia, FAU, Universidade de São Paulo
Maria Laura Silveira, Researcher and Lecturer, LABOPLAN - FFCL, Universidade de São Paulo
Gabriela Simoes Garcia, Student, FAU, Universidade de São Paulo
Hillary Simon, SLUMLAB, Columbia University, New York
Regina Simpson, ODAR, London School of Economics and Political Science
Richard Simpson, MRes student, Human Geography, Department of Geography and Environment, and Researcher, Urban Age, London School of Economics and Political Science
Subir Hari Singh, Metropolitan Commissioner, Urban Development, Bangalore Metropolitan Region Development Authority, Bangalore
Manfred Sinz, Head of Spatial Planning Group, Federal Ministry of Transport, Berlin
Charles Siqueira, Project Coordinator, Rede de Desenvolvimento Humano, Instituto Polen, Rio de Janeiro
Renata Siqueira, Student, FAU, Universidade de São Paulo
Maria Sisternas, Researcher, Cities Programme, London School of Economics and Political Science
K. C. Sivaramakrishnan, Honorary Visiting Professor, Centre for Policy Research, New Delhi
Danielle Snellen, Researcher, Planbureau voor de Leefomgeving, The Hague
Medha Somaiya, Coordinator, Centre for Slum Studies, Ramnarayan Ruia College, Mumbai
Vinay Somani, Karmayog, Mumbai
Brinda Somaya, Principal Architect, Somaya & Kalappa Consultants Pvt. Ltd., Mumbai
Nadia Somekh, Director, FAU, Universidade Presbiteriana Mackenzie
Semra Somersan, Associate Professor, İletişim Fakültesi, Bilgi Üniversitesi, Istanbul
Clair Souki, Southern California Institute of Architecture (SCI-Arc), Los Angeles
Lucia Sousa e Silva, Reseacher, LUME, FAU, Universidade de São Paulo
Firuz Soyuer, Managing Partner and Co-founder, DTZ Pamir & Soyuer, Istanbul
Mustafa Sönmez, Economist, Istanbul
Özdemir Sönmez, Urban Design and Competition Group Coordinator, Istanbul Metropoliten Planlama ve Kentsel Tasarım Merkezi
Aldaiza Sposati, Coordinator, Centro de Estudos de Desigualdades Socio-Territoriais, Pontifícia Universidade Católica de São Paulo
Albert Speer, Managing Partner, Albert Speer + Partner, Frankfurt
Saidee Springall, Founding Partner, Arquitectura 911 SC, Mexico City
S. Sriraman, Walachand Hirachand Professor of Transport Economics, Department of Economics, University of Mumbai, Mumbai
Manu Kumar Srivastava, Additional Municipal Commissioner, Brihan Mumbai Municipal Corporation, Mumbai
Rahul Srivastava, Research Advisor, Partners for Urban Knowledge, Action and Research, Mumbai
Surendra Srivastava, Lok Satta, Mumbai
Lord Nicholas Stern, Chair, Grantham Research Institute on Climate Change and the Environment; IG Patel Chair and Director, Asia Research Centre and India Observatory, Department of Economics, London School of Economics and Political Science
Jaime Stiglich, Consul, Consulado Geral do Peru, São Paulo
Kristine Stiphany, Architect, Brasil Arquitetura
Thomas Stini, Founder, Onorthodox, Vienna
Heloisa Strobel, Architect, Instituto Jaime Lerner, Curitiba
Fabiana Stuchi, Coordinator Architect, Piratininga Arquitetos Associados, São Paulo
Yedla Sudhakar, Associate Professor, Urban Environmental Management, Indira Gandhi Institute of Development Research, Mumbai
Deyan Sudjic, Director, Design Museum, London
Dattaraya M. Sukthankar, Vice Chairman, Action for Good Governance and Networking in India, Mumbai
Haluk Sur, Chair, Urban Land Institute, Istanbul
K.T. Suresh, Executive Director, Youth of Unity and Voluntary Action (YUVA), Mumbai
Evrim Sümer, Manager of Corporate Communications, Hürriyet Gazetesi, Istanbul
Birgitte Svarre, Research Coordinator, Gehl Architects, Urban Quality Consultants, Copenhagen
Ilona Szabo de Carvalho, Senior Manager, Instituto Synergos, Rio de Janeiro
Salih Kenan Şahin, Mayor, Pendik Belediyesi, Istanbul
Aytug Şaşmaz, Project Assitant, Eğitim Reform Girişimi, Istanbul Politikalar Merkezi, Sabancı Üniversitesi, Istanbul
Remzi Şeker, Deputy Mayor, Pendik Belediyesi, Istanbul
Kubra Şen, Member of Executive Board, TMMOB Şehir Plancıları Odası, Istanbul Şubesi
Uğur Şenarslan, Urban Planner, Istanbul Metropoliten Planlama ve Kentsel Tasarım Merkezi
Serap Şengül, Director of Transport Planning, Istanbul Metropoliten Planlama ve Kentsel Tasarım Merkezi
Renato Tagnin, Architect and Professor, Servico Nacional de Aprendizagem Comercial, São Paulo
Meral Tamer, Columnist, Milliyet Gazetesi, Istanbul
Pelin Tan, Sociologist, Art Historian, Sosyal Bilimler Enstitüsü, Istanbul Teknik Üniversitesi
Lui Tanaka, Advisor, Gerencia de Comunicacao e Marketing, Companhia do Metropolitano de São Paulo
Köksal Tandıroğlu, Head of Strategy Development Department, Istanbul Büyükşehir Belediyesi
Görgün Taner, General Director, Istanbul Foundation for Culture and Arts
Ali Taptık, Freelance Photographer, Istanbul
Angelica Tanus Benatti Alvim, Research Coordinator, FAU, Universidade Presbiteriana Mackenzie
Nelson Tapias, Director of Programs, SESC, Pompei
Bülent Taşar, Managing Director, Siemens Finansal Kiralama, Istanbul
Guilherme Teixeira, Director, Acao Cultural e Educativa, Centro Cultural São Paulo
Paulo Teixeira, Federal Deputy, Camara dos Deputados, Brasilia
Doğan Tekeli, Founding Partner, Tekeli-Sisa Mimarlık, Istanbul
İlhan Tekeli, Professor of City and Regional Planning, Orta Doğu Teknik Üniversitesi, Ankara
Antonio Augusto Telles Machado, Nacional Director, Projeto IncluSão Social Urbana - 'Nos do Centro', São Paulo
Anne ter Steege, Advisor, Strategy and Finance, Slum Rehabilitation Society, Mumbai
Elaine Terrin, Student, FAU, Universidade de São Paulo
Fatih Terzi, Researcher on Architecture, Mimarlık Fakültesi, Istanbul Teknik Üniversitesi
Natznet Tesfay, Project Associate, Urban Age, London School of Economics and Political Science
Gregers Tang Thomsen, Founding Partner, Superpool, Istanbul
Phichai Thaengthong, Student, Southern California Institute of Architecture (SCI-Arc), Los Angeles
Bhakti Thakoor, Project Head, Urban Design, Ratan J. Batliboi Architects, Mumbai
Cenk Tıkız, Co-ordinator, United Cities and Local Governments, Middle East and West Asia Section, Istanbul
Anand Tiwari, Director, Public Relations, New Delhi Municipal Council, New Delhi
Geetam Tiwari, Chair and Associate Professor, TRIPP, Indian Institute of Technology, New Delhi
Fikret Toksöz, Programme Director, İyi Yönetişim Programı, TESEV, Istanbul
Ricardo Toledo, Deputy Secretary, Water Sanitation and Environment, State of São Paulo
German Torres, Advisor to Metropolitan Mayor of Lima
Eduardo Trani, Secretario Adjunto, Secretaria de Estado da Habitacao, State of São Paulo
Luciana Travassos, Researcher, LUME, FAU, Universidade de São Paulo
Tony Travers, Director, LSE London, London School of Economics and Political Science
Upendra Tripathy, Managing Director, Bangalore Metropolitan Transport Corporation, Bangalore
Paulo José Tripoloni, Architect, Criação, Grupo Artless
Patricia D. Truzzi, Student, FAU, Universidade de São Paulo
Alp Tümertekin, Partner, Managing Director, Mimarlar Design, Istanbul
Sebastian Turner, Partner of Scholz & Friends Group GmbH and Member of the Board of Trustees of the Herrhausen-Gesellschaft
Hakan Tüzün Şengün, Lecturer in Architecture, Mimarlık Fakültesi, Istanbul Teknik Üniversitesi
Sanjay Ubale, Secretary, Special Projects, General Administration Department, Government of Maharashtra, Mumbai
Natalia Ubilla, Espaço Eventos, São Paulo
Aydın Uğur, Professor of Communications, Bilgi Üniversitesi, Istanbul
Osman Ulagay, Columnist, Milliyet, Istanbul
Öykü Uluçay, İyi Yönetişim Programı, TESEV, Istanbul
Bülent Uluengin, Professor of Architecture, Mimarlık Fakültesi, Bahçeşehir Üniversitesi, Istanbul
Belkıs Uluoğlu, Assistant Professor of Architecture, Mimarlık Fakültesi, Istanbul Teknik Üniversitesi
Erica Mitie Umakoshi, Researcher, Departamento de Tecnologia da Arquitetura LABAUT, FAU, Universidade de São Paulo
Andre Urani, Executive Director, Instituto de Estudos de Trabalho e Sociedade, Rio de Janeiro
İdil Üçer Karababa, Teaching Assistant, Foundations Development, Sabancı Üniversitesi, Istanbul
Sinan Ülgen, Chairman, EDAM
Alper Ünlü, Professor of Architecture, Mimarlık Fakültesi, Istanbul Teknik Üniversitesi
Deniz Ünsal, Assistant Professor, İletişim Fakültesi, Bilgi Üniveresitesi, Istanbul
Fatma Ünsal, Professor of Urban and Regional Planning, Mimarlık Fakültesi, Mimar Sinan Güzel Sanatlar Üniversitesi, Istanbul
Özlem Ünsal, Researcher, Department of Sociology, City University, London
Mirian Vaccari, Architect, Oxford Brookes University
David Van Der Leer, Assistant Curator for Architecture and Design, Solomon R. Guggenheim Museum, New York
Anton Van Hoorn, Researcher, Planbureau voor de Leefomgeving, The Hague
Tiago Valente, Architect, Valente Arquitetos, São Paulo
Alfonso Valenzuela-Aguilera, Professor, Institute of Urban and Regional Development, University of California, Berkeley
Gianfranco Vannucchi, Co-Director, Königsberger

Vannucchi Arquitetos Associados Ltda, São Paulo
Eduardo Vasconcellos, Consultant, Associação Nacional de Transportes Publicos
Daniel Vasquez, Researcher, Centro de Estudos da Metropole, Centro Brasileiro de Análise e Planejamento, São Paulo
Gündüz Vassaf, Author, Psychologist, Istanbul
João Alberto Vaz Massler, Engineer, Consultoria de Transportes, Urbanismo Transporte Modelagem Ltda.
Achyut Vaze, Director, Institute of Mass Media, Mumbai Educational Trust (MET), Mumbai
Murat Vefkioğlu, Urban Design and Competition Group Director, Istanbul Metropoliten Planlama ve Kentsel Tasarım Merkezi
America Vera-Zavala, Writer, Playwright, Stockholm and Member of the Alfred Herrhausen Society Board of Trustees, Deutsche Bank
Savvas Verdis, Tutorial Fellow, Cities Programme, London School of Economics and Political Science
Javier Vergara Petrescu, Editor, Plataforma Urbana, Santiago de Chile
Francisco Vidal Luna, Secretary of State, Secretaria de Economia e Planejamento, Governo do Estado de São Paulo
Fernando Felippe Viegas, Architect, UNA Arquitetos, São Paulo
Pablo Viejo, Project Manager, EIFER, Karlsruhe
Joao Vieira, Director, Departamento de Aguas e Energia Eletrica, Secretaria de Saneamento e Energia, Governo do Estado de São Paulo
Tuca Vieira, Photographer
Maria Rita Villela, Senior Researcher, Programa Meio Ambiente de Desenvolvimento, Instituto de Estudos da Religiao
Marcos Virgilio, Advisor on Social-Environmental studies, Grupo de Projetos Integrados, Diasonal Urbana Consultoria
Aydan Volkan, Partner, Kreatif Mimarlık, Istanbul
Hilmar Von Lojewski, Program Manager, Syrian-German Technical Cooperation GTZ, Damascus
Christian Vonwissel, Author, Citambulos Mexico City
Subodh Wagle, Professor, Tata Institute of Social Sciences (TISS), Mumbai
Darren Walker, Vice-President, The Rockefeller Foundation
Chuck Ware, Southern California Institute of Architecture (SCI-Arc), Los Angeles
Alexandros Washburn, Chief Urban Designer, City of New York
Shridar Washikar, Manager, Urban Planning, NMSEZ Pvt. Ltd., Mumbai
Julio Watanabe Jr, Technical Director, Departamento de Planejamento Urbano, Prefeitura de Barueri, SP
Ben Watt-Meyer, Designer, Chernoff Thompson Architects, Vancouver
Mark Watts, Former Environmental Advisor to Ken Livingstone, Mayor of London 2004-2008
Ute Weiland, Deputy Director, Alfred Herrhausen Society, Berlin
Barry Weisberg, PhD Candidate, Research Associate, Criminology, Law and Justice Department, University of Illinois
Matthieu Wellner, Researcher, Technische Universität Munich
Christian Werthmann, Associate Professor in Landscape Architecture, Graduate School of Design, Harvard University
Joseph West, Southern California Institute of Architecture (SCI-Arc), Los Angeles
Francine Wey, Head of Communications, Deutsche Bank, São Paulo
Jorge Wilheim, Principal, Jorge Wilheim Consultores e Associados, São Paulo
Anthony Williams, Mayor of Washington DC (1999–2006)
Darien Williams, Southern California Institute of Architecture (SCI-Arc), Los Angeles
Alison Wolanski, Researcher, Management of Technology, Federal Polytechnic School of Lausanne
Kari Wolanski, Senior Policy Analyst, Income Security, Government of Canada
Richard Woolhouse, Senior Economist, Centre for Cities, London
Sarah Worthington, Pro-Director, London School of Economics and Political Science
Arthur Xavier, Former Deputy Mayor, Subprefeitura de Tiradentes, Municipality of São Paulo
Murat Yalçıntan, Professor of City and Regional Planning, Mimarlık Fakültesi, Mimar Sinan Güzel Sanatlar Üniversitesi, Istanbul
Yeliz Yalın, Volunteer, Barış için Müzik, Istanbul
Vitor Yamamoto, Student, FAU, Universidade Presbiteriana Mackenzie
Birgül Yavuz, Director of Information Center, Yapı Endüstri Merkezi, Istanbul
Hakan Yener, Coordinator, Urban Land Institute, Istanbul
Musa Yetim, General Director, Istanbul Konut A.Ş.

Burçin Yıldırım, Co-Founder, Potansiyel Araştırmalar Birimi, Istanbul
Eyyüp Yıldırım, Foreign Relations Specialist, Dış İlişkiler Müdürlüğü, Istanbul Büyükşehir Belediyesi
Kerimcan Yıldırım, Projects Officer, United Cities and Local Governments, Middle East and West Asia Section, Istanbul
Selahattin Yıldırım, Secretary General, United Cities and Local Governments, Middle East and West Asia Section, Istanbul
Demet Yıldız, Researcher, Foundations Development, Sabancı Üniversitesi, Istanbul
Erdoğan Yıldız, Representative, Istanbul Mahalle Dernekleri Platformu
Sevin Yıldız, Researcher on Architecture, New Jersey Institute of Technology
Ömer Yılmaz, Partner, Arkitera Mimarlık Merkezi, Istanbul
Serpil Yılmaz, Columnist, Milliyet, Istanbul
Hakkı Yırtıcı, Assistant Professor of Architecture, Mimarlık Fakültesi, Istanbul Kültür Üniversitesi
Emine Yılmazgil, Architect, Istanbul
Anupam Yog, Chief Executive Officer, Mirabilis Advisory, Delhi
Cristiane Yoshimura, Architect, Comercial, Sinalmig Sinais e Sistemas Ltda, São Paulo
Eda Yücesoy, Assistant Professor, Mimari Tasarım Programı, Bilgi Üniversitesi, Istanbul
Özlem Yüzak, Columnist, Cumhuriyet Gazetesi, Istanbul
Alejandro Zaera-Polo, Joint Director, Foreign Office Architects, London
Ramesh Zalki, Managing Director, Karnataka Road Development Corporation Ltd., Bangalore
Leticia Zamolo Duque, Student, Departamento de Tecnologia, FAU, Universidade de São Paulo
Julia Zanghieri, Corporate Relations Manager, CRU, London School of Economics and Political Science
Adrian Zeller, Architect, Massimo Lopreno Architects and Independent Architect, Switzerland
Dimitri Zenghelis, Visiting Senior Fellow, Grantham Research Institute on Climate Change and the Environment, London School of Economics and Political Science; Chief Climate Economist, Cisco
Ignacio Zervino, Economist, Fundación AVINA, Buenos Aires
Silvana Zioni, Architect and Professor, FAU, Universidade Presbiteriana Mackenzie, São Paulo
Maria Helena Zonzini, Espaço Eventos, São Paulo
Maria Zulmira de Souza, Journalist, TV Cultura, São Paulo
Harald Peter Zwetkoff, Director, Companhia de Concessões Rodoviárias, São Paulo

德意志银行城市时代奖
评委会成员 2007–2010 年

孟买，2007 年
Ricky Burdett (Chair), Director, Urban Age & LSE Cities, London School of Economics and Political Science
Shabana Azmi, Actress and Member, National Integration Council and National AIDS Commission, Mumbai
Rahul Mehrotra, Principal, Rahul Mehrotra Associates, Mumbai
Suketu Mehta, Author, Maximum City and Associate Professor, School of Journalism, New York University
Enrique Norten, Architect, TEN Arquitectos, Mexico City and New York City
Anthony Williams, Mayor of Washington DC (1999–2006)

圣保罗，2008 年
Ricky Burdett (Chair), Director, Urban Age & LSE Cities, London School of Economics and Political Science
Tata Amaral, Filmmaker and Co-founder, Coração da Selva, São Paulo
Lisette Lagnado, Professor of Visual Arts, Universidade de São Paulo
Fernando De Mello Franco, Partner, MMBB Arquitetos, São Paulo
Enrique Norten, Architect, TEN Arquitectos, Mexico City and New York City
Raí Souza Vieira de Oliveira, 1994 World Cup Champions Brazilian National Football Team Player and Founding Director, Fundação Gol de Letra, São Paulo

伊斯坦布尔，2009 年
Ricky Burdett (Chair), Director, Urban Age & LSE Cities, London School of Economics and Political Science
Behiç Ak, Architect and Cartoonist, Cumhuriyet Gazetesi, Istanbul
Arzuhan Doğan Yalçındağ, Director of Turkish Industrialists' and Businessmen's Association, TUSIAD (2007–2009), Istanbul
Çağlar Keyder, Professor, Atatürk Institute for Modern Turkish History, Sosyoloji Departmanı, Boğaziçi Üniversitesi, Istanbul; Department of Sociology, Binghamton Unviversity, State University of New York, Binghamton
Enrique Norten, Architect, TEN Arquitectos, Mexico City and New York City
Han Tümertekin, Founder, Mimarlar Architecture, Istanbul

墨西哥城，2010 年
José Castillo (Chair), Principal, Arquitectura 911sc, Mexico City
Vanessa Bauche, Actress, Mexico City
Ricky Burdett, Director, Urban Age & LSE Cities, London School of Economics and Political Science
Denise Dresser, Visiting Professor, Mexico Autonomous Institute of Technology (ITAM), Mexico City
Enrique Norten, Architect, TEN Arquitectos, Mexico City and New York City
Betsabeé Romero, Visual Artist, Mexico City
Anthony Williams, Mayor of Washington DC (1999–2006)

德意志银行城市时代奖工作人员
Demet Mutman, Istanbul Award Coordinator
Marcos Rosa, São Paulo Award Coordinator
Priya Shankar, Mumbai Award Coordinator
Ana Álvarez Velasco, Mexico City Award Coordinator

索引

Page numbers in *italics* refer to illustrative material or information in the caption. **Bold** pages indicate the main discussion of a city.

Abdul Hamid II 231
Abu Dhabi 227
Ackermann, Dr Josef 7
Africa 61, 94; and multiculturalism in São Paulo 165-6
age structure of cities 260-1, 301, 302-3
air travel: global connections *30-1*; low-cost airlines *332, 333*, 334, 335, 340
Aix-en-Provence 326
Aleppo 22, 227, 228, 230-1
Alexandria 222, 227
Algeria 206, 222
American Apparel *60*, 339
Amman 227, 228
Amsterdam 24-5, 121, 346, 348
Anatolian migrants in Istanbul 208, *218, 219*, 295
Ankara 206, 210, 212, 213, 227, *228*, 246
Appudarai, Arjun 115, 362
Arab cities 22, 224-31
Arab League 230
Arab nationalism 227
Aravena, Alejandro *46*, 52-3
architecture 18, 44-55; Istanbul 44, *47*, 51-2, 246, *247*; Mumbai 44, *45, 48*, 53-5, 88; 'no-frills' 334, *336*, 336-7, *337*, 338, 340; plate glass walls 328-9; preservation campaigns 44; São Paulo 44, *49, 136-7*, 149, 178, 181, 182
Argentina 155, 159, *see also* Buenos Aires
Arputham, Jockin 376
Arte Povera 337-8
Ataturk, Kemal 206, 208, *228*
Atlanta 344

Baghdad 209, 227
Baghdad Pact 227
the Balkans: and Istanbul 226, 227
Balyan, Sarkis 231
Bananare, Juó (Alexandre Marcondes Machado): *La Divina Increnca* 162-5
Bangladesh 94
Bangladore 15, 86, 88, 94, 122
Barcelona 24-5, *47*, 51, 181, 222, 344
Bardi, Lino Bo 149
bare-life politics 240, 335-7
Bastide, Roger 166
Beijing 327, 385-6
Beirut 22, 222, 227, *228*, 228, 230, 231
Bengal 86, 88
Berlage, Hendrik Petrus 25
Berlin 14; age pyramid 261, 303; carbon emissions 303, 304, 305, 307; cycling 298; GDP statistics 296; government structures 256, 257; Neukölin *285*; population density 266, 267, *284-5*, 293; social disadvantage 263; social equity 305, 306; transport 286, 287, 288, 289, 290, 291, 383-4; urban economy 301; urban footprint 254, 255; workforce 265
Bhagat, Dr R.B. 96
bicycles and cycling 122, 125, 298, 384, 385, 386
Bihar 104
Boeing 60-1
Bogotá 14, 18, 19, 25, 116, 146-8, 152-3, 158, 160, 180, 327; bus system 345; carbon emissions reductions 346
Bolivian immigrants in São Paulo 165
boundaries and borders 24, 324-31; edges 324-6, 330-1; views 329-30; walls 326-9
Brasilia 146, 149
Braudel, Fernand 222, 231
Brazil 11, 153-5, 388; ABC City Region 154-5; carbon emissions 303; crime and the police 148; Curitiba 146, 153-4, 358; economy 148, 153; government structures 259; middle class 186; polygon region 153, *see also* Rio de Janeiro; São Paulo
BRIC nations 19, 148, 208
BRT (Bus Rapid Transit) in India 126-7
Budapest 218, 221
Buenos Aires 15-18, 19, 148, 152, 159, 160, 161, 180, 329, 345
building trades: and urban manufacturing 62, 63
Burdett, Ricky 47
Burgess's concentric city model 262
Burnham, Daniel 25, 329
Burra, Sunder 98
buses *342, 343*, 345, *384*; Mumbai 122, 125, 126-7; São Paulo 383

Cairo 22, 208, 227, 228, 229, 230, 231
Calcutta *see* Kolkata (Calcutta)
Cameron, David 335, 341
Campana brothers 149
Caracas *328*
carbon emissions 11, 14, 17, 303-5, 307, *346*; reduction policies 342-9
cars and car ownership 297-8, 302; Curitiba 154; Istanbul *202-3*, 297-8; London 298; Mexico City 298; Mumbai 119, 122, *123*, 124, 127, 298; São Paulo *138-9*, 176, 298; Shanghai 298; transport planning *384-6, 385*
Casablanca 222, 229
Catholics in Mumbai 97
Celant, Germano 337-8
Central Asia and Istanbul 226, 227
Cerda, Idelfonso 24-5, 181, 222
Chandigarh 116
Charles, Prince of Wales 49, 50, *52*
Charney, Dov *60*
Chennai 94, 116, 122
Chicago 24-5; knowledge econoy 61; lakefront 329; 'pork bellies' 58; and urban manufacturing 62-3
Chicago Manufacturing Renaissance Council: Wind Turbine Supply Chain Project 63
Chile: Elemental projects *46*, 52-3; Santiago 150-2
China 10, 49, 388; environmental impact of cities 11; and India 86, 88; one-child policy 303; transport planning 385-6, *see also* Shanghai
citizenship 170, 340, 341
City of God (film) 174, 245
climate change effects 24, 303-5, 342-9; and poverty 379; São Paulo 187
clothing stores 335, 339
Cohn-Bendit, Daniel 334
'compact city' model 14
Constantinople 222, *see also* Istanbul
Copenhagen 14, 240, 346
Correa, Charles 88, 94, 96, 104
cost of living: public opinion on 310, 311, 312
creative classes: and the economies of cities 58, 64
crime and safety: Bogotá 146-8; and gated communities 107; inequalities and urban violence 362-7; Mumbai 107, 314-16; public opinion on 23, 310-11, 312, 313-16; São Paulo 148, 170, 171, 174-5, 179, 186, 313-14, 315, 316
cultural industries: and urban manufacturing 59, 62
culture in Istanbul 216, 235-7
Curitiba 146, 153-4, 358

Damascus 228
Davis, Mike 174, 295, 297
deep democracy 115
deep economic histories of cities 56, 59-61, 65
Delhi 8, 15, 86, 88, 94, 116; transport 122, 124, 126-7
democracy: and daily life in high-income nations 376; and governance of cities 350-5; Mumbai 90-3, 115
design industries 58, 59; and urban manufacturing 58, 59, 62, 63
Dhaka 8, 344
Dharavi (Mumbai) 10, 44, 59, 89, 98-9, *101*, 294, 295
Dink, Hrant 232
disorder in cities 360-7
Doha 230
Dubai 176, 208, 231, 330

eastern Europe and Istanbul 215
ecological footprint 46
economics of cities 18, 56-65, 300-3; Brazil 148, 153; Istanbul 56, 59, 65, 213, 215; urban economies *38-9*; urban manufacturing 58-9, 62-5; US Metro Policy 388-95
Ecuador 160
Eczacibasi, Bülent 51
edge cities 49
edges 324-6; centre and edge 330-1
Edinburgh 52
Egli, Ernst 229
Egypt 222, 227; Alexandria 222, 227; Cairo 22, 208, 227, 228, 229, 230, 231
Eisenman, Peter 55
electricity consumption 11, 307
Elemental project 24, *46*, 52-3, *368, 369*, 370-3
employment: opportunities in cities 310, 311, 312; urban workforce 264-5, 300-2; urban workforce, Mumbai 86, 87, 96, 98, 99, *113*, 113, 264
The Endless City 7, 14
energy consumption 11, 307
energy efficiency 346-7
environmental impacts 316-18; green cities 24, 61, 343-9, 395; human footprints 11, 14, *28-9*, 254-5, 298-300, *see also* carbon emissions; climate change effects
equality: politics 334; securing in cities 368-73
Erder, Sema 354
Erdogan, Tayyip 248, 354
Erikson, Erik 330-1
European Union: and hinge cities 218, 220-1, 222; and Istanbul 208, 215, 232
extended families, housing for 371-2

Fenty, Adrian 358
Fez 229
financial futures 58
flexible production systems: and Istanbul 216
flooding 11, 374-6, *375*; Mumbai *82-3*, 103, 305, 374-6; São Paulo 187, 305
football clubs in Latin America 161
Ford, Tom 339
Foster, Norman 328-9
Frankfurt 22, 218, 220, 223
Friedan, Betty 334

Gandhi, Rajiv 90
Ganesh festival in Mumbai *109*, 110-11
gangs in Latin American cities 158-9
gated communities 6, 10, 107, 152, 222, 231, 327
Gates, Bill 334
GDP (gross domestic product) 8, 296, 300, 302, 305; and carbon emissions 303; São Paulo 147, 148, 182, 296, 300
Gehry, Frank 237
Genoa 387
GINI index 305-6, 362
Glasgow 313
glass production: and advanced economic sectors 59
global cities: deep histories of 56; slums in 58, 59; visual orders and topographies of 58
global urbanization 10-14
global-local distinction 356-8
globalization: democracy and governance 354-5; inequalities and urban disorders 260-5; and Istanbul 22-3, 210, 224-6, 232-9, 246-51; and 'no-frills' economic models 332-41
Goa 121
governance of cities 6, 24, 318-19, 320; and democracy 350-5; government structures 256-60; and urban footprints 298-300
green cities 24, 61, 343-9, 395
Greenspan, Alan 334, 335
Guevara, Che 334
Gujarat 120
Gulf States 49, 227, 231

Hadid, Zaha 44, 49, 51-2, 209, 230, 235
The Hague 121
Haifa 227
Hamburg 218
Hardoy, Jorge 378
Harvey, David 226
Haussmann, Baron 25, *47*, 51, 52
Havel, Václav 47
HDI (Human Development Index) *11, 40-1*, 305-6
health care: public opinion on 23, 319-21
Herzog, Jacques 44, *49*
Hindus in Mumbai 97
hinge cities 22, 218-23; centre/periphery distinction 220-1; and public space 222-3
Hong Kong *53*, 97, 344, 387
housing 10; Elemental project 24, *46*, 52-3, *368, 369*, 370-3; Istanbul 10, *194-5*, 208-9, 213-14, 216, 217, *232, 233*, 234-5, 236-9, 249-50; Mumbai 10, *80-1*, 87, 96, 97, 105-6, *112*, 114; São Paulo *142-3*, 168-71, *172-3*, 180; Turkish state housing programme (TOKI) 208-9, 216, 234-5, 249-50, *see also* slums
Houston 344
human footprints 11, 14, *28-9*, 254-5, 298-300
Hungary 218, 220
Huyghe, Pierre 340-1
Hyderabad 94

ideal city concept 306
identity: and living-edge urbanism 330-1
image of cities 312-13
income inequality 305-6
incremental housing 370-3
India: Bangladore 15, 86, 88, 94, 122; Bengal 86, 88; Bihar 104; Calcutta (Kolkata) 15, 86, 88, 94, 116, 120, 122; carbon emissions 303; cars and car ownership 119, 127; Chandigarh 116; Chennai 94, 116, 122; colonial roots 86, 120; Delhi 8, 15, 86, 88, 94, 116, 122, 124, 126-7; democracy and the 74th Amendment 90-3, 352-3; economic growth 388; employment 86; environmental impact of cities 11; Goa 121; government structures 258; Gujarat 120; house building 88-9; Hyderabad 94; Independence Day 111; infrastructure 88; Kerala 92, 121; Kinetic City 108-10; Madras 120; Maharashtra state government 94, 104, 121, 258, 350-2; National Slum Dwellers Federation 115, 376-7; National Urban Transport Policy (NUTP) 126; pollution *347*; post-colonial partition 86; Pune 122; railways 119; rural hinterland 86, 120; Silicon Valley 88-9; Special Economic Zones 88; state governments 92, 93; urban growth 94; urban planning 92; urban shift 86-9; urban transport infrastructure 124-7; Uttar Pradesh 104, *see also* Mumbai
Industrial Revolution 8
inequalities in cities 305-6; Istanbul 208-9, 239, 305-6; Mumbai 305, 306; São Paulo 19-22, *132-3, 168*, 168-75, *169, 172, 173*, 305; and urban disorders 360-3
infant mortality 376
informal economy 56
infrastructure 14, 299; green cities 347-8; Istanbul 227; São Paulo 154-5, 170, 176, 184, 185, 186, *see also* transport
integrated technologies 347-8
International Institute for Environment & Development: "The Transition to a Predominantly Urban World" 94
International Institute of Political Sciences (IIPS) 96
Israel 230
Istanbul 14, 22-3, *190-205*, **206-45**, *228, 241*; age pyramid 261, 303; and Arab cities 22, 224-31; architecture 44, *47*, 51-2, 246, *247*; bridges *190-1*, 209; built environment patterns 244; business districts *47*, 52, 214-15, 216-17; carbon emissions 304, 307; cars and car ownership *202-3*, 297-8; city centre *194-5, 220*; crime and safety in 313, 314, 315, 316, 327, 365-6, 367; culture 216, 235-7; deep economic history of 18, 56, 59, 65; deepening capitalism in 251; earthquake 209; edges 327; environmental issues 316-18; and the European Union 208, 215; gated communities 107; GDP statistics 296; *gecekondu* neighbourhoods 213, 214, 215, 217, 238, 240, 249; gentrification 217, 237-9; geography and topography 226, 240-3, *242*; and globalization 22-3, 210, 224-6, 232-9, 246-51; governance 257, 258, 259, 318-19, 320, 353-4; Güngören 273, 295; hinge city status 218-23, *223*; hinterland *215*; history of urban development 206, *210*, 210-17, *211, 214*; housing 10, *194-5*, 208-9, 213-14, 216, 217, *232, 233*, 234-5, 236-9, 249-50; image of 313; industries 215, 216; inequalities 208-9, 239, 305, 305-6, 307, 362; Kanyon shopping centre 51, *200-1*, 236; Kartal 51, 209; Levent 51, 208; linear sub centres 209; mayors 229-30, 231; migration/migrants 22-3, 206, 208, *218, 219*, 235; and 'Noormania' 224, 230, 231; older neighbourhoods *202-5*; and the Ottoman Empire 52, 226-7, 230-1, 248, 250-1; Pera district 236; population density 266, 267, *272-3*, 293, 295, 297; population distribution 212; population growth 47, 207, 208, 212, 213, 216, 248-9; population stability 308-9; position and heritage *224, 225*; public opinion on 23, 309-12, 321; public spaces 235-6, 244-5; quality of life in 240; social disadvantage 263; social psychology and the physical environment 243-4; Sultanahmet 217; Sulukule 23, 217, 235, 238, 297; Taksim-Harbiye axis 243; traffic congestion *198-9*, 210, 214; transport 209, 287, 289, 290, 297, 318, 319, 383, 386-7; Tüyap area 237; Urban Age Award 7, 405-8, *407*; urban development *192-3*; urban economy 213, 215, 228, 301, 302, 303; urban footprint 254, 255, 299; views 330; walls 327; waterways *229*, 329; workforce 265; as a World Heritage site 228; world-city status regained 215-17, *see also* Turkey
Italian immigrants in São Paulo 162, 164
Izmir 222, 227

Jacobs, Jane 94
Japanese culture in São Paulo 167
Jeddah 228, 229, 230
Jews 120, 165
JNURM (Jawaharlal Nehru Urban Renewal Mission) 125-6
Jobs, Steve 334
Johannesburg 14, 218; age pyramid 261, 303; Berea *283*; carbon emissions 304, 307; GDP statistics 296; government structures 256, 257; inequalities 306, 362; population density 266-7, *282-3*, 293, 295; social disadvantage 262, 263; Soweto 295; transport 286, 287, 289, 291; urban economy 301, 302, 303; urban footprint 255; workforce 264, 265
Johnson, Ralph 53

Katz, Bruce 358
Kerala 92, 121
Keyder, Caglar 234
Kinetic City: Mumbai 108-15
Klein, Naomi 340
knowledge economy 56, 59, 60-1, 65; and urban manufacturing 58-9, 62-3
Kolkata (Calcutta) 15, 86, 88, 94, 116; transport 122, 124
Koolhaas, Rem 48-9, 51, 55, 338
Korean culture in São Paulo 167
Krier, Leon 48-51, *52*
Kubitchek, Juscelino 146
Kurdish migrants in Istanbul 208, 235, 239
Kuwait 227

Lagerfield, Karl 339
Lagos 8, 49
Latin American cities 15-18, 94, **146-61**, *151*; alternative financial schemes 160; edges *328*; *favelas* 146, 158, 170-1; formation of new settlements 159-60; gangs and city

428 索引

governance 158-9; graffiti *157*, 158; impact of economic crisis 159; importance of affiliations 160-1; informal housing 374; multi-scalar vacuum 155; religion and social life 156-8; streetlife *156*, *157*; structural adjustment programmes 150; transport *384*; urbanization patterns 150-3, *see also* Bogotá; Brasil; São Paulo
Le Corbusier 49, 340
leapfrogging technology **61**
Lebanon 222, 226
Lerner, Jamie 96
life expectancy 302, 305, 378
Lille 338
Lima 18, 19, 148, 159-60
Lisbon 18, 107, 387
living-edge urbanism 330-1
Ljubljana 50
London 14, 46, 218, 220, 240; age pyramid 261, 303; carbon emissions 303, 304, 305, 307, 344; cars and car ownership 298; congestion charge 346; crime and safety in 313, 314; cycling 298; docks 329; edges 327; environmental issues 316-18; GDP statistics 296; governance 256, 257, 350; image of 313; and Mumbai 306; new City Hall 328-9; Notting Hill *279*, 295; population density 266, 267, *278-9*, 293, 294, 295; population stability 308-9; public opinion on 23; social disadvantage 262, 263; social equity 305, 306; social housing 44; transport 116-18, 287, 289, 291, 297, 318, 319; urban economy 301, 302; urban footprint 254, 255, 300; views 329, 330; waterways 329; workforce 265
Los Angeles 14, 327, 339, 384-5
LSE Cities 7
Lula, Brazilian President 7

MacNeil, William 222
Madras 120
Madrid 344, 384
Maharashtra 94, 104, 121, 258, 350-2
Mahila Milan 115
Malcolm X 334
Manchester: post-war restoration 218
manufacturing cities 18, 58-9, 62-5, 302; urban manufacturing networks 63-4; and US Metro Policy *388*, *389*
Mao Zedong 344
material economies 58, 60-1
mayors 6, 318, 320, 321, 356-9; Istanbul 229-30, 231, 320; United States *356*, *357*
Mecca 231
Mediterranean hinge cities 22, 222
megacities 10
Mehta, Mukesh 98
Mehta, Sukhetu: *Maximum City* 89
Merkel, Angela 106-7
Metro Policy (United States) 388-95
metro systems: in Indian cities 124-5; Istanbul 209
Meuron, Pierre de 44, *49*
Mexico 208, 221
Mexico City 14, 19, 146, 148, 176, 180; age pyramid 260; carbon emissions 303, 304, 307; cars and car ownership 298; GDP statistics 296; government structures 256; inequalities 362; population density 266, 267, *280-1*, 293, 297; population growth 8; religion in social life 156-8; social disadvantage 262; social equity 305, 306; traffic congestion 345, 346; transport 14, 286, 288, 290; Urban Age Award 7, 408-11, *410*; urban economy 301, 302; urban footprint 254, 299; workforce 264
Miami 146
Microsoft Corporation 334, 337
middle class: Brazil 186
migration/migrants 8, 308-9; and equality in cities 368-70; and hinge cities 221; Istanbul 22-3, 206, 208, *218*, *219*, 235; Mumbai 88, 89, 94-6, *95*, 97, 102-4, 107, 120; and population density 295, 297; São Paulo 59, 148, 162-7, *167*, *see also* population growth
Milan 218; railway network 380-3
Milan, Mahila 377
Mitchell, Timothy 230
mobile phone technology 61
modernism 51
Monbiot, George 48
Monsiváis, Carlos 156
moral panics 46
Morocco 206, 222
Morris, William 86; *News from Nowhere* 46
Moses, Robert 206
motorways 326-7
multiculturalism in São Paulo 22, 162-7
Mumbai 14, 15, 18-19, *70-85*, **86-127**, *91*, 221, 388; age pyramid 260, 303; architecture 44, *45*, *48*, 53-5, 88; assistance networks 102, 104; bicycles 122, 125; buses 122, 125; carbon emissions 304, 305, 307; cars and car ownership 119, 122, *123*, 124, 127, 298; Chhatrapati terminal 88; crime and safety in 107, 314-16; deep economic history of 56, 59; democracy and the 74th Amendment 90-3; Dharavi 10, 44, 59, 89, 98-9, *101*, 294, 295; environmental issues 316-18; financial institutions 120; floods *82-3*, 103, 305, 374-6; Fort area 96, 97, 111-12; future of urban growth 120-1; Ganesh festival *109*, 110-11; GDP statistics 296; Girgaum 97; governance 99-100, 114, 120, 318, 319, 320, 350-3; government structures 256, 258; Greater Mumbai 94; Historic District bazaars 111-13; history 88; housing 10, *80-1*, 87, 96, 97, 105-6, *112*, 114; image of 313; inequalities 305, 306, 362; infrastructure 89, 104; Kamathipura 269, 294-5; Kinetic City 108-15; and London 306; and Maharashtra state 94, 104, 121, 350-2; Metropolitan Region 94, 96; migration/migrants 88, 89, 94-6, *95*, 97, 102-4, 107, 120; Municipal Corporation 89; Navi Mumbai (New Mumbai) 19, 120-1, 300; population density 96-7, 266, 267, *268-9*, 292-5, 297; population growth 8, 47, 94-6, 97, 102, 120, 121; population stability 308-9; poverty *75*; public opinion on 23, 309-12, 321; railways *74*, 88, 89, *103*, **113**, 114, 116, *117*, 119, 297; redevelopment 104-7; religious diversity *70-1*, *72-3*, 97, *109*, 110-11; rickshaws 122, 125; roads *78-9*, *126*, 126; and São Paulo 101; schools *84-5*; slums 88, 89, 96, 97-9, *99*, 100, 105, *324*, *325*; social disadvantage 262; squatters 101; SRA (Slum Rehabilitation Authority) 105; state government 104; Static City 108-15; street vendors 89; terrorist attacks (2007) 97, 363-4; transport 14, 100-1, 116-19, *117*, *118*, 121, 122-7, 124-7, *125*, *126*, 286, 288, 290, 297, 318, 319, *382*; Urban Age Award 7, 396, 398-401; Urban Age conference 15-18; Urban Age project 86; urban economy 301, 302, 303; urban footprint 254, 300; vaccination stations 88; water supplies 89; Waterfronts Centre (MWC) 398-400, *399*; waterways 329; wealth *76-7*; workforce 86, 87, 96, 98, 99, *113*, 113, 264; as a world city 121
music 174
Muslims in Mumbai 97

nagarpalikas (India) 90-2
Namibia 377
Napoleon, French emperor 231
Navi Mumbai (New Mumbai) 19, 120-1, 300
Nepal 94
New Orleans 102, 376
New Urbanism 50, *52*
New York City 51, 52, 344; age pyramid 260, 303; carbon emissions 303, 304, 305, 307; GDP statistics 296; government structures 256; image of 313; inequalities 362; and Istanbul 206; Lower East Side 105; Manhattan 44, 116, 331; population density 266, 267, *274-5*, 292, 293, 294, 295; population stability 309; social disadvantage 262; social equity 305, 306, 307; Spanish Harlem community 331; traffic congestion reductions 346; transport 286, 288, 290, 318; urban economy 301, 302; urban footprint 254, 299; and urban manufacturing 62; views 329, 330; waterways 329; workforce 264
Niemeyer, Oscar 146, 181
'no-frills' economic models 332-41
Noor (Turkish soap opera) 224, 230, 231
North American transport systems 119

Obama, Barack: and Metro Policy 388-90, 395
office buildings 64
O'Neill, Tip 90
Ottoman Empire 52, 226-7, 230-1, 248, 250-1
Oxford 49

Pakistan 94, 97
Paris 24-5, *47*, 51, 52, 220, 318, 344; suburbs *356*, *357*
Patel, Sheela 98
pedestrianization 327
Phoenix 14
photovoltaic (PV) systems 346
Planet of Slums 174, 297
plate glass walls 328-9
Poland 218, 220
population control 48
population density 9, 266-85; Berlin 266, 267, *284-5*, 293; global population distribution *26-7*; Istanbul 266, 267, *272-3*, 293, 295, 297; Johannesburg 266-7, *282-3*, 293, 295; London 266, 267, *278-9*, 293, 294, 295; Mexico City 266, 267, *280-1*, 293, 297; Mumbai 96-7, 266, 267, *268-9*, 292-5, 297; New York City 266, 267, *274-5*, 292, 293, 294, 295; and quality of life 294-5; São Paulo 266, 267, *270-1*, 293, 297; Shanghai 266, 267, *276-7*, 293, 295, 297
population growth 8, 10, 11-14, 47-8; Istanbul 47, 207, 208, 212, 213, 216, 248-9; Mumbai 8, 47, 94-6, 97, 102, 120, 121; patterns of *36-7*; São Paulo 47, 147, 185, *see also* migration/migrants
population stability and 'churn' 308-9
'pork bellies' 58
Portland 240, 344, 347
postmodern cities 340
Poundbury 50, *52*
poverty 11, *20*, 21, 58; aid agencies and development banks 378-9; Mumbai *75*, 97-8; and population density 294; São Paulo 168, 170, 174
Prague 47, 50
Primark 340
Prost, Henri 212, 214, 229
Protestantism in Latin America 158, 165
public opinion on cities 23, 308-321; environmental impacts 316-18; good and bad things 309-12; image 312-13; population stability and 'churn' 308-9; transport 318, 319
public spaces: and hinge cities 222-3; Istanbul 235-6, 244-5
public transport *see* transport
Pune 122

quality of life: and population density 294-5
Queiroz, Renato da Silva 166

railways: funicular 387; Istanbul 209; Mumbai *74*, 88, 89, 116, *117*, 119, 297; networks 380-3; São Paulo 185
Randstad (Holland) 121
Rao, Narasimha 90
recycling 347
religion and religious festivals: Istanbul 206; Mexico City 156-8; Mumbai *70-1*, *72-3*, 97, *109*, 110-11; São Paulo 158, 165, 166
religious affiliations: and urban violence 363-4, *364*
resilience of cities 359
Rio de Janeiro 18, 19, 146, 149, 158, 159, 161, 184; *favelas* 170-1
risk hotspots *42-3*
Riyadh 230, 231
Roma population in Istanbul 23, 217, 235, 238, 297
Rome 220, 326, 344
Roosevelt, Franklin 395
Rubinato, João (Adoniran Barbosa) 164-5
Ruskin, John 86
Russia and Istanbul 215

safety *see* crime and safety
St Louis 44
St Petersburg 208
San Diego 385
San Francisco 22, 385; Bay Area 121
Santiago 150-2
São Paulo 14, 15, 19-22, 101, 106, *130-45*, 388; ABC City Region 154-5; age pyramid 260, 261, 303; architecture 44, *49*, *136-7*, 149, 178, 181, 182; Avenida Paulista 178-9; beautification strategy *54*, *55*; and Buenos Aires 148; buses 383; carbon emissions 303, 304, 305, 307, 344; cars and car ownership *138-9*, 176, 298; city centre *140-1*, 180-1; Clean City project 181; climate change 187; Conjunto Nacional 178-9; cosmopolitan identity *163*, *164*; crime and safety in 148, 170, 171, 174-5, 179, 186, 313-14, 315, 316, 327, 364-5; deep economic history of 56, 59; developmental change 184-5; edges 327; environmental issues 316-18; *favelas* 185; flooding 187, 305; formation of new settlements 159; GDP statistics 147, 148, 182, 296; governance 257, 258, 259, 318, 319, 320, 353; governmental aid programmes 185; graffiti 175; helicopter commuters *134-5*; housing *142-3*, 168-71, *172-3*, 180; image of 313; inequalities 19-22, *132-3*, *168*, 168-75, *169*, *172*, *173*, 305, 362; infrastructure 154-5, 170, 176, 184, 185, 186; market segmentation 186; Metropolitan Region 146, 155; migration/migrants 59, 148, 162-7, *167*; multiculturalism 22, 162-7; *Nordestino* neighbourhoods 165; Paraisópolis 101, 168; *pixações* 175; population 147, 185; population density 266, 267, *270-1*, 297; population growth 47, 147, 185; population stability 308-9; post-war development 218; public opinion on 23, 309-12, 321; railways 185; religion 158, 165, 166; Roosevelt Square 180-1; security *144-5*, 171-4, 176, 186; shopping malls 179, 185-6; slums 59, 178; social disadvantage 262, 263; street children 148; *televovela* 149; theatres 179-80; Tietê River *183*, 184; transport 176, 178, 286, 287, 288, 289, 290, 291, 318, 319, 380, 383, 386; Urban Age Award 7, 401-5, *402*; urban development 10, *130-2*, 176-87, *177*, 221; urban economy 301, 302, 303; urban footprint 254, 255, 299, 300; urban social movements 170; views 330; workforce 264, 265
Sassoon, Victor 120
Saudi Arabia 224, 230
schools: Mumbai *84-5*; public opinion on 310, 311, 312
sea connections *32-3*
Seattle 14, 240
security in São Paulo *144-5*, 171-4, 176, 186
Seoul 345, 374
service industries: and urban manufacturing 58, 62, 63-4
Shanghai 104, 114, 146, 176, 181, 221, 388; age pyramid 260, 261, 303; carbon emissions 303, 304, 305, 307; cars and car ownership 298; GDP statistics 296; government structures 256, 257; housing 10; population density 266, 267, *276-7*, 293, 295, 297; population stability 309; social disadvantage 262, 263; transport 287, 288, 289, 290, 291, 297, 298; urban economy 301, 302; urban footprint 254, 255, 299; waterways 329; workforce 265
Silva, Vital Fernandes da 165
Simmel, Georg 19, 156, 161
Singapore 14, 97
Singh, Professor D.P. 94
Singh, Simreet 98
Singh, V.P. 90
slavery: and multiculturalism in São Paulo 165-6
Slumdog Millionaire 245, 295
slums 10, 13, 374-9; Dharavi (Mumbai) 10, 44, 59, 89, 98-9, *101*, 294, 295, 378; ghettoes *324*, *325*; in global cities 58, 59; mass evictions 374; Mumbai 88, 89, 96, 97-9, *99*, 100, 122, *324*, *325*; National Slum Dwellers Federation (India) 115, 376-7; Slum/Shack Dwellers International 377; squatter communities *368*, *369*; and transport 122, 124; and urban manufacturing 59
small businesses 56
'smart city' design 327-8, 331
Smithson, Alison and Peter 44
soap operas, Turkish 224, 230, 231
social disadvantage in cities 262-3
social equity *see* inequalities in cities
social reform in cities 8
Society for the Promotion of Area Resources (SPAARC) 115
solar power 346
South Africa 376
South America *see* Latin American cities
Soviet Union collapse: and Turkey 208
Sri Lanka 94
Stevens, F.W. 88
Stuttgart 327
suburbanization 8
Sullivan, Louis 329
symbolic knowledge workers 58

Tel Aviv 221
terrorism 362, 363-4
Thailand: Community Organizations Development Institute 377
Thessaloniki 227
Tokyo 8, 97, 101, 149, 176, 179, 300, 344
Toledo 59
tolerance culture *360*, *361*
Topbas, Kadir 235, 237
Topshop 339
Toronto 309
tourism 62, 64
trade unions in Argentina 159
traffic congestion 345-6; costs of 345; public opinion on 311-12
transport 286-91, 297-8, 299; air connections *30-1*; Berlin 286, 287, 288, 289, 290, 291, 383-4; Bogotá 146; and carbon emissions *342*, *343*, 344, 345-6, 349; Curitiba 153, 154; Istanbul 209, 287, 289, 290, 297, 318, 319, 383, 386-7; Johannesburg 286, 287, 289, 291; Lima 148; London 116-18, 287, 289, 291, 297, 318, 319; Mexico City 14, 286, 288, 290; Mumbai 14, 100-1, 116-19, *117*, *118*, 121, 122-7, 124-7, *125*, *126*, 286, 288, 290, 297, 318, 319, *382*; New York City 286, 288, 290; planning and policies *380*, 380-7, *381*, *382*; politicians *350*, *351*; public opinion on 318, 319; São Paulo 176, 178, 286, 287, 288, 289, 290, 291, 318, 319, 380, 383, 386; sea connections *32-3*; Shanghai 287, 288, 289, 290, 291, 297; smart 348, *see also* railways
Turkey 232; AKP government 232, 237-8, 246-7, 354; Ankara 206, 210, 212, 213, 227, *228*, 246; carbon emissions 303; government structures 259; nation-state development 210-12; TOKI state housing programme 208-9, 216, 234-5, 249-50; urbanization 206, *see also* Istanbul
Turkish Arab Economic Forum 230
Turkish nationalism 227

United Arab Emirates 230
United States: Great Recession 390-1, 395; mayors *356*, *357*; Metro Policy 388-95; post-war American cities 218; St Louis 44
Urban Age Awards 7, 24, 358, 396-411, *397*, *412-13*
Urban Age conferences 7, 15-18, 218
Urban Age Project 8, 14-18, 24, 46
urban footprints 11, 14, *28-9*, 254-5, 298-300
urbanization 10-14, *11*, *12*, *34-5*, 332
Utrecht 121
Uttar Pradesh 104

Vancouver 240, 344
Venice 22, 221-2, 223; ghetto *324*, *325*
Vienna 344
views 329-30

Wal-Mart 362
walls 326-9
Warsaw 218, 221
water consumption 11, 307
waterways 329
wealth: Mumbai *76-7*; São Paulo 168, 170
Whyte, William H. 218
women: and democracy in India 90-2
World War II: post-war Istanbul 228; restoration of cities following 218

Yamasaki, Minou 44
young people 6, 366

Zara 334, 337, 339

编者致谢

LIVING IN THE ENDLESS CITY URBAN AGE PRODUCTION TEAM

Editors
Ricky Burdett
Deyan Sudjic

Assistant Editor
Ömer Çavuşoğlu

Mapping, Research and Information Graphics
Guido Robazza
Jens Kandt
Antoine Paccoud
Kay Kitazawa
Atakan Guven
Bruno Moser

Copy-editor
Gerrie van Noord

URBAN AGE TEAM

Urban Age Board
Andy Altman, *Chief Executive, Olympic Park Legacy Company, London*
Ricky Burdett, *Director, Urban Age & LSE Cities, LSE*
Bruce Katz, *Vice President & Director, Metropolitan Policy Program, Brookings Institution, Washington DC*
Wolfgang Nowak, *Managing Director, Alfred Herrhausen Society, Berlin*
Philipp Rode, *Executive Director, Urban Age & LSE Cities, LSE*
Ute Weiland, *Deputy Director, Alfred Herrhausen Society, Berlin*

Advisory Board
Richard Sennett (Co-chair), *University Professor of the Humanities, New York University, New York City; Emeritus Professor of Sociology, LSE*
Deyan Sudjic (Co-chair), *Director, Design Museum, London*
Klaus Bode, *Founding Partner, BDSP Partnership, London*
Sophie Body-Gendrot, *Director, Centre for Urban Studies, Universite Paris-Sorbonne, Paris*
Lindsay Bremner, *Professor, Department of Architecture, Tyler School of Art, Temple University, Philadelphia, Pennsylvania*
Richard Brown, *Urban Policy Consultant, London*
Amanda Burden, *Director, Department of City Planning, New York City*
Fabio Casiroli, *Professor of Transport Planning, Faculty of Civil Architecture, Polytechnic of Milan, Milan*
José Castillo, *Principal, Arquitectura 911 SC, Mexico City*
Job Cohen, *Mayor of Amsterdam (2001 – 2010)*
Xiangming Chen, *Dean and Director, Center for Urban and Global Studies, Trinity College, Hartford, Connecticut*
Joan Clos i Matheu, *Executive Director, United Nations Human Settlements Programme (UN-HABITAT), Nairobi*
Charles Correa, *Founding Partner, Charles Correa Associates, Mumbai*
Frank Duffy, *Founder, DEGW, London*
Gerald Frug, *Louis D. Brandeis Professor of Law, Harvard University, Cambridge, Massachusetts*
Hermann Knoflacher, *Professor of Transport Planning, Vienna University of Technology, Vienna*
Rem Koolhaas, *Principal, Office for Metropolitan Architecture, Rotterdam*
Dieter Läpple, *Professor, Hamburg University of Technology, Hamburg*
Guy Nordenson, *Engineer, Guy Nordenson and Associates, New York City*
Enrique Norten, *Architect, TEN Arquitectos, Mexico City and New York City*
Enrique Peñalosa, *Mayor of Bogotá (1998 – 2001)*
Anne Power, *Professor of Social Policy, LSE*
Saskia Sassen, *Helen and Robert Lynd Professor of Sociology, Columbia University, New York City*
Ed Soja, *Distinguished Professor of Urban Planning, UCLA, Los Angeles, California*
Geetam Tiwari, *Chair and Associate Professor, TRIPP, Indian Institute of Technology, New Delhi*
Tony Travers, *Director, LSE London, LSE*
Lawrence Vale, *Ford Professor of Urban Design and Planning, MIT, Cambridge, Massachusetts*
Anthony Williams, *Mayor of Washington DC (1999–2006)*
Alejandro Zaera-Polo, *Joint Director, Foreign Office Architects, London*

Executive Group
Ricky Burdett, *Director, Urban Age & LSE Cities, LSE*
Philipp Rode, *Executive Director, Urban Age & LSE Cities, LSE*
Ute Weiland, *Deputy Director, Alfred Herrhausen Society, Berlin*

Staff, Urban Age, The London School of Economics and Political Science
Cristina Alaimo, *Researcher*
Ömer Çavuşoğlu, *Researcher*
Andrea Colantonio, *Research Officer*
Emily Cruz, *Publications Manager*
Sarah Davis, *Management Accounts Coordinator*
Atakan Guven, *Research Officer*
Miranda Iossifidis, *Graphic Designer*
Mariane Jang, *Project Manager*
Ayako Iba, *Events Co-ordinator*
Sarah Ichioka, *Research Associate*
Adam Kaasa, *Communications and Outreach Manager*
Jens Kandt, *Researcher*
Gesine Kippenberg, *Researcher*
Kay Kitazawa, *Research Officer*
Christos Konstantinou, *Researcher*
Mira Krusteff, *Programme Assistant*
Bruno Moser, *Research Associate*
Miguel Kanai, *Project Researcher*
Iliana Ortega-Alcazar, *Researcher*
Antoine Paccoud, *Researcher*
Pamela Puchalski, *Project Coordinator*
Emma Rees, *Executive and Admin Assistant*
Guido Robazza, *Researcher*
Andrea Rota, *Web Editor*
Elizabeth Rusbridger, *Administrator*
James Schofield, *Researcher*
Peter Schwinger, *Researcher*
Richard Simpson, *Researcher*
Nell Stevens, *Outreach and Communications Coordinator*
Daniela Tanner, *Administrator*
Myfanwy Taylor, *Researcher*
Natznet Tesfay, *Researcher*
Katherine Wallis, *Centre Administrator*

Staff, Alfred Herrhausen Society, The International Forum of Deutsche Bank
Jessica Barthel, *Project Manager*
Anja Fritzsch, *Project Manager*
Christiane Timmerhaus, *Project Manager*
Freya Tebbenhoff, *Assistant to the Management Board*

Staff, Deutsche Bank Urban Age Award
Demet Mutman, *Istanbul Award Co-ordinator*
Marcos Rosa, *São Paulo Award Coordinator*
Priya Shankar, *Mumbai Award Coordinator*
Ana Álvarez Velasco, *Mexico City Award Coordinator*

译后记

本书给了我们一个宏大的视角，通过孟买、圣保罗和伊斯坦布尔三个案例，将快速扩张中的超大城市所面临的问题和挑战梳理了出来，对我国的城市建设与发展颇具借鉴意义。从学术角度来看，本书汇聚了来自不同国家的三十几位学者的研究成果，既有以城市为单元的专题论述，又有以问题为导向的横向比较，包含的信息量巨大，凭借严谨的逻辑组织，将"无尽之城的生活"展现得全面而深刻，为这种跨地域、跨文化、跨学科的国际合作项目研究成果的整合提供了很好的范式。

本书的三个案例分别来自印度、巴西和土耳其，不同的语言、制度和文化背景，为本书的翻译带来极大的挑战。我的诸多学生，包括季可晗、谢子涵、王家臻、金羽珊、刘琛、于跃、姜晓晖和伍春晓都不同程度地参与了该书的翻译和校对工作，在此一并向他们表示感谢！最后，出版社的责任编辑戚琳琳、孙书妍女士为本书的出版倾注了大量心血，这里深表谢意。

李晨光 2019 年 8 月于天津寓所

著作权合同登记图字：01-2016-4977号

图书在版编目（CIP）数据

生活在无尽的城市 /（英）里基·伯德特，迪耶·萨迪奇编；李晨光，孙璐译 .—北京：中国城市出版社，2019.12

书名原文：Living in the endless city

ISBN 978-7-5074-3234-3

Ⅰ.①生… Ⅱ.①里…②迪…③李…④孙… Ⅲ.①城市社会学—文集 Ⅳ.① C912.81-53

中国版本图书馆 CIP 数据核字（2019）第 251808 号

LIVING IN THE ENDLESS CITY
The Urban Age Project by the London School of Economics and Deutsche Bank's Alfred Herrhausen Society
Edited by Ricky Burdett and Deyan Sudjic
ISBN 978-0-7148-6118-0
© 2011 Phaidon Press Limited

Chinese Translation Copyright © China City Press 2020

This Edition published by China Architecture & Building Press under licence from Phaidon Press Limited, of Regent's Wharf, All Saints Street, London, N1 9PA, UK.

All rights reserved. No part of this publication may be reproduced, stored in a retrieval system or transmitted, in any form or by any means, electronic, mechanical, photocopying, recording or otherwise, without the prior permission of Phaidon Press.

本书中文简体版由费顿出版社授权中国城市出版社独家出版，并在中国大陆地区销售。

版权所有。未经事先许可，不得以任何形式复制、存储在检索系统中或传播本出版物的任何部分。

责任编辑：戚琳琳　孙书妍
责任校对：王　烨

生活在无尽的城市

[英] 里基·伯德特　　编
　　 迪耶·萨迪奇
　　 李晨光　孙璐　译

*

中国城市出版社出版、发行（北京海淀三里河路9号）
各地新华书店、建筑书店经销
北京点击世代文化传媒有限公司制版
北京富诚彩色印刷有限公司印刷

*

开本：880×1230毫米　1/16　印张：27　字数：543千字
2020年1月第一版　2020年1月第一次印刷
定价：388.00元
ISBN 978-7-5074-3234-3
　　　（904197）

版权所有　翻印必究
如有印装质量问题，可寄本社退换
（邮政编码 100037）